Hugo Loetscher

So wenig Buchstaben und so viel Welt

Reise-Essays und Reportagen

Herausgegeben und mit einem
Nachwort von Jeroen Dewulf und Peter Erismann

Mit einem Bildteil

Diogenes

Text- und Bildnachweise am Ende des Bandes
Ausstellung im Museum Strauhof, Zürich: 13. Juni bis 8. September 2024
Covermotiv: Foto von René Burri
Copyright © Keystone / Magnum Photos / René Burri

Herausgeber und Verlag danken der UBS-Kulturstiftung und der
KRESAU4STIFTUNG für die Unterstützung

Der Diogenes Verlag wird vom Bundesamt für Kultur
für die Jahre 2021–2024 unterstützt

—

Inhalt

Literatur und Journalismus
Ein (helvetischer) Überblick –
mit (nicht-helvetischem) Seitenblick

1999

Wie Geschwister, ob Hand in Hand oder feindlich,
sie kommen voneinander nicht los –

wie oft wurde ich gefragt, ob und wie sich Journalismus und Literatur beruflich vertragen. Als ob der Lehrer in unseren Autoren der Literatur so zuträglich ist. Aber die Alpen-Muse scheint sich wohler zu fühlen in der Schulstube und auf der Kanzel als in einem Redaktionsbüro.

Erstaunliche Bedenken, wenn man die journalistischen Auftritte von Schriftstellern vor Augen hat – und nicht nur, weil viele Schriftsteller in ihren Anfängen journalistisch arbeiten oder zwischendurch für die Zeitung schreiben, selbst die renommiertesten: Der junge Max Frisch hat in den Dreißigerjahren Artikel in der NZZ veröffentlicht, und Friedrich Dürrenmatt war kurze Zeit für die *Weltwoche* als Theaterkritiker tätig.

Ohne große Mühe lässt sich zwischen Literatur und Journalismus eine Personalunion ausmachen, auch wenn es sich gewöhnlich um Redaktoren des Ressorts Kultur handelt. Zu den Schriftstellern, die als verantwortliche Feuilletonredaktoren zeichneten, gehörten dem Temperament und der Diktion nach so unterschiedliche Autoren wie Hermann Burger, Dieter Fringeli oder Walter Matthias Diggelmann.

Aber Feuilletonredaktor oder Feuilletonredaktorin zu sein (Redakteur, wie der bundesdeutsche Lektor korrigieren würde), diese Tätigkeit kann sich nachteilig auswirken, nicht unbedingt auf die schriftstellerische Arbeit selber, aber auf die Akzeptanz als Schriftsteller. Der Redaktor steht dem Schriftsteller im Weg bei der Rezeption durch die Kritik. Diese zurücksetzende Erfahrung dürfen sich Hanno Helbling (langjähriger Feuilletonchef der NZZ) oder Peter K. Wehrli (Redaktor beim Deutschschweizer Fernsehen) teilen, wenn sie mit belletristischen Büchern an die Öffentlichkeit treten.

Jeder von uns hat im Bauch ein ungeschriebenes Buch, erst recht jemand, der beruflich mit Schreiben zu tun hat. So kommt es zur Abstecher-Literatur, ein unberücksichtigtes Kapitel, das nicht über Literatur Auskunft gäbe, dafür über den gängigen Literaturbetrieb. Die Buch-Sehnsucht kennt ein Schema: Der Feuilletonredaktor veröffentlicht einen Roman, dem er später ein zweites Buch nachschickt, diesmal gesammelte Artikel. Und dass ein Redaktor nach seinem Abgang als Ehrenredaktor im Impressum figuriert, ist ein Novum in der Geschichte der Presse und der Ambitionen.

Durch das Zusammenleben von Literatur und Journalismus spukt der Wunsch vom Aussteigen: nicht mehr nur für den Tag schreiben. Als ob es schöpferischer Freiheit gleichkommt, kein fixes Gehalt zu haben, als ob es erhebend ist, statt eines Leserbriefs einen Verriss zur Kenntnis zu nehmen, als ob zur literarischen Produktion nicht auch Ramsch gehört, der »Restseller«. Dass die Beendigung einer Journalisten- und Redaktortätigkeit eine Trennlinie zieht, hinter der ein neuer, ein literarischer Lebensabschnittt beginnt, dafür bietet Laure Wyss mit ihrer Prosa und Lyrik ein seltenes Beispiel.

Publiziertes aus der Vergänglichkeit der Tagespublikation herüberzuholen (herüberzuretten), kann [sich lohnen. Das] macht eine Standortbestimmung der schweizerischen Gegenwartsliteratur klar, wie wir sie dank des Sammelbandes *Lesarten* von Beatrice von Matt vor uns haben. Nicht weniger bemerkenswert die Bilanz *Mein dreiviertel Jahrhundert,* wie sie nur der *homme de lettres* François Bondy mit Artikeln und Essays ziehen kann.

In irgendeiner Ecke träumt der Journalismus von der kleinen Ewigkeit zwischen zwei Buchdeckeln –

hinter der Frage, wie vertragen sich Journalismus und Literatur, steht die Auffassung, wonach Literatur der Ewigkeit und dem Allgemeingültigen verpflichtet ist: Wie soll, was für Höheres vorgesehen, in die Niederungen gehen. Eine Entsprechung fand diese Haltung lange genug in der grundsätzlichen Distanz, welche der akademische Bereich gegenüber dem journalistischen einnahm. Wie das Literaturgespräch profitiert, wenn der Graben überbrückt wird, beweist Peter von Matt, brillant als Germanist wie als Literaturkritiker. Es gab stets Ausnahmen, man nehme von dem Basler Germanisten Walter Muschg bloß die Sammlung *Pamphlet und Bekenntnis* zur Hand. Leider blieb der *ad personam* Werner Weber geschaffene Lehrstuhl für Literaturkritik an der Universität Zürich eine einmalige Einrichtung.

Das elitäre Sich-Absetzen hat Tradition, vor allem deutsche. Das verhält sich in anderen Sprachkulturen anders –

man darf für ein erstes Kontrastprogramm Angelsachsen anführen, Engländer wie Amerikaner. Literaturgeschichte ist ein gutes Stück Geschichte der Publizistik. Die Namensliste ist kaum zu erschöpfen. Jonathan Swift war Redaktor und Herausgeber wie Daniel Defoe oder Mark Twain, der Romancier Theodore Dreiser so gut wie der Lyriker Samuel Taylor Coleridge. Frank Norris war Kriegsberichterstatter im spanisch-amerikanischen Krieg, Stephen Crane im griechisch-türkischen und George Orwell im Spanischen Bürgerkrieg. Eine journalistische Tradition, die von den Pamphletisten des 18. Jahrhunderts bis heute reicht, zu Ernest Hemingway und seinen Berichten über den Stierkampf oder Afrika, zu John Dos Passos oder Graham Greene – was wäre *The New York Review of Books* ohne Thomas Wolfe oder Gore Vidal.

Ein zweites Kontrastbeispiel mag die spanisch-hispanoamerikanische Publizistik bieten. Gabriel García Márquez hat seine Zeitungsartikel in mehreren Bänden gesammelt; er träumte nicht nur von einer eigenen Zeitung; zu seinen Plänen gehörte schon immer die Gründung einer Journalistenschule. Neben dem Kolumbianer Márquez der Peruaner Mario Vargas Llosa, der Mexikaner Carlos Fuentes oder der Kubaner Guillermo Cabrera Infante, Namen, die um viele andere und gleichrangige ergänzt werden könnten, durch einen Spanier wie Juan Goytisolo oder Manuel Vázquez Montalbán. Wenn *El País* eines der führenden Blätter Europas ist, dann nicht zuletzt, weil die Zeitung für spanische und hispanoamerikanische Schriftsteller ein Forum darstellt, und dies nicht nur im Gehege der Feuilletonseiten.

Solches ist nicht unbedingt deutsch, obwohl –

die deutsche Klassik beginnt mit dem Zeitungsschreiber Gotthold Ephraim Lessing, der als einer der Ersten versuchte, vom Schreiben zu leben; er betreute in der *Vossischen Zeitung* die Monatsbeilage »Das Neueste aus dem Reich des Witzes« und verfasste seine *Hamburgische Dramaturgie,* die eine Grundlage literarischer Kritik werden sollte, als Artikel für die *Kaiserlich-privilegierte Hamburgische Neue Zeitung.* Hört es sich nicht nach modernstem Boulevard-Konzept an, wenn Johann Peter Hebel 1806 den *Kurfürstlich badischen gnädigst privilegierten Landkalender für die badische Markgrafschaft lutherischen Anteils* in den *Jährlichen Hausfreund* umtauft und als Redaktionsprogramm vorschlägt: »politische Begebenheiten des vorigen Jahres, Mord- und Diebesgeschichten, verunglückter Schatzgräber- und Gespensterspuk, Feuersbrünste, Naturereignisse, edle Handlungen und witzige Einfälle«.

Es gibt seit dem 18. Jahrhundert eine journalistische Tradition in der deutschen Literatur – zu Avantgardisten des literarischen Journalismus zählt der Volkssänger Christian Friedrich Daniel Schubart mit seiner *Teutschen Chronik* (1774–1777), die jeden Montag und Donnerstag erschien, wie Georg Forster, der Weltreisende, mit seinen Berichten über die Französische Revolution oder der Autor der *Reisen eines Deutschen in Italien,* Karl Philipp Moritz. Was damals an Reiseschilderungen veröffentlicht wurde, waren Vorläufer der (Reise-)Berichterstattung, wie sie mit Heinrich Heine und Ludwig Börne literarischen Rang erzielte, ein Anspruch, der weiterwirkte, bis zu Theodor Fontane, der in der Mark Brandenburg wanderte, oder bis zu Egon Erwin Kisch, der als rasender Reporter über alle Welt berichtete.

»Briefe aus ...« waren Vorläufer der Reportage. Es konnten »unterhaltsame Aufsätze« sein, wenn man an die Briefe von Georg Christoph Lichtenberg aus England denkt. Und Information aus erster Hand, ob es von Nikolai Karamsin die *Briefe eines russischen Reisenden* sind oder solche, die Gustave Flaubert aus Ägypten nach Paris schickte. Als journalistische Gattung hat der Brief bis heute Bedeutung behalten. *The New Yorker* liefert dafür besten Lektüren-Beweis: *Letters from Paris* von Janet Flanner und ihrer Nachfolgerin Jane Kramer.

Wie sich aber auf Deutsch die Vorstellung von hoher Literatur und niedrigem Journalismus mit nebulöser Hartnäckigkeit behauptet, hat in jüngster Zeit der Dramatiker und Erzähler Botho Strauß deklamiert. In seinem *Aufstand gegen die sekundäre Welt* propagiert er anstelle von Aktualität »Anwesenheit von mythischen Zeiten«.

Unabhängig solch hartnäckiger Neo-Mythomanie hat sich das Verhältnis von Literatur und Journalismus in den letzten Jahrzehnten geändert –

einmal, weil sich das Literaturverständnis selber geändert hat, und sei es nur, dass der Essay nicht länger ein Gastarbeiterdasein führt, und dass Tagebuch wie Notizen literarische Anerkennung finden. Man darf von »literarischen Reportagen« reden, wenn man an die Sammelbände von Jürg Federspiel denkt *Die beste Stadt für Blinde* oder *Wahn und Müll.* Eine Reihe von Autoren führen in ihrer Bibliografie Reportagen auf, so Gerold Späth mit den Reisebildern *Von Rom bis Kotzebue* oder Manfred Züfle mit seinen »Geschichten aus Europa« *(Der Löwe im Kloster).*

Wie sich der Begriff des Literarischen erweitert und aufgefächert hat, mögen ein paar Titel illustrieren. *Zum Beispiel: Bern 1972. Ein politisches Tagebuch* und *Ruhe und Ordnung. Aufzeichnungen. Abschweifungen 1980–1983* nehmen im Œuvre von Kurt Marti neben Gedichten und Erzählungen einen festen Platz ein. Hans Rudolf Hilty hat »erzählerische Recherchen« unter dem Titel *Risse* herausgegeben und so auch sein Buch über *Bruder Klaus oder zwei Männer im Wald* charakterisiert. Rolf Geissbühler verfasste eine »Aufsatz-Trilogie«. Iso Camartin hat neben essayistischen Prosatexten seine Einleitungen zu tv-Kulturfilmen als »52 Flash-Geschichten« *(Der Teufel auf der Säule)* veröffentlicht.

International erfolgreiche Beispiele für »*non fictional novel*« boten Amerikaner: Norman Mailer *(Heere aus der Nacht* oder

Auf dem Mond ein Feuer) und Truman Capote mit *Kaltblütig,* ein »wahrheitsgemäßer Bericht über einen mehrfachen Mord und seine Folgen«, wie der bezeichnende Untertitel lautete. Die Trennung von Literatur und Journalismus wurde porös. Was auf der einen Seite Gewinn war, verführte zu Kriterienlosigkeit. Schrieb ein Autor einen engagierten Roman und führte er darin Dinge an, die faktisch nicht richtig waren, berief er sich auf dichterische Freiheit; stellte man die künstlerische Qualität infrage, wurde einem bedeutet, dass es sich primär nicht um Kunst handelt.

Ein neues Beispiel für subtiles Manövrieren bot Peter Handke. In *Eine winterliche Reise zu den Flüssen Donau, Save, Morawa und Drina* attackiert er journalistische Praktiken; er versucht »Gerechtigkeit für Serbien« herzustellen, indem er über allem schwebend von Nichtgenehmem absieht. In seinem »sommerlichen Nachtrag« deklariert er den winterlichen Reisebericht als Erzählung; damit entzog er sich und sein Werk dem Argumentieren, das sich auf Faktisches berufen konnte. Handke kniff zweimal, einmal inhaltlich und einmal formal.

New Journalism und Autoren-Journalismus legitimierten und forderten die subjektive Perspektive: teilnehmender Journalismus, Information, bei der der Schreibende Teil der Erkenntnis ist. Das verhalf dem journalistischen Schreiben zu Perspektive und Aspektreichtum. Zugleich zeitigte es eine Subjektivierung, die in purer Unverbindlichkeit oder bloßer Originalität stecken blieb. Als ob das Privat-Persönliche als Maßstab genüge. Meinungspresse heißt nicht, dass die eigene Meinung wichtiger ist als das, worüber man sich eine Meinung bildet.

Literatur und Journalismus sind sich aber auch nähergekommen, soweit der Schriftsteller seine Rolle als gesellschaftlich-politische Verpflichtung verstand. Eine Konzeption, die in einem Land willkommen war, in dem das Pädagogische schon immer zur Legitimierung von Literatur und Kunst genutzt wurde.

Wie der Journalismus von Buchdeckeln träumt, kennt die
Literatur den Traum, einmal mit dem Wort wirken zu können –

der Gesellschaft ein *J'accuse* entgegenschleudern. Die Bereitschaft
für eine Anklage war gelegentlich so groß, dass der heilige Zorn
sich auf die Suche nach einem Anlass machen musste.

Niklaus Meienberg schuf mit seinen Berichten eine eigene literarische Form der Reportage. Und wie sich die Rolle eines Schriftstellers als *praeceptor Helvetiae* in Medienbeiträgen niederschlägt,
lässt sich in den Sammelbänden von Adolf Muschg lesen: *Die
Schweiz am Ende. Am Ende die Schweiz* und *O mein Heimatland!*.
Gibt es nicht auch, was man einen mündlichen Journalismus nennen könnte? *Gegenwort* von Otto F. Walter enthält Reden, die er
anlässlich von Manifestationen und Protestaktionen hielt; was in
Mundart gesprochen, wurde in der Publikation in hochdeutscher
Fassung veröffentlicht.

Wenn in den Neunzigerjahren die Autoren nicht mehr in gleichem Maß und mit gleichem Gewicht wie in den Siebziger- und
Achtzigerjahren Jahren sich zu Wort meldeten, hat das mit der Än-
derung der politisch-ideologischen Situation zu tun. Das gilt nicht
nur für die Schweiz. Man darf sich an die Jahre erinnern, als die
terza pagina des *Corriere della Sera* italienischen Schriftstellern als
Forum diente, auch an das Aufsehen mag man sich erinnern, als
der Artikel eines Schriftstellers (Pier Paolo Pasolini) nicht auf der
dritten Seite erschien, sondern auf der Frontseite.

Das Ende des Kalten Krieges bedeutete zwar ein Ende der
militanten Stellungnahmen in einer Zweifronten-Welt, anstelle von
Ideologie Pragmatik und statt Manifest-Unterschriften Analysen.
Die Probleme waren damit nicht aus der Welt geschafft, in deren
Namen die Ideologien einander bekämpften – soziale Problematik
hat keine modische Aktualität. C. A. Loosli, dieser »unliterarische

Schriftsteller«, machte sich einst aufgrund seiner Anstaltserfahrungen zum Anwalt der Benachteiligten (nachzulesen in *Ihr braven Leute, nennt euch Demokraten*), in unseren Jahren desgleichen Mariella Mehr, wenn sie sich für die »Fahrenden« einsetzt *(Rückblitze)*. Nach 68 war das moralische Engagement so opportun wie es dies vor 68 schon immer gewesen war – seit der Zeit, als der Bänkelsang das Zeitungslied ablöste, als »Zeitung« noch mündliche Nachricht hieß, als die Illustrierte aus einem einzigen Druckblatt bestand. Bis zu Schriftsteller-Publizisten wie Kurt Tucholsky. Oder um Pro-memoria-Beispiele zu geben: Anton Čechov hat in seinem Bericht über die *Insel Sachalin*, der 1893 in der Zeitschrift *Russisches Denken* erschien, die Zustände auf der Verbanneninsel gebrandmarkt und mit seiner Veröffentlichung Reformen erwirkt. Nicht minder hat André Gide die Öffentlichkeit mobilisiert, indem er nach seinen Reisen in Afrika die französische Kolonialpolitik bloßstellte.

Wie könnten Journalismus und Literatur voneinander lassen, da sie ja beide Geschöpfe des gleichen Ursprungs sind, der Sprache –

sowenig es Literatur schlechthin gibt, gibt es keinen Journalismus schlechthin. Die Medienpräsenz von Autoren kann und konnte recht unterschiedlich sein – Annemarie Schwarzenbach war für ihre Berichterstattung mit der Kamera unterwegs, Anne Cuneo arbeitet als Filmemacherin, Dante Andrea Franzetti als Auslandkorrespondent, Jürg Acklin als Mitglied eines Frageteams bei der Kultursendung *Sternstunde* im Deutschschweizer Fernsehen, Peter Zeindler ist Moderator des Zürcher »Bernhard Littéraire«, Eveline Hasler als Kolumnistin und Martin Suter als Kolumnist, Étienne

Barilier hat seine Fernsehkritiken unter dem Buchtitel *Un monde irréel* herausgegeben. Die analytische Begabung für einen Leitartikel ist was anderes als die Fähigkeit, ein Geschehnis oder ein Erlebnis anschaulich darzustellen, das Communiqué, das streng objektausgerichtet ist, steht neben dem Ich der Kolumne, das Infotainment neben dem essayistischen Journalismus. Unweigerlich kommt es auch zur Verführung. Die Literarisierung kann sich stilistisch äußern, indem der Zeitungsschreiber sich selber als Muse küsst und so blumig wird, dass vor lauter Lust an der Metapher die Information auf der Strecke bleibt. Da das Deutsche sich für verbale Neuschöpfungen eignet, nährt es die Illusion, mit einem Neologismus sich das Denken ersparen zu können. Eine beliebte Literarisierung manifestiert sich bei der Titelei: neben dem Sachtitel ein Fantasietitel, auch wenn, wie beim Sexappeal oft, das Versprechen nicht gehalten wird. Zudem die Mode, den Stabreim zu pflegen, indem man verschiedenartige Nachrichten unter einen Hut bringt: Gekonnt, geglaubt, gefeuert – Beispiele journalistischer Aufmacherprosa.

Wie sollte die Literatur vom Journalismus lassen, schließlich gibt es in den Zeitungen die Begegnungsspalten des Feuilletons –

wohl nicht zufällig stammt die Bezeichnung aus dem Französischen. Aus einer Zeit, als mit dem Aufkommen der Tagespresse auch der Kulturjournalismus an Bedeutung gewann und Frankreich eine führende Rolle übernahm für all das, was »unterm Strich« erschien. Am Beginn der journalistischen Moderne stehen illustre Namen. Charles Baudelaire hat neben den berühmt gewordenen Kunstkritiken auch Buchrezensionen veröffentlicht, ein Lyriker, der bekannte, dass das Genie beim Alltag in die Lehre gehen soll; er hatte sich für Edgar Allan Poe eingesetzt, der sich seinerseits verhasst machte wegen seiner Verrisse zeitgenössischer Lyrik. Mit den *Causeries du lundi* hat Charles-Augustin Sainte-Beuve vorgemacht, welches Niveau man mit einer wöchentlichen Rubrik halten kann, aber auch ein Beispiel dafür bietend, mit welcher Eloquenz man sich irren kann.

Mit Feuilleton wird sowohl ein Ressort wie eine Gattung bezeichnet. Ein Terrain, wo die Literatur angestammten Platz fand.

Einmal als Ort der Diskussion, indem sich Autoren mit den Werken anderer Autoren auseinandersetzen, der Schriftsteller als Kritiker oder als Informant – von unbestrittenem Gewinn, wenn Ilma Rakusa über slawische Literatur orientiert oder Felix Philipp Ingold über die internationale Avantgarde, wenn Al Imfeld über die afrikanischen Literaturszenen schreibt oder Jürg Laederach über zeitgenössische angelsächsische Literatur und Musik.

Das Feuilleton aber auch als Ort, wo Literatur mit Originaltexten auftreten kann. Mit der Chance des Feuilletonromans ist es allerdings vorbei. Unter Werner Weber waren in der Beilage »Kunst und Literatur« der NZZ regelmäßig Proben aus dem zeitgenössischen literarischen Schaffen vorgestellt worden, eine Reihe von Autorinnen und Autoren kamen damit zum ersten Mal zu Lesern.

Natürlich können literarische Zeitschriften diese Funktion von Erstvermittlung übernehmen, aber wegen ihrer geringen Auflagen richten sie sich nur an ein kleines Publikum. Zeitschriften übrigens, die weitgehend von Schriftstellern betreut oder ins Leben gerufen wurden. Jacques Chessex hat mit Bertil Galland *Écriture* gegründet, und Christoph Geiser war Mitbegründer von *drehpunkt*. Die Roman- und Theaterautoren René Zahnd und Jean-Louis Kuffer zeichnen als verantwortliche Redaktoren von *Le Passe Muraille*, Werner Bucher boxt seit über zwanzig Jahren *Orte* durch, Peter Stamm redigiert die Vierteljahresschrift *Entwürfe*. Ein singulärer

Fall war *Unsere Meinung*, die Einmann-Zeitschrift, die R.J. Humm von 1948 bis 1977 herausgab.

Nun gibt es ein journalistisches Podium, das sich um kein Ressort zu kümmern braucht, die Kolumne, die sich wie kaum eine zweite Sparte für literarischen Journalismus eignet. Urs Widmer hat die PS, die er während anderthalb Jahren für die *Schweizer Illustrierte* verfasste, im Buch vereint *Auf auf, ihr Hirten, die Kuh haut ab!*. Bei Peter Bichsel wurde die Kolumne stilbildend zu einem literarischen Genre; er hat seinen *Geschichten zur falschen Zeit* die Kolumnen von 1990 bis 1994 folgen lassen: *Gegen unseren Briefträger konnte man nichts machen*.

Die Kolumne ermöglicht einem Autor Präsenz: Die Tessiner Literaturszene wäre ohne die Rubrik von Piero Bianconi im *Eco di Locarno* profilloser gewesen, genau wie wenn Giorgio Orelli nicht mehr seine vierzehntäglichen Kommentare in der *Azione* schreiben würde. In welchem Maß die Kolumne eine feste und vom Publikum geschätzte Einrichtung ist, dafür bieten die brasilianischen Medien ein Beispiel mit den *cronicas*. Kaum ein Autor von Belang, der nicht in einer Zeitung oder Zeitschrift seine Kolumne hätte.

Nun bedeutet die Kolumne auch eine Chance, die nationale und nationalsprachliche Grenze zu überschreiten. In *Le Temps* wechseln sich in der *Chronique d'écrivain* die Franzosen Jean Rouaud und François Bon mit den Schweizern François Debluë und Sylviane Dupuis ab. In der *Weltwoche* der Österreicher Josef Haslinger und die Amerikanerin Donna Leon mit dem Israeli Meir Shalev und der Kroatin Dubravka Ugrešić. Man kann hinzufügen: Dem Italiener Antonio Tabucchi steht eine Rubrik in *El País* zur Verfügung.

Die Kolumne ist ein Idealfall journalistischer Präsenz eines Autors: wenn sich stilistische Freiheit mit der *carte blanche* der Gesinnung vereinen kann.

Stiehlt der Journalismus, ungeachtet dessen,
der Literatur die Show –

da war von literarischer Seite zu hören, dass wir in einer Zeit des
»Feuilletonismus« leben, als ob die Zeitung wie ein Fluch über der
Literatur laste, seichte Feuilleton-Kultur, wie Hermann Hesse sie
verdammte, eine bezeichnend deutsche Prägung, die wie in der
Musik sich kein U für ein E vormachen lassen will.

Grundsätzlicher waren die kulturkritischen Überlegungen, wonach das moderne Pressewesen der Literatur mindestens streckenweise den Garaus machte. Walter Benjamin war überzeugt, dass
in der Moderne das Erzählen durch »Information« ersetzt werde.
Robert Musil notierte, dass mit der Zeitung (die das Neue bietet)
das Erzählen und damit der Roman in die Krise geraten ist.

Doch war nicht ein Ende des Erzählens annonciert, sondern die
Prosa sah sich gezwungen, sich auf ihre eigenen Voraussetzungen
zu besinnen. Beide können erzählen, der Journalismus wie die Literatur, aber der Journalismus wird dies diskursiv und argumentativ
(und damit gegenargumentativ) tun, es bleibt der fabulierenden In-
spiration ein weites Feld, da die Literatur das Wort nicht informativ
verwendet.

In Fortsetzung negativer Bilanzierung hat man davon gesprochen, dass auf ein schöpferisches Zeitalter ein sozialkritisches
folgte, dessen Errungenschaft der Journalismus ist, der sich unter
dem Diktat der Informatik über die Medien hinaus aller Kultur-
bereiche bemächtigte. Demzufolge, ganz im Zeichen bloßer Reaktion, die »Remythologisierung«, und dies zu einem Zeitpunkt, da
sich nach wie vor Mythen aufs Hartnäckigste gegen alle In-Frage-
Stellung behaupten und als ideologische Fixationen jeglicher Art
Ausblick versperren. Aber Erfahrung und Gegebenheit bleiben:
Soweit wir von der Welt Kenntnis nehmen und sich mit ihr Einsicht

und Verantwortlichkeiten abzeichnen, geschieht dies dank vermittelter Erkenntnis. Nicht das Vermitteln und das Vermittelte sind das Problem, sondern ob wir lernen, mit Information umzugehen – das gilt für den, der sie gibt, so gut wie für den, der sie zur Kenntnis nimmt.

»Weltläufigkeit«

Reisen ...

ca. 1974

Die Seele reise langsam, heißt es; weshalb reist sie dann? Die Seele brauche Zeit, sie müsse sich einfühlen und akklimatisieren. Das bedeutet wohl, dass sie im Zeitalter der Jets immer noch auf die Postkutsche eingestellt ist. Aber was, wenn ich mit dem Flugzeug unterwegs bin, und die Seele reist in der Kutsche nach; dann kommt sie vielleicht an, wenn ich schon wieder weg bin. Diese Seele hat umzulernen.

Es ist gerade der rasche Szenenwechsel, der mich am heutigen Reisen fasziniert – eben noch in einer mitteleuropäischen Stadt und ein paar Stunden später in einer andern Kultur. Und dieser Szenenwechsel betrifft auch die Natur. Eben noch Frühling, und schon landet man im Winter. Man lässt die Jahreszeiten umgekehrt ablaufen, oder man überhüpft eine Jahreszeit, man fliegt aus dem Herbst direkt in den Frühling. Natürlich schließt dies das Reisen mit dem allmählichen Abfahren einer Landschaft nicht aus, die langsamen Übergänge von einem Landschafts- und Vegetationstypus in einen andern. Es ist jene Kunst des Reisens, welche unsere Großväter vorzüglich beherrschten. Und es wäre ein überflüssiger Verzicht, diese Art des Reisens einfach wegzuwerfen. Es ist eine Möglichkeit, aber eben nur eine. Und fatal wird es dann, wenn sie gar ausgespielt wird als die bessere und schönere Form des Reisens. Fatal, wenn man damit die schockartige, übergangslose Form des Reisens von heute verdammen will.

Das rasche Umsteigen von Jahreszeit zu Jahreszeit und von Kultur zu Kultur entspricht unserer allgemeinen Erfahrung, dass die Welt immer unteilbarer wird und dass wir diese Welt nur bewältigen können, indem wir uns Rechenschaft geben über ihre Vielfältigkeit und Widersprüchlichkeit. Dieses Reisen entspricht im Grunde der Art, wie wir die Neuigkeiten am Radio oder am Fernsehen entgegennehmen – da wird auch nicht eine vorbereitende Brücke geschlagen, um von den Rassenunruhen zur Schönheitskonkurrenz überzugehen.

Sicherlich, man ruht mit dem Auge nicht mehr so ausführlich auf einem Hügel oder einem Bach, aber man erlebt dafür die Gegensätzlichkeiten oder noch besser: das Anderssein. Vielleicht nicht in erster Linie die Stadt, die man anfliegt, diese nur als Anlass, um sie in Beziehung zu andern Städten zu setzen. Und damit stellt sich eine neue Form des Erlebnisses ein.

Dabei ist es möglich, Entdeckungen zu machen. Nicht nur Neues zu entdecken, sondern Dinge, die man kannte.

So geschah es in diesem Sommer, ich entdeckte in Zürich etwas Altbekanntes. Ich kam aus Rio. Nun bin ich ein Mensch, der ohne Uhr auskommen will. Städte haben ihren Rhythmus, und man kennt dann eine Stadt, wenn man ohne Uhr weiß, allein von ihrem Mouvement her, was für Zeit es in der Stadt geschlagen hat. Aber ich war irritiert. Es war hell und noch Tag, und dabei war es schon halb sieben und acht oder halb neun. Bis ich mir dann den Grund der Irritation erklärte.

In den Tropen, da fällt die Nacht ein, direkt und übergangslos, um fünf beginnt sie sich abzuzeichnen, und um sechs ist sie da. In diesem Zürich aber stellte sie sich ganz allmählich ein, zögernd und abwartend und doch kommend. Sie dämmerte heran, und ich entdeckte plötzlich die Dämmerung. Und es war eine Entdeckung, die ich bewusst zu genießen begann. Es gab plötzlich wieder die Abende, jenes Zwischending von Tag und Nacht. Dank eines abrupten Übergangs hatte ich, paradoxerweise, die Übergänge entdeckt. So entdeckt man über das andere, was einem schon längst gehörte.

Vom polygamen Umgang mit Städten

Die Faszination der Gleichzeitigkeit menschlicher Möglichkeiten

1994

Unvorstellbar von Städten zu reden, ohne dass mir gleich das Wort »urban« einfällt. Allerdings in einer Bedeutung, die es immer mehr verliert, wenn überhaupt noch besitzt.

»Urban« hieß einmal »kultiviert«, »verfeinert« oder »weltmännisch«. Heute jedoch bezeichnet das Wort alles, was generell die Verhältnisse der Stadt und ihren Problembereich ausmacht.

Wenn Christo »urbane Projekte« plant, hat dies nichts mit »Kultiviertheit« zu tun, sondern damit, dass er nicht Landschaftliches, sondern Bauobjekte verpacken will, die sich in einer Stadt befinden – ob den Pont-Neuf in Paris oder das Reichstagsgebäude in Berlin.

In Wörterbüchern lässt sich der Bedeutungswandel nachschlagen. Heinsius, der für die Geschäfts- und Lesewelt im letzten Jahrhundert Konversationswörter auflistete, verstand unter urbanisieren »feinsittig machen«. Man würde auf unseren Bauämtern Verlegenheit hervorrufen, fragte man die Beamten, wie sie es bei ihrer Arbeit mit der Feinsittigkeit hielten. Sie könnten ihrerseits Wörterbücher konsultieren; noch immer fänden sie für urban »kultiviert« und als zweite Bedeutung »städtisch«; urbanisieren hieße ganz in ihrem Sinn »einen Ort oder eine Ansiedlung städtisch machen«. Damit dürfte klar sein, dass man Baurechte vergeben und Zonen festlegen kann, ohne feinsittig sein zu müssen.

Dass das Wort urban schlechthin für »kultiviert« steht, mag

einen merkwürdig berühren, wenn man an ein heutiges Schlagwort denkt wie die »Unwirtlichkeit der Städte«, konfrontiert mit der alarmierenden Frage: ob Städte überhaupt noch bewohnbar sind. Der Satirejournalist Juvenal hat als einer der Ersten den Unerträglichkeitskatalog einer multikulturellen Metropole in Verse gebracht. Das Verkehrschaos (»Wagen biegen in scharfer Wendung um die Straßenecken, und die Treiber schimpfen laut, wenn ihre Herde nicht weiterkann«) und die Kriminalität (»kein Verbrechen und keine Untat der Willkür fehlt«); schuld daran sind die Zuwanderer aus dem Orient (»Zu unseren Hügeln strömte Sybaris, Rhodos, Milet und in frecher Trunkenheit Tarent«), und in dieser »vergriechten Stadt«, im Rom des zweiten nachchristlichen Jahrhunderts, sind selbst die Prostituierten nicht mehr einheimischbodenständig: Es ist am besten, man flieht aufs Land, denn dort »kann man ein ganzes Haus kaufen für das, was man in Rom als Miete für eine Wohnung bezahlt«, demnach empfiehlt Juvenal: »Verliebe dich in deine Hacke ... und lebe als Hüter eines gepflegten Gemüsegartens.«

Nicht dass einem die Klagen von einst über die eigenen Leiden hinweghelfen, aber sie zeigen, dass man mit ihnen nicht allein dasteht und nicht einmal so originell ist. Um sich ein komplexeres Bild von der guten alten Zeit zu erwerben, lohnt es sich, in einem Verbrecherlexikon nachzulesen. Die europäischen Großstädte sind erst Anfang letzten Jahrhunderts zu der Einrichtung gekommen, die wir Kriminalpolizei heißen. Um London als Beispiel zu nehmen: Die Stadtbürger hatten vorher selber für Sicherheit und Habe zu sorgen; sie engagierten zu ihrem Schutz *thief-takers;* diese »Dieb-Schnapper« verstrickten sich ihrerseits in Korruption wie die später halbamtlichen *runner,* welche Bürger als eine Art Privatdetektive mieteten. Als Scotland Yard 1829 geschaffen wurde, schätzte man in London die Zahl derer, welche ausschließlich von Raub und Diebstahl lebten, auf 30 000. Mit den Bobbys kam London zu der

Kriminalpolizei, wie sie Paris seit Kurzem mit der »Sûreté nationale« besaß, einer eigenen Abteilung für Verbrechensbekämpfung innerhalb einer Polizeiorganisation, die bis anhin vorwiegend politisch für Ordnung gesorgt hatte. Der Mann, der die Sûreté organisierte, ein ehemaliger Straffälliger, engagierte Exkriminelle, überzeugt, dass man am wirkungsvollsten auf Verbrecher Verbrecher ansetzt – eine homöopathische Methode, die eine eigene Form der Resozialisierung darstellt.

Einem jüngeren Bericht der Schweizerischen Vereinigung städtischer Polizeichefs ist zu entnehmen, dass sich die Gewaltkriminalität auf städtische Gebiete konzentriert. Daraus kann nicht geschlossen werden: je weiter weg von der Stadt, umso größer die Unschuld; mangelnde Gelegenheit war noch nie Ausweis von Tugend. Die Untersuchung bestätigt vielmehr, dass städtische Gebiete für Kriminalität und Dunkelagieren jeglicher Art günstigere Voraussetzungen schaffen.

In dem Maße, wie »städtisch« als »urban« für »kultiviert« stand, bezeichnete der Gegensatz »bäuerlich« oder »bäuerisch« das »Unkultivierte« – das Ungehobelte und Grobe, und dies in allen europäischen Sprachen. Der Norditaliener beschimpft nach wie vor den Südländer als Bauerntölpel, als *terrone*. Der Bauer erlebte auf der Bühne und zwischen Buchdeckeln die unterschiedlichsten Travestien, stets eine komische Figur, ob als Millionär oder zuletzt als Astronaut. Er, der so leicht hereinzulegen ist, wie der Bauernfänger meint, auch wenn dieser mit Bauernschläue rechnen muss. Aber Bauernfußball spielt man stilistisch nun einmal nicht in der Liga A. Und der Bauer frisst nicht, was er nicht kennt, selbst wenn es Kartoffeln sind; aber hinterher hat der dümmste Bauer die größten. Er mag sich darüber freuen und singen, aber wenn er singt, jauchzt er dazu.

Als Arroganz äußert sich hiermit ein Sprachgebrauch, der Verhältnisse überdauerte, aus denen er hervorgegangen ist. Die

Redeweisen spiegeln eine historische Situation, in welcher eine ländliche und eine städtische Gesellschaft gesondert nebeneinander lebten. Die Stadtmauern markierten die Trennungslinie einer sozialen und kulturellen Dualität.

Die Entwicklung hob die Unterschiede auf. Einmal dadurch, dass als Folge der Aufklärung die allgemeine Schulpflicht eingeführt wurde. Zudem glichen sich Ausbildungs- und Arbeitsstil in dem Maße an, als die Landwirtschaft sich technisierte; der Konsum weckte und deckte Bedürfnisse, die sich kaum nach Stadt und Land unterschieden. Und die modernen Kommunikationsmittel bieten den gleichen Informationsstand.

Die Mauern selber fielen, als man die Befestigungsanlagen schleifte, als anstelle der Wehrgräben Ringstraßen angelegt wurden; der Brunnen stand nicht mehr vor dem Tore und das Tor selber in der Stadt. Es galt, der Stadt Platz zu schaffen, und sie machte davon Gebrauch – planlos und spekulierend, weitete sich aus und wucherte in die Region hinein, mit Wohnvierteln, Industriezonen und Niemandsland. Es entstand etwas Neues, das weder Stadt noch Land ist, nicht mehr Stadt, aber städtisches Gebiet, die Agglomeration. Bei diesem Agglomerationsprozess verlor das Zentrum seine Bedeutung. Nicht nur wegen des Wegzugs in die Vororte, was im Falle amerikanischer Städte zur Verslumung der City führte. Das Zentrum wurde relativiert durch das, was sich an neuen Zentren in den städtischen Gebieten heranbildete, sofern die Agglomeration nicht gewillt war, sich als reine Schlafstadt zu verstehen oder sich einer Hierarchie von Mutterstadt und Satellitenstadt zu fügen.

Die Städte machten eine Entwicklung mit, welche darüber hinaus auch die Geografie der politischen Machtzentren veränderte, die ihre Absolutheit verloren. »Verlust der Mitte« geht die konservative Klage; aber es ist ein demokratisierender Prozess.

Soll dies heißen, dass eine Agglomerationskultur im Entstehen ist, sodass neben die Urbanität von einst eine Suburbanität von heute (oder morgen) treten wird – als Ergänzung und Ausweitung oder gar als Ablösung? Sosehr die Stadt die Nicht-Stadt verachtete, sie wertete die Unkultur des Bauern zugleich als Unverdorbenheit und Ursprünglichkeit. Bevor Europa in Amerika den »edlen Wilden« entdeckte, feierte es auf dem eignen Kontinent die edle Unschuld des Landmannes.

Ein Vergil bekundete mit seinem Lehrgedicht *Landbau* viel praktische Kenntnis. Aber der Großstädter lieferte dem Großstadtmüden das schicke Credo: *et ego in Arcadia* – das Simple als letztes Raffinement, was immer die Boutique dafür verlangt. Auch die, welche nach Vergil behaupteten, sie seien in Arkadien gewesen, waren so wenig wie er in dieser rückständigen Gegend Griechenlands, von wo die Bewohner wegen der misslichen Lebensverhältnisse schon in der Antike in die Städte auswanderten.

Das ländliche Idyll ist eine Erfindung der Städter; dafür liefert die Schweiz europäische Beispiele. Nicht Bergler begannen die *Alpen* zu besingen. Es war ein Städter wie Albrecht von Haller; er staffierte die Sennen mit Unschuld aus; erst in der zweiten Fassung seiner Gedichte konzedierte er ihnen Sündhaftigkeit. Und ein Städter wie Salomon Gessner machte keinen Hehl daraus, dass Misere und Plumpheit der damaligen Bauern keine Vorlage abgaben für die schöne Dichtung seiner Bestselleridyllen.

Anderseits hat die Stadt stets vom Land geträumt, als sei dies der Garten Eden, aus dem die Bewohner vertrieben wurden und denen nichts anderes übrig blieb, als sich im Schweiß des Angesichtes in Städten einzurichten. Das Land bot als *ad-interim*-Paradies eine Erholungspause. Der grüne Traum kann sich zur voreiligen Erlösung verführen lassen, zu Idyllen, die nicht außerhalb gesucht werden, sondern im eigenen Innenleben. Dann wird der Hausfrauenurbanismus mobilisiert, der einen Blumentopf hier aufstellt und dort eine Reihe von Pflanzenkübeln. Mit dem, was als Verschönerung ausgegeben wird, können Städte um ihr Schönstes gebracht werden, um Plätze. Kaum eine Stadt, zu der einem nicht gleich ein Platz einfällt: die Praça do Comércio in Lissabon oder die Place Stanislas in Nancy oder ... Plätze, die als städtebauliches Ensemble konzipiert, auch als solches wirken und die nicht auf Begrünung angewiesen sind. Der Platz vor dem Petersdom gewinnt weder an Schönheit noch an Wärme, wenn man vor jede Säule ein Geranium aufstellt.

Es ist etwas anderes, Terrain für Schrebergärten zur Verfügung zu stellen, als aus der Stadt selber einen Schrebergarten zu machen. Natürlich lockte die Vorstellung einer Gartenstadt, aber sie entsprach eher einer Wohnstadt als einer Metropole. Natürlich kennt auch diese ihre Gartenträume – von Vorgärten oder botanischen Gärten, vom Belvedere und von Rabatten und Grünanlagen. Und sie wird nicht auf die Bäume verzichten, die ihre Straßen und Uferwege säumen, und wird Parks anlegen, ob streng geometrisch oder in englischer Manier. Die Stadt hatte ihre eigene Natur zum Schaffen, eine kreierte Natur; ihre Landschaft ist Landschaftsarchitektur. Aber die Stadt hat schon vom Sprachlichen her Probleme. Wir reden von »Stadtlandschaften«. Wir verdanken einem fiktiven Lexikon von Kurt Marti den Ausdruck »Stadtschaften«. Hätte ich ein spezifisches Wörterbuch des Urbanen zusammenzustellen, nähme ich diesen Ausdruck vorbehaltlos auf. In dem Vokabular fände man unter »s« auch *smog* und sicher *skyline*. Die Silhouette als Visitenkarte; die Skyline als Versprechen, auch wenn die Stadt mit der Horizontallinie nie verrät, woran sie hinterm Horizont leidet.

Zu meiner frühesten Stadtschaft gehören Hinterhöfe und Mietskasernen mit ihren Balkonen – Bilder präzis wie Kindheitserinnerungen. Und die aus einem Viertel, das man kaum zitiert, ginge es um Zürichs Urbanität. Aber ich habe in diesem Quartier der Arbeiter und Kleinbürger jene ersten Erfahrungen gemacht, die mich zum überzeugten Städter werden ließen und zu einem Städtesucher. Ist es nicht bezeichnend, dass dieser Städter zunächst nicht von einer Stadt spricht, sondern von einem Viertel? In seinem Falle lag es jenseits der Sihl, ein Außerhalb, das in Stadtkreise aufgeteilt war. Die Stadt selber lag woanders, am anderen Ufer. Als er die Stadt kennenlernte, richtete er sich erneut in Vierteln ein und kennt andere Viertel höchstens vom Durchfahren oder punktuell.

Die gleichen Erfahrungen machte er als Städtesucher. Spricht er von Paris, der ersten Metropole, die er kennenlernte, wird er gleich auf das Quartier Latin zu sprechen kommen. Er wird später regelmäßig in ein anderes Viertel zurückkehren, ins Marais. Und er wird eines Tages Belleville zu einem seiner Viertel machen, nicht nur wegen einer Bekanntschaft, sondern weil er hier das multikulturelle Paris in seiner ganzen vitalen Spannung antrifft.

Aber Paris bleibt so wenig wie andere Städte eine Stadt der Viertel. Schon wegen der Veranstaltungskalender und Arbeitsprogramme nicht. Es lockte eine quartierüberschreitende Methode, die nicht mit Absichten zu tun hatte: das Flanieren. Eine städtische Gangart, wie sie die Großstadt erfand, im Treiben sich treiben lassen, teilnehmend und für sich, auf nichts Besonderes aus und doch mittendrin. Und er, den man auf keinen Vita-Parcours brächte und der vor jedem Wanderweg scheut, legt Kilometer zurück, eine Kommunikation, bei der die Füße den Augen sehen helfen. Dieses Flanieren ließ sich in Paris vorzüglich üben und später auf andere Städte übertragen. Es gibt Städte, denen unser Städtebesucher nur viertelweise beikam. Aber wiederum bezeichnend, dass er New York sagt und Manhattan meint. Banal festzuhalten, dass das Village ein anderes New York ist als das an der zweiundsiebzigsten Straße und dieses nochmals anders als Midtown.

Richtiger wäre es, im Falle von Manhattan nicht von Vierteln zu reden, sondern von Nachbarschaft. Von einer *neighbourhood,* die vielleicht nur ein paar Straßenzüge umfasst und die sich verantwortlich fühlt für den überblickbaren Umkreis.

Was sich hier und auch anderswo als Quartiergeist manifestiert, mag man als Pendant zur Agglomeration verstehen, Gegengewicht zu einem Zentrum, das nicht mehr alles im Griff hat. Und in der Tat lassen sich eine Reihe von Problemen in Quartierregie lösen. Fragwürdig wird es, wenn der Quartiergeist Autonomes anstrebt und sich nicht länger als Teil eines Ganzen versteht, eine Quartieroper funktioniert so wenig wie eine Quartieruniversität. Und fatal wird es, wenn Quartiermentalität international verbindlich mitreden möchte, auf Überblickbares pocht und limitierte Verantwortung predigt und damit Abschottung legitimiert. Das ändert nichts daran, dass wir als Bürger einer Stadt immer zugleich Provinzler eines Viertels sind; daraus resultiert nicht notwendigerweise ein Chauvinismus des Lokalen.

Und unser Städtebesucher würde seiner eigenen Stadt zugutehalten, dass sie klein genug ist, dass man, wenn's darauf ankommt, jedermann kennt, aber auch groß genug, damit man anonym bleiben kann – eine Stadt kennt Anonymität nicht nur als Einsamkeit, sondern auch als unbehelligtes Fürsichsein.

Er, der die eigne Stadt von einem Viertel aus entdeckt, wird als Städtesucher zu einem Entdecker von Vierteln. Auch von einem, das er flieht. Dann, wenn sich Hotel an Hotel reiht, durch tropisch ausstaffierte Rasenflächen getrennt, ein abgesteckter Bezirk, auf den Kuala Lumpur stolz ist. Aus solcher Abgeschirmtheit muss man ausbrechen und eine Unterkunft suchen, von wo man in den Betrieb des Lebens stößt, tut man einen Schritt aus der Hotelhalle. Dafür bietet sich nur *downtown* an. Und nicht nur in dieser Stadt. Ein Downtown, dessen Geschäftigkeit nicht auf die Fremden angewiesen ist.

Bei diesem Umgang mit Städten fällt auf, wie wichtig die Ankunft wird. Zwar mag die Frage, ob Luft-, Wasser- oder Landweg, theoretisch erscheinen; bei großen Distanzen bleibt nur das Flugzeug. Mit ihm kommt man im Hinterhof an, bis auf die wenigen

Städte, deren Flugplätze sich in der Stadt befinden wie im einstigen Westberlin oder noch in Hongkong. Vororte und Industriezonen vermitteln den ersten Eindruck, und da sich diese weltweit angleichen, kann der erste Eindruck charakterlos ausfallen. Daran ändert nichts, dass der Flughafen auf Repräsentanz bedacht ist, wie dies einst der Bahnhof war, der mit der Oper ein städtisches Symbol der Bourgeoisie abgab.

Aber dann ist es eben doch ein Flugzeug, dem man eine großartige Ankunft verdankt: wenn in der Abendsonne beim Anflug Rangoon unter einem erglänzt. Und man staunt ein zweites Mal, wie die leuchtenden Bedachungen von Tempeln und Klosteranlagen am Horizont eine goldene Stadt verheißen. Eine goldene Stadt, wie dies einmal auch Bangkok war. Dort aber werden die Tempel und Chedis von Hochhäusern erdrückt, sie behaupten sich hinter ummauerten Bezirken und sind zu einem insularen Dasein verurteilt.

Aber müsste man sich Bangkok nicht vom Wasser her nähern, von einem Fluss, den man sich nicht nur für diese Zeremonie weniger verdreckt und malträtiert wünscht. Die »Mutter aller Wasser« war auch die »Mutter aller Wasserwege«. Nicht jede Stadt, die ans Wasser gebaut wurde, richtet sich darauf aus. Lissabon und seine Konkurrentin Bordeaux zählen zu denen, die ihre Existenz dem Wasser verdanken. Da ihre Häfen nur an einem Flussufer gebaut wurden, muss man ans andere Ufer gehen, um der Stadt voll ins Gesicht zu schauen.

Die Ankunft lässt sich inszenieren. Im Falle von Rio de Janeiro sieht das Script vor, dass man mit einem Boot aufs Meer hinausfährt, gleich umkehrt, am Zuckerhut vorbei in der Bucht ankommt, an welcher die Stadt gegründet wurde und an der sie Geschichte machte, bevor Copacabana ihr den Prospekt stahl. Doch die Topografie mit Hügelketten, Berggipfeln, Buchten und Lagunen, die Stadt, wie sie sich den Anhöhen entlang hinaufwindet, das wird erst vom Flugzeug aus erschaubar, und anderseits macht einem erst der Landweg klar, wie rasch hinter dem bebauten Terrain der dampfende Urwald beginnt. Das mehrfache und unterschiedliche Ankommen erlaubt Städtekomparatistik. Unterwegs nach Los Angeles auf einem Highway und nie wissend, ob man schon angekommen ist oder etwa schon gar durch. Und dann vom Flugzeug aus der Blick in eine horizontlose Ferne, ein Lichtermeer, das nirgendwo aufhört und nirgendwo anfängt. Im Vergleich dazu Manhattan, eine festumrissene Insel, der Blick in Schluchten und Täler, welche die Wolkenkratzer mit Beton, Stahl und Glas formieren. Eine Stadt der Vertikalen am Atlantik, und am Pazifik eine der Horizontalen; dort unentwegt im Auto und hier viel Zeit im Lift verbringend. Auch zwei verschiedene Möglichkeiten zu spinnen: einmal Platz genug auch für extravagante Neurosen, und einmal ein aggressives Verhalten, da sich auf knappem Raum der eine Komplex stets an dem der andern reibt.

Mag sein, dass mehrfach Ankommenwollen ein Eingeständnis dafür ist, dass wir nirgendwo endgültig ankommen, sodass jede Rückkehr in eine Stadt stets eine neue Art des Ankommens ist, was auch für die Heimkehr in die eigne gilt.

Nun macht man sich Gedanken übers Ankommen, wenn man dem Charakter einer Stadt gerecht werden möchte. Aber woher soll man wissen, was für einen Charakter sie hat und ob sie nicht mehr als nur einen besitzt? Wäre da nicht ein Knigge dienlich? Einer, der sich für den Umgang mit Städten der Umgangsformen annimmt. Bei einem solchen Städtesuchen muss man mit skeptischen Fragen rechnen. Wäre der Städtesucher aus geschäftlichen Gründen unterwegs, leuchtete das ein. Oder auch wegen dieses oder jenes vielleicht sogar kulturellen Anlasses. Und auch Ferien sind ein legitimer Anlass, und sei es nur ein Städteflug nach Rom: vier Tage, drei Übernachtungen, Halbpension und für den Besuch des Vatikans eine Zusatznacht. Aber wozu Städte sonst?

Bei dieser Frage könnte ein schweizerischer Unterton mitschwin-

gen, eine Skepsis gegenüber der Stadt und gar gegenüber einer größeren, und erst recht, wenn dies Zürich ist, das mit seiner Agglomeration von einer Million ein Verhältnis zur Deutschschweiz hat wie
Paris zu Frankreich oder London zu England. Nein – es gilt kleiner
zu sein, als man ist, und wenn's nur darum geht, den Schein zu
wahren. Es ist kein Zufall, dass Gottfried Keller Seldwyla bewusst
»eine gute halbe Stunde von einem schiffbaren Fluss angepflanzt«
hat, »zum deutlichen Zeichen, dass nichts daraus werden solle«.

Ist es nicht bezeichnend, dass Schriftsteller, die aus dem ausbrechen, was sie als Enge empfanden, zu Autoren von Städten wurden: Paul Nizon mit Barcelona und Paris und Jürg Federspiel mit
New York? Und sollte es nicht minder aufschlussreich sein für die
momentane Situation, dass mit der jüngsten Schriftstellergeneration
die Landschaft erneut Einzug hält in der Literatur? Landschaftliches war immer literaturwürdiger als Städtisches. Wo der Asphalt
anfängt, hört die Heimat auf. Ein Schriftsteller, der sich als kritischer Geist versteht, propagierte während der Europa-EG-Debatte
das »weltoffene Dorf mit Flugplatz« als schweizerische Zukunft.

Neben diesem Ideologiekitsch nimmt sich die Broschüre *Achtung: die Schweiz* aus den frühen Sechzigerjahren revolutionär aus.
Max Frisch gehörte zu denen, die als Pilotprojekt die Gründung
einer Stadt vorschlugen. Im Rückblick überrascht es, wie stark das
helvetische Credo dieses Unternehmens war: »Wir müssen etwas
Eigenes, etwas Schweizerisches tun«, es sollte eine »heutige Ma-
nifestation schweizerischer Lebensform« werden, und »was wir
wollen: die Schweizerstadt und das Schweizerland«. In dieser
schweizerischen Musterstadt unseres Jahrhunderts hätte das Wort
»urban« nicht viel zu suchen gehabt. Da war keine Zeile zu finden
von kultureller Potenz, und auch kein Hinweis auf die städtischen
Einrichtungen, deren die Kultur bedarf. Geplant war eine Stadt für
fünfzehntausend Bewohner. Da hatte ein Le Corbusier noch anders
ausgeholt. Die Stadt, die er Anfang der Zwanzigerjahre als Projekt

in Paris vorstellte, war für drei Millionen gedacht. Und er war auch bereit, sie mit der Radikalität des Idealisten zu verwirklichen: Er hätte für die Realisierung halb Paris abgerissen und halb Moskau. Mag sein, dass beim Städtesuchen die Vorstellung einer idealen Stadt mit lockt. Was für Triumphe an Fantasie sind mitzuerleben, wenn Architekten, Philosophen und Theologen sich vorbildliche Gemeinschaften ausdachten. Sosehr die Stadt als Kunstwerk das ästhetische Empfinden beglücken mag, der lebendige Mensch in ihr stört. Und kein kreativer Mensch wird sich je mit dem zufriedengeben, was ein für alle Mal als perfekt gilt und somit unabänderlich ist. Das Zeitlos-Utopische bringt sich selber um die Zukunft.

Mag sein, dass wir im Geheimen auf der Suche nach einem »himmlischen Jerusalem« sind. Und wir können es dort finden, wo wir selber es nicht erwarten und wo andere es nicht vermuten. »Die große weiße Stadt auf der grünen Ebene, mit den zwei hohen, roten Kirchtürmen und den vielen schönen Landhäusern weit umher. Mein Gott, wie erschien mir alles so schön – eben wie Mailand, oder viel mehr noch wie ich mir die Stadt Gottes, das himmlische Jerusalem dachte.« Für Jakob Stutz, den Schriftsteller aus dem Zürcher Oberland, hieß das »himmlische Jerusalem« Winterthur, über das er 1853 schrieb: »Ja, was uns doch mit der Kindheit verloren geht. Jetzt würde mir die größte und schönste Weltstadt nicht so herrlich erscheinen. Nein, jenes Winterthur sehe ich in der Welt nicht mehr.« Aber auch wenn man sich nicht auf die Suche nach einem »himmlischen Jerusalem« macht, bewahrt man sich die Neugierde für alle nichtgebauten und nur erträumten Städte. Und nichts hindert einen daran, Italo Calvino zuzuhören, wenn er dem chinesischen Kaiser von »unsichtbaren Städten« erzählt.

Eine einzige Modellstadt habe ich kennengelernt, Brasília. An ihrem zehnten Geburtstag. Voll Bewunderung für die Architektur. Nicht völlig überzeugt von dem stringenten Funktionalismus. Erregend waren die Barackenstädte, die wild und ungeplant um die

Stadt entstanden. Hier meldeten sich Erwartungen und Leiden, die größer waren, als das Reißbrett ahnte.

Aber die Frage bleibt im Ohr: Wozu die Suche nach all den Städten? Die Frage klingt um so ungeduldiger, als sie sich an jemanden richtet, der einst ein »Hohelied der Städte« anstimmte. Als ich das tat, wusste ich nicht, dass es dafür einmal eine Gattung gab, in der Antike wie im lateinischen Mittelalter, das »Städtelob«, die »*laudes urbium*«.

Und die Frage »Wozu auf Städtesuche gehen« kann inquisitorischer lauten: »Genügt Ihnen die eigene nicht?«

Wenn ich nun sage, dass dies zutrifft, heißt das nicht, dass man eine Stadt als Kompensation oder als Ersatz sucht, als würde das wahre Leben woanders stattfinden. Die Suche gilt nicht dieser oder jener Stadt, sondern der Stadt selber, von der die eigene eine Variante ist.

Was sich als Untreue gegenüber der einen oder der andern ausnimmt, ist die Treue zu all dem, was einst und heute sich als Stadt realisierte, was unterging und was sich behauptete, was denkbar ist und was wir zu unserem Lebensraum machen müssten.

Unvermeidlich, dass ein Suchen und Zurkenntnisnehmen Ausdruck einer polygamen Leidenschaft ist, die will, dass es die Stadt gibt, und die weiß, dass es nie nur die eine und einzige geben wird. Die Liebe gilt der Stadt als der größtmöglichen Gleichzeitigkeit menschlicher Möglichkeiten. Eine Gleichzeitigkeit, die herausgefordert wird, da anstelle der homogenen Stadt, die nie so homogen war, wie sie behauptete, eine Stadt tritt, in der unterschiedlichste Rassen und verschiedene Kulturen Lebensraum beanspruchen. Gleichzeitigkeit aber ergibt sich nur, wenn erkannt wird, dass die Möglichkeit des einen die des andern ermöglicht und dass die einen Möglichkeiten sich in dem Maße entfalten, wie sich andere verwirklichen können. Darin beruht die Kulturträchtigkeit der Stadt und die Chance einer Neubestimmung von Urbanität.

Lusitanische Welt

Portugal und die »portugiesische Welt« –
Geschichte und Aktualität

1983

O *mundo português*, die portugiesische Welt, ein Begriff, so bedeutungsvoll für die Portugiesen, aber sonstwo, auch bei uns, kaum bekannt. Diese portugiesische Welt möchten wir vorstellen. Wir versuchen zu zeigen, inwiefern die portugiesische Welt Welt ist, was sie an Realität und Vorstellung ausmacht, wie sie sich ausnimmt, als Geschichte und Aktualität.

Ein Interesse für dieses Thema könnte sich aus Folgendem ergeben: Sofern unsere eigene Geschichte europäische Geschichte ist, ist sie auch portugiesische Geschichte; denn mit Portugal, diesem Land am Rande Europas, begann jene Entwicklung, die aus europäischer Geschichte Weltgeschichte machte; mit ihm fing eine Epoche an, in der wir uns noch mittendrin befinden, nur dass Europa nicht mehr wie bisher die Geschicke der andern allein bestimmt, sondern die andern unser Geschick mitbestimmen.

Relikte und Erinnerungen

Portugiesische Welt – damit können zunächst Länder gemeint sein, in denen heute Portugiesisch (oder noch Portugiesisch) gesprochen wird. Zählt man auf, wird die Sprache von 130 Millionen Portugiesen in Europa, Lateinamerika, Afrika und Asien gesprochen. Wir lassen jene Portugiesen auf der Seite, die in die USA ausgewandert sind und wo zum Beispiel in New Jersey Portugiesen ihre Feste der *Santos populares* wie des heiligen Antonius feiern.

Allerdings kann das Portugiesische auf dieser Weltkarte unter Umständen ein merkwürdiges Dasein fristen. Etwa, wenn wir an Malakka denken. Malakka, an der Südwestküste Malaysias, war für einige Jahrzehnte in den Händen der Portugiesen, bis diese es an die Holländer abtreten mussten. Noch immer leben dort Nachkommen der Portugiesen, etwas über tausend Fischer. Natürlich Katholiken. Deshalb werden zu ihrer Betreuung Priester aus Portugal hingeschickt. Wir staunten nicht schlecht, als wir einen dieser Padres im Umgang mit seinen Schützlingen erlebten. Der Padre klärte uns auf: Die Fischer würden ein Portugiesisch aus dem 16. Jahrhundert reden, die Sprache der Entdecker, er wolle nicht mit seinem modernen Portugiesisch ihr altes stören. So unterhielt sich der Padre aus dem Norden Portugals mit den Nachkommen der portugiesischen Entdecker auf Englisch.

Man darf in dem Zusammenhang gleich darauf hinweisen, dass im Fernen Osten im 16. Jahrhundert Portugiesisch die *lingua franca* war. Es hat demnach in verschiedenen asiatischen Sprachen Spuren hinterlassen. Auch im Wortschatz des Indonesischen – eine Reminiszenz daran, dass die Portugiesen sich vorübergehend auch dort niedergelassen hatten, wo später das Batavia der Holländer lag und heute das Djakarta der Indonesier liegt.

Portugiesische Welt ist zunächst einmal eine Welt der bloßen Relikte.

Die Erinnerungen sind auf der Landkarte zu finden. Mit einer Reihe von Namen. Sei es einer wie Lagos, die Hauptstadt Nigerias. Der Name erinnert an Lagos an der Südküste Portugals; eine Stadt, die für den Schiffsbau wichtig war und wo der erste schwarze Sklavenmarkt in Europa abgehalten wurde. Oder sei es, dass ein Teilstaat und ein Fluss in Venezuela »Portuguesa« heißt, nur weil dort einst eine Portugiesin sich eingerichtet hatte.

Die Erinnerung findet sich nicht nur auf den Landkarten, sondern auch in Chroniken. Etwa in einer ceylonesischen. Darin wird von der Ankunft der ersten Portugiesen berichtet: Sie tranken Blut (natürlich Wein), und sie aßen Steine (natürlich Brotfladen) und gingen in ihren Rüstungen unruhig auf und ab. Schon bei einer der ersten Begegnungen zwischen Abendland und Osten fiel den Asiaten auf, dass die Europäer ein anderes, nämlich ein nervöseres Verhältnis zur Zeit hatten.

Und nicht nur auf der Landkarte und in Chroniken sind Erinnerungen da, sondern auch auf Paravents. Auf jenen Paravents, die heute in einem Museum in Tokio und in Porto und Lissabon zu sehen sind. Auf ihnen haben japanische Künstler die Ankunft portugiesischer Schiffe dargestellt: das erste Auftreten von Portugiesen in Japan, jener Südwestbarbaren, wie die Japaner sie bezeichneten; denn diese Weißen beherrschten das Höflichkeitszeremoniell nicht, und, wie geschrieben wurde, sie passten ihre Leidenschaft ihren Trieben an.

Nicht nur auf Landkarten, in Chroniken oder auf Paravents sind Erinnerungen da, sondern auch auf einer Grabplatte wie einer im Süden Portugals aus dem Jahr 1453: Johan Vaz Corte, *Real-Navigador*, *Senhor* von Terceira und Neufundland.

Nicht überall, wo Portugiesen hinkamen, entstand portugiesische Welt.

Das berühmte Beispiel dafür, dass dies nicht der Fall ist, bietet Magellan. Im Dienste Madrids ging dieser Portugiese nicht mit seinem portugiesischen Namen »Fernão Magalhães« (1480–1521) in die Geschichte ein, sondern mit seinem spanischen. Ihm gelang als Erstem eine Weltumseglung; er selber kehrte zwar nicht zurück, aber eines seiner Schiffe. Er wurde auf Cebu getötet, auf einer jener pazifischen Inseln, die später Islas Felippinas nach König Philipp heißen sollten. Ein Portugiese legte die Voraussetzungen dafür, dass Spanien, der Erzkonkurrent Portugals, dank der Philippinen zu

seiner einzigen Kolonie in Asien kam. Und ein anderer Portugiese
in spanischen Diensten drang als Erster nordwärts über Mexiko
vor, in jenes Gebiet, das heute Kalifornien heißt; erst zweihundert
Jahre nach dieser Expedition von Cabrilho († 1543) bauten die Spanier an diesem Teil der Pazifikküste ihre Missiones und Forts.

Portugiesische Welt, das ist eine, zu der über diese und andere
Beispiele hinaus ein Hof von Reminiszenzen und Relikten gehören,
Verballhornungen und Vergessenes, aber diese portugiesische Welt
ist ja nicht nur Vergangenheit, sondern auch Aktualität, vielgesich-
tig und vielproblematisch.

Der Atlantik wird portugiesisch

Sicherlich – die portugiesische Welt, sie ist das Ergebnis von Geschichte:

Das Ergebnis einer Geschichte, die damit anfing, dass Portugal,
das als erstes Land zu nationalen Grenzen kam, mit der Eroberung
von Ceuta (1415) in Nordafrika über diese nationalen Grenzen und
damit über den Kontinent hinausging und so ein vierkontinentales
Imperium aufbaute.

Das Ergebnis einer Geschichte, die damit aufhörte, dass Portugal als einstiges Mutterland wieder ein europäisches Land wurde,
aber eines, zu dessen Territorium heute die »vorgelagerten Inseln«
zählen, wie die Azoren und Madeira im Atlantik heißen, und das
gleichsam als historisches Souvenir Macau an der Südküste Chinas
besitzt.

Gute hundert Jahre hatte es gedauert, bis Portugal dieses vier-
kontinentale Imperium aufgebaut hatte – angefangen mit dem systematischen Auskundschaften der afrikanischen Westküste, dem
Vordringen ihr entlang Kap um Kap bis zu dem, das ursprünglich
Kap der Stürme hieß und wegen der psychologischen Kosmetik in

das »Kap der Guten Hoffnung« umgetauft wurde, die Umfahrung dieses Kaps, die Entdeckung des Seewegs nach Indien durch Vasco da Gama, die Kontrolle dieser Route und somit die Möglichkeit, den Arabern den Gewürzhandel, das Geschäft des Jahrhunderts, zu entreißen.

Auf Handel waren die Portugiesen vorerst aus und nicht auf territoriale Erweiterung, diese stellte sich gleichsam im Nachhinein mit der Logik der Sieger ein. Entsprechend der Handelskonzeption wurde ein Netz von Stützpunkten und Faktoreien errichtet: von der ostafrikanischen Küste quer durch den Indischen Ozean nach Goa an der Westküste Indiens, und von dort über Ceylon nach Malakka; dort trennten sich die Routen, südostwärts zu den eigentlichen Gewürzinseln wie Timor und Richtung Nordosten nach Macau.

Innerhalb dieses Handelssystems bildete Brasilien von Anfang an eine Ausnahme. Noch heute geht der Streit, ob Brasilien per Zufall oder gezielt entdeckt worden sei. Jedenfalls landete dort Pedro Álvares Cabral 1500 auf einer Fahrt nach Indien. Dieses Brasilien hatte vorerst nichts anderes zu bieten als Land, wenn auch fruchtbares. Die portugiesische Krone ging erst einige Jahrzehnte später an die Administrierung.

Was von Anfang an auf Brasilien zutraf, sollte auch später gelten. Die Eroberung und Erschließung des Hinterlandes geschah nicht so sehr aufgrund militärischer Expeditionen, wie dies im Lateinamerika der Spanier der Fall war. In Brasilien blieb der Initiative des Einzelnen oder der *ad-hoc*-Gruppe Entscheidendes überlassen. Die Bandeirantes, die nach der *bandeira*, dem Fähnchen, hießen, um das sie sich scharten, drangen in dieses Hinterland vor, in manchen Punkten den nordamerikanischen Pionieren vergleichbar, und wie in Nordamerika vollzogen sich die *entradas*, diese »Expeditionen«, nicht ohne Vertreibung oder Ausrottung der Indios. Im Falle Brasiliens spielte die Versklavung, das heißt die Jagd nach Arbeitskräften, eine zusätzliche Rolle.

Hundert Jahre also hatte es gedauert, bis ein Imperium zustande kam, von dem es auch hätte heißen können, dass die Sonne darin nie unterging – gute hundert Jahre von dem Moment an, als Gil Eanes 1433 über das Kap Bajador hinausfuhr, das *non plus ultra* der afrikanischen Küste, bis zu dem Zeitpunkt, als sich die Portugiesen 1555 in Macau niederließen.

Die Weltkarte wird kleiner

Viermal länger, nämlich vierhundert Jahre dauerte es, bis dieses Weltreich auseinandergefallen und aufgelöst war und Portugal als jenes europäische Land übrig blieb, als das wir es heute kennen.

Die Auflösung vollzog sich mit militärischen Niederlagen und freiwilligem Verzicht, mit nationaler Erneuerung und wirkungslosem Protest, mit Guerillakrieg und einer demokratischen Revolution – Kontinent um Kontinent wurde abgebaut.

Zunächst ging das asiatische Reich verloren. Der »Indien-Staat«, *Estado da India,* war ein vager Begriff für etwas, das von der ostafrikanischen Küste bis zur Südküste Chinas reichte. Verloren gingen Stützpunkte in Ceylon, Malaysia und Indonesien. Zwar blieben andere wie Goa, Timor und Macau. Aber die *raison d'être* des Indien-Staates hatte ja nicht auf territorialem Besitz beruht, sondern auf einem Handelsnetz. Dieses aber hatten die Holländer durchbrochen; somit verlor der Indien-Staat seine Bedeutung, obwohl es punktuell bei territorialem Besitz blieb.

Die Portugiesen verloren hier nicht nur wirtschaftlich und militärisch, sondern auch nautisch-technisch. Sie sind nicht die Einzigen, die erfahren mussten, dass es leichter ist, den ersten Platz einzunehmen, als ihn auch zu behaupten. Systematisch, technisch wie wissenschaftlich, hatten sie den Schiffsbau vorangetrieben und die moderne Nautik entwickelt; sie waren die erstrangigen Schiffsbauer geworden. Aber sie bauten ihre Schiffe immer größer und für reichere Ladung. Indessen aber verfertigten die Holländer wendige und kleinere Schiffe. Die Portugiesen verloren nicht nur das Monopol des Gewürzhandels, sondern auch das der Seetüchtigkeit.

So katastrophal aber auch der Verlust in Asien war, er wurde durch einen anderen Kontinent, nämlich durch Brasilien, wettgemacht. Brasilien war zum führenden Zuckerproduzenten geworden. Dort hatte sich eine koloniale Agrarwirtschaft auf Sklavenbasis herangebildet. Eine Gesellschaftsform, die in einem architektonischen Ensemble Ausdruck fand, wie man ihm heute noch im Nordosten Brasiliens begegnen kann: ein Ensemble von Herrenhaus und Sklavenhütte, dazu gehörte die Zuckersiederei und die Kapelle, in der Mitte der Platz mit dem Kreuz und dem Pfahl, an dem die Sklaven gezüchtigt wurden. Herrenhaus und Sklavenhütte *(Casa grande e senzala)* gab den Titel ab für ein Standardwerk der brasilianischen Soziologie und Historiografie; Gilberto Freyre hat mit diesem Buch einen wegweisenden Beitrag zum Verständnis Brasiliens geschrieben.

Zu dem Zeitpunkt, als Portugal seinen Gewürzhandel definitiv verlor, wurde in Brasilien Ende des 16. Jahrhunderts und Anfang des siebzehnten Gold und Diamanten gefunden. Damit holte Brasilien nach, was die spanischen Besitzungen in Lateinamerika bereits hinter sich hatten. Diese Funde kamen auch für Brasilien zur rechten Zeit, nachdem diesem mit dem Anbau von Zuckerrohr auf Antilleninseln wie Kuba empfindliche Konkurrenz erwachsen war. Die Gold- und Diamantenfundminen brachten einen neuen Boom. Das Schwergewicht verlagerte sich von einer Agrarwirtschaft zur Minenwirtschaft. Die Hauptstadt wurde von Bahia nach Rio de Janeiro verlegt, das näher jener Provinz lag, die heute noch als Teilstaat Minas Gérais, »Allgemeine Minen«, heißt.

Dieses Brasilien (und damit Lateinamerika) ging nicht verloren, sondern wurde aufgegeben. Als Folge der Napoleonischen Kriege hatte sich der portugiesische Hof nach Rio abgesetzt. Während die spanischen Kolonien sich von ihrem europäischen Mutterland mit Unabhängigkeitskriegen lösten, war es ein portugiesischer König, der die Unabhängigkeit von Brasilien ausrief. Brasilien wurde in der Folge ein Kaiserreich, das bis zum Ende des 19. Jahrhunderts dauerte, auch dies ein Gegensatz zu den Republiken im einstigen spanischen Amerika.

Nach dem Verlust der Wirtschaftsbasis im Indischen Reich war Brasilien eingesprungen, nachdem Brasilien aufgegeben worden war, wurde dieser Verlust durch nichts wettgemacht. Portugal hatte nicht nur seine wichtigste koloniale Einnahmequelle verloren, sondern auch sein wichtigstes Absatzgebiet.

Am Ende noch Afrika

Es gab nach wie vor die Besitzungen in Asien und in Afrika. Wie hätte Portugal eine irgendwie kohärente Kolonialpolitik betreiben sollen, da das Land selber von Krise zu Krise taumelte und sich mit Putschs und in Fraktionskämpfen aufrieb. Daran änderte sich auch nicht viel, als in Portugal 1910 die Republik ausgerufen wurde. Seit dem Verlust Brasiliens war der Staatshaushalt nie mehr in Ordnung gekommen. Das war erst der Fall, als 1928 ein Wirtschaftsprofessor aus Coimbra, António de Oliveira Salazar, sich der Staatsfinanzen annahm und über den Amtsweg des Finanzministers seine Diktatur des *estado novo*, des »neuen Staates« errichtete. Er stabilisierte in der Tat die Finanzen, aber er stabilisierte auch die sozialen Verhältnisse. Seine Philosophie der Bescheidung und sein Antigeschichts- und Antientwicklungs-Credo versuchte er mit einer Wirtschaft zu verwirklichen, die sich aufs Nationale beschränkte, das galt für das Mutterland wie für die Kolonien. Es war eine Politik der Abkapselung, ein Rückzug in historische Größe.

Aber als nach 1945 weltweit die Dekolonisierung einsetzte, als auch in den afrikanischen Besitzungen Portugals Unabhängigkeitsbewegungen ihre Forderungen stellten und sie zum bewaffneten Kampf übergingen, sah sich Salazar gezwungen, die von ihm selbst gebauten Barrieren zu durchbrechen. Er musste sowohl Portugal wie die afrikanischen Besitzungen für Investitionen und damit Fremdeinflüssen öffnen, um die Wirtschaft irgendwie anzukurbeln. Aber alle Reformversuche, auch die seines Nachfolgers Marcelo Caetano, kamen zu spät. Der Kolonialkrieg belastete am Ende den Staatshaushalt bis zu vierzig und fünfzig Prozent. Gegen die Guerilla war nicht aufzukommen.

Die Militärs, welche den Kolonialkrieg nicht gewinnen konnten, beendeten ihn, indem sie das Kolonialreich liquidierten. Und gleichzeitig machte Portugal nach einer fünfundvierzigjährigen Diktatur den Schritt in die Demokratie mit seiner Revolution der Nelken vom 25. April 1974.

Damit war ein vierhundertjähriger Prozess beendet: Als letzter Kontinent des kolonialen Imperiums war Afrika unabhängig geworden mit den Staaten Angola, Mozambique, Guinea-Bissau, den Kapverdischen Inseln und São Tome und Príncipe. Portugal, die erste Kolonialmacht Europas, war auch seine letzte gewesen; diese letzte Kolonialmacht aber stand nach Abschluss ihrer Kolonialgeschichte in ihrem Heimatkontinent als eines der ärmsten Länder da. Und somit stellte sich einmal die Frage, was hat die portugiesische Welt Portugal eingebracht.

Von den Gewürzen zur Ideologie

Solange Portugal den Gewürzhandel kontrollierte, hatte ihm dieser Reichtum eingebracht. Nicht nur Lissabon zeugt dafür mit seinen Palästen, Kirchen und Klöstern. Diese Zeit fand ihren künstlerischen Ausdruck in einem Stil, den man nach Manuel dem Glücklichen »manuelisch« heißt und für den das Kloster von Belém oder die Christusburg in Tomar oder die *capelas imperfeitas*, die »unvollendeten Kapellen«, von Batalha großartiges Zeugnis ablegen. Portugals Beitrag zur Bildenden Kunst Europas ist nicht einer der Architektur oder der Malerei und Plastik, sondern einer der Ornamente, eines Schmuckwerks, das allerdings so weit ging, dass es Architektur werden konnte, ein Ornament, das als Motive die Flora und Fauna der Entdeckungsfahrten mit einbezog und für welches das Schiffstau ein symbolisches Element abgab.

Sosehr Portugal von seinem Gewürzhandel profitiert hatte, im Falle Brasiliens war dies nur noch bedingt der Fall. Sicherlich erlaubte Brasiliens Gold den Bau einiger Repräsentativbauten, und ohne das brasilianische Gold hätte Pombal nicht das 1755 von einem Erdbeben zerstörte Lissabon wiederaufbauen können. Aber was aus Brasilien kam, kam nicht der nationalen Wirtschaft zugute, sondern das Geld ging zur Hauptsache nach England, um Importe von dort zu bezahlen. »Wein gegen Stoff«, so lautete die Devise des Methuenvertrags, den Portugal und England 1703 geschlossen hatten. Portugal konnte seinen Wein, vor allem Portwein, verkaufen, dafür verpflichtete es sich, aus England die Textilien zu beziehen. Damit blieb jeder Ansatz für eine Industrialisierung unterlassen, und dies in einem Land, das trotz seiner Agrarwirtschaft Nahrung einführen musste.

Portugal, das mit seiner portugiesischen Welt in der Welt immer noch eine Kolonialmacht spielte, wurde zu Hause zusehends ein halb koloniales Land.

Wie sehr Anspruch und Realität auseinanderklafften, wurde Portugal bewusst, als es 1890 zu einem »Ultimatum« kam. Als die europäischen Staaten im letzten Drittel des letzten Jahrhunderts an die Aufteilung Afrikas gingen, geschah dies nach dem Grundsatz, dass jemand nur Anspruch auf Territorium hat, das sich auch effektiv in seinem Besitz befindet. Da erinnerte sich Portugal seiner, wie es sagte, angestammten historischen Rechte in Afrika, und um dem juristischen Anspruch Gültigkeit zu verschaffen, begann es das Hinterland von Angola und Mozambique in Besitz zu nehmen; ihm schwebte zwischen dem Westen, Angola, und dem Osten, Mozambique, eine kontinentale Querverbindung vor; dies aber lief den britischen Interessen zuwider, denn England suchte seinerseits eine kontinentale Querverbindung, allerdings von Norden nach Süden, das heißt von Kairo nach Kapstadt. Also stellte England Portugal ein Ultimatum, dem dieses sich fügen musste. Das führte in Portugal zu einer Krise, die zum Sturz der Monarchie beitrug.

Mit diesem Ultimatum wurde Portugal vordemonstriert, dass es trotz seiner portugiesischen Welt als Kolonialmacht unter Kolonialmächten nicht mehr mitzureden hatte.

Aber es gab sie nach wie vor, die portugiesische Welt, und etwas konnte sie noch immer werden: Ideologie. Portugal, eingedenk seiner historisch christlichen Mission, konnte zur wahren Hüterin Europas werden, wie es Salazar verstand, Portugal als letzte Bastion des Abendlandes, nur eben, dass die Festung Abendland mit einer Politik gehalten wurde, welche demokratische Grundrechte eben dieses Abendlandes verletzte.

Größe – und Größe des Zweifels

Nun hatte es von Anfang an an der Errichtung dieser portugiesischen Welt portugiesische Kritik gegeben. Kritik an der Administration und der Korruption, an der Ambition wie an der Behandlung der Indios. Schon unter den Entdeckern, den ersten Seefahrern, Beamten und Soldaten, machten sich Bedenken laut gegen ein solches weltweites Unternehmen. Bezeichnend ist die Ambivalenz eines Camões (1515–1580). Dieser schrieb mit den *Luisiaden* das

Nationalepos der Portugiesen; er hat mit dem Vers, dass die Portugiesen »auf vorher nie befahrenen Meeren fuhren«, eine Volkszeile
verfasst. Er feierte die Portugiesen als die modernen Römer und
besang ihre Heldentaten, aber am Ende klagte er, dass dieses Volk
in »Traurigkeit, Habgier und Öde« versinke.

Schon um 1608 hatte ein Portugiese gefragt, ob diese Entdeckungen mehr gebracht hätten als nur »leeren Ruhm«. Seither blieb die
Frage, ob sich ein kleines Land nicht in seiner Ambition vertan
habe, ob es mit seinen knapp zwei Millionen Einwohnern überhaupt je in der Lage gewesen wäre, ein solches Weltreich zu ver-
walten und halten, ob es nicht Irrtum war, die Politik aufs Meer
zu verlegen und sich auf ein außereuropäisches Kolonialreich auszurichten, ob dadurch zu Hause nicht die Landwirtschaft sträflich
vernachlässigt wurde und ob wegen des Händler- und Krämergeis-
tes nicht jede Lust und Sinn für Handwerk verloren gegangen sei.

»Portugal, das Portugal der Eroberungen, ist das Portugal des
rücksichtslosen, vornehmen und fantastischen Kriegers, der gezielt
seinen eigenen Besitz ruiniert zum größeren Ruhm eines absurden
Idealismus ... Wir waren die fanatischen und intoleranten Portugiesen des 16., 17. und 18. Jahrhunderts, jetzt sind wir die indifferenten
Portugiesen des neunzehnten ... Die Wurzeln der Vergangenheit
brechen auf unserem Boden überall durch: in unseren Gefühlen,
in unserem Verhalten, in unseren Begriffen. Wir stöhnen unter der
Last der Vergangenheit. Unsere Fatalität ist unsere Geschichte.«

Was Antero de Quental in seinem Vortrag über die *Gründe für
den Niedergang der iberischen Völker* 1871 festhielt, das war Bilanz
einer Kritik, die schon Tradition hatte, und es waren Gedanken, die
ihre Aktualität bewahren sollten.

Zur portugiesischen Welt gehört somit auch die Frage, ob Portugal nicht selber ein Opfer seiner portugiesischen Welt wurde. Oder
anders gefragt: ob es nicht besser gewesen wäre, die Entdecker
wären zu Hause geblieben.

Bilanz und Rechtfertigung

Aber die Entdecker sind ausgefahren, aus welchen Gründen auch immer. Politisch lautete einer der Gründe, den Kampf gegen die Mauren fortzusetzen und diese in ihrem eigenen Herrschaftsbereich zu besiegen. Religiös bedeutete ein solcher Kampf die Unterwerfung der Ungläubigen und zugleich die Ausbreitung des wahren, nämlich des katholischen Glaubens, und wirtschaftlich hießen die Gründe anfänglich Gold und Sklaven und später Gewürze und allgemein das, was man auch in der Ökonomie als »Exotica« bezeichnen kann. Monokausal ist dem nicht beizukommen. Auf einem Modellschiff der Entdeckungszeit fände man den gläubigen Missionar neben dem Gottesräuber, der Soldat steht neben dem Händler, der pure Abenteurer wie der technisch und wissenschaftlich Interessierte brach auf, ein Stück Gewissen war dabei und die ganze Beamtenseele, nationale Ergebenheit und private Habsucht, Glaube und Profit ließen sich so wenig trennen wie Kreuz und Schwert. Wem es schwerfallen sollte, eine solche Komplexität der Motivation zu verstehen, der möge sich an unsere Gegenwart halten und an das Verhältnis der Industrienationen, ob der kapitalistischen oder der sozialistischen, zu den Ländern der Dritten Welt, er wird auch hier ein Nebeneinander und eine Gleichzeitigkeit von Charitativem und Ausbeutung finden, von Wirtschaftshilfe und Abhängigkeiten, von Unterstützung, Missionierung und Bevormundung, auch hier gehen Kredit und Credo Hand in Hand.

Nur – eines Tages waren die Entdeckungen getätigt. Und nachdem die Portugiesen das erfüllt hatten, was sie selber als eine historische Mission verstanden, stellte sich unweigerlich die Frage: Was nun? Fernando Pessoa (1888–1935), der größte Lyriker der portugiesischen und der unbekannteste der europäischen Moderne, lässt eine seiner Figuren sagen: »Ich gehöre zu den Portugiesen, die seit den Entdeckungen arbeitslos sind.« Mit dieser Figur redete aber nicht nur ein einzelner Portugiese, sondern eine ganze Nation, insofern sich diese mit einer Epoche, eben jener der Entdeckungen, identifizierte.

Die Bedeutung dieser Epoche wuchs in dem Maße, wie die Nachkommen der Entdecker entdeckten, wie wenig und wie immer weniger ihre Gegenwart dem entsprach, was sich im Rückblick als Sternstunde ausnahm. Man berief sich auf Geschichte und hob diese gleichzeitig auf, man wollte ein abgeschlossenes Kapitel nicht abschließen, sondern es, und sei es auch nur als Ideologie, in jede Gegenwart hinüberretten und vielleicht sogar in die Zukunft.

Anderseits wurde der Begriff der Entdeckung immer fragwürdiger und problematischer. Denn es gab ja nicht nur die Entdecker, sondern auch die Entdeckten. Als diese sich zu Wort und dann auch zur Tat meldeten, erzählten sie die Geschichte der Entdeckungen anders; mit ihnen begann die Gegenseite zu reden, die der Betroffenen. Die Portugiesen hatten als Erste aus dem Atlantik ein europäisches Meer gemacht, und sie standen am Anfang jenes Prozesses, der mit Kolonialismus und Imperialismus einem Großteil der Welt einen europäischen, das heißt westlichen Stempel aufdrückte. Sosehr Europa auf diese Weise weltweit triumphierte, es arbeitete gleichzeitig an seiner Entthronung: Mit seinem größten Triumph machte es aus sich einen Kontinent neben andern. Desgleichen erging es Portugal; die Errichtung einer portugiesischen Welt hieß zuletzt auch, dass Portugal selber nur Teil einer portugiesischen Welt wurde.

Als Portugal 1940 in Lissabon sein achthundertstes Geburtsjahr beging, feierte es seine Geschichte mit einer anachronistischen Unbekümmertheit. Es stellte sich unter das Signum der Entdecker. Und dies in einem Europa, in welchem Hitler erfolgreich war und Frankreich geschlagen. In dem neutralen Portugal trafen sich zum Eröffnungszeremoniell die Achsenmächte wie die Vertreter der britischen Majestät, und im Hafen von Lissabon hofften jüdische Emigranten auf ein Schiff in die USA. Dreiundvierzig Jahre später, nämlich in diesem Sommer, führt Portugal wiederum eine Ausstellung durch, die seinen Entdeckungen gewidmet ist. Diesmal unter völlig anderen Vorzeichen. Diesmal nicht, um dem übrigen Europa zu zeigen, wie wenig portugiesische Geschichte mit dem Europa in seinem Rücken zu tun hat, sondern im Gegenteil, es soll gezeigt werden, dass portugiesische Geschichte auch europäische Geschichte ist. Denn nachdem es mit der portugiesischen Welt politisch zu Ende ist, ist aus Portugal ein europäisches Land geworden; es kehrt nach fünfhundert Jahren aus den Kolonien und von den Weltmeeren zurück in jenen Kontinent, an dessen Rand es liegt. Es weiß nur zu genau, dass es wirtschaftlich und sozial ein unterentwickeltes Land ist. Aber es ist ein Land, das etwas vorweisen möchte, und als sein Kapital präsentiert es ein historisches Kapitel; dieses aber ist für das übrige Europa ein recht unbekanntes geblieben. Es scheint, dass die Bemerkung von Garcia de Resende (1470–1539) noch immer Gültigkeit hat. »All diese Taten und viele anders geartete sind nicht so verbreitet, wie sie es wären, wenn andere Nationen sie vollbracht hätten.« Die Rückkehr Portugals zur Demokratie war zugleich seine Rückkehr nach Europa, dabei machte es eine Erfahrung, die vor ihm schon Griechenland gemacht hatte. Als dieses sich um die Aufnahme in die Europäische Gemeinschaft bemühte, war es ihm selbstverständlich, dass die andern europäischen Staaten Hellas nur mit offenen Armen empfangen konnten: Was war schon eine europäische Gemeinschaft ohne jenes Land, in dem Europas Kultur angefangen hatte. Aber die Griechen mussten zur Kenntnis nehmen, dass die Verhandlungen auf einer anderen Ebene geführt wurden. So ergeht es den Portugiesen, die als Kapital ein historisches Kapitel vorweisen: Während sie von Karavellen, Windrosen und dem Astrolab reden, reden die andern von Kork, Sardinen, Wein und von der Krise der europäischen Agrarwirtschaft.

Rechtfertigung und raison d'être

Wie die Epoche der Entdecker im Selbstverständnis der Portugiesen zusehends Bedeutung erlangte über ihr bloßes historisches Faktum hinaus, so geschah dies auch mit dem, was portugiesische Welt hieß oder heißt. Portugiesische Welt, das war das Ergebnis dieser Entdeckerzeit, und dank dieser portugiesischen Welt erhielt eine Epoche der Entdecker Gegenwart und nachträgliche Rechtfertigung.

Nun ist dem Verhältnis Portugals zu seinen Kolonien nicht mit üblichen Vorstellungen beizukommen, wobei einmal mehr unterstrichen werden muss, dass es wie im Falle Spaniens nicht einfach eine Kolonialpolitik gibt, sondern eine Geschichte dieser Kolonialpolitik.

Mit erstaunlicher Selbstverständlichkeit hat sich der Portugiese in den portugiesischen Kolonien eingerichtet – wer je in Goa mit dem Schiff einfuhr oder sich Macau näherte und portugiesische Städte im Innern oder im Nordosten Brasiliens kennenlernte, ist verwundert, wie sehr sich diese Orte mit ihren Kirchen, Klöstern, Gouverneurspalästen und Misericórdia-Häusern gleichen –, als hätte die geografische Vorlage, ob sie nun China, Indien oder Lateinamerika heißt, keine besondere Bedeutung. Aber gleichzeitig trifft zu, dass die Portugiesen sich wie kaum eine andere europäische Nation an die jeweiligen Bedingungen bestens angepasst haben. Portugal ist ein klassisches Auswandererland; die portugiesischen Gastarbeiter in den europäischen Ländern von heute sind nur die letzte Variante einer jahrhundertealten Geschichte.

Wie sehr sich Portugal mit seinen portugiesischen Besitzungen identifizieren konnte, mag man an Folgendem sehen. Als Portugal sich 1640 aus einer sechzigjährigen Bevormundung durch Spanien befreite, diskutierte António Vieira (1608–1697), Jesuit und als Prediger einer der großen Stilisten und Moralisten des Jahrhunderts, ob man nicht den Königshof nach Brasilien verlegen wolle. Und als infolge der Napoleonischen Kriege der Hof sich tatsächlich in Rio befand, wurde erneut überlegt, ob man die portugiesische Welt nicht von Rio aus regieren könne. Die Frage ist nicht, ob eine solche Konzeption politisch je lebensfähig gewesen wäre oder nicht, sondern das Faktum, dass Lissabon trotz allem nicht unbedingt als Zentrum angesehen wurde. Jedenfalls ist es schwerlich vorstellbar, dass man in England je davon gesprochen hätte, den Buckingham-Palast nach Bombay zu verlegen.

Und wie sehr Portugal seine Kolonien als Teil eines Ganzen betrachtete, geht auch daraus hervor, dass schon im 17. Jahrhundert die außereuropäischen Besitzungen als *provincias ultramarinas,* als »Überseeprovinzen« bezeichnet wurden. Erst mit der Republik hat sich Portugal dem europäischen Wortschatz angepasst und von Kolonien gesprochen. Es war Salazar, der sonst mit der verbalen Lösung politischer Probleme Erfolg hatte, der wieder von »Überseeprovinzen« sprach. Man darf in dem Zusammenhang daran erinnern, dass *além-mar* auf Portugiesisch heißt, was *d'outre mer* auf Französisch bedeutet; die Kapverdischen Inseln sind genau so *além-mar* wie Martinique und Guadeloupe *d'outre mer* sind, und Timor könnte sich in gleicher Weise für europäische Parlamentswahlen eignen wie Tahiti.

Nun hat Portugal im Nachhinein den Aufbau eines Kolonialreiches als über-rassische Gemeinschaft gefeiert. Und es trifft auch zu, dass die Portugiesen wie kaum eine andere europäische Nation sich ungeniert mit fremden Rassen mischten, wobei nicht jede Geilheit gleich als Konzeption verstanden werden soll. Doch mag es überraschen, von einem solchen über-rassischen Credo zu hören, wenn man bedenkt, dass die Portugiesen zwar nicht die einzigen, aber die ersten Händler schwarzer Sklaven waren; wenn man sich ihrer *entradas* erinnert, der Jagd auf brasilianische Indios, und wenn man vor Augen hält, dass die Juden aus Portugal vertrieben wurden. Aber es ist anderseits ein Faktum, dass Portugal seine portugiesische Welt dadurch zu rechtfertigen versuchte, indem es von einer über-rassischen Gemeinschaft sprach. In den portugiesischen Schulbüchern war zu lesen, dass zu den Portugiesen Weiße, Gelbe, Schwarze, andere Dunkelhäutige und Mischlinge gehören. Sicherlich stand dieser Schulbuch-Gerechtigkeit eine andere Wirklichkeit entgegen. Die Unterschiede konnten schon im Sozialen beginnen, und das galt für das Mutterland wie für die Kolonien. Aber was immer sich hier an Widersprüchen auftut, es macht gleichzeitig klar, wovon in der portugiesischen Welt *auch* geträumt wurde, sei es auch nur im Nachhinein.

Das Spezifische dieser Situation mögen zwei Beispiele illustrieren: Als Schwarze und Mulatten aus den Kapverden in die USA auswanderten, taten sie dies im Bewusstsein, Portugiesen zu sein; dort aber sahen sie sich wegen ihrer Hautfarbe plötzlich vor Probleme gestellt, die sie bis anhin nicht oder nie in diesem Ausmaß kennengelernt hatten. Und anderseits war es möglich, dass bei den Unabhängigkeitsbewegungen in Afrika aufseiten der Afrikaner auch Weiße mitkämpften; es war weder für sie noch für die Schwarzen ein Widerspruch, als Weißer für ein unabhängiges Angola einzutreten; die Unabhängigkeit war nicht von vornherein identisch mit einer Rassen-Identifikation.

Ferner ist es kaum zufällig, dass die größte und bis heute bedeutendste Tochter Portugals, Brasilien, sich rühmt, ein Land der ethnischen Demokratie zu sein. Sicherlich ist es ein Leichtes zu zeigen, dass Brasilien diesen Stand noch lange nicht erreicht hat, da sich aufseiten der Armen mehr Schwarze als auf der weißen Seite der Reichen finden. Aber verglichen mit anderen vielrassigen Gesellschaften ist Brasilien viele Schritte voraus, dazu hat die Tatsache der Blutsmischung Entscheidendes beigetragen, und die Mulatten bilden eine Brücke, was nicht immer selbstverständlich ist.

Die Widersprüche, die mit der portugiesischen Mischgesell

schaft verbunden sind, werden vielleicht verständlicher, wenn man folgende Überlegungen anstellt: Es gab nicht oder nur bedingt einen blutmäßigen Rassismus. Die Tatsache, eine andere Hautfarbe zu haben, war nicht eine grundsätzliche Barriere. So konnte es zu Mischungen, zu Aufstieg und Adaption kommen. Die Barriere war eine kulturelle. Diese konnte überschritten werden durch Christianisierung und Portugiesierung. Insofern gab es kein grundsätzliches rassisches Hindernis, in die portugiesische Gemeinschaft einzutreten. Aber die christlich-portugiesische Prägung bedeutete für die Kolonialvölker ihrerseits Entfremdung gegenüber der eigenen Kultur. Das Problem verlagerte sich; wo es blutmäßig keinen Rassismus gab, erschien dieser auf einer anderen Ebene; es kam zu einem ethnischen Rassismus, und dass es diesen gibt, ist für unser Bewusstsein verhältnismäßig neu.

Historische Diversität und aktuelle Gegensätze

Wie immer auch die Träume Portugals und seiner portugiesischen Welt sich ausnehmen, die portugiesische Welt bietet beim Stand Sommer 1983 eine Realität von Gegensätzlichkeiten – ganz abgesehen von Sonderfällen.

Da ist der ungelöste Fall Timor. Als die afrikanischen Kolonien ihre Unabhängigkeit erlangten, besetzte Indonesien, dem der Westen von Timor gehört, den portugiesischen Osten dieser Insel. Seither hat Indonesien ein gnadenloses Besatzerregime geführt; über die Zahl der Ermordeten weiß man nichts Genaues. Man wäre einer Lösung schon näher, wenn wenigstens die Portugiesen oder die Nachkommen der Portugiesen, welche die Insel verlassen möchten, dies auch tun könnten. Indonesien lässt nicht einmal Informationen nach außen dringen. Was es in Timor an portugiesischem Erbe gibt, dürfte recht bald bloß noch Reminiszenz sein.

Eine Besetzung erlebte auch Goa. Indien okkupierte 1961 die portugiesischen Enklaven auf seinem Territorium. Dieses Goa, einstiges Zentrum des Indien-Staates, besitzt eine starke portugiesische Tradition. Aber nachdem das Englische das Portugiesische aus den Ämtern und den Schulen verdrängte, dürfte das Portugiesische immer mehr eine Sprache für Familie und Freizeit werden; was es nach wie vor an portugiesischen Kolonialbauten gibt, wird wohl eines Tages Anlass sein für eine Hilfsaktion der UNESCO.

Aber auch in Macau wird das Portugiesische zusehends verschwinden und zu einer Zweitsprache werden, obwohl Macau nach wie vor portugiesisches Territorium ist mit einem eigenen »organischen Statut«, einem Gouverneur und keiner Besatzung. Aber die Portugiesen und die Portugiesisch sprechenden Chinesen bilden eine verschwindende Minderheit; es ist fraglich, ob bei der Konkurrenz mit Hongkong der portugiesische Stadtkern von Macau vor dem Bauboom gerettet werden kann. Nun ist das Geschick in Macau immer anders verlaufen als in den anderen portugiesischen Kolonien. Während die Portugiesen etwa in Goa sich erst nach kriegerischen Auseinandersetzungen einrichten konnten, geschah dies in Macau auf Vertragsbasis. China hatte von Anfang an ein Mitspracherecht; demnach fiel auch die Kolonialpolitik liberaler aus. Zum Beispiel waren der Inquisition Grenzen gesetzt. Aber als in Macau in unseren Siebzigerjahren der Ruf »Heim ins chinesische Reich« ertönte, winkte China ab. Ein Macau außerhalb war nützlicher. Hier konnte das kommunistische China jene kapitalistischen Geschäfte tätigen, die es sich zu Hause aus ideologischen Gründen versagte. Nun war Macau schon immer eine Halbinsel solcher Teilung von Gewissen und Arbeit gewesen; den Chinesen war seinerzeit der Handel mit Japan verboten, aber anderseits wollte China japanische Ware, so übertrug man den Handel den Portugiesen.

Wenn das aktuelle Bild der portugiesischen Welt Diversitäten und Gegensätzlichkeiten bietet, hängt das also nicht zuletzt damit

zusammen, dass sie unter verschiedensten historischen Voraussetzungen errichtet worden ist. Das lässt sich am Beispiel des Atlantiks und Afrikas zeigen:

Die Azoren und Madeira waren unbewohnte Inseln. Neben
andern Europäern besiedelten sie die Portugiesen. Es entstanden
weiße, europäische Gesellschaften, die sich problemlos und sehr
früh ans europäische Portugal anschließen ließen.

Auch die Kapverden waren unbewohnt. Die Portugiesen besiedelten sie zusammen mit importierten Sklaven. Es entstand weitgehend eine Mischgesellschaft. Ähnlich wie im kolonialen Brasilien,
nur dass dort zum weißen und schwarzen Element das indianische
kommt und Brasilien mit der zweiten – nicht portugiesischen –
Einwanderungswelle aus Europa sich zusehends aufweißte.

Anders vollzog sich die Kolonisierung auf dem afrikanischen
Festland. Hier ließen sich die Portugiesen vorerst und hauptsächlich an den Küsten nieder. Guinea-Bissau bestand praktisch aus
einer Hauptstadt und einem Hinterland ohne jede Infrastruktur.
Ähnliches gilt auch für Angola und Mozambique. Dort entstand in
den städtischen Zentren eine Gesellschaft von Weißen, Schwarzen
und Mulatten und als Hintergrund ein riesiges schwarzes Hinterland. Erst im 19. Jahrhundert wurde das Hinterland militärisch
und politisch okkupiert und erst im zwanzigsten auch wirtschaftlich erschlossen. Im Gegensatz zu Brasilien, das sehr bald nach der
Entdeckung ein zusammenhängendes Territorium bildete, handelt
es sich bei diesen afrikanischen Völkern schon rein territorial um
junge Völker.

Diese portugiesische Welt aber bietet nicht nur mit ihrer Historie und in ihrer ethnischen Zusammensetzung Diversitäten und
Gegensätzlichkeiten, sondern auch als wirtschaftliche und politische Gegenwart:

Da ist Portugal selber, das sich mit seiner Revolution der Nelken 1974 eine sozialistische Verfassung gab, aber inzwischen das

sozialistische Credo strich. Ein Land, das seine Parlamentsdemo-
kratie mit Partei- und Personalkämpfen bis zum Äußersten an-
spannt. An europäischen Maßstäben gemessen ein unterentwickeltes Land, praktisch ohne Industrie, mit einer rückständigen
Agrarwirtschaft und einer alarmierenden Arbeitslosenrate, die wegen der Rückwanderer aus den Kolonien noch anstieg.

Da ist Brasilien, das die Hälfte Südamerikas einnimmt. Militärs,
welche die Macht kontrollieren, und zugleich eine demokratische
Öffnung, die streckenweise nicht übers bloße Abtasten hinausgeht.
Ein Land, dessen Wirtschaft von traditionellen Notstandsgebieten
bis zu einer Industriemetropole wie São Paulo reicht. Ein Entwick-
lungsland von größter Potenz, das zu den größten Schuldnerstaaten
der Welt zählt.

Inseln wie die Kapverden oder ein Land wie Guinea-Bissau,
praktisch ohne wirtschaftliche Ressourcen, sie gehören zu den
zwanzig ärmsten Nationen der Welt und können ohne Fremdhilfe
überhaupt nicht existieren.

Im Gegensatz dazu Mozambique und Angola. Beide mit eindeutig sozialistischen Regierungen; beide von Guerillas zwar kaum
gefährdet, aber doch behelligt, und im Falle Angolas kubanische
Truppen, welche die Staatssicherheit garantieren. Trotz neuer Abhängigkeiten Staaten, die sich zwischen den Blöcken einrichten
möchten. Länder mit Wirtschaftspotenzial; doch mit dem Auszug der Portugiesen fehlte es an technischem und administrativem
Know-how.

Trotz solcher Diversitäten und Gegensätzlichkeiten aber bestehen innerhalb dieser portugiesischen Welt nach wie vor Anzie-
hungs- und Bezugspunkte. Nicht zufällig wohl, dass Brasilien zum
wichtigsten Handelspartner Angolas wurde. Und nicht so zufällig auch, dass nach der Unabhängigkeit der afrikanischen Staaten
es zwischen ihnen und Portugal sehr bald zu einer Annäherung
kam. Für die afrikanischen Staaten könnte Portugal eine Brücke zu

Europa und somit zu Märkten und Finanzierungsmöglichkeiten darstellen, und wenn Portugal eine Funktion zu übernehmen bereit ist, dann sicher diese. Es könnte auf der Ebene der Partnerschaft wieder portugiesische Welt entstehen.

Denn trotz allem bedeutet portugiesische Welt eine gemeinsame Prägung, auch wenn sich diese Erbschaft als Kulturgut merkwürdig ausnehmen mag, wenn man daran denkt, dass bei der Unabhängigkeit die afrikanischen Kolonien neunzig Prozent Analphabeten aufwiesen. Aber die, welche die Verantwortung für ihre neue Gesellschaft übernommen haben, sind von Portugal geprägt. Und solche kulturelle Prägung kann sich als wichtiger erweisen denn die bloße Rassenzugehörigkeit. Wie das Portugiesische Voraussetzung für eine eigene Kultur sein kann, das hat Brasilien demonstriert, eine Voraussetzung, die auch im Falle Afrikas zwar unerlässlich, aber nicht hinreichend ist.

Schon was die Sprache angeht, wird es eine portugiesische Welt der Adaptionen, Durchdringungen und Selbstständigkeiten sein:

Da ist das Brasilianische, durchsetzt von afrikanischen und indianischen Elementen, ein Portugiesisch, das sich aber auch in Grammatik und Syntax unterscheidet, sodass es immer zu Versuchen kommt, diese beiden Portugiesisch durch Abkommen zwischen Brasilien und Portugal wenn möglich wenigstens in der Orthografie einander anzugleichen.

Auf den Kapverden ein Kreolisch, das so sehr Mischsprache ist, dass man daran dachte, dieses Kreolische zur Nationalsprache zu erklären, um auch auf sprachlicher Ebene Selbstständigkeit und Unabhängigkeit zu demonstrieren.

In Angola und Mozambique ebenfalls ein Portugiesisch, dessen Vokabular durch afrikanische Stammessprachen mitbestimmt ist. Aufschlussreich ist die Situation in Mozambique. Nur etwa zehn bis fünfzehn Prozent redeten Portugiesisch, als Mozambique unabhängig wurde. Es erhoben sich Forderungen nach einer eignen afrikanischen Nationalsprache. Aber die offizielle Sprachpolitik zielt dahin, das Portugiesische zu fördern, um dank ihm sprachlich zu einer Gemeinsamkeit zu kommen, die über die Stammesfehden beziehungsweise den Tribalismus hinausgeht.

Portugiesische Welt ist also, was Sprache anbelangt, eine Welt der portugiesischen Ausdrucksweise, *um mundo de expressão portuguesa,* oder genauer noch, man müsste im Plural reden, eine Welt portugiesischer Ausdrucksweisen.

Dazu gehört auch, dass in Portugal eine Reihe von Verlagen afrikanische Autoren herausgeben. Dass hier Zeitschriften erscheinen, welche sich dieser Welt der portugiesischen Ausdrucksweise annehmen. Die Zeitschrift *Colóquio / Letras*, eine der wichtigsten literarischen Publikationen des Landes, herausgegeben von der Gulbenkian-Stiftung in Lissabon, bespricht regelmäßig, selbstverständlich und fast programmatisch nebeneinander Neuerscheinungen aus Portugal, Brasilien, den Kapverden, Angola oder Mozambique.

Allerdings: Im März dieses Jahres trafen sich Portugiesischprofessoren in Porto, um über die Präsenz portugiesischer Kultur in der Welt zu reden. Und während sie vom *desaportuguesamento* sprachen, von der »Entportugiesierung«, schlug eine Nachricht ein: In Brasilien sollte die portugiesische Literatur als obligatorisches Schulfach abgeschafft werden. Das bewirkte landesweiten Protest. Aber gleichzeitig stellte sich heraus, dass es in Portugal kein Obligatorium für brasilianische oder andere Literaturen portugiesischer Ausdrucksweise gibt. Man sieht – portugiesische Welt ist auch eine von neuen gegenseitigen Obligatorien.

Portugiesische Welt – als Welt portugiesischer Ausdrucksweise ist es eine, die zwischen Verballhornungen und noch nicht geschriebenen Wörterbüchern liegt.

Solches wollten wir aufzeigen – eine portugiesische Welt zwischen Reminiszenz und Zukunft, eine fünfhundertjährige Geschichte und eine Aktualität von nicht minderem Gewicht –, aufzeigen, was an Assoziationen und Träumen, an Realitäten und Interpretationen zu dieser Welt gehört. Und dies nicht zuletzt deswegen, weil dieses Portugal in gleichem Maße auf unser Europa hinweist, wie es über dieses hinausgeht.

Auf (halbem) Weg nach Timor

1976

»In unserem Hafen ist eine sehr weiße Rasse von Männern ausgestiegen, deren Auftreten eindrucksvoll ist, sie tragen eiserne Jacken und Helme aus Eisen, sie geben keinen Moment Ruhe und gehen unentwegt von einem Ort zum andern.«

So liest man in der *Rajavalija,* einer ceylonesischen Chronik, und man erfährt zudem: »Sie essen Steine und trinken Blut. Für einen Fisch oder eine Frucht geben sie ein oder gar zwei Goldstücke. Das Krachen ihrer Kanonen gleicht dem Donnern vom Berg Yugandhara. Ihre Kugeln legen Meilen zurück und zerschlagen Festungen aus Felsen zu Staub.«

Diese Männer, deren Auftreten so eindrucksvoll war, tranken kein Blut, sondern Wein, sie aßen keine Steine, sondern Brotfladen; hingegen trifft zu, was über die Wirksamkeit ihrer Waffen berichtet wurde.

Irrtum und Erkenntnis, das steht in dieser ceylonesischen Chronik so eng nebeneinander wie in den entsprechenden Berichten der Europäer über die ersten außereuropäischen Entdeckungen und Eroberungen. Richtige Feststellung und falsche Interpretation – aufgrund von beidem wurden Schlüsse gezogen und blutige Politik gemacht.

In der *Rajavalija,* in der vom ersten Auftreten der Europäer in Ceylon erzählt wird, ist bereits etwas festgehalten, was über den Moment hinausgeht: die Unruhe, mit welcher diese sehr weißen Männer in Erscheinung treten.

Es begegnen sich eine Rasse, die sich kaum Zeit gönnt, und eine, die sich Zeit nimmt, die europäische und die asiatische; eine, welche auf Methode und Technik und damit auf die Abkürzung des Weges aus ist, und eine, welche auf die Meditation setzt und dafür einen Ort des Beharrens braucht; eine Unruhe, die sich als Mobilität und Dynamik verstand und die zu bloßer Nervosität, Leerlauf und Stress werden konnte.

Diese sehr weißen Männer, die 1505 in Ceylon zum ersten Mal an Land stiegen, waren Portugiesen. Es waren nicht die einzigen Europäer, die kamen; denn hundertfünfzig Jahre darnach kamen andere, ebenso weiße Männer, deren Waffen noch wirkungsvoller waren, die Holländer.

Diese Holländer und Portugiesen führten das, was man einen ersten Weltkrieg nennen kann, fast dreihundert Jahre bevor jener Krieg stattfand, den wir im Schulbuch als Ersten Weltkrieg bezeichnen, und jener dauerte nicht nur vier Jahre, sondern Jahrzehnte.

Auf weltweiter Ebene traten zwei europäische Kleinstaaten gegeneinander an, von denen keiner mehr als zwei Millionen Einwohner hatte. In drei Erdteilen kam es gleichzeitig zu Krieg: im Nordosten Brasiliens, an der Westküste Afrikas, im östlichen Afrika, am Persischen Golf, in Indien, Malaysia und Indonesien, im Pazifik und vor der chinesischen Küste. Das Kriegsglück und Kriegsunglück war nicht überall gleich: In Brasilien konnten sich die Portugiesen bestens behaupten, in Afrika ersetzten die Holländer nur streckenweise die Portugiesen, in Asien aber konnten sie ihnen Stützpunkt um Stützpunkt abnehmen, bis nur noch Goa, Macau und Timor übrig blieben, diese aber bis in die zweite Hälfte unseres Jahrhunderts.

Der Krieg in drei Kontinenten und auf allen Weltmeeren rief europäische Großmächte wie England und Spanien auf den Plan, und das führte zu den verschiedensten *renversements des alliances*, in Europa wie in Asien.

Es war ein Krieg, der nicht nur militärisch geführt wurde, sondern auch juristisch. Die Holländer, welche den Portugiesen in Südostasien die Monopolstellung streitig machten, schickten ihren Völkerrechtler Hugo Grotius (1583–1645) persönlich nach London, um den Engländern zu erklären, es handle sich um reine Selbstverteidigung, mit der Deklaration von Aggression als Selbstschutz war ein modernes Thema gegeben, auf das die Politik seither nicht mehr verzichtet hat.

Der gleiche Krieg wurde auch mit allen propagandistischen Mitteln geführt: Die Holländer, die sich einerseits mit dem katholischen Häuptling vom Kongo verbanden, schwärzten mit Erfolg die Missionierung der Portugiesen in Japan als Subversion an.

Denn hinter diesem Krieg um Ware und Handelsware stand wieder einmal religiöse Überzeugung. Die Portugiesen hatten ihre Entdeckungen und Eroberungen als Fortsetzung ihres nationalen Krieges und diesen als Kreuzzug verstanden. Nun wiederholte sich das Gleiche oder mindestens etwas Ähnliches: Der nationale Unabhängigkeitskrieg der Holländer gegen die Spanier war zugleich ein Aufstand der Protestanten gegen die katholische Vorherrschaft gewesen, und dieser Krieg wurde außerhalb Europas weitergeführt, in erster Linie gegen das katholische Portugal, das zu der Zeit mit Spanien in Personalunion verbunden war. Nur standen in diesem Krieg der religiösen Motivationen nicht mehr christliche Portugiesen Muslimen gegenüber, sondern es gingen Christen auf Christen los, von denen jede Gruppe die Wahrheit für sich reklamierte. Es war ein Krieg, der mit *odium theologicum* geführt wurde, mit der ganzen Verbissenheit des »theologischen Hasses«. Gott war wirtschaftlich einmal mehr im Spiel, wenn auch kaum mit von der Partie.

Eine private Ökumene

Die Kirche heißt »Wolvendaal«, was so viel wie »Tal der Wölfe« bedeutet. Die Holländer hatten die Schakale, die sich in der Umgebung von Colombo herumtrieben, für Wölfe gehalten – das gehört zu den harmloseren Irrtümern.

Es ist der besterhaltene Bau aus der holländischen Kolonialzeit, und die Kirche steht dort, wo einst eine portugiesische Kirche stand, wie portugiesische Kirchen dort stehen, wo früher Hindu- und Buddhatempel errichtet worden waren.

Ich kann keinen Schritt machen, ohne dass mir ein Alter folgt. »Eine Bibel«, sagt er, wenn ich mich nach einem der dicken Bücher bücke, wenn der Blick auf kleineren Bänden ruht, »Gebetsbücher«, und wenn ich auf den Boden sehe oder die Gruftsteine und Totenschilder abfahre, erklärt er »Gräber« – weiß Gott: »Hier liegt begraben.«

Was hier begraben liegt, wurde zwar nicht hier zu Grabe getragen. Als die Engländer die Holländer ablösten, sammelten die neuen Herren die Grabsteine der hohen holländischen Kolonialbeamten ein und brachten sie in die Kirche, mit Respekt und der bestimmten Absicht, sie aus der Öffentlichkeit zu verbannen; diesmal kamen die Gräber selber in die Gruft.

Es ist ein Bau ohne jeden Schmuck, mit der klaren Funktion von Kanzel und Gebetsstuhl, architektonische Sachlichkeit für Puritaner, die jede Sinnlichkeit verbannen wollten und nicht ahnten, dass eines Tages die Medizinmänner der Psychoanalyse auch den saubersten Puritanern einen dreckigen Buckel anhängen sollten.

Viel zu sehen gibt es nicht – aber mein Problem ist, wie komme ich wieder hinaus. Während mir der eine Alte folgt, hat es sich der andere auf der Schwelle des Eingangportals bequem und breit gemacht. Als ich hereinkam, traten beide groß auf die Seite, aber jetzt lassen sie mich nicht ohne Weiteres hinaus. Ich denke an jene Staaten, welche von den Fremden kein Einreisevisum verlangen, ihnen aber jenes für die Ausreise verweigern.

Ich komme um ein Lösegeld nicht herum, zwei streckten je zwei Hände aus. Ob ich Protestant sei, will der eine wissen, und ich habe keine Ahnung, ob die Antwort den Zoll höher oder niedriger veranschlagt. Jedenfalls geben mir beide, das Geld fest umklammert, einen Segen auf den Weg. Steigt man in nordwestlicher Richtung vom Hügel herunter, auf dem die »Wolvendaal-Kirche« liegt, so kommt man in ein Quartier katholischer Fischer, und dort ist in der Nähe der Docks wieder eine Kirche, nicht aus der portugiesischen Zeit stammend, sondern von späteren Missionaren in einem Gotthelf-mir-Stil gebaut, angefüllt mit jenem Kitsch, den neben der Religion nur noch das Vaterland so unbekümmert zur Schau stellt.

Ein Mädchen geht von Altar zu Altar, es kniet vor dem heiligen Antonius nieder, der die verlorenen Sachen zurückbringt, es wechselt zum heiligen Josef, dem Patron der Familienväter und Handwerker; es legt sein Gesicht in die Hände und zittert, dann schlägt es das Kreuz vor einem Heiligen, den ich nicht kenne; ihre Lippen formen sich zu einem gierigen Kuss, der den Füßen der Statue gilt; darauf sucht sie jene Gottesmutter auf, die ihren Sohn im Stall geboren hat, presst die offene Handfläche auf das Glas vor dem Bild und legt die andere Hand auf die Brust, als wolle sie Kraft vom Vierfarbendruck ins eigene Herz leiten.

Wie ich dem Mädchen ausweiche, drückt mir jemand eine Kerze in die Hand; ich will sie zurücklegen, aber die alte Frau lässt es nicht zu; sie führt mich zum Ständer, wo man die Kerzen anzündet und aufsteckt, also opfere ich eine geweihte Kerze. Da drückt mir die Alte ein Heiligenbild in die Finger und hält ihre offene Hand hin. Ich zähle ihr Geld hinein; sie schaut nochmals auf: »Und für die Armen?« Richtig, wenn meine Kirche von den Armen spricht, redet sie von Almosen.

Ich schlendere den Docks entlang, träge, bis mich Musik aufscheucht, eine Trommel und noch ein anderes Instrument. Hinter einer Mauer die wuchernde Architektur eines Hindutempels, verschlungene Arme und Beine aus Stein und Figuren, die in die Luft hinausturnen. Schon lockt mich ein Wächter in den Eingang, er deutet nicht nur auf meine Schuhe, sondern bückt sich sogar: Ich bin würdig, dass er mir die Schnürsenkel löst.

Es geht wieder von Altar zu Altar, nur dass ich diesmal der einzige Besucher bin. Die Musiker üben weiter, einige schmücken den Prozessionswagen. Und diesmal sind es Gottheiten, die über den Sturm oder das Feuer regieren, welche auf einer Lotusblume sitzen oder auf einer Gans reiten, allein, mit Köpfen nach allen Richtungen, oder zusammen mit ihren Frauen. Einmal mehr empfinde ich Sympathie für jene Gottheiten, die einen Affenkopf und einen Elefantenrüssel besitzen.

Kaum habe ich meinen Führer entlohnt, wird auf einem Altar der Vorhang gezogen, ein hagerer Mann mit nacktem Oberkörper schwingt sich von der Balustrade, der Führer radebrecht die Vermittlung: Der Priester will mich nochmals von Altar zu Altar führen, aber ich winke ab. Ich werde gefragt, ob mich ein Gottesdienst interessiere, ich nicke. Da hebt der Priester die Hand zum Fingerreiben. Doch ich habe überhaupt kein Kleingeld mehr. Die Vertreibung der Geldwechsler aus dem Tempel ergibt für mich eine neue Interpretationsmöglichkeit. Der Priester nimmt den Geldschein, schwingt sich behände auf die Höhe eines anderen Altars, macht sich an einer Schachtel zu schaffen, wirft meine Note hinein, greift einige kleinere heraus und steckt sie unters Lendentuch, wohl in den Slip.

Inzwischen haben sich die Musikanten hinter mir aufgestellt. Nochmals werden Vorhänge auf einem Altar gezogen, Gott wird angerufen, und Schreie werden ausgestoßen, aus einer Opferschale quellen Flammen auf, und der Priester spritzt geweihtes Wasser; dann wechselt er den Altar, und wieder wird der Vorhang aufgerissen, noch einmal Flammen und Weihwasser. Die Musik wird lauter und der Duft der Räucherstäbchen betäubender; dann verlässt der Priester die heilige Stätte, stürzt zum Tempel hinaus, dreht sich um, mühsam folgt ihm einer, der den Sonnenschirm-Baldachin nachträgt, bald sind sie beide vor mir, und der Wächter übersetzt, was ich mit meinen Händen zu tun habe; ich trinke Wasser von trüber Heiligkeit.

Dann bin ich wieder auf der Straße; ich halte in der Hand die Tempelgabe, eine halbierte Kokosnuss, darin zwei kleine Bananen, ich rieche am Jasmin und an jenen weißen Blumen, die auch Tempelblumen heißen. Auf der Stirn trage ich ein Mal, das Glück bringt und das mich dennoch geniert. Aber ich mag es nicht abwischen, weil ich keinen Gott beleidigen möchte. Da hilft mir der Himmel, er schickt eine Tropensonne, die mich schwitzen macht, und dagegen kann nun kein Gott etwas haben, dass ich mir vom Antlitz jenen Schweiß wische, zu dem wir verurteilt wurden; ich frage mich nur, *welcher* Himmel mir die Sonne schickte.

Würde ich halb rechts halten, so käme ich zur »Christ Church«, aber in einem katholischen Gotteshaus war ich schon. Weiter nordwärts läge die anglikanische Kirche, das wäre immerhin eine Variante, richtig wäre jetzt eine Synagoge oder eine Moschee. Aber vorerst stellt sich ein irdischer Durst und ein irdischer Hunger ein. In diesem Viertel gibt es kaum das, was man als Restaurant bezeichnet, aber in einem Ausschank lehne ich mich an die Theke. In einem solchen Fall sind Spiegeleier narrensicher, und sie werden mir gebracht, auf beiden Seiten gebacken und auf einem alten Stück Zeitungspapier serviert; ich frage mich, woher die wissen, dass ich beim Essen oft lese.

Nach einem Vormittag, der so des Gottes voll war, bleibt mir nur ein Nachmittag, der die Sache weiterführt. Ich beschließe, mit einem Taxi nach Kelanija hinauszufahren. Schon lange hatte ich auf meinem Programm den Besuch dieses Buddhatempels, den nach einer Legende Buddha selber besucht haben soll. Der Tempel ist in Europa nicht unbekannt geblieben, nachdem John Hagenbeck das Portal für seinen Hamburger Tierpark kopierte. Die Fahrt zum nächsten Gott hat etwas Tröstliches; zu welchem Gott man auch fährt, man stößt unweigerlich auf Menschen. Kaum streife ich meine Schuhe ab, streiten sich zwei, wer sie bewachen soll; denn bewacht müssen sie werden, ansonsten werden draußen meine Schuhe geklaut, während ich drinnen meditiere.

Kaum hüpfe ich mit meinen nackten Füßen über den heißen Sand des Vorhofes, fängt mich ein junger Mönch ab. Nachdem ich auf seine Frage antworte, ich käme aus der Schweiz, lobt er Schweden. Er führt mich zur Dagoba, in der ein edelsteinbesetzter Thron aufbewahrt wird, auf dem Buddha selber gesessen haben soll. Der Mönch erklärt mir ausführlich und instruktiv die Wandmalereien im Tempel: die Jugend Buddhas und wie er zur Erleuchtung kam. Danach schließt er mir in einem Nebengebäude den Tempelschatz auf. Als wir uns in den Schatten des heiligen Baumes stellen, bittet er mich höflich um die Entlohnung, und ich rechne; er fügt bei, auch die angebrochene Stunde sei voll zu bezahlen.

Im Autobus, vorbei an Kokosplantagen, denke ich an den Helden von Georg Büchner, der sich taufen, beschneiden und gen Mekka legen ließ. Und was, wenn er nach einem erfolgreich durchkämpften Tod doch wieder zurück muss und am Ende nichts anderes als das Nichts steht? Man entdeckt nicht ungestraft die Welt.

Kaffirmusik

Überraschend stellt sich portugiesische Erinnerung ein auf dieser Reise, die von Goa nach Timor führen soll mit Halt an jenen Orten, wo auch die Portugiesen auf ihrer Route zu den Gewürzen einst Station machten.

Kandy, an einem künstlichen See gelegen, mit einem berühmten botanischen Garten, ein paar Promenaden und einem Fluss, in dem Elefanten baden – ein Engländer hat Kandy als eine der schönsten Städte bezeichnet; nun ja, man muss nicht mit jedem Engländer Tee trinken.

Ich stöbere in einer Buchhandlung; als mein Blick auf die Schallplattenecke fällt, sehe ich dort eine Hülle mit dem Titel *Baila*. Das erinnert ans portugiesische »*Baile*« (Tanz). Wenn man sich auf die Spuren von etwas begibt, wird man vorsichtig, um nicht dort Dinge zu entdecken, wo gar keine sind; aber dann erkundige ich mich doch, und ich erfahre: jawohl, ceylonesische Musik, die auf die Portugiesen zurückgeht.

Bis zu dem Zeitpunkt hatte ich weder solche Musik gehört noch von ihr vernommen. Spricht man von ceylonesischer Musik, dann denkt man in erster Linie an jene rituellen Tänze, wie sie unabdingbar zu Kandy gehören. Tänze, die lange Zeit nur von Männern getanzt werden durften; in letzter Zeit werden auch Frauen dafür ausgebildet. Die Tanzkunst wurde so hochgehalten, dass es den Tänzern verboten war, ins Ausland zu reisen, damit ihnen niemand das Geheimnis ihrer Gesten und Schritte abschauen konnte – inzwischen kommt das Ausland touristenstromweise ins Land.

Nun ist es erst dreißig Jahre her, dass diese Kandy-Tänze als Gut der Volkskunst erkannt worden sind, und eine ähnliche Aufwertung könnte auch die *Baila* erfahren, eine Musik allerdings, die der Unterhaltung dient, die nicht bei religiösen Gelegenheiten gespielt wird, sondern an weltlichen Festen. Das Volk tanzt nach ihr. Sofern man sich aber heute mit der *Baila* befasst, geschieht es weniger in der Sektion Musik als in der Sektion Volkskuriositäten, denn es ist die Musik der »Kaffirs« und heißt denn auch nicht einfach nur *Baila,* sondern direkter *Kaffirinha.*

Diese »Kaffirs«, die »Kaffern«, diese Schwarzen wurden als Sklaven und Hilfssoldaten ins Land geholt, und die Portugiesen

betreuten sie mit dem, was wir Regimentsmusik nennen würden.
Sie wurden denn auch in der Nähe der Garnison angesiedelt. Sie
spielten den Portugiesen auf; als diese vertrieben wurden, blieben
die Kaffirs und musizierten für die Holländer, und als die Engländer aus Ceylon eine Teeplantage machten und ein einzelner Engländer daraus Liptons Teegarten, spielten die Kaffirs weiter, und
sie behielten ihre portugiesischen Töne auch dann, als Ceylon unabhängig und aus Ceylon Sri Lanka wurde. Die Kaffirs findet man
heute als Mischlingsgruppe in Colombo, bei Puttalam in dem kleinen Dörfchen Sellenkandal. Sie, die Freude bereiten, gehören zur
minderen Kaste der Mechaniker.

Die Küstenpolitik

Dass ich ausgerechnet in Kandy auf portugiesische Spuren stieß,
war eine besondere Überraschung. Denn Kandy ist ja nicht nur
eine Stadt, sondern nach ihr hieß ein Königreich, das den Portugiesen getrotzt hatte. Zwar war es diesen zwischendurch gelungen, bis
in die Hauptstadt vorzudringen; die Portugiesen behaupten sogar,
sie hätten sich Buddhas Zahn bemächtigt und ihn in Goa zerstört,
aber die Buddhisten ihrerseits sagen, den Portugiesen sei nur eine
Imitation in die Hände gefallen. Buddhas Zahn, eine hochverehrte
Reliquie des Buddhismus, einst im Haar einer Prinzessin nach
Ceylon geschmuggelt, liege nach wie vor im »Tempel des Zahns«,
im Dalada Maligawa.

Die Herrschaft der Portugiesen beschränkte sich auf die Küsten-
striche. Das hatte nicht nur mit militärischen Misserfolgen zu tun,
sondern auch mit ihrer Konzeption der Kolonialpolitik. Sie waren
Seefahrer, die als Kaufleute auftraten und am Ende zu Krämern
wurden. Nach ihnen hätte es bei der Errichtung von Stützpunkten
bleiben können, bei all dem, was zu einem Stützpunkt gehört, wie

Befestigungen, Kirchen, Lagerhäuser und Unterkünfte für Militär und Zivilbeamte.

Auf großen territorialen Besitz war man ursprünglich nicht aus. Wenn Goa heute ein Hinterland besitzt, heißt es bezeichnenderweise *novas conquistas;* diese »neuen Eroberungen« sind erst im 18. Jahrhundert dazugekommen. Sie blieben weitgehend eine Hinduregion, da damals mit den Eroberungen nicht mehr wie früher die Missionierung Hand in Hand ging.

Wenn Brasilien als einstige portugiesische Kolonie heute fast die Hälfte von Südamerika einnimmt, ist dies das Ergebnis einer Siedlungspolitik, welche die portugiesischen Auswanderer auf eigene Faust und auf eigene Gefahr unternahmen und die keineswegs der ursprünglichen Absicht Lissabons entsprach.

Und wenn Portugal mit Angola und Mozambique noch zuletzt in Afrika über riesige Territorien verfügte, hatte es diese doch erst im letzten Jahrhundert besetzt. Die Präsenz an Afrikas Küste und der territoriale Anspruch deckten sich keineswegs von Anfang an.

Die Portugiesen wollten eine Kette von Stützpunkten errichten, die sich an der west- und ostafrikanischen Küste hinzog, am Persischen Golf und an den Küsten von Indien, in Malaysia und auf den Molukken, zwischen China und Japan. Diese groß angelegte Routenpolitik, anfänglich erfolgreich, war aber äußerst verletzlich, nur allzu leicht konnte eines der Glieder herausgebrochen werden, wenn sich konsequente Gegner wie die Holländer einfanden.

Im Falle von Ceylon zum Beispiel ist es bezeichnend, dass Colombo erst zu Bedeutung kam, nachdem sich die Portugiesen infolge politischer Händel dort eingerichtet hatten. Das schloss nicht aus, dass sie sich zunächst in den bestehenden Häfen niederließen, wie in Galle oder Jaffna.

Allerdings, viel ist von der hundertfünfzigjährigen Herrschaft der Portugiesen nicht geblieben. Die Holländer räumten gründlich auf – nicht nur militärisch. Sie haben die Katholiken zum Teil brutal verfolgt, und indem sie in Colombo die portugiesischen Register verbrannten, gingen wertvolle Dokumente zugrunde, die nachträglich hätten informieren können über die portugiesische Zeit in Ceylon von 1505 bis 1658.

Portugiesische Präsenz – es sind einmal mehr ein paar Forts, hie und da eine Kirche wie im Norden der Insel, wo Jaffna liegt, der letzte Stützpunkt, den die Portugiesen auf Ceylon hielten, inmitten einer herrlichen Palmyra-Palmenlandschaft. Oder im Befestigungswall von Galle auf der Südspitze der Insel. Ein Portal, ein Wehrturm gehen auf die Portugiesen zurück; aber es waren die Holländer, welche die Stadt so bauten, dass sie heute urbanistisch eine der geschlossensten von Ceylon ist.

Hinter den gut erhaltenen Befestigungsmauern, die steil an der Küste aufsteigen, erheben sich die Abhänge sanft, sodass man mit dem Wagen fast hinauffahren kann und die Jugend sich auf Velos hinabrollen lässt – die Befestigungswälle sind einladende Flanierwege und der bevorzugte Feierabendplatz. Es ist erstaunlich, wie Militärarchitektur, wenn sie nicht mehr benutzt wird, pittoresk sein kann. Man sollte vielleicht viel mehr Militärarchitektur errichten, die nicht benutzt wird, wobei ich mich allerdings frage, ob unsere Bunker und Unterstände je eine gleich romantische Zukunft haben werden.

João Barros, der erste Historiker der portugiesischen Eroberungen, meinte: »Die Zeit wird die Religion, die Sitten und die Sprache nicht zerstören, welche die Portugiesen auf die Insel gebracht haben.« Von den Sitten ist in Ceylon ein Dessert wie der *bolo fiado* geblieben, und man stößt in Galle auf Frauen, welche die Kunst des Klöppelns seit der Zeit der Portugiesen weitergeben, und die Sprache – sie ist auf der Insel noch wortweise zu hören, eben von jenen schwarzen Musikern, die einst als Sklaven von Mozambique über Goa nach Ceylon verschleppt wurden, verballhornte Worte zu verballhornter Musik.

An der Straße von Malakka

Die Schicksalslinien sind vom Flugzeug aus klar zu erkennen: zwei Dämme, die parallel weit ins Meer hinausragen, es sind Linien, aus denen man nicht viel Zukunft lesen kann, eine Wasserstraße durchs Wasser. Mit diesen beiden Dämmen setzt sich Malakka dafür ein, dass der einst so berühmte Hafen noch einigermaßen zu gebrauchen ist, aber der Malakka River und die Strände versanden und verschlicken.

Hier war einer der wenigen freien Zugänge zum Festland, das von der Straße von Malakka, einem Welthandelsverkehrsweg, durch einen breiten Mangrovensaum getrennt ist. Und hier formierte sich auch das erste Königreich in Malaysia mit einem blühenden Hafen, sodass sich die Portugiesen nach der Eroberung von Goa sogleich an die von Malakka machten, das, wie ein Portugiese sagte, »am Ende des Monsuns« liegt.

Heute ist dieses Malakka entthront. Die Engländer favorisierten im Norden Penang, und nachdem im Süden Singapur gegründet worden war, entstand eine Konkurrenz, die nie mehr einzuholen war. Für dieses Singapur ist Malakka ein beliebtes Touristenziel, hier erholt man sich von der Hektik des zollfreien Konsumentenparadieses.

Nicht dass Malakka verträumt und verschlafen wäre. Es hat Bedeutung als Umschlags- und Verwaltungsplatz für das Hinterland mit seinen Gummi- und Reisplantagen. Aber wenn sich die Stadt selber präsentiert, tut sie es im Hinblick auf die Vergangenheit: »Eine historische Stadt« ist auf der Tafel zu lesen, wenn man vom Flughafen her nach Melaka hineinfährt, wie es heute offiziell heißt.

Die Verwaltung der Stadt ist noch immer im *Stadhuys* untergebracht, dem ältesten holländischen Zivilbau in Asien, davor ein

Glockenturm und eine Kirche, zu Füßen eines Hügels, auf dem die portugiesischen Ruinen einer anderen Kirche und eines Forts liegen, das einst *a famosa,* »die Berühmte«, hieß. Von diesem Hügel blickt man in eine Berglandschaft, und es ist ein Blick in die Wirtschaftsgeschichte: Man erkennt den Berg Phir, auch Gunong Ledang geheißen, den malaiischen Olymp; an seinen Abhängen wurden die ersten Gummibäume gepflanzt; sie kamen aus dem Londoner botanischen Garten »Kew Gardens«, nachdem die Schösslinge aus Brasilien herausgeschmuggelt worden waren. (Mit diesen Pflanzungen in Malaysia kam es in Amazonien nach einem fabulösen Boom zu einer ebenso fabulösen Depression.)

Die lebendigste Erinnerung an die Geschichte der Stadt ist aber aus den Gesichtern abzulesen – einem vielrassigen Straßenbild. Neben Malaien Araber und Javanen, Tamilen und andere Volksgruppen aus Indien. Neben den Eurasiern die Chinesen. Auf dem »Bukinet China« liegt einer der größten chinesischen Friedhöfe außerhalb Chinas. Die Chinesen nehmen ihre Toten mit, denn wo die Ahnen liegen, ist für sie Heimat.

Und dann die Nachfahren der Portugiesen. Nahe der Stadt liegt das *Portuguese Settlement,* eine Siedlung, vor dreißig Jahren begonnen. Aus den einstigen Lehmhütten mit Palmblattdächern sind Steinhäuser geworden, ein Fischerdorf, in dem die Straßen nach den portugiesischen Eroberern und dem bedeutendsten Chronisten von Malakka, Emmanuel Godinho de Erédia, heißen.

Am Ufer ein Ausschank: Seitdem ich an einem Tischchen sitze, lässt mich ein Junge nicht mehr aus den Augen. Er hält den kleinen Bruder fest an der Hand. Dann wagt er sich mit plötzlichem Entschluss an mich heran: Ob er mir etwas vorsingen solle? Kaum habe ich genickt, rennt er davon, lässt seinen kleinen schreienden Bruder hinter sich, kommt mit einer Kinderschar zurück, die sich gleich formiert; selbst die Mädchen nehmen sich aus, als ob sie Chorknaben wären; und dann singen sie mir, dem Süßwasser-

Portugiesen, an der Straße von Malakka ein portugiesisches Adventslied.

Diese Nachfahren der Portugiesen sind Katholiken. So feiern sie am Sonntag vor Aschermittwoch eine Art Karneval, den *Entrudo;* da gehen ein Mann als Frau verkleidet und eine Frau als Mann verkleidet von Haus zu Haus, und am Abend verkleiden sich alle zum Tanz. Und die Karfreitagsprozession ist ein Anlass, der aus ganz Malaysia die Katholiken nach Malakka lockt. Das populärste Fest aber wird zu Ehren des heiligen Petrus gefeiert, des Patrons der Fischer und Seeleute, dann fahren die Boote, fantastisch dekoriert und mit Kerzen beleuchtet, hinaus auf die See, die diesen Fischern nicht viel Auskommen bietet.

Die meisten Bräuche sind vergessen, sie haben sich dort am ehesten erhalten, wo das religiöse und das zivile Leben ineinandergreifen wie bei der Geburt, der Hochzeit oder dem Tod. So findet am Abend vor der Vermählung im Haus der Braut folgendes scherzhaft-symbolisches Zeremoniell statt: Es wird eine Balustrade aufgebaut mit einem Kanapee, auf das eine Papierkrone gelegt wird als Zeichen der Reinheit und der Jungfräulichkeit. Davor drei Stühle, hinter jedem ein Spiegel. Um sechs Uhr abends nimmt die Braut auf dem mittleren Stuhl Platz. Dann ruft die Patin der Braut den Bräutigam und dessen Paten und wendet sich an Letzteren: »Eine Kuh brach in meinen Garten ein und hat mir alle Früchte und alles Gemüse gefressen. Kennst du ihren Besitzer?« Der Pate dreht sich zum jungen Mann: »Gehört die Kuh dir?« Dieser sagt, er müsse erst nachschauen; danach stellt er sich vor dem Mädchen auf und gesteht, die Kuh gehöre ihm, er wolle sie zurückhaben. Aber das Mädchen wünscht eine Entschädigung für den angerichteten Schaden im Garten. Der Junge erklärt sich einverstanden: »Was darf es sein?« Darauf schaltet sich die Patin ein: »Wie wär's mit ein paar Flaschen Alkohol?« Der junge Mann zieht die Flaschen hervor, übergibt sie der Patin, dann darf er das Mädchen umarmen, und das Fest beginnt.

Pater Augusto M. Sendim weiß über diese Sitten und Bräuche bestens Bescheid. Er hat das Fest des heiligen Petrus zum Anlass genommen, eine Publikation über die »portugiesische Siedlung« herauszugeben. Diese Nachfahren der Portugiesen gehören zu den am meisten Benachteiligten, er möchte eine soziale Aktion starten, um wenigstens den Kindern den Schulbesuch zu garantieren.

Während wir uns unterhalten, tauchen ein paar seiner Schützlinge auf, er unterhält sich mit ihnen auf Englisch. Das überrascht mich. Denn Pater Augusto stammt aus dem Norden Portugals, und er wurde in seiner Eigenschaft als Portugiese hierhergeholt. Er klärt mich auf: Diese Nachfahren der Portugiesen reden ein Portugiesisch aus dem 16. Jahrhundert, eines, das er nur aus Büchern und historischer Literatur kennt. Anderseits möchte er mit seinem modernen Portugiesisch nicht ihre Sprache zerstören. Die Entdecker haben ihre Sprache weiterentwickelt, die Entdeckten hingegen sind der Sprache ihrer Entdecker treuer geblieben.

Falar português

Cristão heißt die Sprache, welche die Nachfahren der Portugiesen in Malakka sprechen, sie reden »die Sprache der Christen«.

Das 16. Jahrhundert war in Asien das Jahrhundert Portugals, und so war auch das Portugiesische die *lingua franca*, die Verkehrssprache, sowohl an der Westküste Afrikas wie in Asien.

Der erste Brief, den die englische Königin an den japanischen Kaiser schrieb, war nicht auf Englisch, sondern auf Portugiesisch verfasst.

Raja Sinha, ein König von Ceylon, ein erbitterter Gegner der Portugiesen, deswegen mit den Holländern verbündet, wies Briefe, die auf Holländisch geschrieben waren, zurück.

Die Holländer konnten den Portugiesen das Handelsmonopol

streitig machen, sie konnten ihnen die Stützpunkte wegnehmen, aber sie haben mit dem Holländischen nie das Portugiesisch ersetzt – die europäische Sprache, die als nächste Vehikelsprache werden sollte, war das Englische.

Einen erstaunlichen Triumph verzeichnete das Portugiesische in Batavia, dem heutigen Jakarta, jenem Ort, den die Holländer zur Hauptstadt ihrer indonesischen Kolonie machten. Die Portugiesen hatten sich hier nach einem rasch gescheiterten Versuch nie wieder versucht, aber es gab eine Zeit, da kamen selbst die Holländer nicht ohne gewisse portugiesische Kenntnisse aus; zudem waren es die Sklaven, welche die Sprache der Portugiesen mitbrachten.

Es gehörte denn auch zu meinen Überraschungen auf dieser Reise, im Indonesischen eine Reihe von Worten zu entdecken, die portugiesisch sind. Dass dies auf Inseln, wie etwa Flores, der Fall ist, leuchtet ein; dort hatten sich die Portugiesen lange gehalten, und der Name selber zeugt noch von der portugiesischen Herrschaft. Aber auch in Java, wo sich die Portugiesen nie etablierten, haben sie sprachliche Spuren hinterlassen.

Es sind zunächst Worte aus dem Bereich der Religion wie Sonntag, Pater, Kirche; es sind Begriffe für Gegenstände, die wohl bis zur Ankunft der Europäer unbekannt waren, wie Schuhe, Hemd, Laterne und Fenster, Gabel, Violine und Veranda. Selbst die Bezeichnungen Frau und Fräulein gehen auf das Portugiesische zurück, wobei das portugiesische *mulher* zur Bezeichnung einer Prostituierten wurde, und das *passa bem* (lass es dir gutgehen) dazu benutzt wird, um in Jakarta einen Bettler abzuwimmeln.

Diese Spracherinnerungen sind lebendiger als die Ruinen der Forts und Kirchen, und in einzelnen Wörtern wie in geografischen Bezeichnungen war das Portugiesische stärker als die Sprache seines Erzfeindes. Die Portugiesen und die Holländer aber sollten sich in unseren Tagen in Indonesien auf überraschende Weise wiederfinden: Nachdem Portugal seine diplomatischen Beziehungen zu

Indonesien wegen des Einmarsches in Osttimor abgebrochen hatte, waren es die Holländer, welche die Interessen Portugals vertraten.

Heim ins indonesische Reich

»Hört doch mit dem alten Quatsch auf«, ereiferte sich der indonesische Außenminister Adam Malik an einer Pressekonferenz. Das war eine recht überraschende Aufforderung, denn es war seine Antwort auf die Frage, wie es mit der Untersuchung über den Tod von fünf australischen Journalisten stehe, die im Oktober 1975 in Osttimor, in der Grenzstadt Balibo, umgekommen waren.

»Sie sind tot«, lautete die unbestrittene Erkenntnis. Aber der Frager wollte ja wissen, wer sie umgebracht habe, und die Antwort hätte aller Wahrscheinlichkeit nach lauten müssen, dass es indonesische Soldaten waren, die diese Journalisten bei der Ausübung ihres Berufes getötet hatten.

Das erklärt die Nervosität. Aber die Reaktion des indonesischen Außenministers war dennoch geradezu fahrlässig, so auffallend jedenfalls, dass man sich fragte, weshalb Malik auf diese Weise reagierte; er gilt doch sonst als kluger Diplomat und zeigt stets erstaunliche Wendigkeit.

Eine Erklärung dafür ist das Ondit, dass Malik gegen den Einmarsch der indonesischen Truppen war, und es heißt, dass selbst Suharto nicht sogleich zugestimmt habe, was erklären würde, weshalb so lange mit der Intervention gezögert wurde.

Nun hatte Malik noch 1974 gesagt: »Wir werden Portugiesisch-Timor unterstützen, wenn sein Volk die Unabhängigkeit will. Indonesien garantiert, nicht zu intervenieren, was die Zukunft dieses Timors betrifft.« Und man weiß, dass die indonesische Regierung der Unabhängigkeitsbewegung FRETILIN Geld zukommen ließ.

Gleichzeitig aber stellte Malik der »portugiesischen Provinz«

einen jährlichen Betrag von 100 Millionen Dollar in Aussicht, falls sie dem Anschluss an Indonesien zustimme. Darauf hatte das indonesische Konsulat in Dili, der Hauptstadt Timors, eine auffallende Aktivität entwickelt: Es verteilte Transistorradios und Batik-T-Shirts an die Dorfältesten – eine Methode, die die indonesische Regierung auch zu Hause anwendet. Die Wahlen, die dort aller Voraussicht nach im nächsten Jahr stattfinden sollen, werden nicht zuletzt dadurch vorbereitet, dass die Regierung von Jakarta zu Hause ähnliche Dinge verschenkt, wobei es nicht mehr beim Transistor bleiben kann, sondern schon ein Fernsehapparat sein muss.

Die Nervosität eines Malik und seiner indonesischen Regierung hatte gute Gründe:

Man sah sich international isoliert, als die Angelegenheit in der UNO zur Sprache kam. Indonesien stand ziemlich allein da, als es verurteilt wurde. Das machte zu schaffen, man fühlte sich nach wie vor als »Nation von Bandung«, als Vorkämpferin der Dritten Welt und des Antikolonialismus, aber diesmal hatte die Dritte Welt geschlossen gegen Indonesien gestimmt. Man hatte das eigene Image selber angeschlagen.

Es gab jedoch noch einen anderen Schock. Die indonesischen Obersten und Generale hatten gemeint, sie könnten die Angelegenheit möglichst sang- und klanglos über die Bühne bringen. Aber die ersten Truppen, die geschickt wurden, erlitten eine Schlappe. Man musste sogleich für Nachschub sorgen. Die militärischen Erfolge stellten sich nur mühsam und bedingt ein. Es durften in der Folge keine Zahlen über Gefallene genannt werden, und die Verwundeten wurden heimlich, ohne Benachrichtigung der Angehörigen, in die Spitäler gebracht. Man sah, dass es mit der so oft gepriesenen Schlagkraft der indonesischen Armee nicht weit her war.

So wurde eine Informationssperre um die Insel gelegt, zu der die indonesische Marine noch das Ihre beitrug:

Dem Abgeordneten der UNO, Vittorio Winspeare Guicciardi, konnte »nicht für Sicherheit garantiert werden«. Das hieß, man ließ ihn vorerst nicht nach Osttimor einreisen, wo er mit Vertretern der FRETILIN verhandeln wollte. Er war nicht der Einzige, aber vielleicht der Prominenteste, der ausgeschlossen wurde. Zu gleicher Zeit saß in Jakarta eine Rot-Kreuz-Delegation. Die kam zwar aus Dili, aber die Indonesier ließen sie nicht mehr nach Timor zurück, dabei hätte das Rote Kreuz ohne Zweifel zu tun gehabt.

»Timor steht der Welt offen«, log Malik mit großer Geste. An diesem Tag im Mai dieses Jahres wollte ich einen Flug buchen. In das ehemalige portugiesische Timor war nicht hineinzukommen; so wollte ich wenigstens ins indonesische Timor, nach Kupang. Aber selbst dahin gelangte ich nicht, man wäre eben schon zu nahe bei den Informationsmöglichkeiten gewesen. Es ist ganz einfach, jemanden nicht dorthin zu lassen: Man kann erst einen Flugschein kaufen, wenn von Kupang aus der Rückflug bestätigt wird, aber eine solche Bestätigung lässt einfach auf sich warten.

Man konnte am Ende Erfolg melden. Man hatte sicherlich Dili und die anderen Städte in der Hand. Es heißt, dass sich achthundert bis tausend Anhänger der FRETILIN in die Berge zurückgezogen haben. Diese Berge sind ein klassisches, seit Jahrhunderten von Guerillas benutztes Gebiet. Hier hatten zweitausend Australier während der japanischen Besetzung den Japanern getrotzt.

Die indonesische Regierung brauchte Zeit; sie hatte, was den Anschluss betraf, gut gelernt, auch wenn sie dafür kaum eigene Phantasie aufbrachte:

Man intervenierte nicht militärisch, sondern wurde zu Hilfe gerufen. Also gingen ein paar Zehntausende Freiwillige mit Armeewaffen spontan nach Osttimor, um den Brüdern zu helfen.

Ideologisch musste man ihnen helfen, da es sich nach Jakartas Überzeugung bei der FRETILIN um Kommunisten handelte und man das Volk vor der Revolution schützen musste. Gleichzeitig

wollte man verhindern, dass Indonesien über Timor eine kommunistische Infiltration befürchten musste.

Anderseits ist dieses Volk immer noch unmündig; denn die
Zahl der Analphabeten bewegt sich zwischen achtzig und neunzig
Prozent. Hier Wahlen abhalten zu wollen wäre unsinnig und vor-
eilig. Man stützt sich besser auf die Dorfältesten, die traditionellen
Machthaber, und dank ihnen kann man das bisherige System er-
halten.

Geografisch rundete man das eigene Territorium ab, wobei auch
wirtschaftliche Aussichten lockten, da Timor ölverdächtig ist.

Der Anschluss war nicht nur gut abgeschaut, sondern auch
richtig kalkuliert: Der Protest war unvermeidlich, aber die UNO-
Verurteilung blieb ohne Sanktion. Schließlich ist Indonesien mit
hundertvierzig Millionen Einwohnern eine der bevölkerungs-
reichsten Nationen der Welt und die größte in Südostasien. Die
USA können sich mit Indonesien nicht anlegen. Nach der Niederlage in Vietnam und den diplomatischen Schwenkungen gegenüber Taiwan müssen sie mit ihren bisherigen Verbündeten sorgsam
umgehen. Was Länder wie die Philippinen, Taiwan, Singapur und
Thailand betrifft, konnten diese nur jeder Aktion gegen Kommunisten zustimmen. Australien besaß Sympathien für die Unabhängigkeitsbewegung, aber nachdem die Labour-Regierung wegge-
wählt worden war, drückte sich diese Sympathie nicht mehr in der
Außenpolitik aus. Und die Sowjetunion und China sehen sich in
einer Konkurrenzsituation. Es besteht die Möglichkeit, dass Indonesien in nächster Zukunft mit China diplomatische Beziehungen
aufnimmt. So wird China eine Außenpolitik treiben, die einmal
mehr nichts mit dem zu tun hat, was im Roten Büchlein steht. Und
die Sowjetunion ist ebenfalls aus diplomatischen Gründen im besten Fall zu verbaler Empörung bereit.

Die Rechnung ging auf. Osttimor kam heim ins indonesische
Reich: Dass es bei diesem Bürgerkrieg und der militärischen Inter-

vention an die sechzigtausend Tote gab, ist ein kleines Unrecht angesichts der großen Politik, die zur Diskussion und zur Aktion steht. Es waren die Kleinen, die sich verhältnismäßig viel Wahrheit leisten konnten, wie der Vertreter von Benin, der in der UNO festhielt, dass immer mehr frühere Kolonien eine »aggressive und expansionistische Politik treiben«.

Was den Anschluss betrifft – da hat die einstige Kolonie bei einem einstigen Kolonialherrn wie dem faschistischen Portugal in Argumentation und Handlung bestens gelernt.

Nach dem Sturz des Cactano-Regimes bildeten sich in Timor Parteien, die ziemlich genau den drei Möglichkeiten von Zukunft entsprachen:

Da ist zunächst die UDT (Demokratische Union Timors) zu nennen; sie plädierte für ein vorläufiges Verbleiben bei Portugal. Diese Partei setzte sich zur Hauptsache aus der bisherigen wirtschaftlichen, politischen und administrativen Elite zusammen.

Die zweite Gruppierung ist die FRETILIN (Revolutionäre Front eines unabhängigen Osttimors). Ihre Mitglieder stammen aus der Kleinbürgerschicht, Lehrer und Studenten waren ebenso ihre Hauptsprecher wie die unteren Beamten. Die FRETILIN wünschte sich eine sofortige und bedingungslose Unabhängigkeit.

Als dritte Formation meldete sich die APODETI (Volksdemokratische Vereinigung Timors), die für den Anschluss an Indonesien eintrat, wobei sie sich einen Sonderstatus innerhalb des indonesischen Staates erhoffte.

Dass es daneben eine monarchistische Partei gab, ist insofern nicht nur ein Kuriosum, als sich diese auf die bisherigen Systeme der Stammeshäuptlinge und Dorfältesten stützen wollte. Aber diese Partei blieb unbedeutend. Ebenso scheiterte der Versuch, eine Art Labour-Partei ins Leben zu rufen.

Von all diesen Gruppierungen besaß die FRETILIN ohne Zweifel am meisten Rückhalt. Zwar setzten die Portugiesen, schon aus personellen Gründen, zunächst auf die UDT. Wie aber in Portugal General Spínola von Costa Gomes abgelöst wurde, hatte diese Verschiebung nach links auch in Timor Folgen. Die Portugiesen näherten sich der FRETILIN. In diesem Moment holte die rechts stehende UDT zum Putsch aus und besetzte Dili. Die Armee konnte die Hauptstadt zurückerobern die portugiesischen Soldaten (oder was im Dienste der portugiesischen Armee stand) verbündeten sich mit der FRETILIN. Auf diese Weise kam diese zu den modernsten Waffen. So rückständig Timor mit einem durchschnittlichen Jahreseinkommen von 40 Dollar pro Kopf ist, so modern war es, was die Waffen betraf. Das war auch der Grund, weshalb die einmarschierenden Indonesier auf eine wohlausgerüstete FRETILIN stießen.

Der Putsch von rechts kam insofern überraschend, als die UDT und die FRETILIN kurz vorher ihre Standpunkte einander angenähert hatten. Die FRETILIN, welche das Tetum favorisierte, die Sprache, welche von sechzig Prozent der Einwohner gesprochen wird, war inzwischen mit dem Portugiesischen als offizieller Sprache einverstanden und war ebenfalls dafür, dass man vor der völligen Unabhängigkeit eine Periode des Übergangs einschaltete. Denn wovon sollte ein Timor leben, das lediglich Kaffee und Kopra exportiert?

Für einen solchen Übergang wären die Voraussetzungen nicht allzu schlecht gewesen. Die Portugiesen selber waren auf der Insel mit ihren fast siebenhunderttausend Einwohnern nie mit mehr als ein paar Hundert vertreten. In dem wichtigen Departement der zivilen Verwaltung waren von 175 Beamten 164 Einheimische. Ebenso stellten die Einheimischen elf von zwölf Distriktverwaltern. Für diesen Übergang wurde ein »Rat der fünfzehn Majore« geschaffen, diese Militärs hielten auch die zivilen Schlüsselstellungen inne, etwa in der Kaffeekorporation oder in den Chefredaktionen der beiden Zeitungen. Aber was geplant und beabsichtigt war, ging unter in einer Hals-über-Kopf-Politik, die zu einem Chaos führte, aus dem die Portugiesen am liebsten mir nichts, dir nichts abgehauen wären. Zudem entwickelte sich der Bürgerkrieg immer mehr zu einem Rassenkrieg, die Ausschreitungen richteten sich nicht so sehr gegen die ehemaligen Kolonialherren als gegen deren profittüchtigste Helfer, die Chinesen, welche praktisch die ganze Wirtschaft kontrollierten.

Es ist bezeichnend, dass Lissabon im August dieses Jahres beschloss, eine Kommission einzusetzen, welche über die Dekolonisierung von Osttimor berichten soll – ein Bericht, mit dem Portugal nicht nur die Welt, sondern in erster Linie sich selber informieren möchte.

Timor im Optativ

Nach diesem Timor wäre ich gerne gegangen.

In ein Timor der kargen Landschaft, die nichts gemein hat mit der tropischen Üppigkeit, wie die anderen Sundainseln sie bieten. Rot blühende Akazienbäume sollen das Bild bestimmen, Kokospalmen und Mangobäume; wenigstens die Natur kümmert sich um die Versorgung, welche das Wirtschaftssystem den meisten vorenthält.

Als ich mich in Zürich erkundigte, wie man nach Dili komme, fanden wir den Namen der Hauptstadt von Osttimor in keinem internationalen Flugplan verzeichnet. Als ich wissen wollte, wie denn die Portugiesen selber hinkämen, erfuhr ich, dreimal pro Jahr fährt ein Schiff von Lissabon über Macao, und die Fahrt dauert fünfundvierzig Tage.

Aber da unten würde man schon sehen. Und man hätte sehen können. Seit ein paar Jahren fliegt von Darwin aus Australien ein Flugzeug nach Timor. Gleichsam durch die Hintertür. Diese Maschine wurde von den portugiesischen Behörden gechartert. Und dann gibt es eine Flugverbindung mit Indonesien, von der Hauptstadt des indonesischen Timor zu der des portugiesischen.

Allerdings, mit dem Landweg wäre es nicht weit her gewesen. Zwischen den beiden Teilen der Insel liegt Niemandsland. Die Autobusse nähern sich nur den Grenzorten. Man muss am Ende zu Fuß oder mit einem Jeep über die Grenze. Dieses Unternehmen kann bis zu einer Woche beanspruchen, wobei es immer noch auf die Jahreszeit ankommt.

Ich wäre sicherlich nach Bacau gegangen. Der zweitwichtigste Ort. An einem Sonntag wohl, wegen des Marktes. Das Marktgebäude soll während des Zweiten Weltkrieges von den Japanern bombardiert worden sein. Aber es soll nicht die einzige Zerstörung aus dem Zweiten Weltkrieg sein, die man auf sich beruhen ließ.

Ich hätte von Bacau aus bestimmt einen Abstecher gemacht. Wieder einmal an einem portugiesischen Fort vorbei. Nach Tutuala. Zwar fährt kein Bus hin, aber die letzte Strecke hätte man schon irgendwie hinter sich gebracht, um an den östlichsten Punkt der Insel zu kommen. Was für ein Pleonasmus. Timor heißt Osten, und Osttimor ist der Osten-Osten, und in den Osten dieses Osten-Ostens wäre ich gefahren. Ich hätte es bestimmt auch mit der Südküste versucht. Viqueque hätte mich schon gelockt. Am Weg japanische Bunker. Am Weg – die Straßen in Osttimor sind lausig bis unbeschreiblich. Man hätte sich eben Zeit nehmen müssen. Wenn eine Brücke eingestürzt ist, hat man sie noch selten wiederaufgebaut.

Aber so groß ist die Insel ja gar nicht, obwohl Portugal die größere Hälfte gehörte. Gehörte? Man sagt, seit 1586. Aber was man auch angibt, so recht stimmen können die Angaben nicht. Noch in der Mitte des 17. Jahrhunderts gab es auf Timor keine eigene portugiesische Siedlung; die Portugiesen kamen lediglich für den Handel hierher. Zuerst hatten sich Dominikaner auf einer andern Insel, auf Solor, eingerichtet. Es ist nicht so, dass das Kreuz immer dem Schwert folgt, manchmal ging das Kreuz voran wie hier. 1665 wurde der erste Gouverneur von Timor ernannt. Zu eindeutigen und offiziellen Grenzen kam es Mitte des letzten Jahrhunderts.

In Dili hätte ich mich sicher ein paar Tage aufgehalten. Es ist schließlich die Hauptstadt und überhaupt so etwas wie eine Stadt. Es soll dort asphaltierte Straßen geben und ein prächtiges Regierungsgebäude mit Soldaten in einheimischer Tracht davor.

Ich wäre von diesem Dili schon einmal an einem Nachmittag an den Strand gefahren. Nicht an einem portugiesischen Fort und nicht an japanischen Bunkern, sondern an einem australischen Gefallenendenkmal vorbei; es erinnert an die Hilfe, welche die einheimische Bevölkerung während der japanischen Besatzung den Alliierten gewährte.

Bestimmt aber wäre ich nach Maubara gegangen. An den Ort, wo 1522 die »Victoria« gelandet ist, das einzige Schiff aus der Flotte von Magalhães, das von der Weltumseglung in den Heimathafen zurückkehrte.

Doch, doch, in Dili hätte ich mich schon länger aufgehalten. Nicht nur wegen des »Königs von Timor«, dem Besitzer des »Hippie Hilton«. Ich hätte mich auf alle Fälle mit den schwarzen Portugiesen unterhalten, wie die Holländer die Abkömmlinge der Portugiesen und der dunklen einheimischen Frauen nannten. Katholiken, die eine Zeit lang die Kommunion mit dem Kannibalismus verbanden. Anderseits waren sie entschlossen, einen Religionskrieg gegen die Protestanten zu führen zu einer Zeit, als solche Kriege in Europa vorüber waren. Doch haben sie zugleich den Portugiesen selber immer wieder mit ihren Rebellionen Schwierigkeiten gemacht.

Auf jeden Fall wäre ich in die Dörfer hinausgefahren, wo die Hütten keine Tür haben. Wenn einer das Haus verlässt, stellt er einen Palmzweig davor, nicht als Einladung für einen Dieb, sondern um mitzuteilen, dass der Eintritt tabu ist, und dieses Tabu heißt hier *Pomali*.

Was für eine Reise des »Ich wäre« und des »Ich hätte so gerne«! Aber eben.

Ich werde bei Joseph Conrad nachlesen, wie Dili ausschaut.

Seine Schilderung datiert allerdings siebzig Jahre zurück, aber vertrauenswürdige Zeugen behaupten, es habe sich seither kaum etwas geändert, trotz ein paar moderner Bauten. Im Notfall muss man sich eben an die Schriftsteller halten.

Und für den Fall, dass es mir bei dieser Lektüre warm würde, habe ich mir einen Fächer aus Sandelholz gekauft. Aus jenem Holz, dessentwegen schon die chinesischen Händler sehr früh nach Timor gefahren sind und dessentwegen die Portugiesen kamen. Ein Holz, das inzwischen jede wirtschaftliche Bedeutung verloren hat. Die dünnen Lamellen des Sandelholzfächers bieten doppelte Kühlung: einmal mit dem Luftzug und dann mit dem Duft, den ich sonst nur von der Seife oder dem Aftershave her kenne.

Wenn einem in dieser Region eine Insel verwehrt wird, hält man Ausschau nach einer andern, verliert man die eine, fährt man zur nächsten.

Das hatten schon die Portugiesen so gehalten. Sie hatten sich zuerst in Solor eingerichtet, als sie das verloren, setzten sie sich nach Flores ab und auf eine Insel davor. Und als sie diese aufgeben mussten, blieb ihnen immer noch eine wie Timor. Indonesien hat an die dreizehntausend Inseln, davon einige, die noch nicht einmal einen Namen haben, da wird man ja wohl nicht in Verlegenheit geraten.

Wo die Gewürznelke wächst

Da ich nicht nach Timor kam, ging ich nach Ambon. Wenn mich in Zukunft jemand fragt, ob ich Spitzbergen kenne oder ob ich schon in den hintersten Malediven gewesen sei, werde ich zurückfragen: Und Sie? Waren Sie schon in Ambon?

Bis Makassar auf Celebes machte es Neckermann noch möglich. In Surabaya, einer der hässlichsten Städte mit einem der schönsten

Namen, steigen die Touristen ein, unverkennbar in ihren Batik-
hemden und einer Bali-Maske im Gepäck für die Wohnwand zu
Hause. Makassar auf Celebes, dorthin haben sich die Portugiesen geflüchtet, als sie Malakka verloren, und auch nachdem sie der
Gewürzinseln verlustig gingen, konnten sie sich hier eine Zeit lang
halten. Also ist es für jemand, der nicht nach Timor hineinkam,
kein schlechter Zwischenaufenthalt.

Hinter Makassar aber sind wir nur noch ein paar wenige im
Flugzeug, die nach Ambon fliegen. Als ich mich über Ambon erkundigte, erfuhr ich, dass es als eine der schönsten Inseln gilt, und
besonders die Ambonesinnen haben einen Ruf.

Allerdings gibt es von Ambon, der Hauptinsel der Molukken,
noch anderes zu sagen: Die Ambonesen waren tüchtige Helfer der
holländischen Kolonialisten. Sie stellten brauchbare Beamte und
bewährten sich als Polizisten. Deswegen versprach ihnen Holland
auch die Unabhängigkeit, aber dazu kam es nicht. Da proklamier-
ten die Ambonesen in den Wirren von 1950 die Unabhängigkeit
selber, erfolglos. Es wanderten in der Folge fünfzehntausend nach
Holland aus, denen später andere zwanzigtausend folgen sollten.

Von Zeit zu Zeit erinnern sie daran, dass man ihnen einmal die
Unabhängigkeit der Südmolukken in Aussicht gestellt hat. So be-
setzten sie 1970, als der indonesische Außenminister Holland
besuchte, die Residenz des indonesischen Botschafters. Verschiedene Anschläge und Drohungen sind auf die Ambonesen zurück-
zuführen, wie auch die Absicht, die holländische Königin zu ent-
führen. Die spektakulärste Aktion junger, in Holland geborener
Ambonesen war der Überfall auf einen Eisenbahnzug im Dezember vergangenen Jahres.

Bei diesen Aktionen horchte die Welt auf, aber nicht zuletzt
deswegen, weil man sich fragte, wo denn dieses Ambon liege. Und
man erfuhr, dass die Molukken die Gewürzinseln sind, jene Inseln

also, die stets ein Hauptziel der europäischen Kolonialmächte bildeten. In Ambon selber spricht niemand von Unabhängigkeit, man bringt kaum in Erfahrung, wovon überhaupt gesprochen wird. Der Flughafen befindet sich auf einem Vorgebirge. Die Fahrt ins Städtchen ist eine der schönsten Einfahrten, die ich kenne: auf einer miesen Straße, an der schon seit Jahren gepflastert wird, durch eine Dschungellandschaft von ungenierter Vegetation, über Notbrücken, an einer technischen Hochschule vorbei, welche die Russen nicht fertig bauen durften, ein australisches Gefallenendenkmal und immer vor Augen der groß angelegte Bogen der Bucht, an der Ambon liegt; die Bucht heißt, in portugiesischer Erinnerung, *boca*, und das Land, das ins Meer hinausreicht, *passo*.

Der Erste, mit dem ich ins Gespräch komme, geht eben daran, sein Büro zu schließen, zwei Jahre lang leitete er ein Planungsbüro, es gibt hier jedoch nicht viel zu planen, so hört er mit seiner Arbeit auf. Aber es gibt doch Holz? Ja, sicher. Und Gewürznelken? Das auch. Aber damit ist es längst vorbei.

Es scheint, dass die Ambonesen einmal einen Einfall hatten, das waren die Gewürznelken, dabei ließen sie es bewenden. Wenn man allerdings die stattlichen Kirchen sieht, merkt man, sie haben nicht nur Handel mit Gewürznelken getrieben, sondern noch was anderes gemacht, nämlich sich bekehren lassen.

Steht man am Hafen, so meint man, De Laurentiis drehe einen Monumentalfilm über die Seeräuberei und die Statisterie habe soeben Ausgang. Aber es sind keine Statisten, diese dunkelhäutigen Männer mit ihrem langen, pechschwarzen Haar, einem Stirnband darüber, den halblangen, engen Hosen in bunten Farben und den nicht minder bunten Schärpen. Es sind leibliche Nachfahren von Seeleuten, die nicht zuletzt als Schmuggler berühmt geworden sind.

Wenn wir als Kinder jemanden weit weg haben wollten, schickten wir ihn dorthin, wo der Pfeffer wächst; nachdem ich in Ambon

war, werde ich ihn in Zukunft dorthin schicken, wo die Gewürz-
nelke gedeiht.

Der Abgesang

»Wir sind Christen und suchen Gewürze« – das war der portugiesische Schlachtruf und eine portugiesische Litanei:

Man nehme Pfeffer, wo man ihn findet, an der Westküste Afrikas
die Malaguettakörner. Aber wenn der Pfeffer in Indien besser ist,
dann nehme man ihn an der Malabarküste.

Und wenn man mit Gold bezahlen muss, nehme man dieses in
Südostafrika oder Guinea, und wenn es dort Schwarze hat, nehme
man diese als Sklaven.

Man nehme Pfeffer. Denn was in Indien einen Dukaten wert
ist, lässt sich auf den Märkten von Lissabon oder Amsterdam zu
hundert Dukaten verkaufen. Nicht umsonst wird der wohlhabende
Mann eines Tages »Pfeffersack« heißen. Also nehme man so viel
Pfeffer, dass man alljährlich bis zu zwei Millionen Kilo ums Kap
der Guten Hoffnung bringt. Und man belade unbekümmert die
Schiffe. Auch wenn nur die Hälfte der ausgeschickten Schiffe zu-
rückkommt, gilt die Expedition als Erfolg.

In Ceylon aber nehme man den Zimt, denn dort wächst der
beste. Und man achte darauf, dass man das Monopol nicht verliert. Für das Schälen des Zimtbaumes nehme man die Chalias, eine
Kaste, die eigens dafür vorgesehen ist; ein Zwölfjähriger kann es
während einer Ernte immerhin auf 28 Kilo bringen, während ein
Erwachsener bis auf 300 Kilo kommt.

Man nehme die Muskatnuss von den Banda-Inseln und die Gewürznelken von den Molukken, von Ternate und Tidore und vor
allem von Ambon.

Aber wenn man eine Taube ist wie der Muskatnuss-Fresser, dann nehme man sorglos den Samen und trage ihn in alle Himmelsrichtungen; dagegen kann kein Erlass einer Kolonialregierung etwas ausrichten.

Das Sandelholz aber nehme man von Timor, sowohl das weiße wie das gelbe. Man gehe dafür bis ans Ende der Welt oder an die nächste Straßenecke. Vielleicht liegt dort noch das alte Lädelchen, die Kolonialwarenhandlung. Und wenn nicht, da die Spekulations-Geografie es anders will, gehe man eben bis zum nächsten Supermarkt. Dort wird jeder innerhalb des Angebotes eine Gewürzinsel finden: Pfeffer, Ingwer, Muskatnuss, Nelke – alles ist günstig zu haben. Ihretwegen wurde Weltgeschichte gemacht, auf dem Gestell sind sie fein säuberlich eingereiht, zum Teil zermahlen und zerstoßen, in Streudosen abgefüllt, um das Ganze etwas pikanter zu machen.

»Christen und Gewürze« – den Portugiesen blieb das Christentum, auch nachdem sie die Gewürze verloren hatten. Sie hatten einmal die besten Schiffe gebaut und waren führend in der Nautik gewesen; aber die andern waren nicht untätig geblieben. So kam es, dass eines Tages ein portugiesischer Kapitän erlebte, wie das kleine englische Schiff besser um das Kap der Guten Hoffnung herumkam als das schwerfällige und schwer beladene der Portugiesen. Der portugiesische Seefahrer wandte sich ungläubig an den Himmel, weil Gott einem Schiff von Ketzern half. Als der Sturm nicht nachließ und es in den Balken krachte, fielen die Portugiesen auf die Knie. Ein Holländer, der in ihren Diensten stand, notierte sich, als die Portugiesen zu beten begannen: »Sie machten viel Lärm.«

Die Azoren oder Auf verschiedene Art Insel sein
1998

Auf halbem Weg. Mitten im Atlantik.

Wer es genau nimmt, kann festhalten, dass der Archipel Europa um einige Hundert Seemeilen näher liegt als den USA; anderseits sind es innerhalb des Archipels selber 530 Kilometer von der östlichen Inselgruppe zur westlichen. Wie immer man misst, eines bleibt: Die Inseln liegen auf halbem Weg – aber auf welchem Weg wohin?

Die Azoren wurden von Europa aus besiedelt. Von Portugiesen. Neben ihnen waren es Flamen, welche die Landwirtschaft ausbauten. Sie kamen mit der Hoffnung, Bodenschätze zu finden, und sahen sich um diese Illusion gebracht. An eine Rückkehr war nicht mehr zu denken; so blieb ihnen nur die Landwirtschaft. Die Inseln der mittleren Gruppe hießen einst »Flämische Inseln«. Wer will, kann auf Faial ein Dorf namens Flamengos besuchen. Auch der Käse Flamengo erinnert an die Flamen. Ebenso das weiß-schwarz gescheckte Vieh. So wichtig wie die Flamen für die Landwirtschaft waren die Franzosen für die Tuchverarbeitung; nach den Bretonen heißt auf São Miguel eine Inselecke Ponta Bretanha.

Was auf halbem Weg lag, war für die ersten Zuwanderer aus Europa Endstation.

Besiedelt wurden die Azoren zu einer Zeit, als es noch keine Neue Welt gab. Der Archipel lag in einem Ozean, der legendentauglich war, weit draußen im Atlantik, dort, wo das untergegangene Atlantis vermutet werden durfte und wo man einst die Inseln der Glückseligen suchte.

Mit der Entdeckung Amerikas veränderte sich die Lage der Azoren, sie rückten vom Rand in die Mitte.

Von hier aus fuhren nun Portugiesen weiter westwärts und stießen auf einen Küstenstrich, den sie Labrador nannten. Von den Azoren aus brachen Fischer in die Gewässer von Neufundland auf, zum Dorschfang. Damit ist es nun zu Ende. Der *Bacalhau,* einst Volksnahrung, kommt heute aus Norwegen, eine Konsequenz der Europäisierung Portugals, und er ist unpopulär teuer geworden.

Nach wie vor sind Thunfischer unterwegs. Aber aus ist es nicht nur mit dem Dorsch, sondern auch mit der Jagd auf den Pottwal, die *baleia.* Der kommerzielle Walfang ist seit 1986 verboten. Geblieben ist ein Walfang-Museum in Lajes auf Pico. Und alles überdauert hat der junge David; ihn hatte Herman Melville für *Moby-Dick* auf den Azoren angeheuert. Offiziell wurde der letzte Wal 1981 getötet, nach herkömmlicher Weise und nicht »mechanisch-technisiert« per Kanone, wie dies bei den japanischen oder norwegischen Walfangflotten üblich war. Traditionell bedeutet: so lautlos wie möglich an den Wal herankommen, ihm von Hand die Harpune in den Leib stoßen und auf ihn, der, sich aufbäumend, das Schiff hinter sich herzerrt, so lange einstechen, bis er, das Meer mit seinem Blut färbend, aufgibt und sich abschleppen lässt – in die Fabrik zur Verwertung, für Kosmetik und Pharmazie, Tran und Tierfutter.

Nach wie vor ist das Café Sport in Horta auf Faial ein Treffpunkt. Man wird allerdings immer seltener auf jemanden stoßen, der mit Macho-Nostalgie vom Abenteuer seiner Arbeit als *baleeiro* erzählt. Der Besitzer des Lokals hat sich eine Sammlung zugelegt, die im ersten Stock gegen Entgelt zu sehen ist. Zähne oder Knochen, in die Zeichnungen geritzt werden, in Scrimshaw-Technik, wie der Fachausdruck lautet: Porträts von Seeleuten und ihren Traumfrauen, Hafenszenen, Landschaften, Fantastereien.

Das Café, einst Treffpunkt der Walfänger, vermittelt nun Tickets für *whale watching:* aufs Meer hinausfahren und Wale beobachten.

Angeboten wird eine Compact Disc: *Sinfonie der Azoren* mit Stimmen der Wale und Delfine. Ein Tourismusbüro wirbt mit gutgemeinter Poesie: »Der Ruf der Wale hallt über die Azoren. / An Bord gehen die neuen Walfänger. Pazifisten wie Sie / Bezaubert vom Gesang, beeindruckt von der Erhabenheit der Wale. / Fahren Sie mit auf unserem Schiff. Die ›Futurismo‹ fährt die Route Ihrer Träume. / Über die Azoren mit den Walen segeln.«

Es waren Nordamerikaner, die auf den Azoren den Walfang kommerzialisierten, indem sie hier Fabriken anlegten und Azorianer als *baleeiros* anheuerten; diese bestellten nach wie vor ihre Felder; sobald von einem der Beobachtungsposten der Ruf »*baleia baleia*« (»Wal in Sicht«) ertönte oder das Signal einer Rakete zu sehen war, sammelten sie sich in ihren schmalen Booten zum Fang.

Ein John Dabney machte Ende des 18. Jahrhunderts auf Faial sein Vermögen mit dem Walgeschäft. Thomas Hickling, ein anderer Amerikaner, aus Boston, erwarb seinen Reichtum dank Walen und Orangen. Sein Wohnhaus in Ponta Delgada ist heute eines der schönsten Hotels, nach der danebenliegenden Kirche São Pedro genannt; das einstige Sommerhaus gab mit seinem Park die Vorlage ab für den Botanischen Garten von Terra Nostra.

Wegen des Walfangs ließen sich die ersten Azorianer an der Ostküste der USA nieder. Der halbe Weg fand seine Fortsetzung in die Neue Welt. Diese lockte mit Existenzmöglichkeiten, welche die Heimatinseln nicht boten; sie blieben auf halber Strecke zurück. »Schön sind die Landschaften«, hieß es, »aber man kann sie nicht essen.« Es leben heute in Nordamerika mehr Azorianer als auf den Azoren. Vor allem in New Jersey oder in Kalifornien. Die Wahlheimat wird als »L(USA)landia« apostrophiert. Einige Emigranten durchquerten den Kontinent; auf der Suche nach einer Insel ließen sie sich in Hawaii nieder. Nicht mehr mitten im Atlantik, sondern mitten im Pazifik.

Schaut man sich in Ponta Delgada in einer Buchhandlung bei den Büchern über die Azoren um, stößt man auf eine respektable Reihe von Publikationen, die von der Emigration handeln. Pedro da Silveira hat in seine Anthologie *Poesia açoriana* (Lissabon 1977) ein Gedicht von Marcolino Candeias aufgenommen, der mit dem l(USA)ländischen Portugiesisch spielt, wie man es in *Bastäo* (Boston) oder in *Noiorca* (New York) spricht.

Unter den Besuchern der Azoren machten die Emigranten schon immer einen wichtigen Anteil aus. Die meisten kehren für Ferien zurück, am liebsten für die religiösen Feste. Etwa zum Fest des *Espirito Santo*. Für diese Heiliggeistfeiern wird ein Einwohner, oft ein Kind, zum Kaiser *ad interim* gewählt, der den Zeremonien vorsteht. In allen Städten und Dörfern finden sich »Kapellen«, *impérios*, Beispiele der Volksarchitektur. Die früher übliche Verteilung der Armensuppe hat einem allgemeinen Volksessen Platz gemacht. Solche Heiliggeistfeiern wird man in Portugal kaum mehr finden; dafür sind sie in einem nordbrasilianischen Städtchen wie Alcantara heimisch geworden.

Selten sind Rückkehrer, die auf ihrer Herkunftsinsel investieren. Das Caloura Hotel Resort mit einer renommierten Taucherschule ist eine Ausnahme. Es liegt an der Südküste von São Miguel; das Fischerdorf bietet übrigens in seiner Barockkirche Engel seltener Art, solche mit Schnurrbärten.

Aus Furcht, Portugal könnte nach der Nelkenrevolution kommunistisch werden, warb eine Gruppe von Exil-Azorianern dafür, die Azoren als 52. US-Staat auszurufen. Der Archipel hätte zwar nach wie vor in der Atlantikmitte gelegen, wäre aber politisch den Emigranten in die Neue Welt gefolgt.

Auf halbem Weg zwischen der Alten und Neuen Welt: Das galt nicht nur für den Weg nach den USA und Kanada, sondern früher schon für jenen nach Brasilien, wohin die Azorianer im 17. und 18. Jahrhundert auswanderten. Da nur der älteste Sohn erbberechtigt war, mussten die jüngeren sich nach einer eigenen Möglichkeit des Auskommens umsehen. Kirche und Militär boten sich an, oder es musste einer eben sein Glück in Brasilien suchen.

Aus Brasilien wurde *Jacaranda* eingeführt, ein Edelholz, das für die Inneneinrichtung der Kirchen verwendet wurde, für Gestühle, Kanzeln, Sakristeien und ganze Decken. Aus der brasilianischen Kolonie wurden auch die Ananas und die Passionsfrucht importiert; aus beiden wird heute ein Likör hergestellt. Die Ananas werden in Gewächshäusern kultiviert, die Dächer der *estufas* bestimmen streckenweise das Landschaftsbild. Dank den Treibhäusern lässt sich die Luftfeuchtigkeit kontrollieren, was aus der Ananas eine der besten Europas macht, die auch in Portugal um einiges teurer ist als die aus Afrika.

An welchem Weg die Inseln der Atlantikmitte liegen, das bestimmten auch Wind und Politik.

Die Schiffe machten bei ihrer Rückkehr nach Portugal wegen der Winde und Strömungen einen großen Bogen und nahmen Kurs über die Azoren; somit lagen diese an der Madeira- und Indienroute. In den Magazinen von Angra do Heroísmo lagerten fernöstliche Gewürze. Und in den sechs Jahrzehnten, als Spanien bis Mitte des 17. Jahrhunderts die Oberhoheit über Portugal ausübte, machten Schiffe aus Mexiko und Peru mit ihren Silberladungen Station. In den Werften wurden die Schiffe repariert. Diese Dienstleistung wurde wieder aktuell, als Horta für die Jachten auf der Atlantikroute Anlegehafen wurde, nahezu tausend Schiffe im Jahr aus dreißig Ländern.

Mitten im Atlantik auf halbem Weg, das bedeutete Zwischenstation. Die Relais-Situation konnte für die Kommunikation dienlich werden.

Die Inseln, die Schiffen als Zwischenstation dienten, wurden Anlegehäfen für die Flugzeuge. 1919 war Horta zum ersten Mal

Zwischenlandeplatz für den Luftverkehr. In der Folge wasserten im Hafen die Wasserflugzeuge, unter ihnen der berühmt gewordene Clipper der Pan American auf seinem Linienflug, und Zwischenhalt machten hier ab 1936 auch die Flugzeuge der Lufthansa. Durch die Entwicklung der Langstreckenflugzeuge wurde die Zwischenstation überflüssig.

Was allerdings nicht für die Militärs gilt. Während des Zweiten Weltkrieges hatten die Engländer eine Basis auf Terceira eingerichtet für die Versorgung der Truppen aus Afrika. Die USA übernahmen später die Anlagen und bauten sie aus; sie liegen in der Nähe des Flughafens Lajes. Um die amerikanischen Einrichtungen haben sich Hüttensiedlungen gebildet, deren Bewohner sich Arbeit von den Amis erhoffen.

Die Lage mitten im Atlantik konnte aber auch anderweitig Vorteile und Auskommen bieten. Horta wurde Schaltstelle für den Fernmeldeverkehr. 1893 wurde das erste Unterwasserkabel für die telegrafische Verbindung zwischen Europa und Amerika verlegt. Dreißig Jahre später hatten eine deutsche, fünf englische und neun amerikanische Telegrafenfirmen hier ihren Sitz. 1969 ging auch diese Ära zu Ende. Satelliten hatten Unterwasserkabel überflüssig gemacht. Einmal mehr war es aus mit dem Geschäft der Atlantikmitte. Das erste autonome Regionalparlament tagte in einem Gebäude der »Deutsch-atlantischen Telegrafengesellschaft«; die repräsentativen Wohn- und Geschäftshäuser der »Deutschen Kolonie«, im Kolonialstil der Jahrhundertwende gebaut, werden heute von Ministerien benutzt.

Mitten im Atlantik heißt aber auch, an einer anderen Art Schaltstelle zu liegen, an einer geologischen; dort, wo die euroasiatische, die afrikanische und die amerikanische Erdplatte aufeinanderstoßen, auf einem vulkanischen Rücken.

Als die Chauffeuse in Horta die Geschäftskarte überreichte,

strich sie Adresse und Telefon und notierte eine neue Nummer und eine neue Straße; die gedruckten Angaben sind seit dem letzten Erdbeben nicht mehr gültig.

Am 4. Juli dieses Jahres gedachte man mit Messe und Rede des Erdbebens, das vierzig Jahre zuvor einen ganzen Landstrich vernichtet hatte. Capelinhos wurde in eine Mondlandschaft verwandelt, was heute eine touristische Attraktion abgibt. Dank der Lavamasse, die ins Meer floss, erweiterte sich die Insel um 2,5 Quadratkilometer.

Fünf Tage nach der Gedenkfeier, am 9. Juli, bebte die Erde erneut. Festivitäten wurden abgesagt. Der Schulanfang im September war nicht überall garantiert, da weder neue Schulhäuser zur Verfügung standen noch Ersatz dafür gefunden wurde. Betroffen war vor allem die ländliche Umgebung von Horta. Die Stadt selber erinnert sich an das Beben von 1926.

Jede Insel hat ihre Erdbeben- und Vulkanchronik. Ponta Delgada wurde Hauptstadt von São Miguel, nachdem die erste Hauptstadt, Vila Franco do Campo, 1522 Opfer eines Erdbebens geworden war. Auf der Insel São Jorge kann man Urzelina aufsuchen, wo ein Kirchturm aus der Lavamasse herausragt, welche die Kirche beim Beben von 1808 unter sich begrub.

Ein neueres prominentes Opfer: Angra do Heroísmo, 1980 durch ein Erdbeben schwer zerstört. Eine Stadt, welche die UNESCO zum Kulturgut der Menschheit erklärt hatte. Beim Wiederaufbau mussten Straßenzüge und Fassaden respektiert werden. Sechzig Prozent der zerstörten Wohneinheiten sind bisher wieder verfügbar. Man würde nicht denken, dass vor bald zwanzig Jahren das Zentrum in Trümmern lag. Dennoch, man wird fortlaufend auf Spuren der Zerstörung stoßen: ein Gebäude, das noch in Schutt liegt, eine Fassade, die man stehen ließ, das einstige Haus dahinter jetzt ein Parkplatz, die Misericordia-Kirche wird noch renoviert, in der ehemaligen Jesuitenkirche nackte Bretter anstelle der Gemälde, die sich in Restauration befinden.

Vulkanlandschaft: ein Krater, in den man hinuntersteigt, Grotten, ein unterirdischer See, Basaltküsten mit bizarren Formen und geschliffenen Steinen, dunkle Klippen, doch das Lavagestein kann auch rötlich und bläulich sein. »Mysterien« werden vulkanische Erdlöcher genannt, und wenn der Lavaboden sich mit schüchternem Grün überzieht, spricht man vom »Wunder«.

Wie unterschiedlich sich Vulkanlandschaft darbietet, lässt einen die Insel São Miguel erleben. Fährt man von Ponta Delgada westwärts, gelangt man in eine sanfte Hügellandschaft erloschener Vulkane. In den Kratern bildeten sich Seen. Unter ihnen sind die beiden von Sete Cidades berühmt geworden, sie gehen ineinander über, der eine setzte sich mit seinem Blau vom Grün des anderen ab. Autostraßen und Wege fast durchgehend von Hortensienbüschen gesäumt. Auch sonst eine reiche Ausstattung mit Blumen. Lorbeer- und Wacholderwälder. Hibiskus, Akazien und Japanische Sicheltannen. Das erweckt den Eindruck von einem weitläufig angelegten Park. Zugleich aber Weideland für Kuhherden. Blickweit keine Siedlung. Im Kontrast zu dieser geruhsamen Landschaft das unheimlichere Bild, das einen im Osten erwartet, wenn man nach Fumas fährt oder an die Lagoa do Fomo. Da sind in Fumas Geysire, Fumarolen, Dampf, der aus Tümpeln aufsteigt, glucksend heißes Wasser. Schwefelgeruch in der Luft. Visitenkarten der Hölle. Zugleich heiße Quellen fürs Thermalbad, dessen Kurgäste in vom Eisen rostrotem Wasser schwimmen.

Eine besondere Attraktion: Löcher in den Boden graben, darein einen abgeschirmten Topf versenken und in ihm eine Mahlzeit garen lassen, einen *cozido* (Gesottenes). Dazu einen Vulkanwein trinken, den *cheiro*, der nicht in Flaschen abgefüllt wird und daher nur im populären Ausschank zu kriegen ist, oder einen *Terras de Lava*, der wie der *Basalto* von der Insel kommt, die schlicht und einfach Berggipfel heißt, Pico bzw. Kegel, wie es einem Vulkan entspricht; mit seinen 2351 Metern ist der Pico Grande der höchste Berg Portugals.

Als Baumaterial kann die zerstörerische Lava der Architektur und dem Urbanismus Charakter verleihen, wenn sie genutzt wird wie in Ponta Delgada. Der Lavastein wird für die Rahmen von Fenstern und Türen verwendet, für Simse und Balkone, für Dekor und Ornamentik, ob Portale oder Türme, ob Brunnen, Randsteine oder Treppen. Ein dunkler Stein, der wirkt, aber nicht glänzend aufdringlich, da porös. Und dieses Schwarz wird gegen weiße Flächen abgesetzt. Das verleiht Ponta Delgada, seinen Bauten und Straßenzügen Eleganz.

»Auf die Insel gehen« heißt so viel wie nach Ponta Delgada gehen; so reden auch die, welche auf einer Insel wohnen, wie wir sagen »in die Stadt gehen«, wenn wir als Stadtbewohner das Zentrum meinen. Auf die Insel gehen vorab die, welche Arbeit suchen; für sie ist die Insel eine erste Etappe der Auswanderung.

Für die Verbindung von einer Insel zur andern sorgt die SATA, die azorianische Fluggesellschaft. Schwieriger und mühsamer ist der Schiffsverkehr. Eine Möglichkeit, auf die Insel zu gehen, bietet der Passagierdampfer »Lady of Mann«, der einst seinen Dienst im Ärmelkanal versah. Mit dem Schiff wurde auch die Musik aus den Sechzigerjahren gekauft, und die englischen Orientierungstafeln wurden belassen. Man kann sich anhand von Dokumentationen an der Wand über keltische Inselbewohner und Wikinger-Eroberer informieren, und dies auf einem Meer, wo sich einst maurische, türkische und französische Seeräuber herumtrieben und wo Francis Drake, der geadelte Pirat, plünderte und brandschatzte, wo wegen der Seeräuberei mächtige Forts gebaut wurden wie die Festung São João Baptista in Angra do Heroísmo; sie diente auch als Gefängnis – für einen mosambikanischen König Gungunhana ebenso wie für den portugiesischen König Afonso VI., der von seiner Gemahlin und seinem Sohn eingelocht wurde.

Von Insel zu Insel auf die Insel gehen: von der blauen Insel (Faial) über die weiße Insel (Graciosa) zur grünen Insel (São Miguel) oder von der bergigen (Pico) zur lieblichen (Graciosa). Startet man in Horta, verlässt man einen Hafen, der heute in erster Linie Jachten dient. Er soll erweitert werden. Die Quaimauern sind ein Gästebuch mit buntesten Markierungen zur Erinnerung an Regatten und Rallyes, an Atlantic Cup oder Semana do mar: »Nigeria Boy Ye Ye Hafen. Die ›Purcell‹ kommt wieder. Nach dieser Reise sind wir nur noch halbe Schweden.«

Das Schiff steuert nicht den gegenüberliegenden Hafen an. Madalena, die Hauptstadt von Pico, liegt so nahe, dass eine Fähre ihren Dienst verrichtet. Das erste Ziel ist Cais de Pico, einst wichtig für den Walfang. Am Hafen eine Walfabrik, die letzte, die nicht geschlossen wurde, die jedoch keine Wale mehr verarbeitet.

Danach Velas, der Hauptort von São Jorge. Eine lang gestreckte Insel. Vulkanlandschaft und Milchwirtschaft. Berühmt für ihren Käse. Vom Tourismus noch kaum berücksichtigt. So wenig wie Graciosa, die bestes Gemüse liefert. Ihr Vulkan hat einen Krater mit eingebauter Arena für unblutige Stierkämpfe.

Eine Fahrt von Insel zu Insel ist auch die Reise von einem Dichter zu einem andern. Wenn Angra mit vollem Namen Angra do Heroísmo heißt, kam die Stadt zu ihrem heroischen Attribut dank dem Romantiker Almeida Garrett (1799–1854), der auch die Azoren für seine *Reisen im eigenen Land* besuchte. Doch der prominente Lyriker, Schriftsteller und Essayist stammt nicht aus Angra, sondern aus Praia da Vitória, wo nicht nur sein Geburtshaus, sondern auch das seiner Tanten eine Gedenktafel erhielt. Vitorino Nemésio (1901–1972) hat von sich gesagt, als Insulaner sei er wie eine Insel »auf allen Seiten von Wassern umgeben«. Aber er war zeit seines Lebens außerhalb der Azoren tätig. Professor in Montpellier und Brüssel. Begründer der richtungweisenden Zeitschrift *Revista de Portugal*. Er starb in Lissabon. Unter seinen Romanen ist *Mau tempo no Canal* ein Klassiker nicht nur der azorianischen Literatur geworden. Mit dem »Kanal, wo schlechtes Wetter herrscht«, ist die Wasserstraße zwischen Pico und Faial gemeint; er wurde ein zweisprachiger Autor, der neben portugiesisch auch französisch schrieb. Von der Insel Terceira nach der von São Miguel, von Praia da Vitória nach Ponta Delgada. Dort wurde Antero Tarquínio de Quental (1842–1891) geboren. Ein Dichter, der »moderne Oden« verfasste und von dem Fernando Pessoa sagte, mit ihm sei die portugiesische Dichtung wieder erwacht, die mit Gil Vicente und Camões zur Hälfte einschlief. Ein Essayist, der über die »Dekadenz der iberischen Völker« schrieb und das damalige Portugal wegen seiner Kolonialpolitik und seines politischen und religiösen Absolutismus attackierte. Ein *homme de lettres* und zugleich Aktivist, der durch Portugal reiste, »demokratische« Vorträge haltend. Ein utopischer Sozialist und religiöser Grübler. Die Geburtsstadt gedenkt seiner mit einem imposanten Monument in einem eigenen Park. Aber die Stelle, wo er sich umbrachte, hat keine Tafel. Quental ist für seinen Freitod auf die Azoren zurückgekehrt. Er starb auf einer Bank vor einem Kloster. Das Kloster trägt den Namen Esperança (Hoffnung), und über der Bank ist noch immer ein in die Mauer eingelassener Anker zu sehen.

Insularidade, Insularität, das ist als *mentalité* Bekenntnis und Ausbruch, Enge und Sehnsucht nach Welt. Nun sind die Inseln unter der Salazar-Diktatur immer mehr ins Abseits gedrängt worden. Sie wurden, europäisch gemessen, in einem unterentwickelten Land zu einem unterentwickelten Archipel. Darüber können die Städte mit ihrer Geschäftigkeit nicht hinwegtäuschen. Das mögen jüngste Zahlen für die medizinische Betreuung illustrieren. Wenn im Landesdurchschnitt fünf Spitalbetten auf zehntausend Einwohner kommen, sind es auf den Azoren lediglich 3,9, und statt 29,9 Ärzte betreuen 14,5 zehntausend Einwohner.

Mit der Nelkenrevolution begann sich manches zu ändern. Die Azoren erlangten 1976 innenpolitische und administrative Autonomie mit Ponta Delgada als Hauptstadt. Das regionale Parlament tagt in Horta. Seit 1976 besitzt Ponta Delgada auch eine Universität mit Fakultäten. Terceira und Faial wurden Institutsableger zugestanden. Seit 1978 verfügen die Azoren über eine eigene Fernsehstation. Und seit fünf Jahren ist auch die westliche Azorengruppe ins Linienflugnetz einbezogen; allerdings sind die Wetterbedingungen derart, dass Flüge und Schiffsverkehr keineswegs garantiert sind für Flores und Corvo mit seinen dreihundert Einwohnern.

Wer in der Hauptstadt Ponta Delgada eine Tageszeitung vom Festland kaufen möchte, wird auf den nächsten Tag vertröstet. Die Aktualität wird einen Tag später eingeflogen. Es erscheinen zwar auf den größeren Inseln eine Reihe von Zeitungen; sie berichten auf ihren sechs bis acht Seiten fast ausschließlich über Lokales. Eine ungebrochene Bescheidung auf Insularität. Vom Interesse her scheint man nicht in irgendeiner Mitte zu liegen, sondern weit weg.

Aber ungeachtet dessen rücken die Azoren näher an den Kontinent. Mit *continente* ist Portugal gemeint. Noch einige Jahre nach Salazar gab es in Lissabon eine eigene Post für die *Ilhas*. Jetzt stößt man auf den »vorgelagerten Inseln« bei den meisten Großbaustellen gewöhnlich auf die blaue Flagge mit den Europa-Sternen; man rückt mit Lissabon auch Brüssel näher.

Açoridade, Azorianer zu sein bedeutet, aus einer Mitte zu kommen, die auf der Karte festgelegt ist. Mitten im Atlantik. Und dennoch im Irgendwo. Auf halbem Weg. Aber auf welchem Weg wohin? Und somit Wunsch und Sehnsucht, aus einem halben Weg einen ganzen zu machen. Mit der geheimen Hoffnung, dafür nicht weggehen zu müssen.

Frühe Begegnung mit Afrika

Die Sklaveninsel als Hintergrund
Reise in die Négritude
1966

Eine halbe Bootsstunde vor Dakar liegt die Insel Gorée, einst eine Sklaveninsel, ist sie heute eine touristische Attraktion. Dakar selber ist ja eine verhältnismäßig junge Stadt, gute hundert Jahre alt; sie erhielt erst Bedeutung, als die Franzosen Mitte des letzten Jahrhunderts begannen, von ihren Stützpunkten an der Küste aus ins Innere von Westafrika vorzustoßen, vorher war für die Geschichte dieser Küste die Insel Gorée entscheidend.

Jeden Abend während drei Wochen wird die Geschichte dieser Insel vorgeführt: ein Spektakel im Stil von *son et lumière*. Aber es sind nicht nur Licht und Ton, welche berichten, wie hier die Schwarzen auf Lager gehalten wurden, nachdem sie auf dem Festland gefangen genommen worden waren, sondern es sind auch Schauspieler und Tänzer, welche erzählen, wie die Sklaven nach den beiden Amerikas verschifft wurden – 230 Schauspieler, Tänzer, Musikanten, Akrobaten und Fischer, die Bevölkerung der Insel stellt die Statisterie. Es ist klar, dass an einem Festival, an welchem eine Rasse ihr Bewusstsein demonstriert und wo dieses Bewusstsein auch ein nationales ist, historische Themen zur Darstellung kommen. Die Geschichte der Insel Gorée, wie sie eine Stunde lang getanzt und gesungen wird, ist ein Pendant zu dem Theaterstück *Die letzten Tage des Lat Dior,* welches die Senegalesen ebenfalls während des Festivals (das »Premier Festival mondial des arts nègres«, 1966 in Dakar) aufführten. Lat Dior war im 19. Jahrhundert der große Widerstandskämpfer gegen die Franzosen, von diesen ebenso verjagt wie eingesetzt, und das Kolossal-Schauspiel mit einem Massenaufgebot an Pferden und Statisterie, das im »Stadion der Freundschaft« zu sehen war, berichtet von den letzten Tagen dieses afrikanischen Märtyrers. Während mit den *Letzten Tagen des Lat Dior* die afrikanische Résistance gefeiert wurde, wurde auf Gorée die passive Zeit Afrikas evoziert.

Den nachhaltigen Eindruck aber vermittelt nicht das Spektakel, das auf Gorée aufgeführt wird, sondern die Insel selbst, die so groß ist wie ein Nachmittagsspaziergang lang.

Schaut man von der kleinen Corniche Dakars hinüber, dann sieht man eine Insel mit trotzend-klaren Konturen, die Festungen geben ein eindeutiges Profil. Aber je näher man mit dem Boot kommt, um so klarer wird einem, dass diese Mauern sich gegen einen Feind wehren, den es schon längst nicht mehr gibt.

Um diese Insel haben alle europäischen Seevölker gestritten, bis sie am Ende den Franzosen zugesprochen wurde, die sie in unserem Jahrzehnte wieder den Afrikanern zurückgaben. Es sollen die Portugiesen sein, welche hier zuerst an Land gingen, aber es waren die Holländer, welche der Insel den Namen gaben, »Goeree«. Aber die Festungen Oranien und Nassau, welche die Holländer bauten, wurden von den Engländern geschleift, die mit den Franzosen um die Insel stritten – die Insel lag günstig, günstig vor allem für das berühmte Handelsdreieck – man brachte von hier aus das »Schwarze Gold« der Sklaven nach Amerika und von Amerika Gewürze nach Europa, und der Hafen der Insel Gorée, wo einst die Sklaven eingeschifft wurden, diente nach der Abolition als Marinestützpunkt gegen jene Sklavenhändler, die ihre Geschäfte trieben, nachdem die Sklaverei aufgehoben worden war.

Es wurden Forts gebaut und Forts zerstört – vom Fort St. François blieb noch eine Mauer, welche eine Gasse flankiert und die heute als steinerne Mauer mancher Familie als Rückendeckung für ihre Holzbaracken dient; auf der einen Inselspitze wurde das einstige portugiesische Fort wieder aufgebaut, die alte *Esclaverie* daneben zerfiel in Ruinen, und über dem Portal des aufgebauten Forts kann man »Gefängnis« lesen. Davor hockt ein alter Schwarzer, zu gemütlich, als dass man ihn als Wärter nimmt, er zupft Stroh und bettelt um eine Zigarette, und während ich mit ihm ins Gespräch komme, tauchen zwischen den Gitterstäben Gesichter auf und recken sich nach Zigaretten.

Man steigt an einem Hafen aus, neben dem ein kleiner Sandstrand liegt. Zwar ist dieser Strand jetzt mit Tüchern abgedeckt, um nichtzahlenden Gästen den Einblick in Gorées Geschichte zu verwehren. Tagsüber aber wird hier gebadet, und die Stühle und elektrischen Einrichtungen für das *spectacle féerique* haben in dieser Umgebung etwas Historisch-nicht-mehr-Benützbares, sie hätten ebenso gut vor hundert Jahren aufgebaut werden können und von irgendeinem der Eroberer stehen gelassen worden sein. Auf den Sand, wo am Abend das Tamtam geschlagen und die Gora gezupft wird, wo die Tänzer stampfen, dass um die Tanzenden stets eine kleine Staubwolke sich bewegt, tummeln sich vor allem Sportfischer – das Meer ist fischreich und für Taucher spannend. Am Abend kann man zuschauen, wie die Fischer ihre Pirogen auf den Sand rollen und sie so weit an die Mauer verstecken, dass sie als Kulissen für das Schauspiel dienen und dennoch nicht stören. Diese Pirogen, einbaumschmale Boote, auf beiden Seiten in eine Spitze auslaufend, die sich nach oben schwingt, und alles bunt bemalt – diese Pirogen geben ein Rätsel auf, man findet sie nur entlang der senegalesischen Küste und weiter nördlich nicht mehr, was zu mancher wissenschaftlichen Spekulation Anlass gab. Wer ägyptische Reliefs kennt, fühlt sich sogleich an jene Bootsdarstellungen erinnert.

Nun ist Gorée eine Insel, auf der kein Auto verkehrt. Kaum eine Straße ist gepflastert, die Straßen sind Savannensand. So bietet Gorée zu Dakar einen Kontrast; zu jenem Dakar, dessen Silhouette mit den Wolkenkratzern, der Hafenanlage und den Fabriken klarmacht, dass hier gebaut und gewachsen wird, zu jenem Dakar der Industrie, an das sich Rufisque anschließt, das in Frankreich den Namen für das beste Öl abgab. Gorée hat von all dieser Entwicklung nichts, außer eben, dass es aus Distanz hinüberschaut – so hat Istanbul die Prinzeninsel und Rio de Janeiro Paquetá, und so hatte einst Neapel Capri und Ischia. Gorée, von Dakar entthront und zur historischen Pensionierung verwiesen, ist heute für Dakar eine Pension der Ruhe geworden.

Unentwegt stößt man auf Geschichte; aber diese Historie ist unaufdringlich, sie döst wie die Soldaten in der Kaserne und die Polizisten vor ihrem Posten. Man bleibt vor dem Polizeigebäude stehen, nicht um sich zu unterhalten, sondern weil es eines der ältesten Häuser der Insel ist und schon auf Plänen des 17. Jahrhunderts vorkommt. Aber man sollte nicht um Auskunft bitten. Man trifft hier auf eine geradezu lateinamerikanische Bereitschaft, Guide, Berater und Begleiter zu sein; ich wunderte mich stets, warum man nie die Langeweile als Muse der Höflichkeit gepriesen hat.

Sobald man als Fremder erblickt wird, hat man Jungens um sich, die sogleich den Weg weisen und von bösem Erstaunen sind, wenn man ihn nicht gleich einschlägt, und sie flüstern, die Hand bereits ausgestreckt, die Namen, die zu diesen Inseln gehören wie den der Oberin-Mutter Jahovey. Sie war die Gründerin der Schwesternkongregation des heiligen Joseph von Cluny und wirkte für die Befreiung der Schwarzen im Senegal und in Guinea, eine jener Figuren, die beweisen, dass das Christentum auf diesem Breitengrad wenigstens in einzelnen Personen stark genug war; sie betreute das erste Spital, und man zeigt das Haus aus dem 18. Jahrhundert, in welchem sie tätig war. Aber auch ganz andere Namen und ganz andere Figuren gehören zu dieser Insel, und da ist der Marquis de Boufflers zu nennen. Er war kurz vor der Französischen Revolution zwar nur ein Jahr lang Gouverneur von Senegal, aber das reichte, um ihn für die Geschichte dieser Insel unerlässlich zu machen, denn er besaß auf Gorée seine Lieblingsresidenz. Während andere sich am Hofe Ludwigs XVI. wegen allzu viel Liebe unmöglich machten, machte er sich unmöglich wegen der Liebe zu einer einzigen Frau und wurde dessetwegen nach dem Senegal verbannt. Von Gorée aus schrieb er seine Gedichte, und er, der sich mit einer Mestizin delektierte, verfasste schönste Liebesbriefe an die »ferne Prinzessin« im Mutterland. Nach ihm heißt heute die Hostellerie, sie könnte mit ihrer Täfelung und ihrem Wirtshausschild an irgendeiner Nebenstraße irgendeiner *Route Nationale* in Frankreich liegen, nicht zuletzt wegen der Küche; wenn die Austern vorzüglich sind, dann ist dies ein Verdienst der nachbarlichen Küste.

Ja, die Geschichte ist hier mit der gleichen Selbstverständlichkeit präsent, mit der sie auch starb. Man zeigt den Ort, wo die Portugiesen die erste Kirche im Senegal bauten, für Gottesdienste auf der Weiterfahrt gedacht, ein steinerner Bau ohne Zement mit einem Strohdach. Aber die Insel Gorée hat nicht nur die älteste Kirche des Senegals, sondern auch die älteste Moschee. Sie liegt außerhalb der eigentlichen Siedlung direkt am Meer gegen den Atlantik hin, der hier wilder an die Basaltbrocken schlägt – ein verlassener Ort, als ob vom Minarett nie einer zum Gebet ausrufen würde, und treibt man sich in der Umgebung herum, scheucht man Vögel oder ein Liebespaar auf.

Überlässt man sich dem Auge, dann nimmt sich heute alles idyllisch und verträumt aus, als sei die Insel geschaffen worden, um einen Park zu haben wie den, in welchem die Kinder unter einem dichten Schatten spielen, oder einen Garten zu besitzen wie den, der im Innenhof des Spitals zeitabgewandt seine Blumen und Büsche kultiviert und wo man kaum den Aufruf bemerkt, wonach den fünfundvierzigtausend Leprösen im Senegal geholfen werden soll – ja, das könnte ein Ort irgendwo im Süden Frankreichs sein, würden nicht die Skelette der Affenbrotbäume immer wieder an die Tropen erinnern.

Selbst wenn man das »Haus der Sklaven« betritt, hat man zunächst eher den Eindruck, in ein Patrizierhaus des 18. Jahrhunderts zu kommen, nichts ließe vermuten, welch brutale Geschichte sich hier abgespielt hat. Aber man kann den dunklen Gang noch besuchen, wo die Sklaven zusammengepfercht wurden, und die durch Fenster erhellten Zellen, welche nicht den Gefangenen, sondern den Wärtern dienten. Durch eine mannshohe Öffnung kann man den Atlantik erblicken. Es gibt einen Gelehrten, der meinte, dass man durch diese Öffnung die Kadaver der Sklaven ins Meer warf, die schon vor dem Transport starben. Denn die Sterblichkeit vor dem Transport war hoch, was bedingte, dass diese Sterblichkeit auch preislich einkalkuliert werden musste. Aber man hat dieser These entgegenzuhalten, dass dieses Tor kaum für den Wegwurf toter Sklaven diente, denn man fand überall auf der Insel Grabstellen für jene Schwarzen, welche die Gefangennahme nicht überstanden.

Diese brutale Geschichte wird im Museum der Insel in Erinnerung gerufen. Ein Provinzmuseum, wie man es sich verstaubter nicht vorstellen kann, wo mit wenigen Bildern und Plänen die Geschichte Westafrikas für den unteren Schulgebrauch dargestellt wird. Da ist den Reichen Afrikas ein Raum gewidmet, über die wir immer noch kaum etwas wissen und von denen wir erst Kenntnis haben, als sie von den europäischen Völkern bekriegt wurden. Ein Ausdruck aber beschämt einen von Neuem, »Europa der Komptoire«, man hätte sich gerne eine andere Epochenbezeichnung als diese gewünscht. Hier kann man die Instrumente sehen, mit denen Sklaven transportiert wurden, die Peitschen und die Ketten, die Verträge und Seewege. Ich sah einen Schwarzen mit seiner Freundin im Museum, jedes Mal, wenn er seiner Freundin eine Legende vorgelesen und ein Bild erklärt hatte, küsste er sie und sie drängte von Bild zu Bild und von Legende zu Legende, bis sie ganz enttäuscht im Raum der Unabhängigkeit stand, weil es der letzte Raum im Museum ist.

La casa de las américas –
das amerikanische Haus

Wie viele Lateinamerikas gibt es?

1978

Angenommen, jemand würde von Europa als von einem einheitlichen Kontinent reden, als käme es aufs Gleiche heraus, ob man von Griechenland oder Dänemark spricht, ob das, was in Portugal gehüpft, in der Bundesrepublik gesprungen ist – wir hätten dafür ein mitleidiges Lächeln übrig. Aber umgekehrt urteilen wir mit der gleichen Unbekümmertheit über andere Kontinente wie zum Beispiel Lateinamerika.

Natürlich verführt Lateinamerika dazu, diesen Erdteil als Einheit zu nehmen. Schließlich spricht man dort spanisch, also ist es doch naheliegend, von einem geschlossenen Kontinent zu reden. Aber da ist bereits festzuhalten, dass die Hälfte, sowohl territorial wie der Bevölkerung nach, nämlich Brasilien, Portugiesisch spricht.

Spanisch und Portugiesisch sind nicht nur zwei Varianten einer lateinischen Sprache. Wie sehr es zwei Sprachen sind, wurde vor Kurzem auf höchster kultureller Ebene deutlich. In Havanna werden alljährlich die renommierten Literaturpreise der »Casa de las américas« verteilt. Zum ersten Mal fanden sich dieses Jahr unter den Jurymitgliedern wie unter den Jurierten auch Brasilianer. Das hatte eine große Verlegenheit zur Folge. Denn es zeigte sich, dass es wohl möglich ist, dass ein spanisch Sprechender und ein portugiesisch Redender radebrechend miteinander Konversation treiben können; aber dass dies nicht ausreicht, wurde jedermann bewusst, als es um die Beurteilung von Literatur ging – um die Beurteilung von Sprache, wenn sie Ausdruck von Charakter und Eigenständigkeit eines Volkes wird.

Lateinamerika ist aber nicht nur zweisprachig innerhalb der lateinischen Sprachgruppen, sondern es ist vielsprachig, was die indianischen Bevölkerungen betrifft. Zwar ist in Andenstaaten wie Bolivien oder Peru zum Beispiel das Spanische offizielle Sprache. Aber es werden nach wie vor Indianersprachen gesprochen: das Aymara und das Quechua, um nur diese beiden Sprachgruppen zu nennen. Wobei es noch so ist, dass die Sprachgrenzen der Indios nicht mit den nationalen Grenzen zusammenfallen. Und neben diesen beiden Indiosprachen wäre mindestens für Paraguay das Guaraní zu nennen.

Man muss sich diese Sprachsituation vor Augen halten, wenn man verstehen will, was in solchen Ländern Kulturpolitik bedeutet: was für Probleme sich zum Beispiel in schulischer Hinsicht stellen. Wie soll sich die Alphabetisierung vollziehen? Bringt man dem Indio Spanisch bei, bedeutet dies, dass man ihn linguistisch und kulturell entwurzelt. Unterrichtet man ihn nur in seiner eigenen Sprache, lernt er zwar lesen und schreiben, aber er bleibt mit seinem Wissen vom allgemeinen Sozial- und Wirtschaftsprozess ausgeschlossen. Also bleibt gar nichts anderes übrig als eine zweisprachige Alphabetisierung. Etwas, das für arme Länder einen enormen Aufwand bedeutet, ganz abgesehen davon, dass dafür gewöhnlich die zweisprachigen Lehrer fehlen. Aber immerhin, sowohl in Peru wie in Bolivien wurden die Indio-Sprachen zu Schulfächern erklärt.

Es ist nicht uninteressant, in diesem Zusammenhang an die Alphabetisierungskampagne in Kuba zu erinnern. Kuba ist das lateinamerikanische Land, das innerhalb der kürzesten Zeit den größten

Erfolg mit seiner Alphabetisierung zu verzeichnen hatte. In Schwierigkeiten geriet Kuba nur mit den drei bis vier Prozent Haitianern, welche kreolisch sprechen. Dort stieß die einsprachige, das heißt spanische Alphabetisierungskampagne auf Grenzen.

Nun ist das Sprachenproblem Ausdruck bestimmter historischer und soziologischer Entwicklungen. Der Indio, der in den Andenstaaten Bolivien, Peru, Ecuador und Kolumbien bis zu vierzig Prozent ausmachen kann, neben denen Mestizen (Mischlinge von Weißen und Indios) einen nicht minder hohen Prozentsatz stellen – in diesen Ländern ist der Indio weitgehend am Rand geblieben. Die einzige Integration war die Taufe, wobei auch diese ohne großen katechetischen Aufwand geschah, nur als reine Routine betrieben wurde. Aber sonst blieb der Indio am Rande der Entwicklung, bei Anbaumethoden, die sich seit der Eroberung Lateinamerikas nicht geändert haben, zum Teil auf der Stufe des reinen Dahinvegetierens; er diente nur als Arbeitskraft und wurde nie ein Teil der Gesellschaft.

Die ethnische Situation nimmt sich aber völlig anders aus in den Ländern, wo das afrikanische Element dominiert oder die Bevölkerung entscheidend mitbestimmt – wie auf den Antillen oder in Brasilien. Der Schwarze, als Sklave importiert, wurde seinem Ursprung total entrissen, er erfuhr eine Entwurzelung, bei der ihm gar nichts anderes übrig blieb, als sich kulturell und das heißt auch sprachlich zu assimilieren. Zwischen Herr und Sklave entwickelte sich eine Sozietät, die viel homogener war als die Gesellschaft zwischen den Spaniern und den unterworfenen Indios. Auch diese Nachkommen der einstigen Sklaven stehen in Brasilien auf der unteren und untersten Stufe, aber sie sind mindestens ihren Voraussetzungen nach eher integriert.

Angesichts solch verschiedener ethnisch-soziologischer Prämissen, ergeben sich Gesellschaftsstrukturen, die sich zutiefst unterscheiden: Länder wie Argentinien und Uruguay, die eine homogene europäische Bevölkerung aufweisen, sind zwar Nachbarn Paraguays, wo nur zwei bis drei Prozent Weiße die Macht in den Händen haben und der Hauptteil eine indianisch-europäische Mischbevölkerung darstellt. Das europäische Argentinien, wo sich eine breite Mittelklasse herangebildet hat, ist Nachbar von Bolivien, aber es hat mit diesem Land wirklich nur die Grenze gemeinsam.

Für Indio-Staaten wird sich die Frage einer gerechten Gesellschaft, an welcher alle partizipieren, ganz anders stellen als für Brasilien. Dabei ist wiederum zu differenzieren. Wir reden vom Indio, als ob auch die Indianer eine homogene Rasse wären und als ob es nicht Indios gäbe, die sich in ihrer Vergangenheit und ihren Sitten voneinander unterscheiden und auch auf die Unterwerfung verschieden reagierten. Damit ist nicht nur die Grobeinteilung gemeint, wonach man Wald-Indios und Berg-Indios unterscheidet. Die Wald-Indios, die zum Teil noch nie Kontakt mit unserer Zivilisation hatten, sind Jagd- und Sammlervölker, die wir nach unserer Einteilung in der Steinzeit ansiedeln. Und daneben Berg-Indios. Diese leben zwar sozial mies, aber sie sind Nachkommen großer Kulturen wie jener der Inkas, Mayas und Azteken. Kulturen, die sich in ihren Hervorbringungen unterscheiden, wenn man zum Vergleich Kolumbien herbeizieht, wo die Indios zwar noch keine Städte bauten, aber sich als hervorragende Kunsthandwerker betätigten. Die indianische Vergangenheit als kulturelle Potenz, sie nimmt sich nicht für alle Indios gleich aus. Es gibt nicht eine homogene indianische Vergangenheit, zudem hat diese Vergangenheit eine mehr als zweitausendjährige Geschichte.

Man sieht, je näher man an die Wirklichkeit herankommt, um so mehr muss man differenzieren. Die ethnisch-kulturellen und die historisch-soziologischen Unterschiede aber erhalten zusätzlich noch eine eigene spezifische Prägung durch die jeweilige sozioökonomische Struktur eines Landes. Denn auch Unterentwicklung ist nicht einfach Unterentwicklung. Wenn Peru eine verhältnismäßig diversifizierte Wirtschaft aufweist, ist das eine andere Ausgangslage als für Bolivien, das nach wie vor von einem einzigen Produkt abhängt. Zudem kann sich die wirtschaftliche Lage innerhalb kürzester Zeit verändern wie in Ecuador, das eines der ärmsten Länder Südamerikas war und durch seine Ölfunde im Amazonasgebiet plötzlich zu ganz anderen Bedingungen kam. Und wenn man an Brasilien denkt, besitzt dieses Land soziale Notstandsgebiete mit halb-feudalen Strukturen und gleichzeitig um São Paulo den größten Industriepark des ganzen Kontinents.

Solche Gegebenheiten gilt es vor Augen zu halten, wenn man sich ans Urteilen macht über einen Kontinent wie Lateinamerika. Es gibt nicht so sehr lateinamerikanische Probleme als Probleme von Ländern, die in Lateinamerika liegen. Je mehr man das Spezifische der jeweiligen Situation berücksichtigt, um so entsprechender wird das Urteil ausfallen und um so gerechter wird das Verständnis sein – Gerechtigkeit ergibt sich ja nicht daraus, dass man noch so gut gemeinte Vorstellungen an etwas heranträgt, sondern indem man zunächst einmal den wirklichen Verhältnissen Rechnung trägt.

Trauer und Chance
Brasilien und Mexiko – zwei Spielarten der Mischkultur
2003

Wenn mit Melting Pot die Vorstellung verbunden ist, dass sich Kulturen und Rassen mischen, so gilt dies nur bedingt für die Vereinigten Staaten. Hingegen trifft der Begriff ganz und gar für Lateinamerika zu. Es gibt eben nicht nur ein Amerika, sondern zwei, *dos américas,* wie die Lateinamerikaner zu sagen pflegen.

Die beiden Amerikas wurden auf unterschiedlichste Weise erobert und besiedelt. Es waren Militärs, spanische und portugiesische, welche die Territorien unterwarfen, die einmal Lateinamerika heißen sollten. Die erste und zweite Eroberer- und Besiedler-Generation bestand aus Soldaten und Offizieren, das heißt aus alleinstehenden Männern, und die spanische Krone empfahl diesen die Ehe mit indianischen Frauen und ordnete sie sogar an.

Nordamerika wurde hingegen von Auswanderern besiedelt. Die Pilgerväter waren Männer, die mit ihren Familien eine neue Welt suchten, wo sie ihrem Glauben gemäß leben konnten. Damit fehlte jede Notwendigkeit für eine Rassenmischung. Zudem stießen die nordamerikanischen Pioniere auf sogenannte Prärie- oder Waldindianer, während die spanischen Eroberer mit indianischen Hochkulturen, wie die der Azteken, der Maya und der Inkas, konfrontiert waren. Das angelsächsisch geprägte Nordamerika verband den Aufruf *go west young man* mit dem Motto »ein guter Indianer ist ein toter Indianer«. In Hispanoamerika galt hingegen der Grundsatz »ein guter Indio ist ein getaufter Indio«.

Die hispanische Kolonialwirtschaft war ohne die Arbeitskraft der Indios undenkbar. Als sich herausstellte, dass man die Indios zwar für Zwangsarbeit in Gold- und Silberminen benützen konnte, dass sie sich aber nicht für die Plantagenwirtschaft eigneten, wurden Schwarze aus Afrika importiert. Auch die USA führten schwarze Sklaven ein; es kam aber nicht im gleichen Maß zu einer Rassenmischung wie etwa in Brasilien oder in Kuba. In den lateinamerikanischen Gesellschaften bildeten die Mischlinge, ob Mulatten oder Mestizen, eine eigene Gesellschaftsschicht. Das war in den USA nicht der Fall.

Spanien verfolgte eine andere Kolonialpolitik als Portugal, was auch zahlreiche Unterschiede erklärt, die sich im Folgenden an den beiden ausgewählten Beispielen, Brasilien und Mexiko, zeigen lassen. Die Spanier betrachteten ihre amerikanischen Territorien schon unmittelbar nach der Eroberung als Überseeprovinzen; Neu-Spanien, Neu-Granada, Nueva Extremadura oder Nueva Castilia. Ihre Ziel war eine Integration durch schrittweise Hispanisierung in Verbindung mit Missionierung. Darum gründeten sie, anders als die Portugiesen, recht bald einmal Universitäten, führten die Druckerpressen ein und – gleichzeitig – die Inquisition.

Lateinamerika, Kontinent der Rassenmischung

Lateinamerika ist aus den erwähnten Gründen insgesamt ein Kontinent der Rassenmischung. Allerdings gilt dies nicht ausnahmslos.

Argentinien und Uruguay haben eine großmehrheitlich weiße Bevölkerung. Argentinien ist stolz auf seine enge Verbindung mit Europa und mit Spanien. Jorge Luis Borges empfand die argentinische Literatur als eine Fortsetzung der spanischen und konnte sich zur Behauptung versteigen, es gebe gar keine spezifisch lateinamerikanische Literatur. Argentinien fühlt sich als eine Art latein-

amerikanische USA, das dank seiner Homogenität zweifellos gewisse wirtschaftliche, soziale und kulturelle Vorteile genießt.
Brasilien, der andere südamerikanische Großstaat, hat einen
hohen afrikanisch geprägten Bevölkerungsanteil. Dasselbe gilt für
Paraguay, ein Land von 98 Prozent Mestizen, wo neben dem Spanischen die klassische Indio-Sprache Guaraní gesprochen wird.
Bolivien zählt vierzig Prozent Indios, ebenso viele Mestizen und
nur zwanzig Prozent Weiße, neben Spanisch werden auch Ketschua
und Aymara gesprochen. Und dieses Bild setzt sich nordwärts fort
in den Andenstaaten Peru, Ecuador und Kolumbien und in den
zentralamerikanischen Staaten bis Mexiko und bis zu den Antillen.

Man muss drei Lateinamerikas unterscheiden: ein europäides
mit Argentinien und Urugay, ein Lateinamerika der Mestizen, der
Mischung zwischen Weißen und Indios, und eines der Mulatten,
der Mischung von Weißen und Schwarzen wie etwa in Brasilien
und Kuba. Wenn also Lateinamerika zu seinen ethnisch-soziologi-
schen Voraussetzungen stehen will, bleibt ihm nichts anderes übrig,
als sich zu seinen Mischkulturen zu bekennen. Es ist bezeichnend,
dass sich Lateinamerika erst gegen Ende des 19. Jahrhunderts ex-
plizit dazu bekannt hat. Nach dem Erlangen der Unabhängigkeit
orientierte sich Lateinamerika zunächst am alten Kontinent. Die
neuen Staaten übernahmen von Europa ihre politischen und mo-
ralischen Wertvorstellungen; dazu gehörte auch ein biologistisches
Argumentieren, das sich auf die Reinheit der Rassen stützte. Im
19. Jahrhundert galt jede Mischung als Verunreinigung und Wert-
verminderung, sowohl moralisch als auch kulturell und ethnisch.

Die kulturelle Selbstbehauptung Lateinamerikas vollzog sich in
Abgrenzung zu den USA. Der Kubaner José Marti (1853–1895) prägte
den Bekenntnisruf *Nuestra América*. Mit »unserem Amerika« war
das lateinisch-katholische gemeint. Lateinamerika war nicht mehr
länger bereit, sich für die Rassenmischung zu entschuldigen. Es
begann ... ja womit? Mit einer ebenso zufälligen wie geplanten

Konfrontation zweier Kulturen: Bündnis wie Missionierung, Ausrottung und Ausbeutung, Taufe wie Versklavung und Mischung.

Brasilien – unterwegs zu einem neuen Selbstverständnis

Im 1822 unabhängig gewordenen Brasilien ging José de Alencar
(1829–1877) mit Balzac'scher Ambition daran, ein Bild seiner Zeit
in Romanen darzustellen: Da trat der Stadtbewohner aus Rio auf
und auch der Pflanzeraristokrat, der Rinderhirt des Nordens, der
Vaqueiro, und der des Südens, der Gaucho. In seinem Gesamtbild konnte der Indio nicht fehlen. Alencar schuf Sinnfiguren der
Rassenmischung, die über die Literatur hinaus populär wurden:
Iracema, die Indianerin, die einen Portugiesen liebt, die aus Sehnsucht nach ihm stirbt und die dem Weißen ihr Kind überlässt. Und
Guarani, kurz nach seinem Stamm der Guaraní genannt, ein Indio-
Häuptling, der eine weiße Frau liebt und ihr das Kind anvertraut.
Das hat wenig mit der Realgeschichte der damaligen Gegenwart zu
tun, in der die Indios im Hinterland Zuflucht suchten und von dort
weiter verjagt wurden oder aufgespürt und in die Sklaverei verschleppt.

   Die Indio-Romane von Alencar spiegelten den damaligen In-
digenismus. Sie inspirierten sich mehr an europäischen Vorbildern
als an den tatsächlichen brasilianischen Verhältnissen. Der Indio
selbst lebte nicht nur geografisch im Hinterland eines Hinterlandes. Interesse erweckte er als Forschungsobjekt. Brasilien hatte
nach der Unabhängigkeit die Grenzen geöffnet, die Alexander von
Humboldt, dem »zweiten Entdecker Amerikas«, noch verschlossen blieben. Nun setzte die »zweite Entdeckung« auch in Brasilien
ein, mit Expeditionen zu Indio-Stämmen, an denen häufig Maler
als Bildberichterstatter teilnahmen.

   1922 fand in São Paulo die »Woche der modernen Kunst« statt, das Initialereignis für die kulturelle Emanzipation des heutigen Brasilien. Der Dichter Oswald de Andrade, auf die Indio-Sprache Tupí anspielend, prägte den Slogan »Tupí or not Tupí«. Der Autor propagierte eine *antropofagia* und entwarf Utopien, aber er setzte sich dafür nicht mit Indios ums Feuer. Sein Kannibalismus fraß europäische »Ismen«. In den Dreißigerjahren beriefen sich die Integralisten für ihr faschistisches Credo von Gott, Vaterland und Familie auf Indianerblut und Urwaldboden. Der Indio war für das nationale Selbstverständnis eine Berufungsinstanz geworden.

Überraschend ist, dass es bei der Jahrhundertfeier der Unabhängigkeit der Indio war, der im Selbstverständnis den ersten Platz einnahm, und nicht der Schwarze. Überraschend, weil die Schwarzen die Majorität ausmachten. Als Brasilien die Unabhängigkeit erlangte, war Rio eine schwarze Stadt. Es begann jener Prozess, den man als »Aufweißung« bezeichnet. Diese ging Hand in Hand mit der intellektuellen Ausrichtung auf Europa, nicht mehr auf Portugal, sondern auf Frankreich, dem man mit Akademien nacheiferte, und von wo man bildende Künstler ins Land holte. Noch 1872 machten die Weißen nur 38 Prozent aus, heute führt die Statistik für die Weißen sechzig Prozent an neben 34 Prozent Mulatten und 11 Prozent Schwarzen.

Die Geschichte Brasiliens, die kulturelle wie die soziale, ist ohne die Schwarzen nicht denkbar. Auf schwarzen Sklaven beruhte während der Kolonialzeit und während des Kaiserreichs die gesamte Wirtschaft, insbesondere die Landwirtschaft und das Handwerk. Brasilien hob die Sklaverei erst 1888 auf, als eines der letzten Länder.

Wer das heutige Image Brasiliens vor Augen hat, wird über folgende Tatsachen staunen: Erst seit 1935 ist es schwarzen Karnevalsgruppen erlaubt, an den offiziellen Festlichkeiten teilzunehmen. Bis dahin führten die Schwarzen ihre eigenen Alternativ-Defilees durch. Und erst in den Zwanzigerjahren war Schwarzen erlaubt,

Mitglied eines traditionellen Fußballclubs zu werden. Es heißt, dass sich der agil-spielerische Stil des brasilianischen Fußballs aus der Diskriminierung erklären lasse. Die Schwarzen hatten tunlichst jede Berührung mit Weißen zu vermeiden. So entwickelten sie das tänzelnde Dribbeln, für dessen Eleganz der brasilianische Fußball berühmt wurde.

Ethnische Demokratie als Wunschvorstellung

So sehr 1922 die »Woche der modernen Kunst« ein intellektueller Aufbruch war, für die Schwarzen fand dieser erst in den Dreißiger-jahren statt. 1931 wurde die *frente negra brasileira* gegründet, die »Schwarze Front Brasiliens«; sie war zunächst eine Hilfsorganisation, später eine Partei, die bald verboten wurde. Das entscheidende Stichjahr war 1933, als Gilberto Freyre (1900–1987) *Casa grande e senzala* veröffentlichte. Das Anliegen von Freyre bestand darin auf-zuzeigen, wie mit der Mischung der Rassen die Voraussetzungen für eine Gesellschaft geschaffen wurden, die keine rassischen Vor-urteile kennt. Die »ethnische Demokratie« wurde ein nationales Credo.

Ohne Kritik konnte diese These nicht bleiben; sie erwies sich bei aller Wissenschaftlichkeit als Wunschvorstellung. Denn die Reali-tät deckte sich nicht mit einer ethnischen Demokratie und einer problemlosen Integration der Schwarzen und Mulatten. Die soziale Stufenleiter, auch die administrative und politische, zeigt, dass die Spitze weiß ist und dass der Prozentsatz der Schwarzen zunimmt, je tiefer man steigt. Es waren vor allem Soziologen aus São Paulo, die ein wirklichkeitsgetreueres Bild der brasilianischen Gesellschaft entwarfen, wonach auch in der »Welt der weißen Brasilianer« die Hautfarbe eine Barriere sein kann.

Wie das neue Selbstverständnis sich kritisch äußert und gleichzeitig zukunftsgläubig ist, kann man mit dem Anthropologen Darcy Ribeiro illustrieren. Er hatte zehn Jahre mit Indios in Amazonien gelebt, bevor er in Rio das »Museo do Indio« gründete. Er, der mit dem Aufbau der Universität Brasilia beauftragt war, wurde Erziehungsminister. Nach dem Militärputsch 1964 begab er sich ins Exil. Zu seinen Werken gehört eine *Theorie Brasiliens* neben Titeln wie *Dilemma Lateinamerika* oder *Die beiden Amerika,* sowie *Formation und Sinn Brasiliens,* in welchem er seinem Land einen singulären Platz in der Völkergemeinschaft einräumt.

So optimistisch lautete die Interpretation Brasiliens nicht immer, denkt man an *Retrato do Brasil,* das sieben Jahre vor Freyres Standardwerk erschien. Paulo Prado stellt in *Das Bild Brasiliens* die brasilianische Mentalität unter Schlüsselbegriffe wie *cobiça* und *luxúria,* womit er einen Katalog aufblättert: Laster, Zügellosigkeit, Ausschweifung, Habgier, rücksichtslose Bereicherung, individueller Egoismus und vor allem sexuelle Laszivität.

Diese Gesellschaftspsychologie erklärte Prado mit den Gescheiterten, Kriminellen, Deserteuren, Spekulanten und Abenteurern, die hierher gekommen waren. Das Resultat von Gold und Sex war eine Mischrasse: »… ohne jedes Ideal, weder ein religiöses noch ein ästhetisches, ohne irgendwelche politische, intellektuelle oder künstlerische Verantwortung.«

Prado, Besitzer einer Kaffeeplantage, so groß wie die Schweiz, ein internationaler Wirtschaftsmagnat, hatte mit dem Eröffnungssatz seines Brasilienbildes: »Ein trauriges Volk in einem strahlenden Land« das Thema der brasilianischen Traurigkeit aufgegriffen. »Drei traurige Rassen« – der Ausdruck findet sich bereits bei Olavo Bilac (1865–1918), dem bedeutendsten Lyriker des brasilianischen Symbolismus. Höchste Musikalität gewann er dem Portugiesischen ab, das er als »ungeschliffen und schön« lobte, dem er »bäurische Kraft« attestierte und dem er »das Aroma des Urwaldes und des weiten Ozeans« zu vermitteln gedachte.

Die brasilianische Traurigkeit war eine dreifache: Die Traurigkeit der Portugiesen, die nicht hierher gekommen waren, um zu bleiben, die aber aus irgendwelchen Gründen blieben, voll Nostalgie für die alte Welt. Die Traurigkeit der Schwarzen, als Sklaven in einen fremden Kontinent verschleppt. Und die Traurigkeit der Indios, die im eigenen Kontinent zu Fremden wurden. Die Trauer begleitet alle Mischkulturen, als Erinnerung oder Trauma, denn an jedem Anfang steht ein Abschied, welcher Art auch immer, wenn nicht gar Zerstörung, auch wenn sich diese als Aufbruch erweisen sollte.

Man kann in Mexico Ciudad den »Platz der drei Kulturen« aufsuchen: Umrahmt von modernen Wohnbauten und einem Spital steht neben dem Ausgrabungsfeld eines Azteken-Tempels eine Kolonialkirche. Auf einer monumentalen Gedenktafel ist zu lesen: »Am 13. August 1521 fiel nach einem heroischen Widerstand Tlatelolco in die Macht von Hernán Cortés. Es war weder ein Triumph noch eine Niederlage. Es war die schmerzvolle Geburt eines mestizischen Volkes, wie es heute die Mexikaner sind.«

Mexiko – eine Mischkultur

Am Anfang der mexikanischen Mischkultur steht die Eroberung und Zerstörung des Aztekenreiches, die *conquista,* auf die die *conquista biologica* folgte. Über eine indianische Kultur wurde ein katholisches Christentum gestülpt wie in Europa einst über antike Tempel. Unerwartet und imposant kann sich die indianische Vergangenheit melden. Bei Kanalisationsarbeiten in Mexico Ciudad war man 1978 auf die Grundmauern des Templo Mayor gestoßen; sie wurden freigelegt, sodass heute die Überreste des größten Aztekentempels direkt neben der Kathedrale liegen, dem größten Gotteshaus in Lateinamerika, nicht weit auseinander die monolithische

Mondgöttin Coyolxauhqui und der Altar der Vergebung in der Kathedrale. Am Anfang aber steht nicht nur Cortés, der Eroberer, sondern auch Malinche, die Indianerin, die aus Liebe zum spanischen Eroberer ihr Volk verriet. Der spanische Vater und die indianische Mutter und damit als Kinder Mestizen. Octavio Paz hat dies zum Anlass für sein Buch *Labyrinth der Einsamkeit* gewählt. Stichworte der spanischen Literatur, Labyrinth und Einsamkeit, machten bei ihm einen Mestizierungsprozess durch. Man kann darin ein überraschendes Fazit lesen:

»Der Mexikaner will weder Spanier noch Indio sein, ebenso wenig will er von ihnen abstammen. Er leugnet sie, und er behauptete, weniger ein Mestize zu sein als dessen Abstraktion: ein Mensch. Er möchte von niemandem abstammen, seinen Ursprung bei sich selber nehmen ...«

Paz, der Nobelpreisträger, bietet selbst ein Beispiel mestizischer Kultur; man hat in seinem Werk von einer spanischen, französischen und indischen Epoche gesprochen, was seine Tätigkeit als Diplomat spiegelt. Sein Langgedicht *Der Sonnenstein,* nach dem sogenannten Aztekenkalender im Anthropologie-Museum von Mexiko-Stadt benannt, zeugt von einer Verbindung aztekischer, spanischer und zugleich spanisch-lateinischer und surrealistischer Erfahrung.

Die mexikanische Kulturmischung besitzt dank Mauerbildern eine imposante Anschaulichkeit. Die *murales* erzählen einem analphabetischen Publikum die Mestizen-Geschichte Mexikos. Die Mauerbilder, mit denen systematisch öffentliche Gebäude und Schulen geschmückt wurden, bilden ein einzigartiges Kapitel der Kunstgeschichte des letzten Jahrhunderts, Simultaneität von Engagement und fabulierender Didaktik, kollektives Pathos kraft individueller Kreativität.

Diskrepanz zwischen Utopie und Realität

Es ist leichter, Utopien zu entwerfen, als realen Verhältnissen gerecht zu werden. Mexiko ist das erste lateinamerikanische Land, das eine soziale Revolution durchführte. Und dies im Namen der Indios. Allerdings blieb der reine Indio am Ende marginal. Von den 100 Millionen Einwohnern machen die Indigenen 10 Millionen aus; es sind 62 Indio-Sprachen registriert worden, mehr als die Hälfte davon werden in der Hauptstadt gesprochen.

Die Mehrheit der Indios lebt in extremer Armut. Wenn heute im Süden, in Chiapas, Guerilla-Truppen agieren, geschieht dies erneut im Namen jener Indios, auf die sich einst die mexikanische Revolution berufen hat, als deren Sieger aber die Mestizen hervorgegangen sind. Eine Diskrepanz zwischen Image und Realität.

Man darf an Brasilien und seine indianische Erfahrung denken. Der Indianer-Schutzdienst, 1910 geschaffen, setzte ein Zeichen dafür, dass man den Indio als soziale Existenz ernst zu nehmen begann. Berühmt war die Devise von Marschall Cândido Rondon »Töten nie, sterben nur wenn notwendig«, ein Militäringenieur, der weite Gebiete des Amazonas erschloss und der zum Sinnbild einer friedlichen Indianerpolitik wurde. Bis zu dem Grad, dass die Brasilianer überzeugt waren, sie hätten die Indianerfrage nicht nur ein für allemal, sondern auch human wie kaum eine zweite Nation gelöst. Aus dieser Illusion gab es in den Sechziger- und Siebzigerjahren des letzten Jahrhunderts ein böses Erwachen. Selbst der Indianer-Schutzdienst vertrat am Ende andere Interessen als die der Indianer; es folgte auf Rondon eine Erschließung des Amazonas, die sogar den Vorwurf des Genozids einbrachte, sicher aber die Indios immer mehr ihres Lebensraumes beraubte.

Wir haben Brasilien und Mexiko als ausführliche Beispiele gewählt. In beiden Fällen Selbstinterpretationen mit Hoffnungen und

Enttäuschungen. Träume, die sich nicht verwirklichten, die aber noch als gebrochene Träume zukunftsträchtig sind und die über sich hinausweisen.

Soweit der Melting Pot auch mit der Kenntnisnahme des Multikulturellen verbunden ist, beginnt diese bereits im präkolumbischen Mexiko. Xochicalco erlebte seine Blütezeit vom siebten bis ins 9. Jahrhundert. Sein Observatorium, tief im Berg, besitzt einen Lichtkanal, dessen Aufblick in den Himmel zu faszinierenden Spekulationen verleitet. Hier trafen sich im 9. Jahrhundert die Astronomen-Astrologen Zentralamerikas, um ihre Kalender aufeinander abzustimmen. So sieht man auf den Reliefs der Hauptpyramide eine Hand, welche nach einem Bündel Tagen greift, und eine andere Hand, welche an einem Strick ein Paket von Tagen herbeizieht. Eine internationale Tagung, die nirgendwo eine Parallele hat. Als Ergebnis sitzt im Relief der Pyramide, dem steingewordenen Protokoll, der Mayapriester inmitten aztekischer Schlangen.

Wenn wir die mexikanische Kirche in Tonantzintla erwähnen, in der indianische und spanische Elemente sich in Harmonie tolerieren, darf gleich auf San Juan Bautista verwiesen werden, die älteste Kirche Nicaraguas. In ihr haben die indianischen Handwerker ihrem Sonnengott einen ehrenvollen Platz reserviert, in den Augen der Spanier eine Blasphemie, wofür die Indios bestraft wurden.

Eine Erfahrung, die das Portugiesische und Spanische längst durchlebten – indem man mit Einsicht nicht von portugiesischer oder spanischer Literatur redet, sondern von einer Literatur portugiesischer oder spanischer Ausdrucksweise – da bestimmt nicht mehr länger eine »Real Academia Española« in Madrid, was korrektes Spanisch ist, wenn längst in den lateinamerikanischen Ländern Weltliteratur verfasst wird, die sich nicht an akademische Kriterien hält, und was soll ein korrektes Portugiesisch, wenn das Brasilianische mit den Telenovelas das Portugiesische des einstigen Mutterlandes beeinflusst? Damit kommen wir zu unserer eigenen

Sprachsituation: Die heutige Germanistik redet vom Deutschen als einer plurizentrischen Sprache. Daraus folgt, dass sprachliche Eigenheiten, nicht nur österreichische oder schweizerische, legitime Gleichberechtigung erhalten.

Damit haben wir uns von Mexiko und Brasilien entfernt, aber wir sind dank ihnen zu einer Aktualität gekommen, in der der Melting Pot eine umfassendere Thematik öffnet – mit Stichworten wie Akkulturation, Assimilation, Mischung, Synkretismus: Ein Markt, wo zwar die Herkunftsländer der Früchte angeschrieben sind, aber wo für Küche und Tisch zwischen exotisch und einheimisch kein großer Unterschied gemacht wird. Eine Musik, wo Folklore und Rock wie Chanson und Rap überraschende und überzeugende Verbindungen eingehen. Ein Neben- und Ineinander vom multikulturellen Alltag zu ökumenischer Religiosität und zu einer Philosophie, die sich interkulturell versteht. Eine Spannweite von Information und Aktualität zwischen Globalisierung und Regionalisierung.

Erkenntnisse, die ein heutiges Bewusstsein spiegeln, nämlich dass bisherige Grenzen ihre Absolutheit verlieren, wenn auch als Hilfslinien weiterhin dienlich sind, dass die Wertung von Zentrum und Rand hinfällig geworden ist, dass an deren Stelle Simultaneität trat, statt vertikaler Hierarchie das horizontale Nebeneinander.

Das mag jenen nicht passen, die bei »Eigen« gleich von »Ur-Eigen« reden, als ob das Eigene je ohne das andere ausgekommen wäre, und die nicht sehen und begreifen, was an Zukunft alles noch drinliegt, nur schon in dem, was uns bisher ausmachte.

Santiago de Cuba – wo die Revolution begann

1995

Und nach Havanna die Stadt Santiago. Mit vierhundertfünfzigtausend Einwohnern die zweite Stadt der Insel; zählt man die Agglomeration dazu, kommt man auf zwei Millionen. Santiago, die zweite Stadt, ist auch eine zweite Hauptstadt. Und dies nicht nur, weil sie zur Kolonialzeit die Rolle einer Hauptstadt spielte. Sie rühmte sich, die moralische Kapitale der Revolution zu sein. Dorthin fuhren wir im sechsunddreißigsten Jahr eben dieser Revolution. Wir kamen im Flugzeug an. In einer lottrigen Fokker. Nicht in einem *coche de aguas negras,* wie es Federico García Lorca in seinem Gedicht *Iré a Santiago* vorhatte: »Ich werde nach Santiago gehen ... in einem Wagen von dunklen Wassern ... und in den Rädern Brise und Alkohol.«

Und wir gingen auch nicht hin, »als ein Palmzweig davon träumte, ein Storch zu werden«, sondern kurz nachdem der Zyklon Cordon die Stadt verschont und seine Verwüstungen in der Nachbarprovinz Guantánamo angerichtet hatte und als in Havanna die internationale Konferenz »Solidarität mit Kuba« abgehalten wurde gegen den *bloqueo,* die Blockade durch die USA.

Santiago – das ist die andere Stadt. Eine Hafenstadt wie Havanna. Aber der Umgang mit dem Meer ist verschieden.

Auch Havanna wurde an einer Bucht errichtet, die den Vorteil eines Naturhafens bietet. Doch Havanna hat sich entlang der Küste ausgebreitet. Seine Prachtzeilen von Bauten sind vom Meer nur durch den Malecón getrennt, eine Uferstraße zum Flanieren, eine Quaimauer zum Träumen, Verliebtsein und Fischen. Da keine Wellenbrecher vorgebaut sind, schlagen die Wogen meterhoch über die Mauer, wenn es stürmt. Dann wird der Malecón gesperrt. Das Zentrum kann in kürzester Zeit überflutet sein. Das Meer wirkt auch zerstörerisch, wenn es nicht tobt. Sein Salz im Wind frisst an den Fassaden und Arkaden.

Die Bucht, an der Santiago liegt, zieht sich neun Kilometer landeinwärts. Auch hier mag das Wasser über die Ufer treten und das Hafenviertel mit dem Bahnhof überschwemmen. Doch der Kern der Stadt, die Plaza de Armas, liegt erhöht. Und die Kathedrale steht auf einem Sockel; ihr Vorplatz ist eine Loge, von der aus man auf die weltliche Repräsentanz des Rathauses, des *ayuntamiento*, hinunterschaut.

Santiago hat sich mit Terrassen, Steilstraßen und Treppengassen zwischen den Hügeln grün eingerichtet. Gleich hinter der Stadt beginnen die Hänge der Sierra Maestra, eines tropischen Gebirgszugs, der Weltruhm erlangte. Weit im Innern hatte Fidel Castro den Nukleus seiner Guerilla aufgetan und von hier aus den Feldzug nach Havanna angetreten.

Die Sierra Maestra bot schon immer Chancen fürs Verstecken. Hier entstanden die *palenques,* wie in Kuba die Siedlungen der entlaufenen Sklaven hießen, der *cimarrónes.* Miguel Barnet hat die Geschichte eines solchen Cimarrón erzählt, sein *testimonio* ist eines der schönsten Beispiele der kubanischen Zeugnisliteratur.

Wenn Santiago flüchtete, flüchtete es in die schwere Zugänglichkeit des tropisch wuchernden Hinterlandes. Es war nie die einzige Fluchtrichtung.

So unterschiedlich sich die beiden Städte im Umgang mit dem Meer verhalten, sie machten gleiche Erfahrungen. Als karibische Hafenstädte in spanischem Besitz waren sie Opfer all der Seekriege zwischen der eigenen Kolonialmacht und den Engländern und

Franzosen und von deren Rivalitäten. Und nicht minder beliebtes
Ziel der Piraten, Korsaren und Freibeuter.

Der älteste Bau Havannas ist ein Fort. Zum Castillo de la Fuerza
kamen auf beiden Seiten der Hafeneinfahrt weitere Festungen
hinzu, Bastionen, bis in unsere Zeit als Gefängnisse benutzt und
heute als Museen dienend. Santiago hat an der engen Hafeneinfahrt nur ein Fort. Ein allerdings imposantes Beispiel für die spanische Militärarchitektur in der Karibik. Vom Castillo de Morro
gewinnt man einen weiten Blick auf die Stadtschaft von Santiago:
die Kamine der Zementfabrik und des Elektrizitätswerks rauchen
in den Himmel. Im Gemäuer des Forts ist ein Museum der Piraterie
eingerichtet, mitberücksichtigt sind all die »feindlichen Akte der
USA gegen Kuba«.

Sosehr die beiden Städte gleiche Erfahrungen machten, sie
schauen nicht aufs gleiche Meer.

Havanna, an der westlichen Nordküste gelegen, schaut auf die
Straße von Florida. Zwar liegen auch die Bahamas vor der Küsten-
nase. Doch der Blick gilt Florida, dem Festland, der *tierra firme*.
Als die Engländer 1762/63 Kuba besetzt hielten, fiel die Antillen-
Insel erst an Spanien zurück im Austausch gegen die Halbinsel Florida. Florida hat sich inzwischen wieder hispanisiert. Dort entstand
Miami, das Klein-Havanna der Exilkubaner, jener, die gleich nach
der Machtübernahme durch Castro Kuba verließen, und jener, die
sich 1980 von Mariel aus absetzten. Florida war das Ziel der Mas-
senflucht vom vergangenen Sommer – die einen *balseros* (Fährleute)
warfen Blumen ins Wasser, um die afrikanische Göttin Yemntaja
Iemanjá gnädig zu stimmen, und andere erbaten den Beistand der
Jungfrau Maria, um auf ihren zusammengezimmerten Booten und
Flößen nach Florida gelangen zu können, wo die Küstenwache sie
abfing und in Lager verwies.

Santiago aber schaut von seiner südöstlichen Küste aus auf die
offene Karibik. Es heißt, man könne bei klarem Wetter von Gran

Piedra, einem Gipfel der Sierra Maestra, Haiti und Jamaika sehen. Hier wäre der Fluchtweg zur See kürzer. Aber man will nicht einfach weg; man will in ein gelobtes Land aufbrechen, oder mindestens in ein gelobteres.

Auch hier koloniale Schicksalsgemeinschaft. Als Jamaika im 17. Jahrhundert von den Engländern erobert wurde, flohen viele Spanier nach Kuba. Als die Schwarzafrikaner im benachbarten Haiti die Devisen der Französischen Revolution ernst nahmen und die erste schwarze Republik ausriefen, flüchteten Franzosen mit ihren Sklaven nach Kuba. Man kann in der Umgebung von Santiago besichtigen, was an wohlerhaltenen Ruinen von den Herrenhäusern ihrer Plantagen übrig geblieben ist. Die französischen Zuzüger pflanzten Kaffee an. Zum afrikanisch-spanischen Element kam ein haitisch-französisches hinzu.

Wenn in Kuba die Kreolen lange zögerten, gegen die Spanier zu rebellieren, dann nicht zuletzt aus Furcht, es könnte im Osten des Landes nach dem Vorbild Haitis ein unabhängiger afro-kubanischer Staat entstehen. Der Osten ist bis heute ethnisch schwärzer als das zentrale oder westliche Kuba. Und kein Zufall, dass hier die afrokubanische Tradition lebendiger und vielseitiger ist, und sei es nur, dass man den vitalsten Karneval des Landes feiert.

Im ehemaligen Villenviertel Vista Alegre befindet sich die Casa de África, ein Zentrum für afrikanische Studien, geheißen nach dem Klassiker der afrokubanischen Ethnologie, Fernando Ortiz (*Tabak und Zucker: Ein kubanischer Disput;* Frankfurt, 1987). Ihm gilt im nächsten Frühjahr ein Symposium, ebenso dem weniger berühmten, aber nicht unbedeutenden Ethnologen Rómulo Lachataneré (*El Sistema religioso de los Afrocubanos,* Havanna, 1992).

Im gleichen Viertel hat auch die Casa del Caribe eine Villa bezogen; sie organisiert alljährlich das »Festival der Karibik«. Die nächste *Fiesta del Fuego* führt unter anderem aus Jamaika Claude Mackay an, aus Guayana *tout court* Cuffy und Julien Fédon aus

Grenada: »Wir spüren, dass wir in einem gemeinsamen Kontext leben, in welchem Diversität auch ein Weg zur Einsicht sein kann.« In Klein-Havanna, wohin Groß-Havanna schaut, leben kaum schwarze Kubaner, wie vor Kurzem der dissidente Schriftsteller Jesús Diaz bei einem Besuch mit Verwunderung festgestellt hat. Santiago, wo 1521 der erste Sklavenmarkt abgehalten wurde, spricht mit seinem Blick auf die Karibik die schwarze Gemeinschaft der Antillen an.

Die zweite Stadt bleibt eine zweite Stadt, wenn auch um einiges selbstständiger, nachdem 1990 der Havanna-Zentralismus zugunsten der Provinzen gelockert worden ist.

Man wird recht bald von einem Santiaguero hören: Hier ist Provinz. Die Plaza de Armas bietet an den Abenden oder Wochenenden ein überzeugend kleinstädtisches Bild. Im Viereck sitzt auf den langen Steinbänken, was man Alt und Jung nennt. Und Ziegenböcke, zum Teil mit einem Hütchen geschmückt, ziehen Runde für Runde ihre Wägelchen zum Vergnügen der Kinder darauf.

Die Bemerkung, man sei Provinz, muss nicht wertend gemeint sein. Sie kann Selbstbewusstsein verraten. Man ist zwar vom übrigen Kuba durch die Sierra Maestra getrennt, doch der *Oriente,* der Osten, behauptet ein eignes Leben. Man hat eine anerkannte Universität, die Universidad de Oriente, und dies seit Batistas Zeiten; unter Castro ist ein Polytechnikum dazugekommen.

Auch wenn es zutrifft, dass Havanna das intellektuelle Leben mit Lob und Ausschluss diktiert, die UNEAC *(Unión de escritores y artistas de Cuba)* unterhält in Santiago eine Filiale und betreibt mit den Ediciones Caserón einen eignen Verlag, dessen Publikationen allerdings kaum über Santiago hinauskommen. Die »Schriftsteller- und Künstler-Union« besitzt ein Kolonialhaus; in seinem Patio trifft man sich zu Lesungen, Disputen und Buchpräsentationen. Ein paar Häuser weiter hat der *Taller de literatura de Ciudad* seine Adresse, eine Literaturwerkstatt mit regelmäßigen Treffen.

Auch wenn Santiago eine zweite Stadt ist, es gingen von ihr erste Impulse aus. Nicht nur in Santiago, in allen Städten des Oriente wurde die Musik gesungen und getanzt, die als *son* berühmt werden sollte. Der Son, eine Mischung afrikanischer und spanischer Musik, ist essenziell kubanisch. Der Nationaldichter Nicolás Guillén, der engagierte Poet des Afrokubanismus, hat in den Dreißigerjahren den Son in die Lyrik eingebracht, *Sóngoro Cosongo:* »Der Son gelang dir vollkommen, / Mulattisch wie Mispelfrucht.«

Santiago ist ohne seine Musik nicht zu denken und die Musik nicht ohne die Casa de la Trova. Im »Troubadourhaus« treten täglich Musiker und Sänger auf. Hier spielt eine der ältesten Formationen des Landes, *Estudiantina invasion,* die stolz sämtliche überlieferten Gattungen pflegt. Ein Name aber ist untrennbar mit Santiago verbunden, Matamoros (1894–1971). Im vergangenen Herbst wurde seiner, etwas großzügig tituliert, mit dem »Ersten Internationalen Festival des Son Miguel Matamoros« gedacht.

So unverkennbar der Son, so schwer zu übertreffen der Rum. Bacardí hat Mitte des letzten Jahrhunderts hier seine erste Rumfabrik eröffnet. Bis heute wird in der alten Anlage Rum gebrannt; er darf seit der Verstaatlichung nicht mehr Bacardi heißen, so nennt er sich Havanna Club. Über dem Fabrikgelände schwebt, wenn auch etwas lädiert, nach wie vor eine Bacardi-Reklameflasche. Es ist auch ein Bacardí, der der Stadt zu einer anderen nationalen Premiere verhelfen hat. Emilio Bacardí y Moreau, der erste Bürgermeister eines unabhängigen Kuba, erbaute 1899 das erste Museum Kubas. Nach wie vor heißt die größte Bibliothek der Stadt, ein Kulturzentrum, nach Bacardis Frau Elvira Cape.

Und wenn nicht Erstes geboten wird, kann es immerhin Einmaliges sein. Die Kupfermine in der Umgebung gab ihren Namen »El Cobre« einer Basilika, einem Nationalheiligtum, dem populärsten Wallfahrtsort Kubas. Verehrt wird eine Marienstatue, die nach bewährtem Legendenmuster ein Indio fand. Von der dunkelhäutigen

Nuestra Señora de la Caridad, der Schutzpatronin Kubas, bringen Pilger und Besucher Kupfererzbrocken mit, *cobrezitos,* die, ob gesegnet oder nicht, Glück verheißen.

Aber all das, dessen sich Santiago rühmt, sei es nun Erstmaliges oder Einmaliges, verblasst neben dem Bewusstsein, rebellische Avantgarde der Revolution zu sein.

Dass die Indios sich mit Selbstmord gegen die Konquistadoren wehrten und eine Häuptlingsfrau die eigne Tochter erwürgte, um sie vor der Sklavenschaft zu bewahren, das ließe sich auch anderswo in den Antillen oder in Lateinamerika erzählen, und ebenso ließen sich die kontinuierlichen Sklavenaufstände der Schwarzen auflisten – in Santiago sind diese historischen Ereignisse glorreiche Prämissen für glorreiche Kapitel der Nationalgeschichte.

Aus Santiago stammt nicht nur José María Heredia (1803–1839), der als Exilant im Ausland lebte und in Mexiko starb. Es wird nicht nur sein Geburtshaus gezeigt, sondern auch dasjenige von Antonio Maceo, dem General des Unabhängigkeitskrieges gegen die Spanier, einem Mulatten, der zum Kampf mit der Machete aufrief. Buschmesser, in Bronze gegossen, stecken symbolisch zuhauf im Sockel des monumentalen Revolutionsdenkmals, hoch oben er selber, siegreich zu Pferd.

»Heldin der Republik« lautet der Ehrentitel. Die Stadt kam zu dieser Auszeichnung, weil sie den frühen Schauplatz für die Revolution abgab.

1953 hatte Fidel Castro, damals ein junger Anwalt, mit einem Trupp die Kaserne Moncada angegriffen. Die Attacke, die scheiterte, gilt als Initialzündung der kubanischen Revolution. Der 26. Juli wurde zum nationalen Feiertag, übrigens ein Karnevalsdatum, an dem Santiago alles andere erwartete als einen revolutionären Auftakt.

1956, als Castro, aus Mexiko zurückkehrend, mit der Jacht Granma in Kuba landete, war Santiago die erste Stadt, die zu den

Waffen griff und den Kampf in der Stadt aufnahm, sodass die Armee Batistas nicht in einer konzertierten Aktion gegen die Guerillas vorgehen konnte.

Beide Ereignisse sind mit dem Namen von Kämpfern verbunden, die ihren Tod fanden, Symbolfiguren der rebellierenden Jugend, der *Juventud Rebelde,* wie auch eine Wochenzeitung heißt.

Der Mitanführer von Fidel Castro, Abel Santamaria, erhielt im *Parque histórico* auf einem Riesensockel ein monumentales Reliefporträt. Santamaria sollte parallel zum Sturm auf die Kaserne Moncada ein Zivilhospital besetzen. Die Ruinen des einstigen Krankenhauses machen heute die Gebäulichkeiten des »Historischen Parks« aus. Im Ausbildungssaal der Krankenschwestern hielt Castro seine berühmte Verteidigungsrede »Die Geschichte wird mich freisprechen«.

Die Heldenfigur der Stadtguerilla, der »Bewegung vom 26. Juli«, heißt Frank País; ihn haben die Schergen Batistas ermordet. Sein Geburtshaus wurde in ein Museum umgewandelt. Seine überlebensgroße Plastik steht in einem Park, der nach ihm benannt wurde. 1957 war sein Begräbnis zur größten Massendemonstration gegen die Batista-Diktatur geworden.

Eine Stadt voll historischer Erinnerungen, die sie auf Schritt und Tritt vorführt.

Die Fassade der Kaserne Moncada weist nach wie vor die Einschusslöcher vom Angriff auf; sie dient heute als Schule. Das einstige Polizeihauptquartier beherbergt jetzt das »Museum für den klandestinen Kampf der Bevölkerung«. Der Justizpalast erinnert daran, dass er von Castros Bruder Raúl hätte eingenommen werden sollen. Von einem Balkon des Regierungsgebäudes, des *ayuntamiento,* aus hielt Fidel Castro seine erste Rede im befreiten Kuba und gab mit ihr die Richtung an, welche die Revolution einschlagen sollte.

Eine Stadt der Monumente und Gedenktafeln. »Hier befand sich

das Ladenlokal ›El Carrusel‹, wo Waffen für die Stadtguerilla ver-
steckt gehalten wurden.« Und um die Ecke am gleichen Haus die
Pro-Memoria-Plakette für Diego Vicente Tejera (1848–1903), Dichter, Journalist, Erzähler und Patriot:»Für die Welt sterben die Mütter, für die Söhne sterben die Mütter nie.«

»Gestern rebellisch, heute gastfreundlich, heroisch immer«, so
lautet das Motto. Diese Stadt des revolutionären Bewusstseins haben wir aufgesucht, im sechsunddreißigsten Jahr der Revolution,
zur Zeit einer Krise, die sich als *periodo especial* bezeichnet.

Pferde- und Eselskarren für den Personenverkehr. Ein gemäch-
licher Trott. Was sich nostalgisch ausnimmt, ist Ersatz. Statt Busse
Lastwagen, unregelmäßig verkehrend, die Passagiere dicht gedrängt
auf der Ladefläche stehend.

An der Straße gelegentlich Händler. Etwas Gemüse. Manchmal
als Angebot ein paar Orangen. Einzelbeispiele für die seit Kurzem
tolerierten Bauernmärkte. Marktwirtschaft mit bedingter Freiheit.
Sei es, dass in Tüten aus benutzten Formularen Nüsse angeboten
werden oder über zerstampftes Eis etwas Sirupähnliches getröpfelt
wird. Als Trinkgefäß haben die meisten eine Blechdose zur Hand,
deren oberer Deckel sorgfältig entfernt wurde. In einem Haus-
eingang modischer Kinkerlitz und dann wiederum antiquarische
Bücher.

Vor den Mietskasernen Frauen und Männer bei Garten- oder
Feldarbeit. In der Sozialsiedlung José Marti wohnen Arbeiter des
Textilkombinates. Wegen Energiemangels ist der Betrieb weitgehend lahmgelegt. Jetzt wird zur Selbstversorgung aufgerufen. Es
findet die Anbauschlacht der Revolution statt. Neben den ausgedehnten Gemüsebeeten nicht minder groß die mit Kräutern. Weil
Medikamente fehlen, hat man die »grüne Medizin« entdeckt.

Als Kontrast zu den leeren Geschäften und den Gaststätten, wo
kaum mehr serviert wird, ein Restaurant wie »Santiago 1900«, elegant hergerichtet mit Patio, *chambres séparées* und einer schicken

Rumbar. Es ist ein Dollar-Restaurant, nicht so sehr für Touristen, sondern für die neue Klasse der Kubaner, die im Besitz von Dollars sind. Und als Gegenbild zu den Schlangen an Haltestellen und all den Wartenden, die sich geduldigst Zeit nehmen müssen, die Touristen-Taxis, nur gegen Dollars benutzbar.

Ein Triumph des Dollar-Tourismus ist der postmodernistische Turmbau des Hotels Santiago, das fünfsternig auf seine Umgebung herunterblickt. Gegenüber das Hotel Las Américas, günstiger und zugänglicher; am Swimmingpool am Abend bei der afrokubanischen Show eine übliche Konstellation von exotischem Sextourismus: weiße Freier und dunkelhäutige Instant-Liebschaften. Zwischen den beiden Hotels eine Avenida mit breiten Grünanlagen, wegen der Stromrationierung liegt sie nach Einbruch der Nacht im Dunkeln. »¿*Compañía?*«, ob man Gesellschaft suche. Das Wort *compañía* hat den gleichen Wortstamm wie *compañero,* Genosse. Über dem Dunkelmunkel auf einer leichten Anhöhe, angestrahlt, ein Heldendenkmal, die Stätte der Erinnerung an »Che« Guevara, ein Gedenkstein für jeden, der mit ihm in Bolivien den Tod fand.

Im Palast der Pioniere, einer ehemaligen Bacardí-Residenz, ist die Revolution noch in Ordnung. »Eine Blume für Cienfuegos«, für den Guerillero, der ins Meer abstürzte. Ein stilisiertes Flugzeug in einem Brunnen erinnert an das Unglück. Ein Freizeit- und Schulungszentrum mit Ateliers und Labors. Im herrschaftlichen Garten wird Musikunterricht erteilt, die Schüler proben und üben das Marschieren im Stechschritt.

Und eine stille Erinnerungsstätte: das Landhaus Siboney, von wo aus Castro den Sturm auf die Moncada organisierte. Die Aufseherin erteilt mit strenger Ausführlichkeit Revolutionskunde: Hier hatte sich Castro mit seinen Leuten eingemietet unter dem Vorwand, eine Hühnerfarm aufzutun. Nachdem die Batista-Leute das Haus gestürmt hatten, besserte der Besitzer die zerschossene

Fassade aus; nach dem Sieg der Revolution wurden die Einschusslöcher freigelegt und als Zeugen hergerichtet.

Fährt man über die Granjita Siboney hinaus, entlang der Küste,
gelangt man in den Nationalpark von Baconao, mit seinen Hotels
vom Strand bis ins Hinterland eine ausgedehnte Touristenregion.
Ein Verkehrsmuseum steht ebenso auf dem Sightseeing-Programm
wie mittelamerikanische Archäologie in Kopien oder tropischer
Feenzauber mit Märchenschlössern in einer Freilicht-»Welt der
Fantasie«. Die große Attraktion offeriert das »Tal der Prähistorie«
mit nahezu zweihundertfünfzig Figuren. Ein überlebensgroßer
Höhlenbewohner, im Fell und mit einer Streitaxt in der Hand, begrüßt einen. Wohlvertraut die Dinosaurier und Mammuts.

Ein tropisches Disneyland, und dann zurück nach Santiago. Vorbei am Landhaus Siboney mit seiner zerschossenen Fassade. Vorbei
auch an einem Skulpturenpark, der so groß ist, dass man ihn abfahren muss, aber kaum jemand sucht die zwanzig Plastiken internationaler Künstler auf.

Zurück aus der inszenierten Prähistorie in die Krise von heute.
Die Route vom Landhaus Siboney in die Stadt ist das erste Weg-
stück, das die Revolutionäre von damals zurücklegten. Kleinmo-
numente auf beiden Seiten gedenken in regelmäßigen Abständen
der einzelnen Namen. Erinnerungen an eine Revolution, die hier
Geschichte machte und die daran ist, Geschichte zu werden.

Das geht uns einen Tango an

Ein argentinischer Tanz und seine tieferen Bedeutungen

1983

Was ein Tango ist, weiß jeder – bis zu dem Moment, da er über ihn Auskunft geben müsste. Sicher, der Tango ist ein Tanz. Ein latein-amerikanischer. Er stammt aus Argentinien. Er ist so argentinisch wie Evita Perón. Er kommt aus einem Land, wo, wie man seit Kurzem weiß, die Falklandinseln Malvinas heißen.

Auch wenn der Tango bei uns kaum mehr getanzt wird, als Standardtanz stellt er eine Disziplin bei den Meisterschaften dar. Jedermann erkennt ihn an den abrupten Bewegungen, spätestens, wenn der Tänzer seine Partnerin von der Hüfte an abwärts bis zum Boden beugt. Zuckungen und Verrenkungen, für die der Fachmann Termini technici hat wie »Bruch« *(quebrada)* und »Schnitt« *(corte)*.

Und ferner weiß man auch, dass dem Tango etwas Verrufenes anhaftet. Der bis übers Knie geschlitzte Rock der Tänzerin legt dafür offenes Zeugnis ab. Angesichts solcher Verruchtheit ist es auch nicht genierend, dass wir bei Bernardo Bertoluccis Film *Der letzte Tango in Paris* (1972) nicht in erster Linie an die Musik von Leandro »Gato« Barbieri denken, sondern an ganz anderes.

Doch, auch bei uns ist der Tango ein Begriff. Fürs Auge wie fürs Ohr. Sobald wir uns jedoch mit ihm näher einlassen, nicht nur zuhörend, summend oder tanzend, sobald wir für einmal nicht auf die Musik achten, sondern auf Titel und Texte, bietet der Tango Überraschendes: Da wird er zur Dokumentation, zu einem Spiegelbild von Gesellschaft und Geschichte, zu Konfession und Philo-

sophie. Zu was immer auch er wird, er öffnet eine Tür zur argentinischen Seele.

An Gründen also mangelt es nicht, sich mit dem Tango abzugeben. Die Argentinier tun dies ausführlich und kontinuierlich. Sich
mit dem Tango abzugeben heißt für sie, sich mit sich selber aus-
einanderzusetzen.

1971 ist das lexikalische Standardwerk *El libro del tango* erschienen,
herausgegeben von Horacio Ferrer, Autor der Tangooper *Maria von
Buenos Aires* (1968); auf über siebenhundert Seiten sind Musiker,
Texter, Kabaretts, Orchester und Tangotitel versammelt, alles, was
zu einer *crónica* und einem *diccionario* gehört, die die Zeit von 1850
bis 1977 erfassen sollen. 1973 kam von Fernando Guibert *Los argen-
tinos y el tango* heraus und drei Jahre später von José Barcia *Tango,
tangueras y tangocosas.* Seit 1976 edieren Juan Carlos Martini Real
und Manuel Pampín eine *História del tango;* von dieser Geschichte
liegen bis heute fünfzehn Bände vor – man sieht, die Tangoliteratur
ist *en vogue* und hält an.

Aber der Tango ist nicht nur für Argentinier ein Thema, sondern
auch für uns. Dann, wenn wir uns mit der Rio-de-la-Plata-Region
befassen. Wir werden bei einem solchen Interesse nicht um den
Tango herumkommen; dafür nimmt er einen zu wichtigen Platz
in der Kultur- und Sozialgeschichte dieser Region ein. Allerdings
fehlten bis jetzt die Voraussetzungen für eine intensivere Beschäftigung mit diesem Tanz und dieser Musik.
[…]
Also gut, legen wir die Tangoplatte auf.

An Autoren jedenfalls, die Auskunft über den Tango geben,
fehlt es nicht. Nur sind sich die nicht immer einig, zum Beispiel
schon darüber nicht, wo die musikalischen Ursprünge des Tangos zu suchen sind. Sicher wird die Habanera erwähnt, die, wie
der Name sagt, aus Havanna stammt. Die *danza cubana* wurde von

Matrosen, meistens Schwarzen, aus Kuba eingeführt, aber auch von Schauspieltruppen auf dem Umweg über Spanien und Paris. Von nicht minderem Gewicht ist die *milonga,* ein Streitgesang, der auf die Kolonialzeit zurückgeht und auf dem Land gesungen wurde; die Milonga entwickelte sich in der Stadt weiter und wurde nicht zuletzt für den gesungenen Tango wichtig. Neben Habanera und Milonga wird auch ein andalusischer Tanz als Quelle genannt.

Bei dem Versuch, dem Tango zu einem Ursprung zu verhelfen, überrascht am meisten der Disput darüber, welchen Anteil Afrika hat. Die einen sehen den afrikanischen Beitrag im Etymologischen; andere darin, dass anfänglich manche Tangotänzer und Musiker Schwarze waren; andere erkennen im Tanz der Schwarzen, dem *candombe,* einen direkten Vorläufer, und noch andere hören in den Tangorhythmen afrikanische Erinnerungen; am unbestrittensten dürfte sein, dass die Tanzbewegungen, die Tangochoreografie, auf die Schwarzen zurückgehen.

An dieser Auseinandersetzung ist nicht so sehr bemerkenswert, was den afrikanischen Beitrag ausmacht, sondern die Tatsache, dass überhaupt ein solcher zur Diskussion steht. Denn am Rio de la Plata lebten während der Kolonialzeit kaum Schwarze. Im Unterschied zu Brasilien oder zu den Antillen ergab sich hier nie die ökonomische Notwendigkeit, Sklaven für Zuckerplantagen in großem Stil einzuführen. Sofern solche doch herbeigeholt wurden, arbeiteten sie im Haushalt oder im Dienstleistungssektor. In seiner ethnischen Zusammensetzung unterscheidet sich denn auch Argentinien nicht nur von seinem Nachbarn Brasilien, wo Schwarze und Mulatten einen wichtigen Prozentsatz der Bevölkerung ausmachen, sondern auch vom mestizischen Paraguay oder vom indianischen Bolivien. Als das »europäischste« Land Südamerikas tat sich Argentinien immer schwer damit, sich mit Südamerika zu identifizieren, insofern sich Südamerika als Kontinent der Mestizisierung verstand. Deswegen überrascht die Diskussion über den

afrikanischen Beitrag zum Tango, der zum unverkennbaren Ausdruck einer ethnisch homogenen Gesellschaft wurde, einer Gesellschaft, die aus ihrer Homogenität zuweilen eine Sonderstellung in
Südamerika abgeleitet hat.

Aber gerade der Disput über das afrikanische Element beim
Tango illustriert, wie sehr dieser ein Mischprodukt ist, und dies,
obwohl er am Ende eine Selbstständigkeit erlangte, die kaum mehr
aufzuschlüsseln ist. Sicherlich dominierte das Spanische; aber es
waren Italiener, welche den Tango populär machten, unter den
Interpreten der »alten Garde« (1895–1917) sind die meisten italienischen Ursprungs. Andererseits ist es ein Deutscher, Heinrich Band,
der eine Abart des Akkordeons erfand, und dieses nach ihm be-
nannte *bandoneón,* ein 144-töniges Musikinstrument, sollte dem
Tango zu einem unverwechselbaren Klang verhelfen.

Ein Zwitter?

Für die Ideologen des reinen Blutes, ob dieses nun in den Adern
oder in Büchern fließt, musste der Tango schon deswegen ein Ärgernis sein, weil er ein Mischprodukt ist. Stellvertretend für eine
ganze Schicht und für deren Arroganz lehnte ein konservativer
Politiker wie Carlos Ibarguren den Tango als Zwitter ab: Er sei
unargentinisch. Dem widersprach nicht nur ein Ernesto Sábato
(1911–1982), Romanschriftsteller *(Über Helden und Gräber* und
Maria oder Die Geschichte eines Verbrechens) und einer der führenden Essayisten des Landes, der dank seines Mutes bis zu seinem
Tod intellektuelle Autorität besaß. Sábato hat sich 1963 mit seinem
Werk *Tango. Discusión y clave* in die Auseinandersetzung eingeschaltet: Den Tango wegen seines Zwittercharakters zu verurteilen
komme einem kulturellen Selbstmord gleich.

Nun gab es aber ganz andere Gründe als nur den des Zwittercharakters, um den Tango abzulehnen. Leopoldo Lugones (1874–1938) tat dies mit aller Entschiedenheit. Als Lyriker war er einer der bedeutendsten Vertreter des *modernismo,* als Prosaschriftsteller steht er am Anfang der für Argentinien so wichtigen fantastischen Literatur, ein vorzüglicher Kenner auch der europäischen Antike. Er hatte als Sozialist angefangen und sich später einem antidemokratischen Nationalismus verschrieben; er begrüßte Mussolinis Marsch auf Rom und sah auch für sein Land die »Stunde des Schwertes« gekommen. Für diesen Verkünder einer »wahren Argentinität« war der Tango nichts anderes als ein Bordellreptil.

Im Zwielicht geboren

Sosehr man über den musikalischen Ursprung des Tangos streiten kann, über seine soziografische Geburtsstätte gibt es kaum Zweifel. Der Tango kam im Zwielicht auf die Welt. In den Bordellen und dem, was zu ihnen sonst noch gehört und was ihre Umgebung ausmacht. Frühe Tangotexte enthalten eine Schlüpfrigkeit, die eindeutig ist, und die zuckenden Bewegungen des Tangos haben eine ebenso offensichtliche sexuelle Note. Das Obszöne war von Anfang an dabei, auch wenn es den Tango nicht ausmachte und schon gar nicht seinen Lebensweg bestimmte. Aber der Geruch des Zweideutigen blieb an ihm haften. Es dürfte der einzige Tanz sein, den ein Papst verbieten wollte; doch wurde Pius x. der Tango auf eine Weise vorgetanzt, dass seine Heiligkeit keinen Anlass sah für eine Intervention des Vatikans, auch wenn der Papst riet, sich eher an ländliche Tänze zu halten. Aber zur Welt oder besser zur Halbwelt des Tangos gehörten in der Frühzeit Milieufiguren wie *chinas* und *compadritos.*

Chinas, »Chinesinnen«, hießen die Prostituierten. Der Übername spielte auf die Schlitzaugen an. Das mochte zwar bei den Indianerinnen und Mestizinnen zutreffen, aber auch die Schwarzen,

Mulattinnen, Spanierinnen und Zigeunerinnen, welche die Bordelle bevölkerten, nannte man »Chinesinnen«. Da diese ihre Zimmer vorzugsweise neben den Kasernen hatten, hieß sie der Volksmund auch »Kasernenweiber«.

Wenn die »Chinesinnen« nur zu den Anfängen gehörten, hielten die *compadritos* durch. Was ein *compadrito* genau ist, kann nicht leicht ausgemacht werden. Dem Wortlaut nach ein »Gevatterchen«, konnte der *compadrito* ebenso gut ein Stutzer wie ein Ganove sein, mit allen Übergängen vom Viertel- und Halb- bis zum Edelgauner, wobei streng unterschieden wurde zwischen dem bloßen Schläger, dem Taschendieb, Einbrecher und Räuber. Ein *compadrito* mochte ein Zuhälter sein, wollte vielleicht einer werden oder schlug sich sonstwie durch. Jedenfalls zeichnete er sich durch Standesbewusstsein aus; das konnte schon dadurch zum Ausdruck kommen, dass er die Ringe über den Handschuhen trug, und Handschuhe trug er gerne, entsprechend der iberischen Sitte, der Öffentlichkeit zu zeigen, dass man seine Hände nicht mit dem schmutzig macht, was anderswo Arbeit heißt.

Vom Rand her

Der Tango entstand am Rand. Aber dieser Rand war breiter, als dass darin nur Bordelle hätten gedeihen können. Er war vielgesichtiger, als dass sich hier nur Mädchen gefunden hätten, die gegen eine Blechmarke zum Tanz und für mehr antreten mussten. Dieser Rand hatte für anderes Platz als nur für Tanzakademien und die weniger feinen, dafür beim Jungvolk umso beliebteren Tanzschuppen, die *peringundines*.

Dieser Rand war so groß wie alles, was an Vorstadt um Buenos Aires wucherte und wuchs: Viertel mit Lagerhäusern und Vergnügungsbaracken, wo Werkstätten und improvisierte Behausungen neben Mietskasernen standen, eine Welt der Gasometer, Müllhalden und Abstellgeleise, ein Niemandsland, das noch nicht zur Stadt gehörte, aber zur ihr hinschaute. In diesen Vorstädten ließen sich die nieder, die nach Buenos Aires gekommen waren, weil sie hofften, hier ihr Auskommen oder gar ihr Glück zu finden. Sie kamen aus zwei völlig verschiedenen Richtungen. Da waren die Zuwanderer, arbeitslose Taglöhner, entwurzelte Viehhirten, die das Land hinter sich ließen und die Stadt aufsuchten; die Mehrzahl aber kam aus Europa: Spanier, Italiener, Deutsche, Juden, Polen und Russen.

Wenn Argentinien 1869 noch 1 830 000 Einwohner gehabt hatte, zählte es 1895 bereits 3 954 000, und Buenos Aires hatte in diesen Jahrzehnten seine Einwohner von 181 000 auf 663 854 verdreifacht. Die meisten Einwanderer, die in Buenos Aires landeten, blieben auch dort. Das entsprach nicht der Absicht der Regierung und ihrer Einwanderungspolitik. *Gobernar y poblar,* »Regieren und bevölkern« hieß ihre Devise. Bevölkert werden sollte das weite und leere Hinterland, die Pampa, die bezeichnenderweise *desierto,* Wüste, hieß. Doch der Großteil der Neuankömmlinge verließ Buenos Aires nicht. So wurde der Prozess beschleunigt, der die Nation in ein riesiges, dünn besiedeltes Hinterland aufteilte und in eine Hauptstadt, wo heute mehr als ein Drittel der Gesamtbevölkerung lebt.

In den letzten Jahrzehnten des vergangenen Jahrhunderts entwickelte sich nicht nur die Bevölkerung sprunghaft, sondern Argentinien machte auch tiefgehende wirtschaftliche Veränderungen durch. Es war traditionell ein Land der Viehzucht; die Erfindung des Kühltransports (1874) hatte der Fleischproduktion zu einem neuen Aufschwung verholfen. Aber neben der Viehzucht wurde in der Landwirtschaft der Getreideanbau immer wichtiger, was Argentinien zur Kornkammer Südamerikas werden lassen sollte. Gleichzeitig setzte in Buenos Aires die Industrialisierung ein mit Booms und Rückschlägen, mit Investitionen und ersten Streiks.

Argentinien hatte sich nicht gleich nach der Unabhängigkeit als

der Staat formiert, der es heute ist. 1825 war Uruguay ein selbstständiger Staat geworden; nicht zuletzt auf Druck der Engländer
war zwischen Brasilien und Argentinien ein Pufferstaat geschaffen
worden. Zusammen mit diesem Uruguay und mit Brasilien führte
Argentinien 1865–1870 den Krieg der Dreierallianz gegen Paraguay.
Auch die Grenzen gegen Bolivien standen nicht von vornherein
fest. Aber tiefergehend als die Grenzkriege waren die Konflikte im
Innern selbst. Hier bekriegten sich selbsternannte Führer, *caudillos,*
mit Privatarmeen. Hier fand der unerbittliche Kampf zwischen Fö-
deralisten und Zentralisten statt. Die Auseinandersetzung gipfelte
in dem Versuch von Buenos Aires, einen autonomen Staat zu bilden. Nach der Rückintegration von Buenos Aires 1861 in die Kon-
föderation begann Argentinien jenes Land zu werden, als das wir
es heute kennen.

Die Auseinandersetzung zwischen Stadt und Land war aber
nicht nur eine von Macht und Interessen, sondern sie hatte ihre
geistesgeschichtlichen und philosophischen Motivationen. Es stand
sich gegenüber, was der Schriftsteller und Staatsmann Domingo
Fausto Sarmiento (1811–1888) in seinem essayhaften Roman *La
vida de Juan Facundo Quiroga* (1845) auf den Gegensatz von »Zivilisation und Barbarei« gebracht hatte. Das Hinterland war die barbarische Welt, und die Stadt, Buenos Aires, stand für Zivilisation.
Auf der einen Seite eine amerikanische Ursprünglichkeit und auf
der andern eine europäische Entwicklungsstufe: Die Geschichte
Argentiniens wurde als Dialektik zwischen solcher Anarchie und
solcher Ordnung gesehen, das Ziel war die Zähmung der wilden,
barbarischen Herkunft und ihre Aussöhnung mit dem, was als Kultur verstanden wurde.

Im Hinterland: der Gaucho

Es war aber gerade dieses barbarische Hinterland, das die Figur hervorgebracht hatte, mit der sich die Argentinier identifizierten: den Gaucho, den Kuhhirten. Er ist ein Verwandter des nordamerikanischen Cowboys, nicht nur wegen der gleichen beruflichen Funktion, sondern auch, was den Mythos betrifft. Der Wilde Westen Nordamerikas findet in der Pampa Argentiniens eine Entsprechung – die Pampa als unendliche Möglichkeit einer bedingungslos individuellen Freiheit.

Das Nationalepos der Argentinier ist diesem Menschentypus, dem Gaucho, gewidmet. José Hernández (1834–1886) hat ihm den Namen Martín Fierro gegeben. In dem Versepos *El gaucho Martín Fierro* (1872) erzählt Hernández von einem, den die Regierung in den Militärdienst zwingt, der aber desertiert; wie er heimkehrt, findet er seine Familie erschlagen und sein Haus zerstört. Er wird zum Rächer und erklärten Gegner aller Obrigkeit, zu einem *outlaw*, der die Normen der Gerechtigkeit selber bestimmt.

Bezeichnenderweise hat Hernández eine Fortsetzung folgen lassen, nicht, um den Erfolg seines ersten Werkes auszubeuten, sondern mit völlig geänderter politischer Absicht. In *La vuelta de Martín Fierro* (1878) erzählt Hernández, wie dieser Gaucho zurückkehrt, seine *vuelta* ist die Heimkehr in die Bürgerlichkeit, das Thema ist die Unterordnung unter verbindliche Gesetze. Der einstige Rebell gibt seinen Söhnen Ratschläge, die sich fast wie Kurse in Staatsbürgerkunde ausnehmen.

Der Gaucho wurde zur ersten Figur, zu der sich der Argentinier bekennen konnte. Diesem Gaucho verdanken denn auch die Argentinier einen ihrer schönsten Romane und eines ihrer geistreichsten Werke. In *Don Segundo Sombra* (1926) berichtet Ricardo Güiraldes (1886–1927) von einem halb verwahrlosten Jungen, der

beim Gaucho Segundo Sombra den »männlichsten aller Berufe« er-
lernt, den des Gaucho; denn dieser ist nicht zuletzt Vertreter jenes
Machismo, der den Argentiniern so teuer ist. Aber dieser Gaucho
trat auch in dem Werk *Fausto* (1866) von Estanislao del Campo
(1834–1880) auf: Der Cowboy aus der Pampa besucht das Teatro
Colón in Buenos Aires und sieht dort die *Faust*-Oper von Gounod;
wie er seine Opernerfahrungen kommentiert, das hat einen der
populärsten Texte der argentinischen Literatur ergeben.

Während der Gaucho zu einer literarischen Figur wurde, ver-
änderten sich die Verhältnisse, die mit ihm in den Büchern gefeiert
wurden. Nicht nur die Agrarwirtschaft machte ihren Wandel durch,
sondern es entstand ein neues Argentinien, ein städtisches, ein pro-
letarisch-industrielles: Buenos Aires. Ein Romantitel wie *La gran
aldea* (*Das große Dorf*, 1884) von Lucio Vicente López (1848–1893)
steht ebenso für diese Gründerzeit wie *La bolsa* (*Die Börse*, 1891)
von José Miró (1867–1896). Buenos Aires war auf dem Weg, eine
Metropole zu werden.

Verglichen mit Lima, Mexico City oder Bogotá hatte Buenos
Aires während der Kolonialzeit weder was Administration noch
was Kultur betraf einen gleichen oder ähnlichen Rang eingenommen. Buenos Aires besaß einen Hafen, womit es sich hatte. Nach
dem Hafen *(porto)* nannten sich denn auch die Einwohner *porteños*.
Dieser Hafen begann ab Mitte des vergangenen Jahrhunderts zusehends weltwirtschaftliche Bedeutung zu erlangen. In ihm trafen
die Einwanderer aus Europa ein. Das Hafenviertel La Boca wurde
zu einer der belebtesten Vorstädte. Und es war eine jener Vorstädte,
in denen der Tango besondere Popularität genoss. Und in den Lokalen von La Boca konnte er sich bis heute relativ gut behaupten.
Noch heute findet man Straßenzüge, die sich seit fünfzig, sechzig
Jahren kaum verändert haben.

In der Stadt: der Tango

Die Pampa, das Hinterland, war mit dem Gaucho zu ihrer Figur gekommen, das städtische Argentinien, das im Entstehen begriffen war, kam nicht zu einer Figur, sondern zu einem Tanz, zum Tango. Er war nicht bloß eine Begleiterscheinung. Er tritt gleichberechtigt neben die Gaucho-Dichtung und Gaucho-Literatur. Das macht seinen Stellenwert aus: Der Tango eröffnet das zweite Kapitel Argentiniens.

Mit dem Tango kam das städtische Argentinien zu seiner eigenen Musik und zu seiner eigenen Sprache, und Letzteres im buchstäblichen Sinne. Auch wenn manche Tangos im traditionellen Spanisch verfasst wurden, der *lunfardo* bemächtigte sich seiner, wie er auch zusehends vermehrt auf der Bühne und in der Presse anzutreffen war. Was genau der *lunfardo* ist, darüber gehen die Meinungen auseinander; es sei denn, man treffe sich in dem Punkt, dass der *lunfardo* nichts mit dem akademischen Spanisch und schon gar nichts mit dessen Rhetorik zu tun hat. Der *lunfardo* ist Slang, nicht einfach Rotwelsch und nicht mit der Ganovensprache identisch, nicht Dialekt, sondern Konglomerat. Borges hat dem *lunfardo* schöpferischen Reichtum abgesprochen. Aber wer die Sprache, wie sie in Buenos Aires gesprochen wird, bis in die Nuancen verstehen will, wird bald erfahren, dass sich der *lunfardo* nicht nur auf wenige Ausdrücke oder Redewendungen beschränkt. 1943 hatte ein General die Verwendung von *lunfardo*-Ausdrücken in der Öffentlichkeit untersagt, ein Verbot, das Perón aufhob. Die Stadt war als kultureller Gegenpol zum barbarischen Hinterland verstanden worden, aber diese Stadt begann in einer barbarischen Sprache zu reden.

Im Tango drückten sich die Erfahrungen des neuen, aufkommenden Argentinien am unmittelbarsten aus. Da war von der sexuellen Not der Einwanderer die Rede, obszön und leidvoll, von der Doppelmoral im Verhalten der Frau gegenüber (die man einmal als unberührte Braut haben wollte, ein andermal als Hure nahm). Da wurde am Rio de la Plata gesungen, wie schön es am Golf von Neapel sei; die Wehmut als Kitsch und als Schmerz; die Einsicht, dass es keine Rückkehr gibt, und die Erkenntnis, dass das neue Land nicht hielt, was man sich von ihm versprach. Da wurden Milieu und Atmosphäre gefeiert und verflucht; die Welt der Bordelle und die der Mietskasernen. Da wurde auf »Arbeit« gereimt und im Refrain wiederholt, dass man keine fand, und alles voll Erinnerung an Früheres oder Erinnerung schlechthin; der Kampf, um im Alltag zu überleben, und der Messerheldenkampf zur Bestätigung von Männlichkeit; die Erfahrungen mit Gerichten und Gefängnissen; die Aufforderung zum Streik; politische Anarchie und die des Herzens. Nicht nur der Dieb sang, sondern auch der Knochensammler und der Straßenbahnkutscher. Da tanzte man zum letzten Rausch und war entschlossen, sich heute Abend zu besaufen. »Ich habe Angst«, lautete das Geständnis, aber auch »Ich bin nun mal so«, und sicher gab es für jeden »meine traurige Nacht«.

Von der *orilla*, vom Rand her, von den Vorstädten aus drang der Tango ins Zentrum vor, allmählich und auf Umwegen. Der Aufstieg vollzog sich in jeder Hinsicht und auf die verschiedenste Weise, nur schon, was das Milieu betraf. Die polnischen Zuhälter schlossen sich zu einer Großorganisation zusammen und belieferten die Provinzbordelle. Um auch am Ende unter sich zu sein, gründeten sie einen eigenen Friedhof, sodass Buenos Aires die einzige Stadt sein dürfte, welche einen Zuhälterfriedhof besitzt. Die französischen »*Macros*« hatten ihre Mädchen aus Frankreich mitgebracht; die Mädchen paradierten vor der französischen Botschaft, weshalb sie »Schildwachen« hießen.

Zu diesem Zeitpunkt hatte der Tango längst das zwielichtige Milieu der Illegalität hinter sich gelassen. Er wurde auch in Kaffeehäusern gespielt, die an besser beleumundeten Ecken und Straßen lagen. Er hatte von der Tanzdiele auf die Bühne übergewechselt. Er wurde im kreolischen Zirkus getanzt, und er wurde Bestandteil aller Variétés und Operetten. Selbst im Stummfilm kam er zu seinem Auftritt, obwohl da vom Tango nur noch Bewegungen blieben. Aber auch die Schallplatte tat das Ihre, damit sich der Tango nicht optisch, sondern, wie es ihm zukam, akustisch verbreitete. Der soziale Aufstieg zeigte sich auch in der Besetzung des Tangoorchesters. Ursprünglich hatten dazu Geige, Gitarre und *bandoneón* gehört, und wenn kein Trio, sondern ein Quartett aufspielte, kam die Querflöte dazu. Aber mit der Popularität des Tangos wurde auch das Klavier ein Tangoinstrument. Als sich 1920 das *orquesta típica* formierte, bestand dieses aus vier *bandoneones,* vier Geigen, einem Kontrabass, einem Klavier und einem Sänger oder einer Sängerin. Mit der instrumentalen Wandlung ging eine musikalische Hand in Hand. Auf die »alte Garde« folgte die »junge«. Der gesungene Tango gewann immer mehr an Beliebtheit, somit logischerweise Sängerinnen und Sänger. Als der Tango mit dem Jazz in Berührung kam, wirkte sich das auf seinen Rhythmus aus: Er besaß eine Musik, die sich nicht zuletzt dadurch behauptete, dass sie aufnehmen und aneignen konnte. In dem Maße, wie Sängerinnen und Sänger die Tangowelt bestimmten, gewannen auch die Texte an Bedeutung. Wenn sie anfangs mehr Tonträger gewesen waren, oft nur hingeschludert, wurden sie nun integrierender Bestandteil des Tangos, aufschlussreich für Mentalität und Gehalt.

Einer der berühmtesten Tangotexter war Enrique Santos Discépolo (1901–1951), Bühnenautor und Regisseur musikalischer Revuen. Er schrieb nicht nur, sondern komponierte auch. Er wurde der populärste Tangodichter: »Dass die Welt ein Saustall war und bleibt, das ist mir schon bekannt.« Wer über die Dreißigerjahre in Buenos Aires etwas wissen will, über dieses Jahrzehnt der Repression und der sozialen Misere, dem wird Discoplin, wie er im

Volksmund hieß, mit seinen Liedern Eindrückliches bieten. Wie engagiert seine Texte sind, mag man daraus ersehen, dass vor einigen Jahren die argentinischen Militärs seine Tangos im Radio verboten.

Unaufhaltsamer Aufstieg

Der Aufstieg des Tangos war nicht aufzuhalten, vor allem nicht der internationale. Der Tango löste in den Zwanzigerjahren in Paris eine eigentliche Manie aus, ausgerechnet in der Stadt, die als Maßstab für Geschmack und Mode galt und wonach sich die argentinische Oligarchie immer ausgerichtet hatte, die des Geldes so gut wie die des Intellekts. Argentinier wurden denn auch nicht müde, die Franzosen und die übrigen Europäer darauf hinzuweisen, dass der Tango sozial ganz unten angesiedelt und eine Angelegenheit der niedrigsten Kreise sei. Dabei war der Tango, der in Paris Triumphe feierte, bereits ein Tango im Frack.

In dem Maße jedenfalls, wie der Tango international Anerkennung fand, entargentinisierte er sich und vergaß er seine Herkunft. Er wurde zur Vorlage für Komponisten wie Igor Strawinsky, Paul Hindemith und Ernst Krenek; diese machten aus Vorstadtmusik, was wir E-Musik zu nennen pflegen. Und als Fred Astaire und Rita Hayworth in *You were never lovelier* (1942) Tango tanzten, war von ihm nur noch eine, wenn auch äußerst brillante Choreografie von Tanzschritten übrig geblieben.

Der Aufstieg des Tangos verkörperte sich in einem Mann, in Carlos Gardel, dem berühmtesten Tangosänger. Mit seiner Interpretation von *Mi noche triste* (Meine traurige Nacht) setzte er 1917 ein Datum. Nicht nur im Kabarett war er erfolgreich, sondern auch auf der Schallplatte und auf der Leinwand. Nicht nur Buenos Aires feierte ihn, sondern ganz Lateinamerika, und 1928 gelang ihm der

Durchbruch in Paris. Als er 1935, erst fünfundvierzig Jahre alt, bei einem Flugzeugunglück in Kolumbien umkam, starb ein Mann, aber kein Mythos. Aus dem »König des Tangos« wurde *El mudo* (Der Stumme). Gardel besaß nicht nur eine herrliche Stimme, er sah gut aus und war stets elegant aufgetreten. Er war nicht bloß ein Abgott, mit dem sich all die Fragen verbanden, die zu jedem Idol gehören: War er verheiratet? Trug er eine Brille? Welche Pomade benutzte er? War er Sozialist oder Spieler? Mit Gardel war der Tango zu einer Biografie gekommen, der Sohn einer französischen Büglerin, ein vaterloses Einwandererkind, hatte es geschafft.

Doch auch wenn der Tango von der Vorstadt ins Zentrum kam, bedeutete das noch lange nicht, dass er damit aus seiner Verachtung und Verunglimpfung herausgefunden hätte, die Urteile über ihn konnten und können nach wie vor recht widersprüchlich ausfallen. Ezequiel Martinez Estrada etwa hat 1933 mit seiner *Radiografía de la pampa* (Röntgenaufnahmen der Pampa) eine psychologische Deutung des Argentiniers versucht. In diesem Werk, das für das Selbstverständnis Argentiniens informativ bleibt, liest man über den Tango: »Tanz ohne Ausdruck, monoton, im stilisierten Rhythmus der Paarung. Er hat im Unterschied zu allen andern Tänzen keine Aussage, die die Sinne mit einer plastisch suggestiven Sprache anspricht oder als verwandte Bewegung Freude, Begeisterung, Bewunderung oder Sehnsucht im Zuschauer hervorruft. Er ist ein Tanz ohne Seele, für Automaten (…) Tanz des Pessimismus.«

Jorge Luis Borges hingegen hat mit seiner *História del tango* zwar nicht eine »Geschichte des Tangos« geschrieben, aber eine eigene Interpretation gegeben, die so lautet: »Musikalisch dürfte der Tango unbedeutend sein; seine einzige Bedeutung ist die, welche wir ihm verleihen. Die Überlegung ist richtig, wenn sie vielleicht auch auf alle Dinge anwendbar ist. Auf unseren persönlichen Tod, zum Beispiel, auf die Frau, die uns verschmäht. (…) Vielleicht ist die Sendung des Tangos folgende: den Argentiniern die Gewissheit zu geben, dass sie tapfer gewesen sind, dass sie die Forderungen des Mutes und der Ehre schon erfüllt haben.«

Wie auch immer die Urteile ausfielen und ausfallen, der Tango fordert Urteile ab. Er hat das zweite Kapitel Argentiniens eröffnet, und er hat es mit seiner Musik begleitet. Kein Dichter kam darum herum, auch seinen Tango zu schreiben, selbst wenn dieser nichts mehr mit Musik oder Tanz zu tun hatte. Bei jedem Schriftsteller findet sich eine Passage, in der vom Tango die Rede ist. Es gibt keinen Intellektuellen, der sich mit Argentinien befasst und dabei den Tango übergehen könnte.

Der Tango ist ein Stichwort, das jedem Argentinier zu einem Auftritt verhilft; wie dieser ausfällt, steht nicht von vornherein fest und ist nicht festgelegt. In dem Maße, wie der Tango sich entleerte, bot er Platz für neuen Inhalt. Einst sang der Tango am Rio de la Plata davon, wie schön es am Golf von Neapel ist, heute besingen andere Tangos im Exil, wie schön es am Rio de la Plata sein könnte.

Cartagena – ein Schauplatz des kolonialen Welttheaters

Das »schwarze« Kolumbien

1984

Kommt man mit dem Flugzeug nach Cartagena und nicht mit dem Schiff, wie es der Stadt stilistisch entspräche, wird man geografisch bestens ins Bild gesetzt. Cartagena ist auf eine Insel gebaut, die ihren Inselcharakter verloren hat. Brücken verbinden sie heute mit dem Festland, es wurde Boden aufgeschüttet. Aber Cartagena liegt nicht einfach an einer Küste, sondern mit einem Verwirrspiel von Landzungen und Halbinseln inmitten von Lagunen, Seen und Sümpfen.

Über noch etwas wird man gleich ins Bild gesetzt: über die Sozialgeografie. Aber von dem Cartagena, das man auf diese Weise zu Gesicht bekommt, nehmen die meisten Besucher nur im Flug Kenntnis.

Hinter dem Flughafen beginnt gegen Südosten eine Zone mit ausgedehnten Barackenvierteln. *Invasiones* nennt man auch hier solche Ansammlungen von Wellblechhütten und Notbehausungen. »Eindringlinge«, weil die Bewohner, ohne jeden Plan, den Umständen entsprechend, sich einrichten, gewöhnlich auf Terrain, das ihnen nicht gehört, die Hütten zum Teil auf Pfählen ins Schwemmland hinausgebaut, eine marginale Zone, wo die Kommunen Namen tragen wie »Weihnachten« oder »Hoffnung«.

Die Invasoren kommen aus dem Hinterland, zur Hauptsache aus der Provinz Bolívar; sie suchen in der Departementshauptstadt Auskommen und Arbeit. Die Zuwanderung hat dazu geführt, dass Cartagena heute über fünfhunderttausend Einwohner zählt; zweihunderttausend davon leben in Armenvierteln am Stadtrand. Zwar werden für deren Sanierung seit Jahrzehnten Projekte ausgearbeitet. Kommt ein Plan überhaupt zur Sprache, ist er gewöhnlich wegen neuer »Eindringlinge« überholt. Die Invasionen erstrecken sich heute bis zum Hügel von La Popa. Auf ihm liegt das Augustinerkloster Santa Cruz aus dem 18. Jahrhundert, eine der gewaltigsten Sakralbauten Südamerikas, weithin sichtbar, ein Wahrzeichen von Cartagena.

Seit 1977 werden mit Krediten der Weltbank und der Bundesregierung in Bogotá Sozialsiedlungen gebaut. Aber das Problem sind nicht nur Wohnungen, sondern Arbeitsplätze. Lediglich der Tourismus und der bescheidene Industriepark von Mamonal bieten Beschäftigung. Der Bürgermeister von Cartagena, der Alkalde Antonio Pretelt Emiliani, erklärte vor Kurzem: »Wir verschönern die Stadt nicht, indem wir einfach die Stadtmauern mit Scheinwerfern beleuchten.«

Von Stadtmauern aber ist unweigerlich die Rede, spricht man von Cartagena und spricht Cartagena von sich selbst. Die Stadt konnte im letzten Jahr ihren vierhundertfünfzigsten Geburtstag feiern; sie ist eine der ältesten, die von Europäern, das heißt von Spaniern, in der Hemisphäre gegründet wurden: *La bella villa amurallada*, »die schöne Stadt mit den Mauern«.

In der Tat, wenn Cartagena etwas zu bieten hat, sind es Stadtmauern. Noch immer imposant sind die Bovedas, die Arkaden, die einst als Unterstand, Wasserreservoir und Kaserne dienten. Die Wälle erstrecken sich über elf Kilometer. Gegen das offene Meer, die Karibik, hin sind sie mit ihren Balustraden, Toren und Wehrgängen völlig intakt geblieben, sodass man das einzigartige Bild einer kolonialen Befestigungsstadt vor Augen hat.

Innerhalb der Mauern befanden sich zwei Städte. Das eigentliche Cartagena mit dem Sitz des Gouverneurs, der Administration, den Residenzen des Adels, den Wohnhäusern der Beamten und den Werkstätten der Handwerker. Und außerhalb, in Getsemani, die zweite Stadt, wo die unteren Klassen wohnten. Die Mauer zwischen diesen beiden Städten wurde weitgehend abgerissen, nur ein Stück ist übrig geblieben, um das einstige Stadttor herum. Die *Puerta del Puente,* das »Brückentor«, ist zum »Turm der öffentlichen Uhr« geworden; dieser *Torre del Reloj* trennt nach wie vor zwei Städte.

Da ist die historische Stadt, die ihre spanischen Straßenzüge bewahrt hat. Vor dem einstigen Zollgebäude liegt eine der schönsten kolonialen Plazas. Das Kloster der heiligen Tereza dient heute der Polizei, und das frühere Augustinerkloster beherbergt die Universität. Das Haus des Marqués de Valdehoyos bietet ein Beispiel dafür, wie sich der Hochadel in den Kolonien einzurichten wusste.

Auf der andern Seite des Uhrenturms die andere Stadt. Auch hier koloniale Erinnerungen. Die Kirche vom Dritten Orden wurde ein Kino. Aber sonst baut im einstigen Getsemani das moderne Cartagena seine Wolkenkratzer. Während in der innern Stadt mit Geschäftsschluss Ruhe einkehrt, dauert hier mit den Straßenhändlern der Betrieb bis spät in die Tropennacht. Von der *Muelle de los Pegasos* geht der lokale Schiffsverkehr aus. An der *Bahia de las Animas,* an der »Seelenbucht«, das Kongressgebäude, wo nationale und internationale Tagungen stattfinden und jedes Jahr ein nationales Ereignis: die Wahl der kolumbianischen Schönheitskönigin.

So intakt sich die Stadt auf den ersten Blick ausnimmt, manches fiel der Zeit zum Opfer. Gezielt, wenn einst ein Bürgermeister meinte, es sei ein Zeichen der Moderne, die in spanischer Manier vorspringenden Fenster im Untergeschoss zurückzustutzen. Aber viele Bauten bekamen einfach das Klima zu spüren. Nachdem Cartagena von der UNESCO zum erhaltenswürdigen Patrimonium der Menschheit erklärt worden war, begann man sich bewusster und intensiver mit der Erhaltung zu befassen. So wird im Augenblick das barocke Portal des einstigen Inquisitionsgebäudes restauriert. Der Palast diente bereits als Museum; die Zellen, in denen während der Kolonialzeit über achthundert Häretiker eingesperrt waren, gehören wie die Folterwerkzeuge längst zum Sightseeing-Programm.

Der erste Eindruck bleibt der einer Stadt, die sich wehrt. Nicht nur mit Mauern, sondern auch mit Forts. Das von San Felipe umfasst mit seinen Tunnels und Geheimgängen den ganzen Hügel von San Lázaro. Diese Festung ist das eindrücklichste Beispiel jenes Verteidigungssystems, für das Cartagena bewundert wird.

Nun hatte Cartagena allen Grund, sich zu verteidigen.

Cartagena war vorerst einmal Ziel jener Schiffe, welche den Magdalena-Strom herunterkamen und aus den andinen Hochtälern Ware transportierten. Damit die Schiffe nicht aufs offene Meer hinaus mussten, wurde der Magdalena-Strom mit der Bucht von Cartagena durch einen Kanal verbunden, den Canal del Dique. Der Kolonialhandel erstreckte sich bis nach Quito, ins heutige Ecuador. Aber Provinzen wie Antioquia und Popayán besaßen nur zweitrangige wirtschaftliche Bedeutung, jedenfalls konnte Neu-Granada, wie Kolumbien hieß, nicht mit dem benachbarten Peru konkurrieren. Und doch wurde Cartagena auch für Peru wichtig. Das Silber und was sonst an Produkten aus Peru oder Oberperu (Bolivien) kam, wurde zu Schiff von Lima nach Panama an der Pazifikküste des Isthmus gebracht, von dort auf dem Landweg nach Portobello auf der Atlantikseite.

Auch Portobelo war eine schwer befestigte Stadt; den Dschungel im Rücken, besaß sie im Gegensatz zu Cartagena kein agrarisches Hinterland. Deswegen wurde die Ware nach Cartagena verfrachtet. Hier legten die »Galeones« an, welche einmal im Jahr zwischen Spanien und der Neuen Welt die karibische Südroute bedienten, hier wurden die Schiffe gewartet und verproviantiert, ausgerüstet

und beladen. Cartagena war Zentrum einer Provinz, Garnisons-
stadt, Anlaufhafen und Warenlager.

Ein solcher Stapelplatz bildete ein willkommenes Ziel für
Piraten. Der berühmteste Seeräuber, der Cartagena ausraubte, war
Francis Drake. Mit einer Mannschaft von zweitausend Leuten war
er 1568 angetreten. Er war ein Großpirat; im Dienste Elisabeths I.
von England stehend, wurde er für seine Verdienste um die Seeräuberei von Ihrer Majestät geadelt.

Um einer ähnlichen Plünderung und Demütigung, wie sie Drake
Cartagena und damit Spanien bereitet hatte, ein für alle Mal vor-
zubeugen, schickte Madrid seinen besten Militärarchitekten, Juan
Battista Antonelli. Von Natur aus gab es zwei Zugänge zur Bucht
von Cartagena, die kleine (Bocachica) und die große (Bocagrande).
Der Defensivplan lief darauf hinaus, die Zufahrt durch Bocagrande
zu verunmöglichen, vorerst durch einen Damm und später durch
eine Unterwassersperre; noch heute ist die Stelle für Ozeanschiffe
unpassierbar. Die Zufahrt durch Bocachica war leichter zu kontrollieren, zumal auf beiden Seiten Festungen gebaut wurden.

Von der defensiven Großanlage gewinnt man erst einen richtigen
Eindruck, wenn man von Cartagena aus die sieben Kilometer lange
Bucht nach Bocachica durchfährt. Dort liegt auch ein Fischerdorf, dessen Bewohner sich auf solche Besucher eingestellt haben,
als Souvenirhändler und Fremdenführer. Und im Wehrgraben des
Forts San Fernando warten Buben darauf, dass die Fremden Mün-
zen ins Wasser werfen, nach denen sie dann tauchen.

Aber Befestigungen taugen nur so viel wie der Abwehrwille der
Verteidiger. Der berühmteste war Don Blas de Lezo. Mit sechzehn
hatte er in der Schlacht von Gibraltar das linke Bein verloren; das
rechte Auge verlor er in der Schlacht von Toledo und in jener von
Barcelona den rechten Arm. Dieser Spanier bereitete den Engländern 1741 eine empfindliche Niederlage. Die Briten waren ihrer Sache so sicher gewesen, dass sie bereits eine Siegesmedaille hatten

prägen lassen. Da ihnen ein Gegner mit nur einem Auge, einem Arm und einem Bein nicht besiegungswürdig genug erschien, hatten sie ihm für die Darstellung auf der Münze, wo er vor den siegreichen Briten kniet, die verlorenen Glieder zurückgegeben.

Aber noch etwas hatte Cartagena geholfen: das Klima. Seeräuber, Söldner und Soldaten stammten gewöhnlich aus dem gemäßigten Europa, sie waren im Gegensatz zu den Spaniern nicht tropengewohnt. Angreifer und Belagerer fielen leicht Epidemien zum Opfer. Cartagena verdankt seinen Bestand nicht nur dem Abwehrwillen und den Befestigungen, sondern auch dem Gelbfieber, der Diarrhö und der Malaria.

Dieses Cartagena mit seinen Wehranlagen wurde, wie kaum eine zweite Stadt in der Karibik, eine Bühne für das koloniale Welttheater mit all seinen Figuren und der ganzen Komparserie.

Da war der Konquistador. Pedro de Heredia gründete 1553 »Cartagena del Poniente« (im Westen) oder »Cartagena de las Indias«, um es von dem in Spanien zu unterscheiden. Heredia war ein erfahrener Indianertöter, der auch an dieser Küste und in diesem Hinterland seine Fähigkeiten unter Beweis stellte, nur schon, was die Plünderung der Sinú betraf. Wie den meisten Konquistadoren warf auch ihm Madrid schlechte Verwaltung und Usurpation vor. Das Schiff, auf dem Heredia nach Spanien fuhr, um sich dort zu rechtfertigen, ging mit Fracht, Besatzung und Passagieren unter.

Und neben dem Konquistador die schöne Indianerin: Catalina, eine Häuptlingstochter, die von den Spaniern geraubt und in Santo Domingo großgezogen worden war. Sie begleitete den Eroberer, diente als Dolmetscherin und half bei dem, was man Befriedung nannte. Catalina ist für Kolumbien was Malinche für Mexiko: die Frau, die mit dem Sieger gemeinsame Sache macht, die Figur für eine *biographie romancée,* bei der es um die Liebe zum fremden Mann und um den Verrat am eigenen Volk geht.

Catalina steht heute auf einem Denkmalsockel; leicht geschürzt, die Stadt im Rücken; so hat sie der lokale Künstler und Kunstprofessor Eladio Gil dargestellt. Er hätte sie auch in spanischem Kostüm abbilden können, denn Catalina heiratete einen Neffen des Konquistadors, kam nach Spanien und wurde dank ihrer edlen Häuptlingsabstammung geadelt. Aber in spanischer Tracht hätte sie sich auf einem patriotischen Sockel nicht so gut ausgenommen wie fast nackt und mit einer Feder im Haar.

Die Statue wird *en miniature* von den Souvenirhändlern feilgeboten. Sie gab auch die Trophäe ab für das Filmfestival von Cartagena. 1960 zum ersten Mal durchgeführt, hat es sich im Lauf der Zeit einen immer schlechteren Ruf gemacht. Filme, die angefordert wurden, wurden nicht gezeigt oder verschwanden, und Rechnungen wurden nicht beglichen. Über die zukünftige Gestaltung des Festivals findet zurzeit eine Auseinandersetzung statt zwischen dem Gründungskomitee »Corporatión Festival internacional de cine Cartagena« und der staatlichen Focine; diese möchte, dass es wieder eine Auszeichnung wird, eine »Catalina« zu erhalten.

Der Konquistador, die schöne Indianerin und natürlich die Indios selber. Man kennt die Namen von Stämmen wie Turbaco und Yurbaco, und man weiß von ihnen, dass sie tapfer waren. Aber die indianischen Zivilisationen Kolumbiens blieben lange Zeit im Dunkel der Halbkenntnisse. Da die Spanier auf Azteken und Inkas gestoßen waren, hatten diese (zusammen mit den Mayas) vorerst das Interesse bestimmt. Erst später begann man von andern (und früheren) Indianerkulturen Kenntnis zu nehmen. Das gilt auch für die kolumbianischen Indios: Die Tairona bearbeiteten Quarz und Achat mit einer Technik, die noch heute nicht nachgemacht werden kann. Über die Tumaco ist man verhältnismäßig gut informiert dank ihren Abbildungen von Menschen, Tieren und Gottheiten, und die Quimbayos zählen zu den erstrangigen Goldkünstlern Südamerikas. Die Spanier waren ins kolumbianische Hochland vorgedrungen, weil sich mit diesem Territorium die Legende vom *El Dorado* verband.

Neben dem Konquistador, der schönen Indianerin und den Indios aber auch die nichtspanischen Europäer. Sei es, dass sie als Piraten in eigener Regie agierten oder in der Karibik ihre antispanische (das heißt antihabsburgische) Politik fortsetzten. Schon zehn Jahre nach der Gründung wurde Cartagena zum ersten Mal ausgeplündert, die zweihunderttausend Goldpesos, die der Franzose Robert Baal erpresste, hatte der Konquistador seinerseits den Indios abgenommen.

Die Eroberung der Küste und des Hinterlandes, die Etablierung von Cartagena, die Unterjochung der Indios und der europäische Konkurrenzkampf machten den kolonialen Schauplatz noch längst nicht komplett; das wurde er erst, als die dritte Rasse ins Spiel kam: die Schwarzen.

Kolumbiens Bevölkerung besteht heute zu nahezu dreißig Prozent aus »Dunkelhäutigen«, davon sind etwa drei bis vier Prozent Schwarze und der große Rest Mulatten. Spricht man – im Gegensatz zum indianischen – vom schwarzen Lateinamerika, wird man mit aller Selbstverständlichkeit Brasilien oder karibische Inseln wie Kuba oder Santo Domingo erwähnen; aber man müsste auch Kolumbien nennen. Sicherlich finden sich in jedem südamerikanischen Land schwarze Gruppierungen, selbst in einer so europäischen Stadt wie Montevideo; inmitten des indianischen Bolivien, in den Yungas, gibt es schwarze Enklaven und ebenso auf dem andinen Hochland von Ecuador. Dabei handelt es sich jedoch eher um punktuelle oder lokale Erscheinungen. In Kolumbien dagegen ist der Bevölkerungsanteil der Schwarzen und Mulatten mit seinen 27 Prozent größer als jener der Weißen.

Das »schwarze Kolumbien« ist sich seiner selbst erst in jüngster Zeit kulturell bewusst geworden. Es ist kein Zufall, dass die Initiative für die »Kongresse der schwarzen Kulturen Amerikas« von Kolumbien ausging und die Vorbereitungen zur ersten dieser Konferenzen 1976 in Cartagena stattfanden. Der kolumbianische

Arzt, Anthropologe und Schriftsteller Manuel Zapata Olivella hat eben einen Roman veröffentlicht, der gleichsam die Summe der schwarzen Erfahrung in der Neuen Welt darstellt, *Chango, el gran Putas.*

Bei »schwarzer Kultur« denkt man in Kolumbien in erster Linie an jene rhythmische Musik, die an der Pazifik- und der Atlantikküste geschaffen wird. Nun sind diese tropischen Küstenstreifen Regionen, in denen sich die Schwarzen vorzugsweise niedergelassen haben. Die Atlantikküste Kolumbiens ist ethnisch, ihrer Vitalität und Atmosphäre nach, den karibischen Inseln verwandter als dem indianischen und mestizischen Hochland. San Jacinto, gute hundert Kilometer von Cartagena entfernt, ist bekannt für die Herstellung von Trommeln, Kesselpauken und Bongos. Die karibische Musik ist bis spät in die Nacht hinein in Cartagena zu hören. Schließlich hat hier das schwarze Kolumbien auch begonnen. Cartagena wurde für Südamerika zum Einfuhrhafen für Sklaven. Portugiesische und andalusische Sklavenhändler brachten ihre Ware aus Angola, São Tomé oder den Kapverdischen Inseln auf Schiffen, die Särge hießen. Den Schwarzen, welche die Fahrt überstanden, wurde beim Ausladen mit einem Eisen ein Zeichen auf der Brust eingebrannt: die Quittung für den entrichteten Einfuhrzoll.

Damit entstand eine dreirassige Kolonialgesellschaft. Diese ermöglichte die verschiedensten Konstellationen. Schwarze konnten auf Seiten der Spanier gegen Indios kämpfen und diese wiederum aufseiten der Spanier gegen andere Europäer. Inmitten dieser Sklavengesellschaft gab es aber auch zwei, drei Jahrzehnte lang ein Stück Gewissen.

Pedro Claver, ein Jesuit, war 1610 auf einer Missionsreise nach Cartagena gekommen, wo er auch blieb. Statt in der Bekehrung der Indios sah er seine Aufgabe jedoch mehr und mehr in der Betreuung der Schwarzen. Es heißt, Claver habe am Fenster seiner Zelle Ausschau nach den Sklavenschiffen gehalten, um bei deren

Ankunft rechtzeitig im Hafen zu sein. Sein Kloster wurde eine Gedenkstätte und beherbergt heute ein bescheidenes Museumszimmer für das Kunsthandwerk der Schwarzen. Moderne Kritiker können vorbringen, Claver habe nicht das System bekämpft, sondern mit seiner Mildtätigkeit geholfen, es zu erhalten. Aber im Gegensatz zu seinen Zeitgenossen übte er eine Nächstenliebe, die trotz allem eine gewisse Linderung brachte, und sei es nur, dass er den arbeitsfreien Sonntag auch für Sklaven erwirkte.

Doch zu dieser Sklavengesellschaft gehörte nicht nur ein Stück Gewissen, sondern auch die Rebellion, nicht nur ein Pedro Claver, sondern auch ein Schwarzenführer wie Biohó aus Guinea-Bissau.

Spricht man von der Umgebung Cartagenas, wird man die Isla del Rosario erwähnen, ihr kristallklares Wasser und ihre Korallenbänke. Oder man wird die Isla de los Pajarales anführen, ein Naturschutzgebiet für Vögel, oder man wird ein Fischerdorf auf der Insel Tierra Bomba empfehlen. Aber man wird in den seltensten Fällen San Basilio nennen.

San Basilio liegt eine gute Autostunde von Cartagena entfernt. Ein Dorf, in dem nur Schwarze leben und wo sich afrikanische Überlieferung wie kaum anderswo an der kolumbianischen Küste erhalten hat, zum Beispiel in den »Kriegsspielen« der Mädchen oder den Todesriten. Hier wird auch ein Kreolisch gesprochen, das sehr stark durchsetzt ist von afrikanischem Dialekt.

San Basilio heißt genauer »San Basilio de Palenque«. »Palenque« war in Kolumbien der Ausdruck für ein Refugium, in das die entlaufenen Sklaven flüchteten. Auch zu Cartagena hatten »Palenques« gehört und die »Guerilla« entlaufener Sklaven. Ein Palenque, der den Spaniern trotzte und die Kolonialzeit überstand, ist der von San Basilio. Die amerikanische Anthropologin Nina S. de Friedemann hat das heutige Leben von San Basilio untersucht. *El Palenque* (Carlos Valencia Editore, 1979) ist nicht zuletzt dank den Fotos von Richard Cross ein vorzügliches Werk geworden, da sich textliche und bildliche Information aufs Selbstverständlichste verbinden. Der Palenque von San Basilio war, wie man heute zu sagen pflegt, »eines der ersten unabhängigen Territorien Südamerikas«. Auch für Cartagena kam die Befreiung. Während des Unabhängigkeitskrieges leisteten die spanischen Festungen nun für einmal einem Spanier Widerstand. General Murillo wusste, dass die Stadt nicht einzunehmen war, doch man konnte sie aushungern, und damit hatte er Erfolg. Aber auch wenn Cartagena von den Spaniern noch einmal zurückerobert wurde, die Unabhängigkeit war nicht mehr rückgängig zu machen.

Von Cartagena aus war der Befreier Simón Bolívar zu dem Feldzug aufgebrochen, der mit dem Sieg von Boyacá endete: der 7. August wird in Kolumbien heute als Nationaltag gefeiert. Als er Jahre später nach Cartagena zurückkehrte, war Bolívar ein geschlagener Mann. Er hatte als Präsident von Großkolumbien abgedankt und schiffte sich nach Europa ein, aber schon in Santa Marta musste der todkranke Befreier von Bord: »Es ist leichter, die Freiheit zu erlangen, als die Freiheit zu bewahren.«

Das koloniale Welttheater war zu Ende. Zurück blieben die gewaltigen Kulissen, vor denen sie alle aufgetreten waren: der Konquistador und die schöne Indianerin, die Indios und die schwarzen Sklaven, der Gouverneur und der Pirat, der Nothelfer, der Rebell und am Ende der enttäuschte Befreier.

Ciudad Heróica, so lautete der Ehrentitel, den Cartagena während des Unabhängigkeitskrieges erlangt hatte, »die heldenhafte Stadt«. Aber mit der Unabhängigkeit und Befreiung begann für Cartagena der Abstieg.

Eine andere Stadt an der nordkolumbischen Küste erlangte Bedeutung. Baranquilla wurde zum wichtigsten Karibikhafen und zugleich Verkehrsknotenpunkt für den Flugverkehr. Im Vergleich damit blieb Cartagena zurück. Es besitzt auch einen modernen Hafen, und in der Bucht sind die Kriegsschiffe der Marineschule zu sehen. Aber erst in den letzten beiden Jahrzehnten begann in Cartagena langsam die Industrialisierung. Einen Aufschwung verspricht es sich von der *zona franca,* die 1986 für Handel und Produktion eröffnet werden soll.

Was Cartagena in erster Linie besitzt, ist Geschichte, und es hat diese auch verwertet: Es wurde, auch dank seinen Stränden, zur erstrangigen Touristenstadt. In Bocagrande und in El Laguito entstanden neue Viertel mit Hotels und Sommervillen, mit Restaurants, Discos und Boutiquen. Und auf den Straßen bieten fliegende Händler ihre Schmuggelware feil, amerikanische Zigaretten und französische Parfums.

Cartagena gefällt sich in seiner Geschichte. Bezeichnenderweise handelt eines der populärsten Gedichte davon, dass man sich in Cartagena wohlfühlt wie in einem Paar alter Schuhe. Diese alten Schuhe, die der Lokaldichter Luis Carlos López besang, wurden, in Bronze gegossen, auf einen Denkmalsockel gestellt. Bequem und ausgelatscht sind diese Schuhe, aber sie haben nicht wie die Geschichte Löcher in den Sohlen.

Das paraguayische Erbe der Mestizen

Reise zu den Guaraní

1989

Geografisch war es eine Reise von einer brasilianischen Rand-
region durch die nordöstliche Provinz Argentiniens nach Paraguay.
Historisch war es eine Reise durch ein Kapitel der lateinamerikanischen Geschichte, das für sich steht, die Kolonialpolitik in gleicher Weise bestätigend wie korrigierend. Was als »Reduktionen«
(oder *doctrinae*) der Jesuiten berühmt wurde, erhielt im Lauf der
Zeit die widersprüchlichsten Bewertungen. Insofern hätte unsere
Reise auch eine durch die europäische Geistesgeschichte werden
können.

Montesquieu meinte, die Jesuiten hätten mit ihren Missionen
Wunden geheilt, welche die Konquista geschlagen hatte. Voltaire, der
in seinem *Candide* den Jesuitenstaat verspottete, sprach an anderer
Stelle von einem Triumph der Menschlichkeit. Überraschend, wie
Aufklärer, ob d'Alembert, Lessing oder Wieland, nicht unbedingt
Freunde der Jesuiten, Sympathien für das paraguayische Unterneh-
men zeigten. Schon ein erster Blick in die Bibliografie informiert
über Erwartungen: *Glückliches Christentum* (Ludovico Antonio
Muratori), *Entschwundenes Arkadien* (Cunningham Graham) oder
Paradies in Paraguay (G. K. Chesterton). An solche Stichworte
schließen sich neuere Publikationen an: *Der christliche Kommunismus in der Republik der Guaraní* des Schweizers Clovis Lugon,
Das verlorene Paradies des kanadischen Jesuitenpriesters Philip Ca-
raman, *Eine politische Utopie* des Brasilianers Arno Alvarez Kem.

Welche Faszination das Thema nach wie vor ausübt, bewies der Erfolg des in Cannes preisgekrönten Filmes *The Mission*. Was Ronald Joffe auf der Kinoleinwand darstellte, brachte seinerzeit Fritz Hochwälder auf die Bühne mit seinem Theaterstück *Das Heilige Experiment*, das in der ganzen Welt aufgeführt und hinterher auch noch am Zürcher Schauspielhaus gezeigt wurde.

Nun bieten sich für die Beurteilung die widersprüchlichsten Fakten und Dokumente an. Nur schon, was das »Wesen« der Indios betrifft. Es hatte schließlich eines päpstlichen Richtspruchs bedurft, damit die Indios zu dem kamen, was es zu retten galt: Seelen.

Antonio Montoya (1585–1652) schrieb von der *conquista espiritual*, die Missionierung wurde zu einer Eroberung mit andern Mitteln; doch dieser Jesuitenpater hat sich persönlich mit Entschiedenheit für die Rechte der Indios eingesetzt. Der Österreicher Antonio Sepp (1655–1733), der das Handwerk in den Missionen ausbaute und Musikschulen gründete, meinte in einem Brief, die Indios seien begabte Nachahmer, doch verfügten sie kaum über selbstständige Schöpferkraft. Sein Bericht bleibt dennoch ein hervorragendes Dokument, wie auch die *Geschichte der Abipones* von Martin Dobrizhoffer (1718–1791) ein anthropologischer Klassiker wurde.

Wer sich auf das Thema einlässt, kommt nicht ohne »insofern«, »anderseits« und »hingegen« aus. Da es nur Kollektivbesitz gab, konnte man von einer Vorwegnahme des Sozialismus reden oder von einer Spätform des Urchristentums. Doch war der Aufbau dieser Gesellschaft streng hierarchisch, es herrschte nicht nur in Glaubensdingen Orthodoxie. Insofern Theokratie. Doch konnte man auch von einer Republik reden, da die Indios alljährlich ihre Vertreter wählten; die demokratische Organisation des Alltags lag in ihren Händen und selbst ein Teil der Rechtsprechung. Doch trafen die Padres den letzten Entscheid. Insofern Bevormundung. In einer Zeit, in der für Gold Völker gemordet wurden, stellten

diese Reduktionen, die das Geld nicht kannten, eine Alternativge-
sellschaft dar.

Sosehr die Jesuiten, selber begabte und geniale Dilettanten, aus
den Indios Bauern, Handwerker und Kunsthandwerker machten,
es gibt kein einziges Beispiel dafür, dass einer der Indios in den
Orden aufgenommen worden wäre. Diese Zurückhaltung mag für
die erste Generation einleuchten. Doch es lebten in den Reduktionen eine dritte und eine vierte Generation. Man weiß von Guaraní,
die Katechismen verfassten. An der intellektuellen Fähigkeit und
der religiösen Bereitschaft konnte es nicht liegen. Zudem fanden
sich unter den Jesuitenpatern eine Reihe von Mestizen. Die Indios jedoch blieben auf ihre indianische Rolle reduziert. Es gab die
Schöpfer und die Geschöpfe. In dieser Konzeption war ein grund-
sätzlicheres Scheitern angelegt, als es die Zerstörung der Missionen
darstellte.

Bei alldem bleibt unbestritten, dass die Guaraní in diesen Reduktionen ein menschenwürdigeres Dasein führten als die Indios,
welche zu Zwangsarbeiten verpflichtet oder gejagt wurden oder gar
als Einsatz beim Würfelspiel zum Zug kamen. Die Reduktionen
ermöglichten nicht nur eine Existenz innerhalb einer eignen Gemeinschaft, sondern auch ein Familienleben. Selbst wenn man von
Indios weiß, die aus den Reduktionen in die Wälder flohen, es kam
in den über dreißig Reduktionen während hundertfünfzig Jahren
zu keinem einzigen Aufstand. Eine Rebellion wäre umso leichter
gewesen, als den drei- bis fünftausend Bewohnern einer Reduktion
gewöhnlich nur zwei Padres gegenüberstanden und die Indios zudem bewaffnet waren. Die Reduktionen besaßen eine schlagkräf-
tige Armee, die oft im Dienste der spanischen Krone kämpfte.

Nun hatten sich die Guaraní für solche Reduktionen schon deshalb geeignet, weil sie als Halbnomaden Ackerbau betrieben und
nicht wie andere Stämme als reine Jäger und Sammler lebten. Die
Indios, auf welche die Spanier stießen, waren alles andere als eine

homogene Gruppe, und sie bildeten in dieser Region Südamerikas auch nicht ein größeres Staatswesen. Es gab nach wie vor die Indios, die sich nicht »reduzieren« ließen, die sich ins Reduit der Wälder zurückzogen oder es auf die Konfrontation mit den Spaniern ankommen ließen. Es gab aber auch die Indios, die mit den Eroberern gegen ihre Erzfeinde paktierten. Die portugiesischen *bandeirantes,* die auf Indianerfang ausgingen, waren von Hilfstruppen der Tupi-Indianer begleitet; und es kämpften Indianer aufseiten der spanischen Armee, welche die Zwangsumsiedlung der Missionen vornehmen sollten.

Von einer heutigen Warte aus können die Reduktionen ein zusätzliches Interesse wecken, weil man in ihnen ein frühes Beispiel für das sehen mag, was wir »Entwicklungshilfe« nennen. Dass diese Entwicklungshilfe mit Missionierung verbunden war, ändert nichts an ihrer Aktualität. Der Dollar und der Rubel bauen auch nicht die gleichen Schulen und Straßen; unsere Kredite kommen nicht nur in den Bilanzen der Banken vor, sondern auch in den Buchhaltungen der Ideologien.

Die Reduktionen waren keine jesuitische Erfindung. Mit *reducciones* waren Kommunen oder einfach Dörfer gemeint, in denen die Indios zur größeren Kontrolle zusammengeführt werden sollten. Den Reduktionen in Paraguay waren solche in Peru beziehungsweise Bolivien vorangegangen. Es gab in Paraguay vor den Reduktionen der Jesuiten die der Franziskaner, des Konkurrenzordens. Caacupé, der populärste Wallfahrtsort Paraguays, geht auf eine Reduktion der Franziskaner zurück. Ebenso Yugaron, fünfzig Kilometer von Asunción entfernt. Dort befindet sich, allerdings in misslichem Zustand, eine der schönsten Kirchenbauten aus der Kolonialzeit; das einfache »franziskanische« Äußere kontrastiert mit der reichen Ausmalung der Kirche und den vergoldeten Barockschnitzereien im Innern.

Neu war die Konzeption, mit der die Jesuiten ihre Reduktionen entwarfen. Sie verwirklichten eine geschlossene Gesellschaft, zu der weder Spanier noch Mestizen Zutritt hatten. Für diese neue Gesellschaft knüpften die Jesuiten an Bestehendem an. Nicht nur, was die Katachese anging und die List der Theologie: Man machte aus dem indianischen Wettergott einen christlichen, der Pater trat an die Stelle der bisherigen Schamanen, die mythologische Vorstellung von einem »Land ohne Übel« wurde dem christlichen Paradies gleichgesetzt. Mit heutigen Terminologien gesprochen, betrieben die Jesuiten sanfte Akkulturation. Der Sozialismus in der Reduktion war eine Weiterführung des indianischen Kollektivismus. Es wurden Sitten, Gebräuche und Feste beibehalten. Der folgenreichste Entscheid aber galt der Sprache. Es wurde nicht Spanisch, sondern Guaraní gesprochen. Die Sprache, die man noch heute in Paraguay redet.

So ging die Reise nicht nur geografisch nach Paraguay und dort nach Asunción, in die Hauptstadt. Sondern sie führte auch aus der Geschichte in die Gegenwart, nicht zuletzt, weil nach wie vor die erschreckende Frage gilt: Wo findet der Indio seinen Platz?

Indianische Minorität und Lebensraum

Kaum ein Tag, ohne dass davon in den Medien die Rede wäre: Mbya sollen ihr Land räumen, ohne zu wissen, wo sie hinziehen sollen. Vertreter von Landtitelhaltern dringen bei den Yvy ein und brennen Hütten nieder. Für die Kinder der Tabo-Maskoy werden Kleider und Lebensmittel gesammelt. Holzfirmen bedrohen die Pai-Tavyterà. Sechzehn Indianer, Männer, Frauen und Kinder, gelangen auf ihrem Irrsuchen in die Stadt. Bereits siebenundzwanzigtausend Indios im Besitz eines Personalausweises. Es sind im Grunde immer die gleichen Nachrichten, und sie können sich über Monate hinziehen. Sind es nicht die Angaita, sind es die Chamacoco, sind es nicht die Mbya von Toro Piru, sind es die Mbya von Monday-mi. Sind es nicht die Firmen Carlos Casado S. A. oder Korombi S. A., sind es Record SRL oder Nueva Esperança.

Es geht bei diesen gleichen Nachrichten auch immer ums Gleiche: um Lebensraum, um Land.

Siebzigtausend Eingeborene führte der Zensus von 1981 an; allerdings weigerten sich manche Indianerstämme, sich statistisch erfassen zu lassen. Zwei bis drei Prozent dürfte die indianische Bevölkerung ausmachen. Man unterscheidet sie nach ihrer Sprachzugehörigkeit: Guaraní, Maskoy, Guaicuru, Zamuco und Mataco, von denen einige sich in Untergruppen aufteilen.

Um diese Indios hatten sich Öffentlichkeit und Staat lange nicht gekümmert. Wenn überhaupt, hatte man die Indios der Obhut der Kirche überantwortet. Es waren Anthropologen und Philanthropen, welche ein erstes Interesse für das Eigenleben der Indios bekundeten. Unter ihnen der Arzt Andrés Barbero. Er gehörte auch zu den Initianten der 1942 gegründeten »Associación Indigenista del Paraguay«. Nach ihm heißt das Museum in Asunción, das die bedeutendsten Sammlungen indianischer Kulturen Paraguays besitzt. Das Museum wird heute von Branislava Sušnik geleitet; sie zählt mit ihren Publikationen über die Indios zur Kolonialzeit und mit einem enzyklopädischen Werk über die Aborigines von heute zu den lateinamerikanischen Autoritäten.

Solange der *campo* (das Feld) den Paraguayern gehörte und die *selva* (der Wald) den Indios, kam es nur gelegentlich zu Zusammenstößen. Nun ist schon eine solche Unterscheidung seltsam; denn 1840 waren alle Eingeborenen zu freien Staatsbürgern erklärt worden. 1875 verloren sie fast alle ihr Land, weil sie nichts von einem legalen Anspruch und nichts von den entsprechenden Rechtsmitteln wussten, aber nicht zuletzt deswegen, weil es für ihr Denken und Empfinden so etwas wie Bodenbesitz nicht gibt. (»Der Indio ist der Boden selbst.«) So kommt es, dass Indios, die Generationen lang auf einem Terrain lebten, plötzlich mit der Tatsache konfrontiert werden, dass sie auf fremdem Boden wohnen.

Mit der Ausbreitung der einheimischen Latifundien, mit dem Zuzug von Neusiedlern, von Deutschen und Mennoniten und in jüngster Zeit von Japanern und Brasilianern, mit dem Aufkommen der Agroindustrie, der Erschließung des Landes durch internationale Firmen, dem Bohren nach Erdöl, dem Suchen nach Mineralien und dem systematischen Abholzen von Wäldern wurden die Indios immer mehr und zum Teil mit brutalsten Methoden zurückgedrängt oder landlos gemacht.

Der gute Indio ist nicht ein toter Indio, sondern einer, der nicht das Feld, aber die Wälder und die Hügel räumt.

1981 wurde das »Statut der Eingeborenen-Gemeinden« vom paraguayischen Parlament verabschiedet. Sein Ziel: »Die Erhaltung der sozialen und kulturellen Eigenart der Indios. Verbesserung ihrer wirtschaftlichen Bedingungen. Eine effektive Beteiligung an der nationalen Entwicklung. Ein garantierter Zugang zu den bestehenden Rechtsmitteln, um ihnen Landbesitz und Erwerbsmöglichkeiten zu garantieren, mit dem gleichen Recht wie allen andern Staatsbürgern.«

Dem Wortlaut nach ein Gesetz, das Notwendigkeiten erkennt und das den Indios unentgeltlich zu Land verhelfen soll, sei es durch Abgabe von Staatsboden oder durch Expropriation. Die Durchführung des Statuts wurde dem INDI (Instituto Paraguayo del Indígena) anvertraut. Die Bedenken, welche Organisationen anmeldeten, die sich mit Eingeborenenproblemen befassen, erwiesen sich als gerechtfertigt. In wichtigen Fällen stellte sich INDI nicht auf die Seite der Indios, sondern auf die der finanzkräftigeren Interessengruppen. Man fühlt sich an den brasilianischen »Indianer-Schutzdienst« erinnert, der sich am Ende, völlig korrumpiert, so wenig für die Indios einsetzte, dass er aufgelöst wurde.

1988 lebten in Westparaguay nach wie vor 43 Prozent der Indios auf Land, das ihnen nicht zugesichert ist. In Ostparaguay sind es noch immer 63 Prozent. Doch geht es nicht nur um Landzuweisung, sondern auch darum, genügend Boden zur Verfügung zu stellen und Land von einer Qualität, die eine Existenzgrundlage ermöglicht. Ein Argument gegen diese Landzuweisung zielt darauf hin, dass der Boden volkswirtschaftlich besser genutzt werden könnte, als dies die Indios tun. Die Situation ist jedenfalls so, dass ein Mitglied des »Equipo Nacional de Misiones« von der Gefahr eines nationalen Genozids spricht.

Diese »Missionsequipe«, 1972 gegründet, untersteht der paraguayischen Bischofskonferenz und gibt die Monatszeitschrift DIM *(Diálogo Indígena Misionero)* heraus, die schonungslos über alles berichtet, was mit Eingeborenenproblemen zu tun hat. Für diese Equipe stehen die Lebensrechte der Indios im Vordergrund und nicht die Missionierung und die Taufe. Allerdings liest man in der Broschüre »Integrale Evangelisierung und indianische Gemeinschaften« des Jesuitenpaters Antonio González Dorado, dass »erst das Christentum dem Indio die volle Erfüllung« bringt. Gegen eine solche, hinausgeschobene oder versteckte, Christianisierung hatten sich die Anthropologen an der Barbados-Konferenz 1971 gewehrt, die für eine Hilfe an die Eingeborenen eintraten, ohne jegliche missionarische Absicht. Vor diesem Dilemma aber steht nicht nur die katholische Kirche, sondern auch die protestantische. Die norwegische »Misión de Amistad« unterhält Projekte, die primär auf die Erhaltung indianischer Stammeskulturen ausgerichtet sind.

Nun ist das Wort »Missionierung« in Paraguay ein Reizwort geworden nach den Vorfällen um die »Nuevas Tribus«, eine amerikanische Missionsgesellschaft, die ihr Credo aus dem Fundamentalismus bezieht. Als diese 1986 getaufte Indios ausschickte, um heidnische Stammesbrüder mit Gewalt in die Mission zu bringen, kam es zu einem Gemetzel unter Ayoreo-Indianern. Wegen dieser skandalösen Vorfälle kamen die Nuevas Tribus vor eines der internationalen Russell-Gerichte und wurden aus der paraguayischen Dachgesellschaft ausgeschlossen, in der sich alle privaten Organisationen und Institute finden, die sich das Indioproblem zur Verpflichtung machen, neben Vertretern der beiden Kirchen auch die »Asociatión de Parcialidades Indigenas« oder die »Kommission für die Solidarität mit den indianischen Völkern«.

Die paraguayische Bischofskonferenz unterhält nicht nur eine Missionsequipe, sondern auch eine »Nationale Equipe der Sozialseelsorge«. Auch bei ihr geht es um Existenzbedingungen, aber diesmal nicht um die von Indios, sondern um die von Paraguayern. Auch hier geht es um Land, um die versprochene, aber nicht verwirklichte Landreform, um die dreihunderttausend Bauern, die landlos sind. In solchen Fragen konnte die Stroessner-Regierung prompter reagieren als bei den Indios, wie Ereignisse illustrieren, die dem Sturz des Diktators (oder dessen Ablösung) vorausgingen.

Wenn Radio Caritas zu einem Gespräch am runden Tisch über aktuelle politische Probleme einlud, verwehrte die Polizei den Zugang. Tags darauf reduzierte die staatliche Elektrizitätsgesellschaft ihre Stromlieferung, sodass Radio Caritas nicht mehr mit zehn Kilowatt senden konnte, sondern nur noch mit einem. Damit wurde aus einem »nationalen« Radio ein lokales. Caritas ist die Radiostation der Erzdiözese Asunción.

Einmal mehr äußerte der Erzbischof Kritik. Als im Dezember 1988 aus Anlass des Vierzig-Jahr-Jubiläums der UNO-Erklärung der Menschenrechte in Asunción ein »Marsch fürs Leben« durchgeführt wurde, sprengte die Polizei die friedliche Demonstration mit Knüppelgewalt und Tränengas. Das war der Moment, da der Erzbischof von Asunción erklärte, die Straße gehöre nicht der Polizei, sondern der Bevölkerung, und diese habe das Recht, auf der Straße ihre Meinung zu äußern.

Mit der Stromsperre war Caritas leiser geworden, verstummte aber nicht wie Radio Nanduti, das seit zwei Jahren nicht mehr sendet. Nach wie vor verteilte aber Radio Ñanduti »das silberne Mikrofon«. Die Auszeichnung war in diesem Winter an Mons. Anibal Maricevich gegangen, den Bischof von Concepción. Der Preis wurde von Cesar Baez Samego überreicht, einem Exredaktor der verbotenen Zeitung *El Pueblo*, der in Vertretung der zum Schweigen gebrachten Medien wie der Zeitung ABC-*Color* redete. In einer solchen Informationssituation kam einem Blättchen wie *Sendero* Bedeutung zu. Die Tageszeitungen *Hoy* und *Noticias* gehören Familien, die irgendwie dem Clan von Don Alfredo Stroessner nahestehen; am ehesten konnte *Ultima Hora* sich einen oppositionellen Spielraum erlauben. Mit Direktheit aber äußerte sich *Sendero*, eine seltsame Mischung von Erbaulichem und aktuell Kritischem. *Sendero* wird von der paraguayischen Bischofskonferenz herausgegeben und veröffentlichte auch ein Jahrbuch, in dem offen davon gesprochen wurde, wie sich das Verhältnis von Kirche und Staat zusehends verschlechtert hat: Verhaftung von Mitgliedern katholischer Laienorganisationen, Kleriker, die ständig Verunglimpfungen ausgesetzt sind, das Verbot von Prozessionen oder die Störung von Radiomessen.

Wie überraschend die Regierung reagieren konnte, erfuhr Pater Juan Antonio de la Vega, der im vergangenen Juli ausgewiesen wurde. Der Vorwurf lautete: Aufhetzung und Verdrehung der »Befreiungstheologie«. So Divergierendes auch unter diesem Begriff vorgetragen wird, schon die Tatsache, dass damit gemeint ist, die soziale Frage gehöre in den Verantwortungsbereich der Kirche, war für die Regierung Herausforderung genug.

Die Affäre um de la Vega weckte Verdacht, es könnte zu einer neuen Ausweisungswelle kommen wie 1976. Damals war das Jesuitenkollegium in Asunción mehrfach von der Polizei gestürmt worden. Eine Reihe von Jesuiten, vor allem der jungen Garde, waren des Landes verwiesen worden; sie hatten mit Bauernligen zusammengearbeitet, deren Führer ihrerseits eingesperrt wurden.

Ausgewiesen wurden nicht nur Priester oder Ordensleute, auch Politiker und Journalisten, Anthropologen und Schriftsteller – nur, bei den Jesuiten hat die Ausweisung Tradition.

Die Rückkehr

Nach fast hundertsechzigjähriger Abwesenheit sind die Jesuiten 1926 nach Paraguay zurückgekehrt. Als besessene Pädagogen nahmen sie sich der Erziehung an. Sie gründeten das Kollegium »Cristo Rey« und ein Technikum. Ihnen untersteht heute das einzige Priesterseminar des Landes, das Seminario Mayor del Paraguay. Jesuiten zählten zu den Initianten der 1960 gegründeten Katholischen Universität. Sie betreuen nach wie vor ein »Zentrum für paraguayische Studien«, auch wenn dieses unter der Repression Zurückhaltung übte. Doch erschien ungehindert *Acción,* eine »Monatszeitschrift der Reflexion und des Dialogs«; in ihr konnten zeitweilig Exilschriftsteller wie Augusto Roa Bastos und Rubén Bareiro Saguier publizieren.

Die Rückkehr war aber auch eine Rückkehr zur eigenen Geschichte: sei es, dass die Jesuiten sich um die Restaurierung der Missionen und um deren künstlerisches Erbe bemühen, sei es, dass sie den fünftausendseitigen Nachlass des Missionskomponisten Domenico Zipoli bearbeiten.

Es war auch eine Rückkehr zur Sprache der Jesuitenmissionen, zum Guaraní. Antonio Guasch verfasste, in Jesuitentradition, ein heute in revidierter Fassung vorliegendes Wörterbuch Spanisch-Guaraní. Er gründete ein Institut, in dem Guaraní unterrichtet wird. Man kann darin eine Weiterführung jener Lehrtätigkeit sehen, als die Jesuiten zur Missionszeit an der Universität von Córdoba (Argentinien) einen Lehrstuhl für diese Indiosprache unterhielten. Es ist wohl kein Zufall, dass einer der kompetentesten Kenner des

Guaraní ein Jesuitenpater ist. Bartomeu Meliá hat nicht nur Lehr-
bücher und Grammatiken verfasst, sondern auch ein Standardwerk
wie *Das Guaraní,* eine ethnologische Bibliografie. Dieser Sprach-
wissenschafter, der auch als Anthropologe und Soziologe arbeitete
(ob er über »eine Nation, zwei Kulturen« schreibt oder über das
Spanische als »dominierende« und das Guaraní als »dominierte«
Sprache), befasste sich auch mit der aktuellen Kultur- und Minori-
tätenpolitik, was dazu führte, dass er vorübergehend des Landes
verwiesen wurde.

Sicherlich war die Sprachpolitik in den Missionen ein Teil der
Machtpolitik; auf diese Weise entzogen die Jesuiten die Guaraní-
Indios dem Einfluss der Spanier. Aber mit dieser Sprachpolitik
trugen die Jesuiten dazu bei, dass eine Indianersprache am Leben
blieb. Zwar verfasste ein Franziskaner wie Luis Bolanos die erste
Guaraní-Grammatik und die entsprechenden Wörter- und Lehr-
bücher. Aber es waren die Jesuiten, welche das Guaraní nicht nur
für die Evangelisierung benutzten, sondern aus ihm die kulturelle
Grundlage für politische Gemeinschaften machten. In der Mission
von Loreto (im heutigen Argentinien) befand sich die erste Dru-
ckerei im Rio-de-la-Plata-Gebiet; hier wurden Werke in Guaraní
veröffentlicht. Mit den Jesuiten ist das Guaraní aus einer gespro-
chenen Sprache zu einer geschriebenen geworden. Das Guaraní der
Missionen war eine Kunstsprache, dialektale Unterschiede glät-
tend, eine *lingua franca.* Es musste ein neues Vokabular geschaffen werden für Dinge und Tätigkeiten, die es bis anhin nicht gab:
»lesen« hieß »etwas zum Sprechen bringen«, und ein »Brief« wurde
eine »redende Zeichnung«.

Die Rückkehr nach Paraguay war auch die Rückkehr zu einer
Sprache, die ihr Volk überlebt hat.

Die beiden Kulturen

Paraguay ist ein zweisprachiges Land. Es haben sich auch in den Andenstaaten, in Zentralamerika und Mexiko indianische Sprachen erhalten. Peru und Bolivien haben Quechua und Aymara zu nationalen Sprachen erklärt. Aber es gibt kein südamerikanisches Land, in dem mit gleicher Selbstverständlichkeit und mit so hohem Prozentsatz neben dem Spanischen eine Indiosprache geredet wird. Auch wenn die Zahlen variieren, es dürften bloß fünf Prozent rein Spanisch sprechend sein, gegen neunzig Prozent beherrschen beide Sprachen in irgendeiner Weise. Und gut die Hälfte der Bevölkerung redet nur Guaraní.

Die Geschichte Paraguays ist zugleich die Geschichte des Guaraní. Nach der Ausweisung der Jesuiten drängte der damalige Gouverneur von Buenos Aires auf eine Hispanisierung der Indios. Doktor Gaspar Rodríguez de Francia, der erste Diktator Paraguays, riegelte sein Land völlig ab; damit erzielte er auch eine Festigung der einheimischen Sprache. Als sein Nachfolger Carlos Antonio López das Land öffnete, verstärkte sich, vor allem wegen des Einflusses von Argentinien, das Spanische. Während des Drei-Allianzen-Kriegs von Paraguay gegen Argentinien, Brasilien und Uruguay erfuhr das Guaraní eine nationale Aufwertung. Die neuerliche Öffnung bedeutete einen erneuten Trend zur Hispanisierung bis zu dem Punkt, dass in den Schulen bestraft wurde, wer Guaraní redete. Im Chaco-Krieg (1932–1935) waren die Soldaten angehalten, Guaraní zu sprechen, damit der bolivianische Feind nicht mithörte.

Nun stehen sich aber nicht einfach Spanisch und Guaraní gegenüber. Da gibt es das Spanische, wie es die Königliche Akademie in Madrid vorschreibt; in dieses Spanisch sind Ausdrücke aus dem Guaraní für Tiere und Pflanzen aufgenommen worden wie Ananas, Jaguar, Mandioka, Tapir oder Tapioka. Neben diesem »reinen«

Spanisch gibt es das »paraguayische Spanisch«, das schon seit der Kolonialzeit von »Guaranismen« durchsetzt ist. Aber es gibt auch kein »reines« Guaraní; bezeichnend, dass das Substantiv »Señor« das Eigenschaftswort für »mächtig« wurde. Der spanische Anteil im Guaraní ist so hoch, dass man von einer verballhornten und verarmten Sprache redet. Doch findet zwischen diesem Guaraní und dem Spanischen erst noch das »Jopara« Platz, eine Mischung aus Spanisch und Guaraní, sodass die These aufgestellt wurde, in Paraguay entwickle sich eine neue, eigne, dritte Sprache.

Bemerkenswert sind auch die soziologischen Kriterien, nach denen die eine oder andere Sprache zur Anwendung kommt. Die Sprachwahl kann entsprechend der sozialen Situation getroffen werden: ob man sich auf spanisch mit einem Vorgesetzten unterhält oder in Guaraní mit jemand Gleichgestelltem oder Untergebenem redet.

Sosehr aber das Guaraní, auch in offiziellen Reden, unabdingbar zum Selbstverständnis Paraguays gehört, die schulische Erziehung ist auf Hispanisierung ausgerichtet. Es wird nicht in Guaraní alphabetisiert, das Guaraní dient in den unteren Klassen zum Erklären. Dieses Schulsystem ist eine Benachteiligung der Guaraní redenden Kinder. Es gibt auch keine Tageszeitung in Guaraní; doch eine Zeitung wie *Hoy* oder die Wochenzeitung *Sendero* haben ihre regelmäßigen Guaraní-Seiten. Sie bringen gewöhnlich Gedichte oder Prosatexte. Das Guaraní lebt gedruckt nicht zuletzt als Literatursprache. Eine Erklärung für das Überleben des Guaraní bietet die Rassenmischung. In Paraguay machen die Mestizen über neunzig Prozent aus. In allen indianischen Ländern Lateinamerikas kam es zur Rassenmischung. Madrid hatte anfänglich eine Mestizenpolitik propagiert. Diese Zeit hielt in Paraguay länger an. Man lag hier im Abseits. Noch heute, wenn der Fluss Paraguay nicht genügend Wasser führt, muss der Verkehr mit dem Norden eingestellt werden und kann es zu Engpässen beim Treibstoffimport kommen. Paraguay lag als Binnenland nicht nur im Abseits, sondern es war auch wirtschaftlich nicht interessant, da es keine Minen besaß. Die spanische Agrargesellschaft war lange eine solche von Männern. Die Polygamie der Spanier konnte als Pendant zur indianischen Polygamie genommen werden. Während der Diktatur von Francia, als in andern lateinamerikanischen Ländern ein europäischer Zustrom einsetzte, war die Heirat mit Fremden verboten.

Man denkt im Vergleich an Mexiko, das ebenfalls ein Mestizenland ist. Dort aber kam es nicht zu einer gleichen Präsenz einer Indianersprache. An der Blutmischung allein kann es nicht liegen. Octavio Paz hat in seinem Essay *Labyrinth der Einsamkeit* von der mexikanischen Tragik gesprochen: vom zerstörerischen Vater, dem Spanier, und der bewahrenden Mutter, der Indianerin. Diese Indianerin spielte in Paraguay eine stärkere Rolle. Obgleich vergewaltigt und ausgebeutet, gab sie ihre Sprache, das Guaraní, den Kindern weiter. So kann man nicht von einer paraguayischen Tragik reden, sondern von einer paraguayischen Melancholie. Und diese findet ihren ergreifenden Ausdruck in der Musik: dem Lied, gesungen in Guaraní, der Sprache der Mutter, vorgetragen mit den Instrumenten des Vaters, der Harfe und der Gitarre.

Und diese Melancholie hat auch ihr parodistisches Moment. In den Straßen von Asunción sind Indios anzutreffen, Maskoys, die Federschmuck, Flechtwerk, Kettchen, Pfeil und Bogen anbieten. Ähnlichem kann man auch um und in nordamerikanischen Reservaten begegnen. Aber hier bieten die Indios ihre Ware nicht nur Weißen, sondern ihren mestizischen Landsleuten an, und sie tragen die gleichen Jeans und Hemden wie die potenziellen Käufer. Wenn der Indio zur Werbung sich den Federschmuck aufsetzt und wenn dieser Federschmuck vom Indiokopf auf den Mestizenkopf wechselt und wenn die Kinder der Indios die Kinder der Mestizen mit Pfeil und Bogen ausstatten, ist das der Moment, in dem sich Indio und Mestize in jenen gemeinsamen Vorfahren zurückverwandeln, der da war, als es noch kein Wort wie Indio gab.

Über die Schwierigkeit, Puertoricaner zu sein

1979

Dass ein Puertoricaner Puertoricaner heißt, ist nicht selbstverständlich. 1898 war Puerto Rico nach einem halben Jahr Autonomie zu den USA gekommen, als Dreingabe für »entstandenen Schaden« im spanisch-amerikanischen Krieg. Die Militärgouverneure, die hierhergeschickt wurden, hatten mit der Aussprache etwelche Mühe. Als neue Herren verfügten sie auch über Diktion und Orthografie. Porto Rico wäre ihnen leichter über die Zunge gegangen. Aber die Bewohner der Insel hingen mehr an ihrer spanischen Sprache und Überlieferung, als die angelsächsischen Prokonsuln meinten. So ist Puerto Rico nicht Porto Rico geworden, sondern Puerto Rico geblieben.

Nun hatte man in dieser Region schon immer Probleme mit den Namen. Die Antilleninsel Puerto Rico liegt in einem geografischen Raum, der auch Westindien heißt, und dies nur, weil ein europäischer Entdecker wie Kolumbus meinte, er sei im Westen Indiens gelandet, weswegen die Bewohner dieser Region zu Bewohnern Indiens, das heißt zu Indios wurden. Und die Indios, welche auf der Insel lebten, welche die Spanier dann Puerto Rico nannten, wurden als Taíno bezeichnet. Sie hießen zwar anders. Doch als die Inselbewohner die Spanier an die Küste heransegeln sahen, riefen sie so etwas wie: »Taíno, taíno.« Das war ein Ausdruck der Verwunderung. Doch die Spanier waren überzeugt, die Ureinwohner würden in bester europäischer Manier eine Art orale Visitenkarte abgeben; so tauften die Spanier, die auch sonst großzügig im Taufen waren, die Indios Taíno. Diese Indianer hatten die Spanier zunächst freundschaftlich empfangen und mit ihnen Blutsbrüderschaft geschlossen: Zum Zeremoniell gehörte auch, dass man die Namen austauschte. Aber die Indios merkten bald, dass die Fremden nicht als Freunde und nicht als Besucher gekommen waren, sondern als rechtmäßige Gläubige und orthodoxe Eroberer. Sie zögerten lange mit dem Widerstand, bis sie sich zu einem Test entschlossen; wie der sich abspielte, kann man bei einem puertoricanischen Anthropologen wie Ricardo E. Alegría nachlesen:

Der naive Glauben, dass die Spanier unsterblich sind, hielt die Indianer lange davon ab, zu den Waffen zu greifen. Endlich, in völliger Verzweiflung, entschlossen sie sich, die Unsterblichkeit der Spanier zu prüfen. Ein alter Häuptling, Urayoán, dessen Dorf an der Westküste, nahe beim Guaorabo-Fluss, lag, war willens, dies zu tun. Eine Gelegenheit dazu bot sich, als Diego Salcedo, ein junger Spanier, durch die Gegend reiste; dieser bat den Häuptling, ihm mit ein paar Indianern behilflich zu sein, das Gepäck über den Fluss zu bringen. Urayoán willigte ein, doch sprach er sich heimlich mit einigen seiner Leute ab. Als diese den Fluss erreichten, war der ahnungslose Spanier bereit, sich hinübertragen zu lassen. Als sie zur tiefsten Stelle kamen, tauchten sie den Spanier unter Wasser und hielten ihn während Stunden unten. Dann brachten sie ihn ans Ufer. Noch immer in Furcht, er könnte leben, baten sie ihn um Verzeihung. Aber nachdem sie ihn einen Tag lang beobachtet hatten, schwanden alle Zweifel darüber, dass er tot sei. Sie eilten zum Häuptling und überbrachten ihm die Nachricht. Endlich hatten die Indianer die Gewissheit, dass die Spanier sterblich waren wie sie selber.

Sicherlich, die Spanier waren sterblich wie die Indios. Aber die Spanier hatten die besseren Waffen, und unter Sterblichen pflegen die unsterblicher zu sein, welche die besseren Waffen haben.

Die Taíno wurden ausgerottet. Geblieben ist eine Kultstätte wie

die in der Nähe von Utuado, ein Zeremonienpark, wo rituelle Ball-
spiele abgehalten wurden. Geblieben sind Plastiken von Göttern
und Keramiken. Lebendig geblieben ist ein Musikinstrument wie
der Güiro, eine getrocknete Gurke als Kratzinstrument, das man
heute in jeder puertoricanischen Musikformation findet. Und geblieben ist der Name der Insel Borinquen.

Die Puertoricaner heißen demnach auch Borinqueños oder Boricua: »Bewohner der Insel des mächtigen Herrn«. Nur, dass der
mächtige Herr nicht mehr im Regenurwald auf dem heiligen Berg
Yunque sitzt, sondern in Washington. Und es gibt nicht mehr einen
Gott der Liebe und des Bösen, sondern einen einzigen Präsidenten
der USA. Und er heißt weder Yuquiyu noch Juracau, sondern er
trug und trägt verschiedene Namen wie Taft und Roosevelt, wie
Truman und Eisenhower, wie Kennedy, Ford, Nixon oder Carter.
Selbstverständlich und nicht ohne Stolz bezeichnen sich die
Puertoricaner in ihren Zeitungen und Büchern als Boriqueños oder
Boricua. Unter diesen Namen sind sie aber höchstens noch in Santo
Domingo oder Kuba bekannt. Nun besitzt Puerto Rico mit sei-
nen Nachbarinseln eine gemeinsame Vergangenheit. Die Inseln der
Großen Antillen sind nicht nur von den Spaniern erobert worden,
sondern auch spanisch geblieben. Zwar hat sich die Geschichte für
die drei Inseln völlig verschieden entwickelt. Aber es sah einmal so
aus, als könnten mindestens Kuba und Puerto Rico den gleichen
Weg einschlagen.
Als Kubaner im letzten Drittel des vergangenen Jahrhunderts
den Widerstand gegen die Kolonialmacht Spanien organisier-
ten, nahmen viele Puertoricaner daran teil, auch eine patriotische
Dichterin wie Lola Rodríguez de Tió. Ihr Gedicht *La Borinqueña*
(das Mädchen von der Insel Borinquen) ist so etwas wie die heimliche Nationalhymne der Puertoricaner geworden. Von dieser Frau
stammen die berühmten Verse:

»Kuba und Puerto Rico sind die Flügel des einen Vogels, ihrem Herzen gilt die gleiche Blume und die gleiche Kugel.«
Aber es gibt auch ein anderes, nicht minder berühmtes Zitat. Nicht Verse, sondern ein Statement. Es stammt von Monroe, jenem Präsidenten der USA, der erklärte: »Amerika den Amerikanern«, was dann ausgelegt werden konnte als »Amerika den USA«. Monroe schrieb 1822:
»Kuba und Puerto Rico sind die natürlichen Anhängsel der Vereinigten Staaten.«
Was die natürliche Lage von Puerto Rico betrifft, liegt Miami 1700 Kilometer entfernt und Caracas, die Hauptstadt von Venezuela, nur 800. Der Natur nach gehörte Puerto Rico eher zum südamerikanischen Festland als zum nordamerikanischen. Wenn im puertoricanischen Fernsehen regelmäßig über das Wetter in New York berichtet wird, spielt sich dieses 2600 Kilometer entfernt ab, während das Wetter in Havanna nur 1000 Kilometer weit weg wäre.

Nicht die Natur, sondern die Politik machte, dass Puerto Rico heute ein Territorium der USA ist. Und wenn Puerto Rico ein spanischsprachiges Territorium geblieben ist und dies immer bewusster ist, hat auch das wenig mit Natur zu tun, dafür viel mit politischem Verhalten.

Als die USA Spanien als Kolonialmacht ablösten, wollten sie die Insel auch kulturell integrieren, das heißt amerikanisieren. Den USA kommt das Verdienst zu, Schulen gebaut zu haben und ernsthaft an ein Unterrichtswesen herangegangen zu sein. Unter ihnen wurde die Universität in San Juan, der Hauptstadt Puerto Ricos, gegründet. Und es waren auch die Amerikaner, welche die renommierte »Schule für Tropenmedizin« auftaten.

Die Amerikanisierung sollte dadurch vollzogen werden, dass man einzig Englisch als Schulsprache zuließ. Aber der Widerstand war zu groß. Es blieb nur eine Kombination beider Sprachen übrig, wobei man sich so entschied, dass auf den unteren Stufen spanisch und auf den höheren englisch unterrichtet wurde. Aber ein Großteil der Puertoricaner kam gar nie in die Oberstufe. Die USA mussten ihr Programm der Anglisierung aufgeben. Was sie anstreben konnten, war im besten Fall Zweisprachigkeit. Das Sprachproblem ist jedenfalls das erstrangige Kulturpolitikum geblieben, und es ist dies noch mehr geworden, als sich immer mehr Puertoricaner auf dem Festland, in den eigentlichen USA, niederließen.

Es ist bezeichnend, dass die Puertoricaner in den USA wegen ihrer Sprache zu ihrem Schimpfwort kamen. *»Spic«* lautet die verächtliche Bezeichnung. Dieses *»Spic«* ist eine Abkürzung für *»Spigotty«;* damit wurden jene Puertoricaner bezeichnet, welche die Amerikaner mit dem Satz begrüßten *»I do spik de English.«* Ein *»Spic«,* das ist eben einer, der nicht richtig Englisch kann, und damit auch einer, der ein bisschen minderbemittelt ist und der auf alle Fälle nicht ganz dazugehört. Wenn *»Nigger«* als Schimpfwort auf rassischen Gegebenheiten beruht, ist *»Spic«* eines, dessen Prämissen mit kultureller Prägung zu tun haben.

Die Zweisprachigkeit oder die Zugehörigkeit zu zwei Kulturen ist eine Mystifikation. Sie hört sich zwar als kulturpolitisches Programm auf internationaler Ebene gut an: Puerto Rico als Beispiel dafür, wie sich das angelsächsische und das lateinische Amerika treffen, und dies gleichsam unter der Schirmherrschaft der USA. Das war vor allem eine Devise, nachdem Castro in Kuba gesiegt hatte und die USA aus Puerto Rico einen »Schaukasten der Demokratie« für die andern lateinamerikanischen Staaten machen wollten.

Aber es ist keine zweisprachige Kultur entstanden. Mit Ausnahme einer kleinen Elite ist der Puertoricaner nicht zweisprachig, sondern im besten Falle einer, der die eine Sprache beherrscht und sich in der andern für den Alltag ausdrücken kann. Aber unter Umständen nicht einmal dies. Unter Umständen mischt er beides so,

dass er weder die eine noch die andere Sprache beherrscht; er redet
Spanglish; man hat sich schon überlegt, ob man dieses *Spanglish*
nicht als eine neue Sprache, nämlich als eine Art Kreolisch betrachten soll.

Ticket please
  Me recuerda ese señor
  a Dick Tracy
  a Trucutu
  (alleyoop auf Englisch)
  No smoking señor
  Ist dieser Platz noch frei?
  Nein. Bitte.
  Danke.
  Sind Sie von drüben?
  Nein, Sir, von New York.
  Aber Sie schauen aus wie ein
  Puertoricaner.
  Ich bin nicht, ich bin nicht geboren
  in New York,
  nicht geboren in New York.
  Nicht rauchen, bitte.
  Mein Name ist Raúl.
  Aus Puerto Rico.
  Jiahh, und jetzt aus Nü Joork.
  Serr gutt, señor.
  Amerikaner. Sie schauen aus wie ein
  Amerikaner,
  blond,
  gar nicht wie ein Puertoricaner.
  Mein Freund ist ein großer Mann.
  Ein neuer Mann. Ein Neo Rican.

Ein großer Mann, mein Freund.
Ein Jetliner-Mann.

Dieser Passus aus dem Gedichtzyklus *Jet Neoriqueño / Neo Rican Jetliner* von Jaime Carrero ist ein Beispiel für die zweisprachige Literatur der Puertoricaner. In diesem Gedichtband dürfte auch zum ersten Mal in der Literatur der Begriff »Neo Rican« vorgekommen sein, wobei schon der »Schauplatz« dieser »Konversation in freien Versen« typisch ist: das Flugzeug zwischen San Juan und New York, das nun allerdings Nueva Yorque heißt.

»Neo Rican«, das ist die Bezeichnung, zu der ein Puertoricaner kommt, wenn er sich auf dem Festland, das heißt in den USA, niederlässt oder wenn er sich dort für längere Zeit aufgehalten hat. Es ist ein Ausdruck, den die Puertoricaner der Insel selber nicht ohne einen gewissen Unterton benutzen. »Neo Ricans« sind amerikanisierte Puertoricaner. Über sie haben sich die Insel-Puertoricaner schon immer lustig gemacht. »Pitiyanquis« hatte man jene genannt, die nur allzu rasch bereit waren, von einem Juan zu einem John zu werden, und die, wie es hieß, die Avocados mit dem Löffel aßen. Der »Pitiyanqui«, als Ausdruck Anfang dieses Jahrhunderts kreiert, ist eine Kategorie des puertoricanischen Bewusstseins geblieben. Auf ihn spielt der 1946 geborene Dichter und Liedersänger Roy Brown an, der mit seiner Schallplatte *Yo protesto* (Ich protestiere) 1970 seinen großen Erfolg erlebte.

Alte Festungen der Boriquen,
  Ich kam her, um zu singen:
  Von diesem Mann, der Geld borgte
  auf alles, was er hatte,
  selbst auf sein Hemd, nur um seine Seele zu verkaufen,
  einem Gringo mit einem Revolver.
  Simplicio denkt,

er ist ein großer Mann,
seitdem die Yankees kamen.

»Neo Rican« aber braucht nicht unbedingt einen verächtlichen Unterton einzuschließen. Der »Neo Rican« könnte auch bloß Rican genannt werden oder Puertorican oder Puertorican-American oder Nuevo-Yorrican, und dies dann, wenn er in New York lebte oder lebt.

Wie viele Puertoricaner in den USA leben, ist nicht auszumachen. Die Schätzungen gehen bis zu zwei Millionen. Nun sind exakte Zahlen gar nicht möglich: einmal, weil es ein ständiges Fluktuieren gibt zwischen der Insel und dem Festland. Zudem Aufenthalte, die nur längere Besuche sind. Ferner lässt sich eine Rückwanderung feststellen, seitdem die USA ihre Wirtschaftsrezession zu verzeichnen haben. Grob gesagt, dürfte etwa ein Drittel der Puertoricaner in den USA leben; demnach ständen einer Bevölkerung von 3,2 Millionen auf der Insel 1,6 Millionen »Einwanderer« auf dem Festland gegenüber.

Die meisten Puertoricaner leben in New York. Aber es wird oft übersehen, dass sich vierzig Prozent der zugewanderten Puertoricaner außerhalb von New York niedergelassen haben: in New Jersey, in den New-England-Staaten und in Chicago. Als sich Ende der Sechzigerjahre die Young Lords formierten, eine militante Gruppe junger Puertoricaner im Stil der Black Panthers, fanden diese in Chicago guten Boden.

Aber die Puertoricaner, die in den USA leben, bilden keineswegs eine geschlossene Gruppe. Denn es gibt bereits eine Generation, die in den USA geboren wurde. Und diese Puertoricaner sind vollberechtigte Amerikaner, und dies auch dann, wenn sie auf die Insel zurückkehren sollten. Zwar sind alle Puertoricaner seit 1918 amerikanische Staatsbürger, aber die in den USA geborenen sind es mit allen Rechten und Pflichten, während alle andern Puertoricaner Amerikaner mit beschränkten Rechten und Pflichten sind.

Diese paradoxe Situation hängt mit dem politischen Status von Puerto Rico zusammen. Seit 1952 ist Puerto Rico ein »Commonwealth«, wie der amerikanische Ausdruck lautet; der spanische hält genauer fest: »Estado libre asociado«, also »freier assoziierter Staat«: »frei«, weil sich die Puertoricaner in einer Abstimmung mehrheitlich für diesen Status entschieden haben, »assoziiert«, weil Puerto Rico keinen unabhängigen Staat darstelle, sondern USA-Territorium ist, aber keinen Teilstaat der USA bildet.

Die Konsequenzen: Verteidigung, Außenpolitik, Zoll, Immigration, Post, Nachrichten- und Geldwesen liegen in den Händen der USA. Die Puertoricaner wählen ihren Gouverneur selber, aber sie schicken keine Abgeordneten nach Washington und nehmen nicht an den Präsidentschaftswahlen der USA teil. Puerto Rico wird nach Gesetzen regiert, auf die es keinen Einfluss hat. Anderseits zahlen die Puertoricaner keine Bundessteuern. Sie kommen in den Genuss gewisser Sozialleistungen, wenn auch nicht vollumfänglich. Der Puertoricaner kann in den Militärdienst eingezogen werden. Das hat immer wieder zu Protest geführt. Als zur Zeit des Vietnamkriegs auf dem Gelände der Universität von San Juan ein Rekrutierungsbüro aufgetan wurde, brachen Studentenunruhen aus: Man wollte nicht für ein Land sterben, dessen Bürger man gar nicht ist.

So kompliziert sich die politische Situation schon ausnimmt, die Stellung des Puertoricaners innerhalb der amerikanischen Gesellschaft bringt aber aus ganz anderen Gründen noch Probleme mit sich. Das illustriert am besten ein Merkblatt, welches das puertoricanische Erziehungsministerium herausgab, als in den Fünfzigerjahren Jahren die massive Auswanderung in die USA begann.

Wenn wir die Juden nicht kennen, aber behaupten, alle Juden seien Verräter, fällen wir ein Urteil, ohne informiert zu sein. Wir be-

gehen ein Unrecht. Wir äußern damit ein Vorurteil. Warum haben wir ein solches Vorurteil?

Wir erinnern uns vielleicht an die Bibel, wo drin steht, dass Judas Christus verraten hat. Und Judas war ein Jude. Ohne weiterzudenken oder sich etwas zu überlegen, sagen wir deshalb, dass die Juden Verräter sind. Sollen alle Juden dafür bezahlen, was Judas tat? Das wäre nicht gerecht. Jesus selber war ein Jude. Würde jemand wagen, von Jesus zu sagen, er sei ein Verräter, nur weil er Jude war?

Nehmen wir ferner an, dass ein Schwarzer in Amerika ein Verbrechen begeht. Es gibt viele weiße Amerikaner, die gegenüber den Schwarzen ein Vorurteil haben. Was geschieht nun? Die Tat, die ein einzelner Schwarzer beging, muss von allen andern Schwarzen mitbezahlt werden. Denn Leute mit Vorurteil sagen: Schaut, so sind eben die Schwarzen. Das ist wahr. Denn wenn ein weißer Amerikaner jemanden tötet, kommt es niemandem in den Sinn zu sagen, dass alle weißen Amerikaner Mörder sind.

All das kann aber auch einem Puertoricaner in den Vereinigten Staaten zustoßen.. Wenn ein Puertoricaner stiehlt, sagen Amerikaner mit Vorurteil: Alle Puertoricaner stehlen. Wenn ein Puertoricaner nicht arbeitet, sagen Amerikaner mit Vorurteil, dass wir Puertoricaner alle faul sind. Wenn ein Puertoricaner seinen Abfall auf die Straße wirft statt in einen Abfalleimer tut, sagen Amerikaner mit Vorurteil: Alle Puertoricaner haben üble Gewohnheiten. So müssen für den Fehler, den ein einzelner Puertoricaner begeht, alle andern bezahlen. Warum? Wir müssen dafür bezahlen, dass man sich über uns eine schlechte Meinung gebildet hat. Und das Ergebnis davon ist, dass man uns misstraut, dass man uns keine Arbeit gibt, dass man uns unsere Rechte verweigert.

Wie können wir uns gegen solche Vorurteile schützen? Sicher nicht mit Gewalt oder Herausforderungen. Wir können fremdem Vorurteil nicht mit eigenem begegnen. Es gibt nur ein Mittel, sich gegen Vorurteile zu wehren, und das ist, ein gutes Beispiel abzuge-

ben. Dazu kommt, dass man wissen muss, was für Rechte man als Bürger hat und was für Pflichten.

Der Puertoricaner, der aufs amerikanische Festland auswandert, muss damit rechnen, dass er diskriminiert wird. Das hat zur Folge, dass der Puertoricaner oft gar nicht zugibt, dass er aus Puerto Rico stammt; er bezeichnet sich als »Latino« oder als »Hispano«; er sucht damit Anschluss beim größeren lateinamerikanischen Kulturraum. Von da aus versteht man einen anderen Passus aus dem bereits erwähnten Merkblatt:

Einige Puertoricaner haben sich angesichts der Vorurteile der Amerikaner feige entwickelt. Ihre Lösung des Problems beruht darin, dass sie an die Vorurteile einiger Amerikaner glauben. Es gibt nichts Bedenklicheres, als einen Puertoricaner zu erleben, der sich von den Vorurteilen der USA anstecken lässt, der auf die schwarzen Amerikaner losgeht und der es mit sich selber so weit kommen lässt, dass er seinen puertoricanischen Bruder angreift. Er verrät damit sein Eigenes, und er geht so weit, zu leugnen, dass er Puertoricaner ist. Dieser Typus eines falsch amerikanisierten Puertoricaners ist einer unserer schlimmsten Feinde.

Mit wem soll sich der Puertoricaner identifizieren? Er bildet keine rassische Einheit, denn es gibt ebenso weiße wie schwarze Puertoricaner und Mischlinge.

Der weiße Puertoricaner wird vom weißen Amerikaner nicht voll genommen. Als Spanischsprachiger und als Katholik gehört er von vornherein einer Minorität an. Der Konflikt zwischen Puertoricanern und weißen Amerikanern ist in *Westside Story* zum Musical geworden. Damit haben viele Amerikaner und auch das Ausland zum ersten Mal vernommen, dass es eine Puertoricaner-Frage gibt. Dem Puertoricaner gilt schon Verachtung, weil er von einer Insel kommt, die lange Zeit als Armenhaus der USA gegolten hat, wenn nicht immer noch gilt. Es ist nicht zufällig, dass Oscar Lewis, der Anthropologe, für seine soziologische Studie *La Vida* die Puertoricaner wählte, um an ihnen die »Zivilisation der Armut« in den USA zu untersuchen.

Der Puertoricaner (welcher Hautfarbe auch immer) wird aber auch vom schwarzen Amerikaner tiefer eingestuft; denn der Schwarze fühlt sich seiner Herkunft und seiner Stellung nach als »richtiger« Amerikaner. Zahlen über Einkommen und Ausbildung in New York beweisen, dass der Puertoricaner in der sozialen/wirtschaftlichen Hierarchie tatsächlich unter dem Schwarzen rangiert. 34 Prozent der Puertoricaner sind auf soziale Hilfe angewiesen, aber nur 32 Prozent der Schwarzen. Während sechs Prozent der Puertoricaner über sechzehn Jahre eine Berufsausbildung besitzen, sind es bei den Schwarzen zwölf Prozent. 85 Prozent der Puertoricaner schließen die Schule gar nicht ab. Dabei ist zu bedenken, dass in New York nur 2333 Lehrer spanisch sprechen, das sind fünf Prozent der gesamten Lehrerschaft; die Puertoricaner aber stellen ein Viertel der Schüler.

Ist der Puertoricaner nicht weiß, sondern schwarz, so kriegt er neben dem Problem, Puertoricaner zu sein, auch noch die Rassenvorurteile zu spüren. Und ist er Mischling, so wird er erfahren, dass die amerikanische Gesellschaft aus Weißen und Schwarzen besteht und den Mulatten kaum kennt.

Sucht der Puertoricaner bei andern »Latinos« Rückhalt, so wird er bald merken, dass diese ihn nicht als vollwertigen »Hispano« betrachten, da er ja nicht aus einem eigenständigen lateinamerikanischen Land stammt. Selbst die Einwanderer aus der Dominikanischen Republik lassen den Puertoricaner ihre Verachtung spüren, obwohl sie von einer Insel kommen, die weit ärmer ist als Puerto Rico und obwohl sie in New York die gleichen unteren Stellungen als Tellerwäscher und Ausläufer einnehmen.

Nun ist es nicht so, dass dieser Puertoricaner aus einem Land kommt, wo die Rasse keine Rolle spielt. Aber er wird feststellen, dass die Diskriminierung zu Hause eine andere ist als die, welche er in den USA antrifft. In der Hinsicht ist ein Buch wie *The Rican* (1971) von dem Puertoricaner Samuel Betances aufschlussreich:

Puerto Rico kennt ein Problem der Hautfarbe, die USA kennen das Problem der Rasse, das ist der wichtigste Unterschied zwischen der Diskriminierung auf der Insel Puerto Rico und dem Festland. Diskriminierung in Puerto Rico beruht auf der Hautfarbe. Als solche ist sie ein physisches Charakteristikum, das geändert und/oder verändert werden kann innerhalb von Generationen. Jemanden zu heiraten, der eine hellere Haut hat als man selber, schafft für die Kinder aus einer solchen Vereinigung neue Voraussetzungen. Ein schwarzer Puertoricaner, der eine weniger schwarze Frau heiratet, wird Kinder haben, die nicht mehr als Schwarze gelten, und wenn dies durch zwei Generationen geschieht, kann ein Schwarzer erleben, wie »weiße« Enkelkinder nachwachsen. Das negative physische Element, die Hautfarbe, wird eliminiert oder wird eine weniger störende Rolle spielen.

Nicht so in den USA, wo die Diskriminierung auf einem Rassebegriff beruht. Das hängt mit der tiefen Überzeugung zusammen, dass die eine menschliche Gruppe der andern grundsätzlich überlegen ist. In den USA dominiert die rassische Ungleichheit. Rassismus hat mit der Reinheit des Bluts zu tun, das ist der eine üble oder eine auserwählte Eigenschaft, welche die Eltern den Kindern weitergeben. In den USA leiten viele ihre Bedeutung und ihre Macht von der Tatsache ab, dass sie zu den Weißen gehören und damit zu den Überlegenen. Dieser Weiße kann noch so übel sein, er wird sich immer als höher empfinden als der Schwarze, gleichgültig, welche Position oder welchen kulturellen Hintergrund dieser besitzt. Wie immer man auch einen Nigger anzieht, ein Nigger ist immer ein Nigger, sagt der Rassist.

Der Puertoricaner, der aufs Festland kommt, in die USA, wird sich also selber zum Problem. Nicht einfach aus rassischen Gründen, sondern aus ethnisch-kulturellen. Der Puertoricaner, der juristisch schon ein Halbbürger ist, wird es sozial und kulturell noch einmal.

Sie arbeiten,
   sie waren immer pünktlich,
   sie kamen nie zu spät,
   sie gaben nie ein Wort zurück,
   wenn sie beleidigt wurden.
Sie arbeiteten,
arbeiteten und arbeiteten,
sie streikten nie
ohne Erlaubnis,
sie nahmen nie frei,
außer wenn's im Kalender vorgesehen
war.
Sie arbeiteten
zehn Tage die Woche
und wurden für fünf bezahlt.
Sie arbeiteten
und arbeiteten,
und sie starben.
Sie starben gebrochen,
sie starben mit Schulden,
und sie hatten nie den Haupteingang
der First National City Bank gesehen.
Juan,
Miguel,
Milagros,
Olga,
Manuel,
alle starben gestern,

und sie werden morgen sterben,
überlassen die unbezahlten
Rechnungen
den nächsten Verwandten.
Alle starben,
wartend auf das Paradies,
das unter einem neuen Management
eröffnet wird.
Alle starben,
träumten den Traum von Amerika,
wachten mitten in der Nacht auf
und riefen: Mira! Mira! Schau! Schau!
Es ist eine lange Fahrt
von Spanisch-Harlem
zum Friedhof in Long Island,
wo sie begraben werden,
vorerst die Bahn
und dann der Bus
und die Wurstscheiben für den Lunch
und dann die Blumen,
die gestohlen werden,
wenn die Besuchszeit vorbei ist,
das ist alles sehr teuer,
sehr teuer.

Das sind Verse aus einem viel längeren *Nachruf auf Puertoricaner*. Das Gedicht von Pedro Pietri fand weites Echo. Denn es steht für all jene Puertoricaner, für welche der »amerikanische Traum« eine »amerikanische Desillusionierung« wurde.

Man könnte annehmen, dass die Puertoricaner, die in den USA geboren wurden und die als Vollbürger heranwachsen, sich weniger Probleme machen mit der Gegebenheit, dass sie Puertoricaner sind. Aber ihre zum Teil recht negativen Erfahrungen bringen sie erst recht zu einem »Puertoricanismus«, einem »puertoricanischen Heimatgefühl«, das oft nicht der Wirklichkeit entspricht. Die Konfrontation mit der Heimatinsel kann überraschende Resultate zeitigen: Die Puertoricaner vom Festland merken, dass sie viel mehr Amerikaner sind, als ihnen bisher bewusst war. Und dann finden sie ein San Juan, das viel amerikanisierter ist, als es ihren Vorstellungen entsprach. Sie entdecken, dass Puerto Rico schon längst eine geteilte Nation ist.

Was für Lösungen bieten sich an in einer Situation, in welcher der Puertoricaner sich als jemand erfährt, der weder ganz zum amerikanischen Amerika noch ganz zum lateinischen Amerika gehört, der immer dazwischensteht, kulturell, ethnisch, politisch und sozial?

Es gäbe die Möglichkeit der Unabhängigkeit. Aber die Unabhängigkeitsparteien konnten bis heute bei den Wahlen jeweils nur wenige Stimmen auf sich vereinen. 1964 waren es bloß 2,8 Prozent. 1976 erhielten die Independence Party und die Socialist Party zusammen 6 Prozent.

Nun kämpfen die Verteidiger der Unabhängigkeit nicht nur auf parlamentarischem Weg. 1950 versuchte ein Puertoricaner Präsident Truman zu ermorden. Und drei Jahre später drangen Puertoricaner ins amerikanische Repräsentantenhaus ein und schossen um sich. Diese Puertoricaner sind vor Kurzem nach fünfundzwanzigjähriger Haft entlassen worden. Einige von ihnen erklärten, sie würden nichts bereuen und der Kampf gehe mit allen Mitteln weiter.

Das Hauptargument der Unabhängigkeitsverteidiger lautet: Puerto Rico ist de facto eine amerikanische Kolonie. In dem Sinne bringt auch Kuba regelmäßig die Puerto-Rico-Frage vor die UNO. Aber ebenso regelmäßig erklärt die Dekolonisierungskommission der UNO, die Puertoricaner hätten über ihren »freien assoziierten

Staat« abgestimmt, sodass man nicht von Kolonialismus, sondern von freier Bestimmung reden müsse.

Einen besonderen Zorn erregt die Tatsache, dass die amerikanische Armee und die Marine in Puerto Rico ausgedehnte Territorien für ihre Ausbildungslager beanspruchen. Puerto Rico ist von seiner geografischen Lage her für die Karibik von erstrangiger strategischer Bedeutung. Auf puertoricanischem Gebiet probierten die USA nicht nur ihre neuesten Waffen aus, sondern sie unterhalten dort auch große Lager von atomaren Waffen. Diese militärische Präsenz führt immer wieder zu Protesten oder zu Zwischenfällen wie dem folgenden: Bischof Antulio Parrilla Bonilla, ein glühender Befürworter der Unabhängigkeit, drang auf der Insel Vieques ins Gelände der amerikanischen Marine ein. Er wurde dafür verurteilt. In seinen Augen hatte er nichts Unrechtes getan: Als Puertoricaner stehe ihm das Recht zu, puertoricanischen Boden zu betreten.

Es ist zudem nichts Außergewöhnliches, wenn man im *Wallstreet Journal* Inserate oder im amerikanischen Fernsehen Werbespots antrifft, welche auf die »idealen Bedingungen« für Investitionen aufmerksam machen: Die Löhne sind in Puerto Rico mindestens ein Drittel niedriger. Die Gewerkschaften haben nichts auszurichten. Die Umweltbestimmungen sind large. Wenn die puertoricanische Regierung einen Propagandafilm *Profit-Insel* USA dreht, trifft das zu: Eine Textilfirma, die in den USA nur einen Gewinn von 2,5 Prozent machen würde, erreicht in Puerto Rico bei gleicher Produktion einen solchen von 16, 17 Prozent und die entsprechenden Zahlen für ein Elektronikunternehmen: Was in den USA 3,9 Prozent Profit einbringt, wirft in Puerto Rico 31,5 Prozent ab.

Diesen Argumenten wird anderseits entgegengehalten, dass es die Amerikaner waren, die aus einer Zuckerinsel ein Industrieland machten. Aber dem können die Unabhängigkeitsverteidiger wieder entgegnen, dass diese Industrie eindeutig auf die USA ausgerichtet ist. Das zeigt sich schon darin, dass Puerto Rico 90 Prozent für seine Ernährung importieren muss: Es produziert nicht, was es braucht, sondern was für die US-Industrie wichtig ist.

Wie immer aber auch die Zahlen und die Argumente lauten mögen, die offene Frage bleibt, ob Puerto Rico als selbstständiger Staat überhaupt existieren könnte. Die offizielle Arbeitslosenziffer liegt bei 18 Prozent, tatsächlich dürfte sie höher sein, und wenn man die Abwanderung mit einbezieht, ist sie noch größer. Zudem beziehen bereits heute schon zwei Drittel der Puertoricaner in irgendeiner Form Unterstützung. Wenn die Finanzhilfe Washingtons an Puerto Rico 1970 noch 767 Millionen ausmachte, so belief sie sich 1976 auf drei Milliarden.

Das ist mit ein Grund, weshalb der jetzige Gouverneur erklärt, die einzige Lösung für Puerto Rico sei, ein Vollstaat der USA zu werden. Er plädiert für *Statehood* (dass Puerto Rico der einundfünfzigste Staat der USA werde). Sein Slogan lautet: »*Statehood* ist für die Armen. Nicht Unabhängigkeit also, sondern totaler Anschluss.«

Der Entscheid aber, ob Puerto Rico zum einundfünfzigsten Staat der USA wird, hängt nicht einfach von der puertoricanischen Bereitschaft ab, sondern letztlich einzig vom Kongress in Washington. Und so eindeutig ist es keineswegs, dass dieser bereit ist, Puerto Rico als neuen Staat zu akzeptieren. Zwar würde dies bedeuten, dass die amerikanischen Stützpunkte auf Puerto Rico gesichert seien. Aber es würde anderseits auch heißen, dass sich Washington in ganz anderem Ausmaß finanziell engagieren müsste. Zudem müssten sich die USA mit einem Minoritätenproblem herumschlagen, das sich zuspitzen könnte, da die Verteidiger der Unabhängigkeit kaum klein beigeben würden: Die politische Integration würde für die Puertoricaner noch nicht heißen, dass diese auch kulturell und ethnisch vollzogen wäre.

1980 finden jedenfalls die nächsten Parlaments- und Gouverneurswahlen in Puerto Rico statt. Hauptthema kann nur der poli-

tische Status von Puerto Rico sein. Der Partido Nuevo Progressista, der augenblicklich an der Macht ist, tritt für *Statehood* ein.
Gouverneur Romero Barceló, der für die Neue Progressive Partei
kandidieren wird, hat nach einem Wahlsieg seiner Partei ein entsprechendes Plebiszit in Aussicht gestellt.

Demgegenüber tritt der Partido Popular Democratico unter der
Führung von Rafael Hernandez Colón, der von 1972 bis 1976 Gouverneur war, für den Status quo ein:»Der ›freie assoziierte Staat‹
bietet die einzige Möglichkeit, wirtschaftlich lebensfähig zu sein
und gleichzeitig eine Art Autonomie zu besitzen. Das kommt einer
›beschränkten Unabhängigkeit‹ gleich, wie dies heute bereits der
Fall ist.«

Vorläufig aber wehen noch über den offiziellen Gebäuden von
Puerto Rico zwei Fahnen: das Sternenbanner der USA mit fünfzig kleinen Sternen und die Flagge von Puerto Rico mit nur einem
Stern, aber einem ganz großen.

Die Chicanos auf der Suche nach Aztlán

Spanisch-mexikanisches Erbe in Kalifornien

1980

Wo Aztlán liegt, steht nicht fest. Nur über eines ist man sich einig: Aztlán muss sich nördlich von Mexiko befinden. In jenen Gebieten, die Mexiko 1845 an die USA verlor und die damals fast die Hälfte seines Territoriums ausmachten. Allerdings wären die meisten Bewohner, welche heute in den ehemals mexikanischen Provinzen leben, in Bundesstaaten wie Kalifornien, Texas, Arizona, Colorado oder New Mexico, recht verwundert, fragte man sie nach Aztlán, denn sie dürften kaum je davon gehört haben.

Wer aber sicher davon gehört hat und davon redet, sind die Chicanos, und sie reden nicht nur, sondern sie träumen auch davon. »Wir sind das Volk von Aztlán. Die wahren Abkömmlinge der Fünften Sonne, von El Quinto Sol. Eines Tages im frühen Morgenlicht vor Tausenden von Jahren brachen unsere Vorfahren auf aus Aztlán, einem Land von Wüsten, Bergen, Flüssen und Wäldern, und sie suchten eine neue Heimat. Von wo sie ursprünglich herkamen, bleibt verborgen in Sand und Flussbetten und ist nur noch erkennbar in der Farbe der Augen und der Haut, wie wir, ihre Söhne, sie aufweisen.«

Solche Sätze liest man auf den ersten Seiten des *Chicano-Manifestes* von Armando B. Rendón (Colliers Books, New York 1971). Es ist ein zufällig herausgegriffenes Zitat. Man könnte Ähnliches bei anderen Autoren in anderen Manifesten und in früheren oder späteren Publikationen lesen. Aber jedes Mal ginge es darum, sich und den Chicanos, den USA und der Welt ein Land in Erinnerung zu rufen, von wo einst Völker auswanderten, welche die Geschichte von Mexiko bestimmten und auf welche die europäischen Eroberer, die Spanier, stießen.

Aztlán aber ist nicht nur eine historische Evokation. Es liegt nicht nur in der Vergangenheit, sondern auch in der Zukunft. Dementsprechend kann man in dem bereits zitierten Manifest lesen: »Wir haben Aztlán wiederentdeckt, und zwar in uns. Diese Einsicht erweckte ein dynamisches Prinzip, auf dem es möglich sein wird, eine tiefe Einheit und Solidarität zu errichten. Die Gemeinsamkeiten müssen weitergehen; uns verbinden nicht nur die gemeinsame Sprache und die gemeinsame Kultur. Aztlán repräsentiert die einigende Kraft unseres nichtmateriellen Erbes.«

Wiederum ist ein Volk unterwegs. Aber nicht jenes indianische, das aus Aztlán aufbrach, um in den Hochtälern, die einmal Mexiko heißen sollten, eine neue Heimat zu finden. Diesmal sind die Chicanos unterwegs auf der Suche nach ihrem Ursprung: Aztlán.

Wer aber sind diese Chicanos?

Das Wort selber gibt zu verschiedensten Spekulationen Anlass. Die gängigste und auch plausibelste Erklärung lautet, dass es sich um eine Abkürzung von *mexicano* handelt, wobei das »x« in einem bestimmten Dialekt als »ch« ausgesprochen wird; zudem fiel die erste Silbe »me« weg.

Zum ersten Mal tauchte das Wort in den Vierzigerjahren auf. Junge Mexiko-Amerikaner hatten sich in East Los Angeles zu Gangs zusammengeschlossen; sie taten sich durch einen Dandyismus hervor, zu dem exzentrische Kleidung und Entenschwanzfrisuren gehörten. Zwischen ihnen, den *pachucos,* wie sich die Gang-Mitglieder selber nannten, und Marinesoldaten war es 1943 zu blutigen Schlägereien gekommen. In der Folge wurden die Mexiko-Amerikaner vor Gericht ziemlich pauschal abgeurteilt, unter anderem wegen Mordes – ein Justizskandal mit rassistischen Untertönen, was später

zur Revision der Prozesse führte. Diese Ereignisse gaben fünfunddreißig Jahre später die Vorlage ab für ein Theaterstück von Luis
Valdez. Der Titel *Zoot Suit* spielt auf die exzentrische Kleidung der
Gangs an. Das Teatro Campesino, eine der wichtigsten Chicano-
Bühnen, zeigte das Stück im letzten Sommer auch in New York,
allerdings mit wenig Erfolg. *Zoot Suit* ist für die Chicanos nicht das
geworden, was *West Side Story* einst für die Puertoricaner wurde.

Eine breite amerikanische Öffentlichkeit nahm in den Sechzigerjahren von den Chicanos und ihrer *causa* Kenntnis; *causa,* das ist
»ihre Sache«, »ihr Anliegen«. Zur Zeit der *Civil rights*-Bewegun-
gen, als sich die verschiedensten Minoritäten zu Wort meldeten,
ethnische, soziale und sexuelle, erhoben auch die Mexiko-Amerikaner ihre anklagende Stimme; sie taten es als *chicanos.* Dazu sei an
einige Daten erinnert:

1965 organisierte César Chávez in Delano den Streik der Trauben-
pflücker, womit die gewerkschaftliche Organisation der mexikanischen Landarbeiter begann. Ein Jahr darauf wurde unter der Regierung Johnson die erste *Commission on Mexican Affairs* geschaffen,
womit das Chicano-Problem als nationales anerkannt wurde. 1969
traf sich die Chicano-Jugend »der nationalen Befreiung« in Denver
und veröffentlichte ihren »Plan von Aztlán«. Ein Jahr darauf kam
es in East Los Angeles zu Krawallen, wobei einer der prominentesten Journalisten der Chicanos, Ruben Salazar, von der Polizei
getötet wurde.

Wegen solcher Streiks, Protestmärsche und Manifeste haftet dem
Begriff »Chicano« bis heute etwas Militantes an. Es ist durchaus
möglich, dass sich Mexiko-Amerikaner, vor allem die Älteren, die
Bezeichnung Chicano verbitten. Die jüngere Generation hingegen
pocht darauf, als Chicano angesprochen zu werden.

Der Begriff wird aber immer mehr für den Mexiko-Amerikaner
schlechthin angewandt, »für Personen mexikanischer Herkunft, die
in den USA geboren und groß geworden sind, wie für Personen, die

in Mexiko geboren worden sind und die später usa-Bürger wurden oder in den usa ihren ständigen Wohnsitz haben«.

Ein Chicano, so könnte man auch sagen, ist ein Mexiko-Amerikaner, der sich seiner besonderen ethnischen und kulturellen Voraussetzungen bewusst ist und der daraus Konsequenzen ableitet für den Platz und den Stellenwert der Mexiko-Amerikaner innerhalb der amerikanischen Gesellschaft.

»Mein Land ging verloren / und wurde gestohlen. Meine Kultur kam abhanden / ich bin heute nur einer der vielen / welche in der Schlange anstehen / vor der Türe der Wohlfahrt / und ich bin einer der vielen / welche die Gefängnisse mit ihren / Verbrechen füllen.

Das sind die Erkenntlichkeiten / welche diese Gesellschaft übrig hat / für Söhne von Häuptlingen / Königen / und blutigen Revolutionären.

Sie mochten nicht unsere Art zu leben / sie nahmen, was sie brauchen konnten. / Unsere Kunst / unsere Literatur / unsere Musik aber / davon hatten sie keine Ahnung. / So ließen sie uns / die wahren Werte / und arbeiteten an ihrem eigenen Untergang / mit ihrer Gier und Habgier. / Wir aber sind aufgebrochen, / Mexikaner / Latinos / Hispanier / Chicanos. / Oder wie immer ich mich nenne, ich schaue gleich aus.«

Diese Verse sind dem Poem *Yo soy Joaquín* entnommen. Der Autor, Rodolfo »Corky« Gonzales, ist einer der militanten Führer der Chicanos, Politiker der Demokratischen Partei aus Denver (Colorado), Ex-Boxchampion, Geschäftsmann und Dichter. Er gehörte zu den Initianten der *Cruzada por la justicia*, des »Kreuzzuges für Gerechtigkeit«; und er hat auch 1968 den »Marsch der Armen« nach Washington mit organisiert, an welchem an die siebenhundert Chicanos teilnahmen.

Das Poem *Ich bin Joaquín* aus dem Jahre 1967 gilt als eine der ersten bedeutenden literarischen Äußerungen der Chicanos. Protestlyrik, neben der bald auch die Werke eines Ricardo Sanchez oder eines Alurista zu nennen waren. *Hechizospells* von Sanchez und *Floricanto* von Alurista, zwei anerkannte Gedichtbände der Chicano-Literatur, wurden beide von der University of California Los Angeles (UCLA) herausgegeben, vom Chicanos Studies Center, das unter dem Titel *Aztlán* auch die »Internationale Zeitschrift für Chicanos-Studien« veröffentlicht. Geht man die Bibliografien der Chicanos-Publikationen durch, fällt einem rasch auf, dass die ersten Veröffentlichungen über dieses »vergessene Volk« und die »unsichtbare Minderheit« mit wenig Ausnahmen von angelsächsischen Nordamerikanern stammten, was sowohl für die wissenschaftlichen als auch für die literarischen Werke zutrifft. Erst seit zwanzig Jahren kann man von einer Chicano-Literatur reden, in dem Sinne, dass der Chicano nicht mehr bloß Objekt der Darstellung ist, sondern schreibendes und analysierendes Subjekt. 1959 war *Pocho* von José Antonio Villarreal herausgekommen, einer der ersten Chicano-Romane. Der Aufschwung dieser Literatur war nicht zuletzt dank eines eigenen Verlagshauses möglich. »El Quinto Sol« (heute Tonatiuh International) publiziert seit 1967 in Berkeley; dort erschien die Zeitung *El Grito,* dort kam die erste Anthologie von Chicano-Texten heraus. Wie eng die Beziehung zwischen der politisierten Chicano-Bewegung und dem künstlerischen Schaffen war, illustriert das bereits erwähnte Teatro Campesino, das als Agitationstheater während des Delano-Streiks entstand.

In den Sechzigerjahren sang Amerika nicht nur, dass »Schwarz schön ist«, sondern auch »Braun« wurde schön, wobei die Chicanos oft statt »braun« die Metapher »bronzene Rasse« benutzten. »Auch ich bin Amerika« hat für die Chicanos einen besonderen internationalen Klang. Sie konnten sich darauf berufen, dass es neben dem angelsächsischen Amerika ein spanisches gibt, das zudem noch älter ist. Einmal mehr wurde die »lateinische Kultur« gegen die »angelsächsische Zivilisation« ausgespielt. In Lateinamerika redet man mit größerer Selbstverständlichkeit von »zwei«

Amerikas. Wenn die Chicanos ein spanisch-amerikanisches Kulturbewusstsein forderten, geschah dies im Konnex eines kontinentweiten Aufbruchs. »Auch ich bin Amerika« hatte aber zugleich einen besonderen nationalen Klang. Denn die Chicanos konnten darauf hinweisen, dass sie beziehungsweise ihre Vorfahren lange vor den Angelsachsen in den Staaten gelebt hatten, die heute Kalifornien oder New Mexico heißen. Diese »ältere Geschichte« wird nicht nur in unzähligen Bauten aus der spanischen Kolonialzeit und der kurzen Epoche der mexikanischen Unabhängigkeit augenfällig, sondern auch in Traditionen des Alltags und der Feste.

In Extremfällen zögern Chicanos auch nicht, eine Korrektur der Geschichte zu verlangen und Boden und Rechte zurückzufordern, die ihnen einst weggenommen worden seien. Sie reden von sich als von einer eigenen »Nation«. Das ist als Reaktion darauf zu verstehen, dass Assimilation nur allzu lange bedeutet hatte, kulturelle und ethnische Eigenheiten zu verleugnen und verkümmern zu lassen. Doch liegt es auf der Hand, dass der Wille, eine Nation in der Nation zu bilden, anderseits nur neue Skepsis und Bedenken des angelsächsischen Amerika wecken kann.

Zweifache Minorität

Als Mexiko-Amerikaner besitzen die Chicanos zunächst einmal ein spanisch-katholisches Erbe. In einer protestantischen Umgebung wird die katholische Kirche zu einer Art Prüfstein der Selbstbehauptung. Ihren wohl wichtigsten Einfluss übt sie auf die Familienmoral aus, was sich nicht zuletzt darin äußert, dass die Chicanos (wie die übrigen *latinos*) die am schnellsten wachsende Minorität der USA darstellen. Zudem kann sich die katholische Kirche im Falle der Chicanos auf eine Religiosität stützen, die nicht unbedingt identisch ist mit dem Konfessionellen: Bei den Protestmärschen und Streiks wird in aller Selbstverständlichkeit neben den Transparenten mit politischen und sozialen Slogans das Banner der Jungfrau von Guadalupe mitgetragen; sie ist die »braune« (das heißt indianische) Gottesmutter, in deren Namen die Mexikaner gegen die Spanier gekämpft und zur Zeit der Revolution Kirchen gestürmt hatten.

Das dauerhafteste der verbindenden Elemente bleibt ohne Zweifel die Sprache. Das Spanische ist die Sprache der Familie, der Kindheit und der Nachbarschaft; es ist aber nur bedingt die Sprache der Schule, kaum die des Erwerbslebens und schon gar nicht die der Verwaltung oder der Politik. Zudem bildet sich ein eigenes, das heißt angelsächsisch geprägtes und beeinflusstes Spanisch heran. Im Falle der Chicanos das *kaló,* für welches auch bereits Wörterbücher vorliegen. Es ist das Spanisch des *barrio,* des Quartiers. Es entsteht eine Mischmaschsprache, die oft nicht ein Zeichen von Zweisprachigkeit ist, sondern dafür, dass weder die eine noch die andere Sprache beherrscht wird. Was vor allem in den unteren sozialen Schichten angetroffen wird, kann in der Chicano-Literatur dann bewusste Stilmittel abgeben.

Die Chicanos berufen sich nicht nur auf ein spanisches, sondern auch auf ein indianisches Erbe. Sie sind nicht nur Nachkommen europäischer Eroberer, sondern auch Nachfahren der indianischen Urbevölkerung. So wird man in der Gedankenwelt der Chicanos Schlüsselvorstellungen der aztekischen Mythologie wiederfinden.

Als »ethnische Gruppe« treten die Chicanos auf, als Mischlinge von Weißen und Indios, als Mestizen, sowohl blutsmäßig wie kulturell. Zwar gelten die USA auch als *melting pot,* aber in diesem Schmelztiegel haben sich fast ausschließlich weiße Ethnien aus Europa gemischt. Im spanischen Amerika hingegen mischten sich die Rassen in solchem Maße, dass Lateinamerika auch als Kontinent der Mestizen bezeichnet wurde. Ein Charakteristikum, das sicher für Mexiko gilt. Die Chicanos verkörpern das »andere Amerika«, nicht nur das »spanische«, sondern das der Mischlinge.

Als Mestizen gehören die Chicanos in den USA zu zwei Minoritätengruppen: zur spanischen und zur indianischen. Und in beiden Fällen hatten sie mit Rassismus zu rechnen. Wenn (nach Octavio Paz) der Mexikaner »von vornherein ein Problem ist, für sich und die andern«, dann steigert sich diese Identitätsproblematik erst recht für einen Chicano. Er redet die Sprache jener Spanier, welche die Indios besiegten, deren Blut in seinen Adern fließt. Er wurde mit katholischem Wasser getauft, aber in seinem Herzen gewährte er den aztekischen Göttern Zuflucht, und er hat sich als Mischling in einer angelsächsischen Welt von (vorwiegend protestantischen) Weißen zu behaupten.

Los Angeles als Beispiel

Wo immer auch die Chicanos ihr Aztlán suchen, es gibt eine Wirklichkeit, die weit weg von diesem imaginären Reich der Brüderlichkeit liegt.

Nacht für Nacht versuchen Mexikaner über die Grenze in die USA zu gelangen. Eine Grenze, die bis vor zwanzig Jahren ziemlich porös war. Wenn heute versucht wird, sie hermetisch abzuschließen, dann nicht nur wegen der illegalen Zuwanderer, sondern auch wegen des Drogenschmuggels. Bis zu zweitausend Mexikaner werden monatlich von den Grenzpatrouillen aufgegriffen und zurückgeschoben. Diese Mexikaner suchen nicht irgendein Aztlán, sondern Arbeitsmöglichkeiten. Auch wenn sie als »Mexikaner ohne Papiere« von ihren Arbeitgebern in den USA ausgenutzt werden, bedeutet dies immer noch eine Besserstellung, verglichen mit dem, was sie in Mexiko hinter sich lassen wollen.

Die Chicanos bilden innerhalb der spanischen Minorität der USA mit sieben Millionen weitaus die wichtigste Gruppe. Diese Zahl ist durch einige Millionen illegale Einwanderer aus Mexiko zu ergänzen. Diese Mexiko-Amerikaner leben hauptsächlich an der Westküste und im Südwesten des Landes. Die größte Agglomeration findet sich in Los Angeles mit 1,6 Millionen Chicanos.

Das Herzstück der Stadt, sofern man überhaupt bei dieser Metropole von einem Zentrum sprechen kann, gibt sich doppelt mexikanisch-spanisch: Da ist das Pueblo, mit vollem Namen »El Pueblo de Nuestra Señora la Reina de los Ángeles de Porciúncula«. Der Ort, wo die Stadt vor zweihundert Jahren gegründet wurde. Eine Verkaufsstraße wurde mexikanisch hergerichtet. Hier gibt sich die mexikanisch-spanische Tradition mit Ständen und Souvenirs touristisch. Nicht weit vom Pueblo trifft man auf den Broadway. Er ist die bunteste und lauteste Straße der Chicanos geworden, die sich des Downtown bemächtigt haben. Hier spielen die Chicanos (schon fast oder bereits ganz) Mittelklasse einer Konsumgesellschaft.

In Los Angeles County machen die Weißen nur noch 45 Prozent aus. Die Mexiko-Amerikaner bilden die Majorität. Aber dieser Bevölkerungsstruktur entspricht das politische Bild in keiner Weise. Die Chicanos stellen zwar die Hälfte der Schulkinder, aber nur fünf Prozent der Lehrer sind spanischsprachig. Die Chicanos haben weder einen Vertreter in der obersten Schulbehörde noch im Stadtrat. Und was auf kommunaler Ebene gilt, trifft auch auf Staatsebene zu: Zwar machen die Chicanos über sechzehn Prozent der kalifornischen Bevölkerung aus, aber nur zwei Prozent der Staatsstellen sind mit Mexiko-Amerikanern besetzt. Wenn in den letzten Jahren das Amt für Gesundheit und Wohlfahrt mit einem Chicano besetzt wurde und wenn mexiko-amerikanische Richter ernannt wurden, ist dies ein Novum.

Diese Situation hat nicht nur mit Diskriminierung oder Chancenungleichheit zu tun, sondern auch mit politischer Passivität.

Chicano-Politiker hatten lange Zeit die größte Mühe, die Mexiko-Amerikaner dazu zu bringen, sich in die Wählerlisten eintragen zu lassen. Die Führer der Chicano-Bewegung stehen vor einem doppelten Problem: einmal die Sache der Mexiko-Amerikaner gegenüber den Nicht-Mexiko-Amerikanern zu vertreten und gleichzeitig die Mexiko-Amerikaner zu einem politischen Bewusstsein zu bringen. Traditionellerweise zogen sich diese auf den abgesteckten Bereich ihres *barrio* zurück, auf ihr »Quartier«, das man fälschlicherweise als bloßes Getto bezeichnet hat.

Die meisten Chicanos wohnen in East Los Angeles. Dort lebt ein Fünftel unter dem Existenzminimum. Wer allerdings East Harlem kennt, das spanische Harlem der Puertoricaner in New York, der zögert, hier von Slums zu reden. Dieses East Los Angeles wird von Nicht-Chicanos kaum aufgesucht. Die nehmen davon im besten Falle aus der Presse Kenntnis; dann handelt es sich gewöhnlich um Gewalttätigkeiten, vor allem um die der *gangs*. An die vierzigtausend Jugendliche dürften in solchen Gangs zusammengeschlossen sein. Die Chicanos haben eine alte Gang-Tradition, die eine Art Nachbarschaftsklubs ebenso umfasst wie die gezielt kriminelle Vereinigung. Sozial sind diese Gangs nicht zuletzt aus der Arbeitslosigkeit heraus zu erklären. Soziologisch und psychologisch aber stellen sie einen Ersatz für mangelnde Integration dar. Man muss bei den Chicanos unterscheiden zwischen jenen, die Landarbeiter sind oder noch immer auf dem Land beziehungsweise in der Landwirtschaft arbeiten, und jenen, die in die städtischen Agglomerationen abgewandert sind. Mit der Niederlassung in der Stadt bieten sich neue Erwerbsmöglichkeiten. Aber gleichzeitig bedeutet dies auch einen viel stärkeren Bruch mit der mexikanisch-spanischen Tradition, ohne dass die Entfremdung durch eine Integration in einer städtischen Gesellschaft wettgemacht worden wäre.

In East Los Angeles aber findet man an den Hauswänden nicht nur die Markierungen der verschiedensten Gangs, sondern auch

Parolen, die von politischem Erwachen zeugen, und Wandmalereien, die für ein neues kulturelles Selbstbewusstsein stehen. Dieses East Los Angeles ist im Aufbruch. Und nicht nur, weil man verschiedentlich Sanierungsarbeiten vornahm und weil soziale Wohnbauten entstanden. Zwar hören die guten Straßen noch immer recht bald auf und enden im Dunkeln. Die Erfahrung aber zeigt, dass mit der Einführung der elektrischen Straßenbeleuchtung die Kriminalität schlagartig um fünfzig Prozent gesenkt werden kann.

Kommt man vom »andern« Los Angeles in das der Chicanos, stößt man zunächst auf die Plaza de la Raza. Hier entsteht ein Freilichtpantheon für die »Heroen« der mexikanischen Geschichte. Hier findet sich ein Kulturzentrum, wo die Chicano-Kinder in der Geschichte und Kultur Mexikos unterrichtet werden. Und im dazugehörigen Park wurde ein Spielplatz erstellt, auf dem selbst die Kletter- und Schaukelanlagen aztekische Manier verraten.

Ob in diesem oder in andern Kulturzentren, ob in einem früheren Gefängnis, das zu einer Theaterschule und zu einer Boxarena umgebaut wurde, oder in einer der Bibliotheken – stets kommt zum Ausdruck, dass man sich einem doppelten Erbe verpflichtet fühlt: einem indianischen und einem spanischen.

So ist es zum Beispiel möglich, dass im Pueblo um die Weihnachtszeit alte mexikanische Spiele neu ins Leben gerufen werden. Aber vor den Kirchen erinnern zugleich aztekische Tänzer mit ihren Trommeln und Gesängen an indianische Gottheiten. Seit einigen Jahren bringen als Azteken verkleidete Tänzer am 1. November, dem Tag der Toten, den Verstorbenen auf den Friedhöfen Opfergaben dar.

Solche Anlässe sind Stationen auf der Suche nach Aztlán. Dieses aber wird nicht in einer mythischen Zukunft liegen, sondern es wird sich innerhalb heutiger Gegebenheiten verwirklichen müssen, wie hart auch immer diese Bedingungen im Augenblick noch sein mögen.

Chicago als Anlass

1973

Die Pracht- und Renommierstraße von Chicago ist die Michigan Avenue. Sie eignet sich für eine Einleitung, weil sie nicht nur geografisch an einem andern Ort aufhört, als sie beginnt.

Die Michigan Avenue ist unvermeidlich. Alle Wege und Absichten der »Second City« führen einmal an die Michigan Avenue. Allerdings nur an ihren repräsentativen Nordabschnitt oder an einen Teil der South Michigan. Hier, an dieser Straße, imponiert Chicago, nicht zuletzt sich selber.

Aber die Straße führt auch dorthin, wo Chicago sich geniert und wo es leidet, nähme es für beides Zeit.

Als ich erzählte, ich sei die Michigan Avenue ganz abgefahren und abgelaufen, rief dies Verwunderung hervor. Nicht nur wegen des ungewohnten Sightseeings, sondern manche Bekannte wussten gar nicht, dass die Straße noch weiter in den Süden führt.

Aber sie führt südwärts, über viertausend Nummern weiter hinunter, in ein Chicago, das wenige kennen, wo aber viele leben.

In ein Chicago, wo es viel zu gefährlich sei, als Weißer hinzugehen und gar noch allein.

Also fangen wir oben an, wo es weniger gefährlich ist, wo einen höchstens die Geschäftsinhaber und Restaurantbesitzer berauben und wo man nicht nach dem Geld greift, sondern nach der Credit Card. Wo es keine *gangs* gibt, wo aber genauso unerbittlich mit dem Gegner abgerechnet wird, nur dass der Anwalt hier von Anfang an dabei ist.

Fangen wir zum Beispiel an jenem Platz an, wo neben den Hotelriesen das Playboy-Building steht, und hören wir dort auf, wo die Prostitution einen Broterwerb darstellt, wo noch die alte Promiskuität regiert und noch nicht der therapeutischere Gruppensex.

Dort fangen wir an, wo die Luxuswolkenkratzer stehen mit den teuersten Appartements und den teuersten Büros, und aufhören tun wir dort, wo Abfall und Kinder auf der Straße liegen.

Die soziale Falllinie ist offensichtlich: Die Straße führt an dem vorbei, was Chicago ausmacht und was zu ihm gehört, stellvertretend und zur Schau gestellt.

Vorbei am Loop, dem zentralen Geschäftsviertel, dem Stadtherz mit den größten Warenhäusern.

Vorbei an Imperien, an einem solchen wie Standard Oil oder an einem wie Prudential oder an dem Wrigley Building vorbei, dessen Macht auf Kaugummi gebaut ist, hinunter ins Imperium der Slumlords.

Vorbei an den weltberühmten Kulturinstituten, den französischen Impressionisten im Art Institute of Chicago und am Auditorium vorbei und an den bekanntesten Symphoniekonzerten, hinunter, wo man nicht Bilder, sondern Ratten sammelt und wo man nicht nur die Ohren mit Musik füllt, sondern auch die Mägen.

Die Michigan Avenue ist eine Traumstraße – sie beginnt im Traum und endet im Albtraum. Man kann die Straße auch in umgekehrter Richtung gehen. Erschrecken tut sie beide Male.

Elend in Villen

Dieses südliche Quartier, Near South, wie es offiziell heißt, ist ein ungewöhnlicher Slum.

Da stößt man auf Straßenzüge von Villen. Einst zur Repräsentanz gebaut, mit ausholenden Aufgängen und Portalen, Balustraden und Ornamenten, die Chicago so sehr liebt. Die Bauherren waren reich und zeigten es.

Es ist ein Quartier, das die Schwarzen vor fünfzig Jahren zu erobern begannen. Es leben hier lauter Sieger; aber diese Sieger gehören zu den Ärmsten der Stadt.

Das Siegen wurde ihnen leicht gemacht. Sie gewannen die Schlacht einfach dadurch, dass sie auftraten. Sie brauchten nur ihre schwarze Haut zu zeigen. Kaum waren sie als Schwarze in der Nähe, räumten die Weißen ihre Villen, fluchtartig, sie überließen ihre Prachthäuser dem Schicksal, und das war schwarz.

Als die Schwarzen im Ersten Weltkrieg nach Norden zu ziehen begannen, ließen sie sich im Süden von Chicago nieder und sind von da aus gegen das Zentrum vorgestoßen, so wurde Near South zu einem Ghetto.

Zuweilen muss man genau hinschauen, bis man die scheibenlosen Fenster entdeckt. Bis man sieht, dass mit dieser oder jener Villa etwas nicht in Ordnung ist, wenn Eingänge und Fenster mit ein paar Brettern vernagelt wurden oder sich Stacheldraht durch einen Ziergarten zieht.

An jenem Nachmittag, an dem ich zum ersten Mal durch diesen Teil der südlichen Michigan Avenue ging, herrschte eine schläfrige Ruhe, wie sie eben vornehme Residenzviertel kennen, aber es war die Ruhe der Lethargie und Aussichtslosigkeit.

Es war das diskreteste Dekor für Arbeitslosigkeit und Unterernährung, das ich je sah.

Es gab Szenen, die einen vergessen ließen, dass man sich nicht unweit vom Zentrum der zweitgrößten Stadt Amerikas befand, die mit ihrem Highrising an der Skyline die Akzente setzt – ein alter Schwarzer, der auf den Stufen vor dem Haus sitzt, ein Hund und ein Knabe, ein idyllisches Bild, das aus einem Bilderbuch über die Südstaaten stammen könnte.

Ich denke an den Seneca-Satz: »Heute zählen die Herren ihre Sklaven. Was aber, wenn einmal die Sklaven anfangen, ihre Herren zu zählen?«

An der South Michigan Avenue gibt es drei merkenswerte »schwarze« Adressen.

Im teuren Abschnitt steht das Johnson Publishing Building, der Hauptsitz des mächtigsten schwarzen Verlegers der USA. Hier wird produziert, was den Zeitungsstand für den schwarzen Amerikaner füllt, voran *Ebony*, die schwarze Imitation von *Life*. Hier erscheint *Black Stars*, wo vom Erfolg aller Schwarzen beim Film, auf der Bühne und im Showbusiness ausführlich und mit Farbfotos die Rede ist. Hier erscheinen *Jet* und *Tan* und noch andere Titel. Seit einiger Zeit auch *Black World*, eine Monatsschrift, die sich kritisch mit Rassenfragen auseinandersetzt. Ein Verlagshaus, das zu allem etwas bietet, vom Konsum bis zum Notstand.

Gute achthundert Nummern weiter südlich, wenn man den Abschnitt hinter sich lässt, wo sich Lagerhäuser, Schuppen, Werkstätten, Kleinfabriken drängen und wo die frühesten Druckereien der Johnson Publishing stehen – weiter im Süden also stößt man auf die Adresse einer der ältesten schwarzen Zeitungen des Landes. *The Defender* wurde 1905 gegründet, eine Wochenzeitung, die sich sehr bald von den andern schwarzen Zeitungen unterschied, indem sie sich nicht mehr als Intelligenzblatt gab, sondern sich, mit den Mitteln des modernen Journalismus arbeitend, an die großen Massen wandte. *The Defender* trug wesentlich dazu bei, dass die Schwarzen aus den Südstaaten mississippiaufwärts zogen und sich in Chicago niederließen. Die Zeitung hatte ihnen diesen Norden als »verheißenes Land« vorgestellt. Aber dieselbe Zeitung, die heute täglich erscheint, musste bald von anderem berichten: von Segregation, Rassendiskriminierung und von sozialen Ungerechtigkeiten.

Und nochmals gute fünfhundert Nummern weiter südlich steht eine jener im Stich gelassenen Villen. Aber diesmal handelt es sich um ein Gebäude, das hergerichtet worden ist. Es ist das »Museum of Negro History and Art«. Ein vollgestopftes Museum, kaum ein besonderes Ausstellungsstück, eher rührend, was zusammengetragen wurde. Dabei gäbe es ohne Zweifel andere Objekte. Ein Ghettomuseum.

Vor dem Museum zwei gelbe Omnibusse, Schulomnibusse. Im Museum drängen sich schwarze Schülerinnen und Schüler. Die junge Lehrerin erklärt ihnen Szenen, die von der Unabhängigkeit und der Emanzipation handeln. Es sind nur schwarze Klassen hier. Weiße Kinder kommen nicht. Dabei ist der Museumsbesuch in den Staaten eine der beliebtesten pädagogischen Methoden. Aber die Geschichte der Schwarzen hat nur für schwarze Amerikaner stattgefunden. Das Museum heißt nach Jean Baptiste Point du Sable: So hieß der erste Siedler im Gebiet von Chicago, und es war ein Schwarzer.

Als ich aus dem Museum herauskam, fuhr ein Lastwagen der Stadtverwaltung vor. Es wurden quadratische Rasenstücke abgeladen. Auf dem Trottoir der South Michigan Avenue gibt es wie an den Renommierabschnitten zwischen Straße und Fußgängerbereich einen Streifen bloßer Erde, der zu dieser Jahreszeit mit Rasenstücken bedeckt wird. Auch hier, vor dem Museum. Auf einige Meter nach rechts und links, sonst liegt Abfall herum. Die Rasenstücke hatten etwas von jenem roten Teppich, den man zu Ehren von Prominenz ausrollt. Ich drehe mich um und lasse an mir ein paar schwarze Kinder vorbei.

Raus aus dem Getto

John H. Johnson, der schwarze Großverleger, hat als Laufbursche bei der »Supreme Life Insurance Company« angefangen, heute ist er deren Präsident und Besitzer des größten Aktienpaketes; er hatte einst die Hauszeitung dieser Firma redigiert, heute verkauft er monatlich Publikationen mit einer Gesamtauflage von dreieinhalb Millionen. Er ist ein leuchtendes Beispiel dafür, dass dem Schwarzen auf seinem Weg ins Glück nichts im Wege steht.

Und er ist nicht der Einzige:

In Chicago zum Beispiel gibt es auch Ernie Banks. Ein führender Bürger. Mitglied der Verkehrsbetriebe CTA und der Chicago Metropolitan YMCA. Seaway National Bank ist ein anderes Stichwort. Der erste Schwarze, dem Ford Geschäftsvertrauen entgegenbrachte. Ernie Banks hat es als Baseballspieler geschafft.

Oder Anna Langford, eine der führenden Strafverteidigerinnen. Sie war eine der prominentesten Anwältinnen bei der Verteidigung junger schwarzer Aktivisten. Sie stammt aus den Slums von Springfield.

Oder Gwendolyn Brooks. Poeta laureata, sie gewann 1950 den Pulitzer-Preis mit ihrem Buch *Annie Allen;* bekannt wurde sie mit ihren *Bronzeville Boys and Girls.* Sie ist im ärmsten Süden Chicagos aufgewachsen.

Zwei Cadillacs, ein Rolls-Royce, ein Mark III, ein Toronado und ein Rambler, das macht den Wagenpark eines einzigen Mannes aus. Nur schade, dass James Brown so wenig Zeit hat für seine Autos, da er gewöhnlich in seinem Privatjet unterwegs ist. James Brown? Der berühmte schwarze Sänger – James Brown Productions, James Brown Enterprises und dazu eine Kette von Hotels und Restaurants.

Das sind Erfolgsgeschichten. Amerikanische Erfolgsgeschichten. Alles nachzulesen in einem Paperback von Phillip T. Drotning und Wesley W. South. *Up from the Ghetto.* – »Vierzehn amerikanische Erfolgsgeschichten von Leuten, die es sich in den Kopf setzten und die sich durchsetzten«.

Man muss nur wollen.

In den Tagen, da wir uns in Chicago aufhielten, empfing Bürger-

meister Daley eine Delegation von Schülern, die er väterlich be-
lehrte: Schlimm seien nicht die Slums, sondern was in ihnen ge-
schehe. Er habe einmal eine Frau gesehen, eine Mutter von drei
Kindern, die habe sich nach Unrat gebückt und ihn aufgelesen;
wenn alle so wären, würde sich vieles ändern.

Zwar ist Mayor Daley Katholik, der jeden Morgen vor Regie-
rungsantritt seine Kirche aufsucht. Aber er teilt den puritanischen
Glauben, dass Armut etwas Selbstverschuldetes sei, dass Gott dem
helfe, der sich selber hilft, und dass der soziale Aufstieg einen Beweis für moralische Fähigkeiten abgebe. Er muss es wissen, denn
er hat es selber am eigenen Leib erfahren. Er regiert seit zwanzig
Jahren über Chicago, er ist der erfolgreichste Bürgermeister der
USA. Ein glühender Vertreter von »Gesetz und Ordnung«, woran
er niemand zweifeln ließ, als er 1968 beim Nationalkonvent der Demokraten die Polizei gegen die Demonstranten losließ, wodurch er
zu internationalem Ruhm kam.

Man muss nur wollen. Oder wie es ein anderer erfolgreicher
Schwarzer ausdrückte, M. Earl Grant, der einst als Koch im Spei-
sewagen anfing und heute einige Banken an der Westküste kon-
trolliert: »Man wird nicht dafür bezahlt, dass man Köpfchen hat,
sondern dafür, dass man es braucht.«

In Chicago sind es nahezu eine Million, die ihr Köpfchen nicht
richtig gebrauchen. Sonst wären sie alle längst Millionäre. Nicht
auszumalen, was so viele Millionäre mit so wenig Armen anfangen
würden.

So weit ist es allerdings noch nicht. Man kann das Villenghetto
an der Michigan- und den anliegenden Straßen in beide Richtungen
verlassen, und dann wird man auf jene Slums stoßen, die den üblichen Vorstellungen aufs Beste entsprechen.

Der Schwarzenmarkt

Mr. D. Parker Gibson kennt vorzüglich die Wünsche seiner Rassengenossen. Er ist einer der erfolgreichen Berater weißer Firmen, einer der heimlichen Verführer, der für andere heimliche Verführer einen monatlichen Nachrichtenbrief herausgibt: »News Letter. The Gibson Report«. Er hat sich insbesondere mit »Industrie und Rasse« befasst und darüber publiziert. Sein brauchbarstes Buch ist aber ohne Zweifel *The $30 Billion Negro*.

So hoch wird das Kaufpotenzial der Schwarzen eingeschätzt. Und wenn die wirkliche Zahl auch anders lauten sollte, man muss mit dem Schwarzen rechnen. Wenn der Weg auch nicht ins verheißene Land geführt hat, in die Konsumwelt wird man gelangen. Die totalste Integration hat sich ohne Zweifel in der Reklame vollzogen:

Die Mentholzigarette führt auch einen Schwarzen in ein kühles Land. Warum sollte der Schwarze immer noch Whisky trinken, jetzt, da es Wodka gibt?

Auch dem Schwarzen werden Dinge passieren, wenn er »Eleganza«-Hosen trägt.

Schwarz und weiß ist schön – gemeint ist ein Schwarzer, der weiße Jeans trägt.

Schwarz und blau ist schön – gemeint ist ein Schwarzer, der blaue Jeans trägt.

Kraft-Salat auch für Schwarze. Aber auch Seagram's 7 Crown.

Die gleichen glücklichen Gesichter, wenn eine Frau die Tiefenwirkung eines Waschmittels entdeckt, nur dass diesmal schwarze Gesichter strahlen.

Und es gibt auch die ausgesöhnten Rassen: Drei schwarze und zwei weiße Baseballspieler sitzen vereint auf einer Bank dank Coke.

Die eindrücklichsten Plakate sah ich im Süden Chicagos an der zweiundvierzigsten Straße. Im Zentrum des Ghettos, unmittelbar

neben der Station der Schnellbahn. Ladengeschäfte, zum Teil aus-
gebrannt, darin Schutt, leere Konservenbüchsen, Kanister, Abfall
aller Art. An der Mauer Aufrufe der Black-Panther-Bewegung.
Und dann eben zwei großformatige Reklamen: die eine für Zigaretten, die andere für eine Gin-Marke.

Diese Plakate waren völlig intakt. Nicht eigentlich Reklame,
sondern Poster. Freilichtposter. Oder noch mehr – sie hatten etwas
vom Verheißungsvollen einer Farbreproduktion in einer warmen
Stube. Etwas vom »guten Hirten«.

Die Bischöfe des Business

»Wir wollen nicht mehr länger mit den Diakonen verhandeln, wir
wollen jetzt mit den Bischöfen selber reden!«, Der Mann, der solche Metaphern verwendet, ist ein Mann der Kirche, Jesse Jackson,
einer der militanten schwarzen Führer. Mit den Bischöfen sind die
Bosse gemeint.

Zum Beispiel der Bischof der Telefon-Diözese Bell Illionois,
die Seelenhirten, welche Firmen leiten wie Carson Pirie Scott, CNA
Financial oder Inland Steel. Es geht um große Dollargemeinden.
Als Jesse Jackson derart auf den Tisch schlug, war der Moment
günstig. Die Bosse waren selber willens, etwas zu tun.

Die Ermordung von Martin Luther King hatte in Chicagos
Ghetto West Side seinerzeit zu solchen Ausschreitungen geführt,
dass die Geschäftswelt aufschreckte, auch diejenige, die nicht direkt
betroffen war.

Ein Jesse Jackson, der Pastor im Süden von Chicago ist, hatte mit
seiner »Operation Breadbasket« seine ersten Erfolge zu verzeichnen; die »Operation Brotkorb« hatte eine Reihe von Kettenläden
so lange bestreikt, bis die weißen Eigentümer sich bereit erklärten,
Schwarze in ihren Betrieben zu beschäftigen.

Es trafen sich jedenfalls die weißen Bosse, alle großen Handels-, Finanz- und Industrieunternehmungen waren dabei. Sie waren bereit, Geld zu sammeln, sie verhandelten mit dem »Black Consortium«, einer Organisation, die sechzig verschiedene schwarze Gruppierungen erfasst und die sich zum sogenannten »Black Strategy Center« formierte.

Aber dann passierte, was immer wieder geschieht, wenn Finanzstarke und Habenichtse zusammenkommen – die Starken möchten genau wissen, was mit dem Geld geschieht, und mitbestimmen, und die Habenichtse möchten zunächst einmal nach eigenem Gutdünken schalten und walten. Sie empfinden jedes Mit- und Dreinreden als Bevormundung. Was sich zwischen hochindustrialisierten Ländern und unterentwickelten Nationen abspielt, wiederholte sich hier innerhalb einer Stadt.

Die Vorwürfe gingen zum Beispiel dahin, das »Black Strategy Center« verschwende das Geld für luxuriöse Büros; dem wurde entgegengehalten, jede Organisation brauche einen guten Apparat und vor allem eine gewisse Anlaufzeit. Es ging sehr bald nicht mehr um Probleme, sondern um Prestige, um Fragen der Mündigkeit, der Selbstbehauptung und Selbstbestimmung.

Das große Hindernis aufseiten der Schwarzen aber war die Uneinigkeit, die ein sicheres Auftreten gegenüber den weißen Bischöfen verunmöglichte.

Ein militanter schwarzer Pastor wie Rev. C. T. Vivian hat in aller Direktheit erklärt: Um der Bitterkeit der Schwarzen ein Ende zu bereiten, sollten die Weißen den Schwarzen Mittel und Geld überlassen und sich dann aus dem Staub machen.

Das ist eine verständliche Reaktion, aber heftiger empfunden denn politisch gedacht.

Wenn die weißen Bosse sich zusammentaten und mit einer anderen Zusammensetzung des »Black Strategy Center« arbeiten wollten, dann war das alles nicht nur aus aufgerütteltem Gewissen

oder aus Nächstenliebe geschehen, sondern es war ein Planen auf
weite Sicht. Wenn auch nicht laut in der Öffentlichkeit, so doch
gut vernehmbar in den Exekutivbüros wurde davon gesprochen,
dass die Schwarzen in zehn oder zwanzig Jahren die Majorität in
Chicago haben und dann die Macht übernehmen könnten. Aber
anderseits wissen die Schwarzen, dass der autonome schwarze
Markt innerhalb der amerikanischen Wirtschaft eine Illusion bleiben muss. Und dann könnte die Eroberung der Städte ein zwei-
schneidiges Schwert sein. Es findet eine doppelte Binnenwande-
rung statt: Die Weißen gehen in die Vorstädte, wo sich eine neue
Suburbia-Zivilisation entwickelt und wo auch die neuen Arbeitsplätze entstehen. So könnte es sein, dass die Schwarzen ein zweites
Mal glücklose Sieger werden, wenn sie Städte erobern, die nicht
funktionsfähig sind und keine Existenz mehr bieten – eine neue
Form der Geisterstädte: die ganze Stadt als Ghetto.

Die Slums als Geschäft

Das erste Geschäft, mit dem die Slumbewohner in Berührung kommen, ist dasjenige, das mit ihnen selber getätigt wird, ein raffiniertes
Geschäft mit allerlei Abstufungen.

An sich fließen Unterstützungsgelder in die Slums – bundes-
staatliche, einzelstaatliche und kommunale. Aber die, welche die
Unterstützung erhalten, sind im Grunde nur Relaisstationen, die
das Geld umleiten – es geht an die Slumlords.

Zudem fließt noch lange nicht alles zu denen, für die es vorgesehen ist. Denn dazwischen liegt, was man den sozialen Zwischen-
handel nennen kann, nämlich eine Administration, die neu aufgebaut wurde und die eine Reihe von Arbeitsplätzen bietet, weißen
Hochschulabsolventen natürlich.

Die Unterstützungsgelder bewirken also keineswegs eine Ver-

besserung und eine Veränderung. Im günstigsten Falle dienen sie
der Erhaltung des Status quo, Status quo in den Slums aber heißt
zunehmende Verelendung.

Das große Geschäft machen zunächst einmal die Slumlords.

Für Chicago lauten die Namen der zehn wichtigsten Slumlords Moe Forman, Gerald Crane, Gulbert Balin, Brian Flisk,
Louis Wolf, Albert Berland, Max und Herman und Leon Gutman, Victor Spector. Über ihre Praktiken erfährt man nicht von
Amtes wegen oder über ein Gericht, sondern aus der Zeitung.
Die *Chicago Tribune* hatte monatelang ein Reporterteam für Recherchen ausgeschickt. Ein großer Aufwand ist unerlässlich. Denn
diese Geschäftsleute verbergen ihre Geschäfte hinter irgendeinem
Decknamen. So hat das Gericht oft die größten Schwierigkeiten,
die Schuldigen überhaupt ausfindig zu machen. Deswegen war die
Namennennung schon eine Leistung des Reporterteams.

Die Praktiken selber sind nicht sehr einfallsreich, aber ergiebig:
Ausnutzung der Wohnungsnot, Profitieren von der Segregation,
überhöhte Mietzinse, Wohnungen, die keiner Bauvorschrift mehr
entsprechen und nicht nur menschenunwürdig, sondern zum Teil
ausgesprochen gesundheitsgefährdend sind.

Das ist nur ein Teil der Geschäfte. Das Geschäft kann schon
vorher beginnen. Dann, wenn der Spekulant bei dem Weißen auf-
kreuzt, der einen schwarzen Nachbarn erhalten hat. Heute hat die
Liegenschaft schon an Wert verloren, morgen wird sie gar nichts
mehr wert sein. So wird die Rassenfrage bewusst angeheizt, um zu
Fluchtpreisen für die Liegenschaften zu kommen.

Und nach dem Erwerb gibt es noch eine neue Reihe von Möglichkeiten – fiktive Belastungen mit Hypotheken, völlig irrealen
Handwechsel unter den Slumlords. Und am Ende steht immer
noch das Spiel mit der Feuerversicherung. Die Brüder Gutman
zum Beispiel gehören zu den besten Kunden der berühmten Chi-
cagoer Feuerwehr.

Eines Tages aber wird die Stadt selber zum größten Slumbesitzer, indem sie das Terrain kauft; dann tritt die Cleaning Commission in Aktion, die Sanierungskommission. Das Land wird »geputzt«: Häuser werden abgerissen, ein Überbauungsplan erstellt, dann wird das Land an Baufirmen und Grundstücksmakler weiterverkauft.

Das ergibt eine neue Reihe von Verdienstmöglichkeiten – Kommissionen, günstiges Land, das durch die Überbauung an Wert gewinnt, die Korruption von Zuteilung und Beteiligung.

Und was geschieht mit denen, für die die Slums immerhin Unterkunft waren? Die Antwort ist gut und die Lösung schlimm.

Es sollen Sozialwohnungen errichtet werden, die Public Houses. Vorgesehen ist, dass die Slumbewohner wieder zu Wohnungen kommen und dass diese nicht teurer sind als diejenigen, die sie verlassen.

Aber: Erstens werden diese Public Houses geradezu verantwortungslos unökonomisch gebaut. Zweitens werden sie überhaupt nicht gebaut. Seit zwei Jahren jedenfalls gibt es kaum neue Sozialwohnungen in Chicago; und nachdem Nixon die Sozialleistungen aus seinem Budget gestrichen hat, muss man nicht einmal mehr fragen, was mit dem Geld geschieht, das dafür vorgesehen ist. Und drittens: In den letzten Jahren wurden Hunderttausende von Wohneinheiten der Public Houses wieder abgerissen, weil sie den Expressstraßen weichen mussten. Diese Expressstraßen favorisieren die Verbindung mit den Vororten, wohin sich die weiße Bevölkerung flüchtet. Insofern hat das Ganze wieder Logik.

Es wird saniert. Saniert für die Mittelklasse und von da aufwärts. Nur die, welche am dringendsten der Sanierung bedürften, gehen leer aus.

Aufstieg und Integration

Aber lassen wir sanieren und setzen wir uns in den Wagen, den die Stadtverwaltung freundlicherweise zur Verfügung stellt; ein Mädchen, das im Public-Relations-Büro der Stadt arbeitet, freut sich, mitkommen zu dürfen; sie möchte gerne Chicago kennenlernen.

Bei diesem urbanistischen Sightseeing wird das Hauptgewicht auf zwei Punkte gelegt: Erstens einmal fahren wir zur Seefront. Zu Lake Meadows. Hier hat die erste urbanistische Tat stattgefunden, 1948, als von privater Seite ein Wohnhochhaus errichtet wurde, das zehn Prozent des zur Verfügung stehenden Terrains beanspruchte, womit Chicago zu seiner ersten geplanten Grünfläche kam. Inzwischen wurden hinter Lake Meadows eine Reihe von andern Wohnhochhäusern errichtet. Auf der gegenüberliegenden Straßenseite beginnt ein Slum mit seinen zwei- bis dreistöckigen Holzhäusern, mit den wackligen Hühnerleitern im Freien, ohne jeden Komfort.

Und dann fahren wir, ebenfalls im Süden von Chicago, zu Southern Commons, einer »Community«, wie man eine geschlossene Siedlung nennt. Es ist eine Mustersiedlung.

Diese Community ist eine Ansammlung von Großbauten, die streng nach sozialer Schichtung getrennt sind: Bauten für die Oberklasse, Bauten für die Mittelklasse, Bauten für die unteren Einkommen und ein Hochhaus für die Alten. Es soll als gutes Beispiel für die totale Integration gelten: die rassische, die soziale und die altersmäßige Integration.

Und es trifft auch zu: In beiden »Siedlungen« kann man Schwarze und Weiße antreffen, die tatsächlich konfliktlos leben. Dabei wird allerdings auf den Prozentsatz geachtet – nicht mehr als fünfundzwanzig bis dreißig Prozent, das entspricht ungefähr dem prozentualen Anteil der Schwarzen an der Gesamtbevölkerung. Das Überschreiten dieses Prozentsatzes wird als untolerierbar betrachtet. Von einer totalen Integration kann also nicht gesprochen werden, aber von einer stufenweisen. Und vielleicht ist eine realistische Möglichkeit eben nur die, dass stufenweise Vorurteile abgebaut werden. Aber dieser stufenweise Abbau findet erst auf einer gewissen sozialen Stufe statt.

Wären wir auf unserer urbanistischen Sightseeingtour weiter nach Süden gefahren, so hätten wir eine andere Art von Community kennenlernen können: eine Siedlung sozialer Wohnungsbauten, wo nur Schwarze wohnen. Und diese Siedlung, die kaum fünf Jahre alt ist, nimmt sich aus wie ein subventionierter Slum; das Ganze ist vom Verfall gezeichnet. Nun war das Ganze auch nie sehr auf Stabilität gebaut, weder bautechnisch noch der Konzeption nach.

Hierher verpflanzte man Leute, die bis anhin in den Slums wohnten. Man hat ihnen eine neue Umgebung gegeben, eine neue Wohnumgebung, und dabei ließ man es bleiben. Aber das Problem ist ja nicht ein Wohnungsumzug. Die hier einzogen, lernten nicht mit den Dingen umgehen, die man ihnen zur Verfügung stellte. Und man stellte ihnen ja auch nur etwas zur Verfügung – die entsprechende Schul- und Ausbildungsmöglichkeit fehlen, die Arbeitsplätze fehlen nach wie vor; man behandelt die Leute als Unterstützungsproletariat. Etwas anderes als die billigsten Konsumwünsche kennen sie nicht. Sie sind mit anderen Worten ein vorzüglicher Vorwand für den Soziallohn der Reaktionäre: Bitte sehr, man stellt ihnen moderne Wohnungen hin, und sie wissen nichts damit anzufangen – Wohlstandsperlen, die man den Säuen hinwirft.

Urbanismus ist eben nicht nur eine Angelegenheit von Architekten und Stadtplanern.

Dazu kommt, dass diese einstigen Ghettobewohner in ihrer rein schwarzen Umgebung belassen werden und damit nicht in jenen dialektischen Prozess eingeschaltet werden, aus dem eine verschiedenrassige Gemeinschaft überhaupt erst entstehen kann.

Die schwarze Bourgeoisie

The Negro as Capitalist, der Buchtitel stammt aus dem letzten Jahrhundert, aus dem Jahr 1880.

»*The Negro in Business*« war das Thema einer Arbeitstagung im Jahr 1898 an der Atlanta-Universität, die ausschließlich von Schwarzen besucht wird.

1900 wurde die »National Negro Business League« gegründet. Der kapitalistische Weg für die Schwarzen hat bereits ein gewisses Alter.

Es entstand auch eine schwarze Bourgeoisie. Der soziale Aufstieg wurde in verschiedenster Hinsicht manifest. Die Erfolgreichen verließen die populären Massenkirchen der Baptisten und Methodisten und wandten sich einem tüchtigeren Gott zu, in der Episcopal Church oder bei den Presbyterianern.

Es war eine Bourgeoisie, die daran glaubte und darauf hoffte, dass der Dollar weiß oder mindest weißer mache. Aber dieser Glaube und diese Hoffnung hielten nicht fester als der weiße Puder auf der schwarzen Haut.

Als der Soziologe E. Frank Frazier in den Fünfzigerjahren diese »*Black Bourgeoisie*« untersuchte und die Ergebnisse seiner Studien veröffentlichte, war man weitherum, bei Schwarz und Weiß, empört. Er hatte gezeigt, dass es um die wirtschaftliche Macht dieser schwarzen Bourgeoisie recht lächerlich bestellt war. Aber aufreizender war seine Entlarvung: Diese schwarze Bourgeoisie hatte ihre Verbindung zur schwarzen Masse aufgegeben, aber sie hatte nicht den Anschluss an die weiße Bourgeoisie gefunden, sie hatte sich in einen luftleeren Raum begeben, wo sie nur mit Masken atmen konnte.

Was in den Fünfzigerjahren noch eine Auseinandersetzung unter Soziologen war, fand dann in den Sechzigerjahren vor aller

Augen auf den Straßen statt. Die Civil Rights Movements, die Bürgerrechtsbewegungen mit ihren zum Teil blutigen Demonstrationen hatten dem letzten Zweifler und Heuchler klargemacht, dass es um die Gleichberechtigung mehr als übel bestellt war, dass die schwarze Bourgeoisie keinen Beweis für den sozialen Aufstieg der Schwarzen abgeben konnte. Der Schwarze war ja nicht einmal gesetzlich gleichgestellt.

Das Bild hat sich für die Siebzigerjahre geändert, methodisch wie ideologisch. Die National Black Political Convention vom März 1972 in Gary hat eine schwarze Agenda aufgestellt, die nicht mehr die Gewalt als politisches Mittel einsetzen will, die aber damit nicht auf die Radikalität ihrer Forderung verzichten möchte. Der lange Weg über die Wahlen und durch die Ämter.

Das Bild hat sich aber auch ideologisch geändert. Der Kampf der Schwarzen in Amerika wird im Zusammenhang mit dem Kampf der Schwarzen in Afrika gesehen. So trat auch ein neuer Typus von scharzem Führer auf wie Imamu Amiri Baraka. Afrika ist selbst in der Sprache präsent. Wenn zur Einigkeit aufgerufen wird, genauer zur Einigkeit ohne einheitliche Ausrichtung, um die so divergierenden Ansichten unter ein Wort zu bringen, dann gibt es dafür den afrikanischen Ausdruck »*Umoja Mweusi*« = »schwarze Einigkeit«.

Der Schwarze der Siebzigerjahre spricht also mit einem völlig neuen Selbstbewusstsein. Jesse Jackson zum Beispiel, der für einen New Look in diesem Selbstbewusstsein sorgte mit seiner berühmten Litanei: »Ich bin jemand«, Jesse Jackson formuliert es zum Beispiel so:

»Wir sind eine unterentwickelte Nation in der Nation ... Wir können eure Herzen nicht ändern. Eure Institutionen müssen geändert werden. Wir sind hier nicht als Missionare oder Söldner. Wir sind Visionäre, die das Ziel nicht erreichen können, das wir sehen. Wir wissen, die Bibel sagt, dass eine Nation ohne Vision zugrunde geht. Wir haben die Vision, ihr aber, ihr habt die Mittel.«

Dieses Selbstbewusstsein zusammen mit einer »afrikanischen Identifizierung« verführt aber zu einer neuen Ideologisierung. Das wurde mir nicht in Chicago, sondern zwei Wochen später in New York augenfällig vorgeführt. Ich suchte das Bedford Stuyvesant Restauration Center in Brooklyn auf, ein Viertel im schwärzesten Brooklyn, wo nahezu so viele Schwarze wie in Harlem wohnen. Als ich im Empfangsbüro vorsprach, befand ich mich in einer überraschenden Umgebung – junge, hübsche schwarze Frauen in den farbigsten Turbanen, mit unbekümmerten Tuniken und Schleiern und Überwürfen. Nun hat ja die Mode eine Narrenfreiheit, die einen ebenso wenig wie eine Vernissage in einer Galerie überrascht. Aber man spürte hier deutlich: Es handelt sich hier nicht um eine Mode, sondern um ein Bekenntnis: *African Look*.

Nicht nur *African Look,* wie wir ihn von der Haartracht her kennen. Die Frisur war ja stets ein Statussymbol oder eine Frage der Mentalität. Auch in rassischer Hinsicht. In den schwarzen Zeitungen kann man Inserate lesen, die Salben anpreisen, welche das krauseste Kraushaar der Schwarzen glatt machen. Moderner ist der Blow-up-Kamm, der das Haar zu dem aufbläst, was man eben den *African Look* nennt.

Hier aber erstreckt sich der *African Look* nicht nur auf die Frisur, sondern auch auf die Kleidung. Es waren afrikanische Kleider, die hier getragen wurden. »*It's nice«;* der Schlüsselsatz »Es ist hübsch« half auch hier zur unmittelbaren Brücke. Nigeria, Sierra Leone oder Ghana – eine Vorführung, die es einem nicht leicht machte, zur Soziologie zurückzukehren.

Es ist etwas anderes, ein »schwarzes« Bewusstsein zu entwickeln und von da Werte zu setzen und Werte mitzubestimmen – etwas anderes, als die Identifikation mit dem Afrikanischen zu suchen. Denn was einem hier begegnet, ist ein amerikanischer Schwarzer, und sein Problem wird sein, sich in der amerikanischen Gesellschaft zu verwirklichen.

Wenn aber die schwarzen Amerikaner sich als afrikanische Missionare oder als einzige Avantgarde verstehen, dann engen sie den Freiheitskampf ein, statt dass sie ihn intensivieren.

An diesem Freiheitskampf und am Kampf der Emanzipation sind ja nicht nur die Schwarzen beteiligt, es gibt die Indianer, es gibt die »Latinos«, die Puertoricaner und die Chicanos (die mexikanischen Amerikaner), es gibt nicht nur die ethnischen Minderheiten, es gibt die sexuellen der Homosexualität, und es gibt die Emanzipationsbewegung der Frauen. Und dann gibt es den Sozialkampf der weißen Armen; es gibt ja nicht nur die schwarzen Slums, sondern auch die weißen.

Hugo Loetscher unterwegs:
Portraits, Fotografien, Dokumente

2   Reisepass 1983 bis 1993

3   Zusammen mit einer *Weltwoche*-Reisegruppe nach Israel, ca. 1970.
Foto: Eric Bachmann

Vom Meer aus eroberten die Portugiesen ein Weltreich – Windrosen von alten Seekarten (zu Seite 4: Portugal in Asien)

4   Cover des *Tages-Anzeiger Magazins* mit der Reportage
    Portugal in Asien. 17. Juli 1976

Toledo, im Herzen Spaniens gelegen, ist die Stadt, in der einst drei Religionen miteinander lebten. Doch schliesslich triumphierte das Christentum über Judentum und Islam.

Toletum, Toledoth, Tolaitola, Toledo

Ein Besuch bei der Toleranz von Hugo Loetscher (Text) und Daniel Schwartz (Bilder)

Achtzig Kilometer von Madrid entfernt, per Bahn oder Bus in einer Stunde erreichbar, nach einer Fahrt durch die hier nicht sehr attraktive Ebene der Mancha – aber der Ort, den wir meinen, liegt auf einer andern Karte, auf der Karte des Mythos und der Illusion, dort, wo auch gebrochene Hoffnungen zu finden sind.

Doch ohne die Anschaulichkeit des Schauplatzes geht es nicht, und er bietet ein dramatisches Szenarium.

Als könnten aus Felsen Mauern wachsen. Auf drei Seiten umflossen vom Tajo. Allerdings kommt es darauf an, von wo aus man sich der Stadt nähert. Ob von einer Brücke, über die kein Verkehr rollt. Ob man an einem Steilhang vom Ufer des Tajo aus einen mehrfach geknickten Fussweg wählt. Oder ob man die Stadt durch den verkehrsgefälligen Hintereingang betritt, durch das massige, von Rundtürmen flankierte Bisagra-Tor, dort, wo kein abstürzender Fels natürlichen Schutz bietet, wo man mühelos von den neuen Vierteln aus der Ebene in die Altstadt hinauf gelangt, in den *casco histórico*.

Wenn sich die Stadt mit Erfolg einem Maler darbot, tat sie dies von der trotzenden Abwehrseite her, dort, wo sie mit Mauern, Wehrtürmen und Kirchen himmelwärts zeigt und den Blick nach oben reisst, nicht an das himmlische Jerusalem zu erinnern.

Wo einst Belagerern Widerstand geleistet wurde, gleitet man heute ohne Anstrengung an zinnenbewehrten Festungen vorbei. Seit Juni dieses Jahres führt eine Rolltreppe in mehreren Absätzen hinauf, und wie einzige Stadt, in deren Zentrum man vermittels einer mechanischen Treppe gelangt. Wie würde El Greco in einer seiner Stadtansichten eine Rolltreppe malen, und in welchen Wolkenhimmel würde sie weisen?

Ungeachtet dessen nach wie vor eine Stadt, die das mittelalterliche Bild einer Festung bewahrt hat, hoch über der Schleife, die sich der Tajo ins Tal geschnitten hat. Man kommt auf einen der Gegenhügel zum Postkartenblick. Ein Mirador, wo der Taxichauffeur und der Busfahrer ihre Gäste hinbringen, eine Aussichts-

rampe, wo man für die ultimative Aufnahme ansteht. Man kann auf den gleichen Hügel einige Kurven weiter hinauffahren, bis zum staatlichen Luxushotel, einem Parador, wo dort gewinnt man Weitblick: unten die Stadt und in der Ferne ein Hügelzug. Es ist ein stilwidriger Ort.

Nein, Toledo liegt einem nicht zu Füssen.

Auf dem gleichen Gegenhügel ein Mammutbau, die «Akademie der Infanterie». Hinter dem Gebäudekomplex ein Felsbrocken-Gelände. Im Übungsterrain der Infanterie, für sich allein und verloren, eine Einsiedelei, die Ermita der Virgen de Gula. Am Tag der Hispanität, am 12. Oktober, dem Nationalfeiertag, wenn in Madrid die Armee defiliert, wird hier die schwarze Madonna mit dem schwarzen Jesuskind zur Prozession ausgeführt. Der Weg ist abgesperrt von Soldaten, höhere Vertreter des Militärs murmeln mit im Rücken des Klerus. Doch es detonieren nicht Panzergranaten, sondern Raketen und Knallfrösche.

Die schwarze Madonna wird durch karges und wasserarmes Land geführt. Steineichen, wilde Oliven, Disteln und über dem Gelände ein starker Duft von Thymian. Das benachbarte Toledo hat bis heute Sorgen mit dem Wasser. Die Römer hatten einen Aquädukt gebaut und holten das Wasser aus einer Entfernung von vierzig Kilometern herbei. Im Mittelalter wurden komplizierte Maschinerien ersonnen, um Wasser vom Tajo in die Stadt hinaufzupumpen. An der Mauer eines Amtshauses liest man ein modernes Lob, die Gedenktafel gilt dem Wohltäter Franco; dem Caudillo verdankt die Stadt Trinkwasser, das vom Torcón hergeleitet wird, vom Fuss der Toledaner Berge.

War das nicht einmal eine Stadt, die berühmt war für ihre maurischen Brunnen und Wasserspiele?

*

War das nicht die Stadt, in der einst drei Religionen miteinander lebten? Der drei Buchreligionen, von denen jede behauptet, ihr Buch sei das einzige wahre? Juden, Christen, Muslime.

Selbst auf den T-Shirts ist zu lesen *Ciudad de tres culturas*, und wenn man's nicht direkt schriftlich haben will, kann man T-Shirts mit arabischen Ornamenten kaufen oder mit einem siebenarmigen Leuchter.

Die Stadt der drei Kulturen – in diesem Zeichen losten die Fremdenführer ihre Gruppen. Das Programm lässt sich kaum auf die Trinität der Kulturen beschränken. Schwerlich ginge es ohne El Greco, also auch nicht ohne die Kirche Santo Tomé, wo «Das Begräbnis des Grafen Orgaz» zu sehen ist, nicht ohne das Wohnhaus-museum, wo eine Porträtsammlung seiner Apostel und Heiligen sich findet; dort hängt auch eine seiner Ansichten von Toledo, eine Darstellung, von der der Künstler selber erklärt, er habe aus ästhetischer Absicht die bauliche Topographie der Stadt verändert.

Die meisten Touristen kommen in Bussen aus Madrid und ziehen hinter dem Wimpel oder Regenschirm des Guide durch die Stadt oder absolvieren mit einem Zügelein die Sightseeing-Tour in einer knappen Stunde. Für den Ansturm von Besuchern verwandelt sich Toledo in einen Souvenirstand; es drehen sich die Postkartenständer, und zwischen Sparschwein und Weihwasserbecken grüssen als Mitbringsel Don Quijote und Sancho Pansa. Am spätesten Nachmittag verlassen die Besucher, was sie abgeknipst haben, vielleicht mit etwas als typisch Angepriesenem: Keramikteller, Marzipan oder iberischem Schinken.

Am Abend aber werden die Rüstungen, die tagsüber als Attraktion von den Geschäften Wache halten, von der Strasse geholt; die Ritter kehren ins Nachtlager zurück. Die Schwerter, die sich Strassenzüge lang anbieten, als gälte es die Komparserie für einen historischen Monumentalfilm auszustaffieren, erwarten die Käufer des kommenden Tags. Degen, Dolche und Krummsäbel werden hinter Rolläden gesperrt, zusammen mit Tisch- und Taschenmessern, mit Scheren und allem, was sich einschlieft: Toledo-Klingen sind im Markenzeichen.

Wenn die Tagesbesucher fort sind, findet man in den Boulevardcafés auf dem Zoodover freie Stühle. Dann, wenn der Schatten länger werden und die Nacht sich auf Toledo senkt, wenn die Scheinwerfer an der Kathedrale Portale und Turm anstrahlen und auf sie kein Kameraauge gerichtet ist, wenn die Strassen leerer und die Mauern höher werden und auf den Kopfsteinpflaster die Schritte lauter, dann kommt die Stunde, die einlädt, an das Toledo zu denken, das wir meinen.

Ein Stadtbild voller Erinnerungen aus Stein, ausgesetzt jeder Witterung der Geschichte. Die Vergangenheit als Steinbruch für irgendeine Gegenwart. Und sei es nur, dass auf einem Bauplatz eine alte Frau nach Kacheln sucht.

Die Steine führen auf allen Plätzen bis in die engsten Gassen ihren unübersehbaren Dialog: vertikal geschichtete Backsteine bilden das Grundmauer der Hauswände, und in sie hinein komponiert Vierecke mit glatten Bruchsteinen, das Rot gebrannter Erde und das Ocker behauener Natursteine von unterschiedlichster Tönung.

Da dieses Baumaterial auch dort verwendet wird, wo heute gebaut wird, ergibt sich urbanistische Geschlossenheit. So kommen einem selbst neue Strassenzüge vertraut vor, und man sieht überrascht, was für Winkelzüge Strassen und Gassen machen, in was für einem Labyrinth man sich zurechtsucht, vergitterte Fenster und Erker, ein unerwarteter Blick in einen Innenhof, über Treppen und Steige, unter Toren durch und an Portalen vorbei, unversehens in einer Sackgasse und um die bekannte Ecke herum in nächster unbekannter Platz.

Steinerne Erinnerungen auch an Anfänge, die noch vor den Jahrhunderten der drei Religionen und Kulturen liegen, vor der Zeit, als die Stadt zu dem Mythos kam, den wir nachspüren.

Erinnerungen an die Römer, die hier ihr Toletum gründeten. Die Alcantara-Brücke, lange der einzige Flussübergang, ist seit römischen Zeiten bezeugt. Der Aquädukt behauptete sich bis in den Anfang des vergangenen Jahrhunderts. Ausserhalb der Stadt, in der Vega, in der Ebene der Mancha, steht die Kirche Cristo de la Vega auf dem einstigen Gelände des römischen Circus; dort sind auch Mauerreste des Hippodroms zu finden. Genaueres ist schwerlich auszumachen, noch steckt die Toledaner Archäologie in den Anfängen.

Neben den Erinnerungen an die Römer die noch spärlicheren an die Westgoten, die Visigoten, wie sie hier heissen, an ihr Toledoth. Sie haben das römische Spanien christianisiert. Gelegentlich stösst man auf eine Grundmauer, meist aber bleibt es bei Vermutung und Spekulation. Reminiszenzen als Kapitelle in S. Sebastian oder als Pfeiler in S. Andrés. Immerhin ein «Museum für Westgotische Kultur und Konzilie»: Fresken, die an Byzanz denken lassen, Kranzleisten, Säulen, ein Fries.

Aber die Stadt, die wir meinen, kam erst auf die Karte der grossen Erwartung auf der grossen Enttäuschung, nachdem die Muslime der dreihundertjährigen Herrschaft der Westgoten ein Ende gesetzt hatten und als Taquir 712 Toledo eroberte, als aus Toledoth Tolaitola wurde.

Dreizehn Konzile waren in Toledo abgehalten worden. Die Visigoten auf dem Weg und Disput zu einem rechtmässigen Glau-

ben, vom Arianismus zum katholischen Credo. Die Einheitlichkeit der Religion war Voraussetzung für den Zusammenhalt westgotischer Fürstentümer, deren Hauptort Toledo war.

In diese erwünschte und erkämpfte Orthodoxie passten die jüdischen Gemeinden nicht. Die Juden hatten einen Judentribut zu entrichten; die Heirat zwischen Juden und Christen war verboten, ebenso war ihnen nicht erlaubt, christliche Dienstboten oder Sklaven zu halten oder gar zu missionieren. Es kam zu Perioden der aufgezwungenen Gleichschaltung: Taufe oder Exil. Repressionen, die selbst von kirchlicher Seite nicht geduldet wurden. Ildefons, der spätere Stadtpatron, damals Erzbischof von Toledo, verwarf an einem Konzil jeden Taufzwang; doch für die bereits Getauften gab es keine Rückkehr zu Moses.

Aber vorerst ist es noch die Stadt, die dem Ruf erlangt, ein Ort der Toleranz zu sein.

Ob es genau zehn Synagogen gab, ist nicht sicher. Zwei stehen noch. Sie dienen nicht mehr als Gotteshäuser. Da ist unter den Namen la Blanca – der Name lässt kaum vermuten, dass es sich um eine Synagoge handelt: der weiss getünchte Raum, die hufeisenförmigen Bögen, die gedrungenen Pfeiler mit ihren Knospen-Knollen-Kapitellen erinnerten an eine islamische Gebetshalle, wären da

Kathedrale und Alcázar dominieren die Stadtsilhouette.

Selbst in den engsten Gassen führen die Steine ihren Dialog.

Vor dem Hospital de Santa Cruz: Geschichte ist omnipräsent.

nicht Seitenkapellen oder in der Apsis des Mittelschiffs ein Altaraufbau.

Die andere Synagoge, El Tránsito, trägt gelegentlich noch den Namen ihres Erbauers, Samuel ha Levi. Er war Schatzmeister von Pedro dem Grausamen und wurde in Sevilla hingerichtet. Nach der Vertreibung der Juden wurde die Synagoge in eine Kirche umgewandelt und den Bau eine simple christliche Fassade mit Kreuz vorangestellt. Heute ist sie dem Judentum insofern zurückgegeben, als die einstige Synagoge das Museo Sefardí beherbergt, es informiert über die Kultur der spanischen Juden. Der Hauptraum bietet schönste Beispiele für die Stuckaturen, in der den Juden Meister waren. Unter den Exponaten ein Kapitell mit hebräischer und arabischer Inschrift, im Innenhof eine Laubhütte, die Erinnerung an einen andern Auszug, an den aus Ägypten.

Sephardim: Das biblische Wort wurde für die Juden zum Synonym für Spanien; sie haben ins Exil den Namen des Landes mitgenommen, das sie vertrieb.

Umwandeln und Umfunktionieren, Requirieren und Stehlen – ein Zusammenleben, das auch Vergewaltigung, Wegnahme und Umnutzung einschloss.

Nicht nur Synagogen wurden zu Kirchen und später als Museen eingerichtet. Auch aus christlichen Kirchen hat man Museen gemacht. Als Museum dient ebenso das einstige Hospital Santa Cruz. Die Bauhütte der Kathedrale als Taller de Moros, als «Maurenwerkstatt», in der man neben Kacheln auch ein Taufbecken findet. Kirchen, die als Moscheen benutzt wurden, und Moscheen in Kirchen umgetauft wie Cristo de la Luz; der Raum der einstigen Mezquita ist fast intakt geblieben, noch ist die restaurierte arabische Inschrift des Baujahrs 999 zu lesen; an die Mezquita wurde eine christliche Apsis angegliedert. Oder das Gotteshaus Santa Fé, das von der einstigen Moschee die Kuppel bewahrte. Und ein Fremdenführer könnte darauf aufmerksam machen, dass in der Kirche San Lucas jüdische und mohammedanische Grabsteine nebeneinander stehen.

Die dramatischste Episode bietet der Bau der Kathedrale. Ein Ort, wo einst eine Moschee stand. Als die Spanier 1085 den Arabern Toledo entrissen, garantierten sie den verbliebenen Muslimen Religionsfreiheit. Das Versprechen, die Moschee zu respektieren, wurde nicht gehalten. Es wäre zu einem Aufstand gekommen, hätte nicht Aqbu-Walid, der Weise, interveniert. Doch die maurische Vermittlung änderte nichts daran, dass hier ein Bau des triumphierenden Katholizismus entstand. Die Kathedrale, imposante Gotik, die im Innern den Menschen zwischen Säulen und unter einem barocken Himmel klein werden lässt. Das Gotteshaus macht klar, wer in der Stadt der drei Kulturen das Sagen und das Sagen hat.

Umwandlungen bis in die jüngste Zeit. Ein Umfunktionieren auch, das humanisiert. Dann, wenn das Gebäude der Inquisition zur Universität wird – obwohl Studenten meinen, die Qual der Befragung sei durch den Wandel erhalten geblieben. Die einstige Waffenfabrik, die königliche Fábrica de las Armas, wird als Universitätscampus hergerichtet. Nach wie vor segnet im Park ein

Die Teppiche des marokkanischen Strassenverkäufers stammen aus China und kommen via Golfstaaten in den Mittelmeerraum.

Christus Spanien, auf einem Podest, das aus vier Kanonenrohren besteht.

*

Gibt es das Toledo nicht, das wir suchen? Liess sich nicht aus gleichem Back- und Bruchstein Synagoge, Mezquita und Kirche bauen?

Geduldetsein forderte seinen Tribut. Die Toleranz war gebührenpflichtig. Unter den Muslimen zahlten die Christen und Juden eine Sondersteuer. Mit dem Machtwechsel zahlten nun unter den Christen die Muslime eine Sondersteuer und die Juden nach wie vor. Letztere hatten ausserdem an Karfreitag einen Betrag zu entrichten, der als symbolische Rückzahlung der dreissig Silberlinge des Judas legitimiert wurde.

Als die Juden 1492 vertrieben wurden, waren dieser Radikalmassnahme längst Diskriminierungen, Gewalttätigkeiten und Verfolgungen vorausgegangen. Was anderseits nicht ausschloss, dass Juden hohe Ämter bekleiden konnten. Warum sich 1106 ein Volksaufstand gegen die Juden richtete, bleibt unklar. 1319 waren die Juden einmal mehr die Sündenböcke, denen man die Schuld gab an der Pestepidemie und an der schlechten Ernte. Ein Dominikaner namens Vincent Ferrer wütete besonders gegen die Juden und wurde für sein Hetzchristentum heilig gesprochen. Ab einem gewissen Zeitpunkt war es den Juden nur noch erlaubt, in bestimmten Vierteln zu wohnen. In Toledo hatten sie bis anhin auch ausserhalb der Juderia gelebt. Zudem galt es Kleidervorschriften, auch für Muslime. Auf einer Illustration zu einem berühmten Toledaner Schachbuch spielen ein Jude und ein Muslim. Die beiden sind auf Grund ihrer Kopfbedeckung sofort als Nichtchristen erkennbar.

1479 war die Inquisition in Kraft getreten. Sie richtete sich zunächst gegen die getauften Juden, die diese heimlicher jüdischer Praktiken verdächtigt wurden. Damit war auch das Schicksal jener 50 000 Juden besiegelt, die nicht mit den 300 000 ins Exil gingen, sondern sich taufen liessen. Die, welche ins Exil gingen, durften keine Edelmetalle mitnehmen; sie liessen praktisch ihre ganze Habe zurück.

1492, das Jahr, in dem die Juden vertrieben wurden, war auch das Jahr, in dem die Spanier Granada eroberten, die letzte Bastion der Araber auf der Iberischen Halbinsel. Zehn Jahre später sahen sich auch die Muslime vor die Alternative gestellt: Taufe oder Ausweisung.

1492 war auch das Jahr der Entdeckung Amerikas, der Konfrontation mit den bis anhin unbekannten Völkern der Indios, womit das Kapitel der Vernichtung einer neuen Kultur seinen Anfang nahm.

Aber wie soll ein Volk oder eine Volksgruppe Toleranz gegen andere üben, wenn sie selbst unter sich eine blutige Geschichte leben?

Visigotisch-christliche Brüderlichkeit: König Liuwa wurde von seinem Nachfolger Witerico ermordet, seine Leiche von rebellierenden Soldaten durch die Strassen geschleift. Der Bürgerkrieg zweier Thronprätendenten war der Anfang vom Ende des Visigotenreiches.

Maurisch-mohammedanische Brüderschaft: Als nach dem Sturz der Omaijaden das Kalifat von Damaskus nach Bagdad verlegt wurde, machte sich das maurische Spanien unabhängig; dem usur-

Über dem Altar der Kathedrale wölbt sich ein barocker Himmel.

Initiationsriten von Universitätsstudenten im ersten Semester.

Auf der Plaza del Ayuntamiento.

Vom Prozessionsweg wird nicht abgewichen.

patorischen Kalifen in Bagdad wurden die Köpfe seiner Anhänger als Siegespost geschickt, in Kisten mit Salz und Kampfer eingelegt. Wegen der Auseinandersetzung zwischen Toledo und Córdoba wurden 807 bei einem vorgetäuschten Fest fünftausend Toledaner in einer einzigen Nacht geköpft.

Die Brüderlichkeit der alleinseligmachenden Kirche war nicht minder tödlich. Wofür Toledo durch alle Jahrhunderte hindurch verschiedenste Beispiele bietet. Als Karl V. hohe Posten mit Nicht-Spaniern besetzte, rebellierten kastilische comunidades. Nach dem Niederschlagen der Rebellion wurde der Landbesitz des einen Anführers versetzen, um den Boden unfruchtbar zu machen. Oder, um nach einer langen blutigen Geschichte ein Beispiel aus unserer Zeit zu nehmen: In der Skyline von Toledo triumphiert von weit her gesehen der Alkazar mit seinen vier Ecktürmen, zunächst ein Wehr- und Wohnturm der Mauren, oft zerstört und wieder aufgebaut. Während des Spanischen Bürgerkriegs war er von den Republikanern belagert und zusammengeschossen worden. Heute beherbergt die Burganlage das Militärmuseum, das Kulturamt und die Bibliothek. Wer in den Stadt die Fassaden genauer betrachtet, wird nach über sechzig Jahren noch an manchen Gebäuden Einschüsse sehen, von einem Bruderkrieg stammend, der mit einer Million Toten jahrzehntelang ein nationales Trauma blieb.

*

Und doch. Das Nebeneinander der Kulturen führte auch zu einer gewissen Durchdringung, kultursoziologisch wie stilistisch. Die Mozaraber waren Christen, die der Sprache und dem Habitus nach arabisch geprägt waren. Stilistisch entsprach den Mozarabern

eine Kunst, die romanische Elemente mit arabischem verband. An diese hybride Kunstform erinnerte man sich, als man den Bahnhof in einem Neomudejar-Stil baute.

In Toledo lebten die Vertreter der drei Religionen zusammen, als Frankreich seine Vernichtungsfeldzüge gegen die Albigenser durchführte. Und während die Muslime in Toledo ungeniert ihren Alltag nachlebten, machten die Katholischen Könige sich an die Reconquista, an die Rückeroberung des spanischen Territoriums und somit an die Vertreibung der Araber.

Soll «toleranz» lediglich heissen: «toleranter als anderswo»?

Sicher gründete das Zusammenleben auf politisch-wirtschaftlichen Interessen. Man brauchte die andern als Bauern, Handwerker, Händler, Beamte, Financiers, als Tributpflichtige.

Aber nicht nur: Wenn Toledo ganze Epochen als Kulturstadt lebte, verdankte es dies der Koexistenz der drei Kulturen. Ein Muslim wie al-Mamun hatte an seinen Hof Literaten und Wissenschafter berufen, Ärzte und Botaniker, Poeten und Mathematiker; hier entstand ein astronomisches Standardwerk des Mittelalters, die Tablas toledanas. Und unter Alfons X., dem Weisen, wurde Toledo im 13. Jahrhundert eine Stadt von europäischer Bedeutung. Ein Ort der Philosophie, Wissenschaft und Dichtung, mit der bedeutendsten Talmud-Akademie des damaligen Spanien. Der Ruhm begründete sich auf der sogenannten Übersetzerschule. Es war keine Schule im Sinne einer Institution. Die traditionelle Bezeichnung «Übersetzerschule» meint die Tatsache, dass in Toledo die Übersetzung als erstrangiger Kulturauftrag verstanden wurde. Vermittlung der drei Kulturen mit Übertragungen aus dem Hebräi-

schen und dem Arabischen (Avicenna und Averroes), vorerst ins Latein, in die damalige Wissenschaftssprache, und hernach ins Spanische. Vermittlung der griechischen Antike, somit der Werke von Aristoteles, Hippokrates und Galen. Und durch die Ausbildung neuer Übersetzungsmethoden: Nicht mehr indem der eine mündlich übersetzte und ein anderer dem mündlichen Vortrag nachschrieb, sondern der Übersetzer notierte das Übertragene selbst. So bildeten sich zugleich Redaktoren und Lektoren heran.

Muslime als Bewahrer europäischen Erbes und Juden als dessen Vermittler. Die Übertragung als Ausweis geistiger Neugierde, als Interesse für das Andere und Kenntnisnahme des Andern. Das geschah oft ohne Ambivalenz: Die Übertragung des Korans durch einen Christen wurde auch genutzt, um fundierter gegen die Lehre des Islams antreten zu können.

Und doch. Die toledanische Übersetzungstätigkeit war der Beweis einer Mentalität, die nicht auf Ausschliesslichkeit aus ist, sondern auf ein Nebeneinander: trotz religiöser Hierarchie kulturelle Gleichzeitigkeit.

Vieles war möglich gewesen in diesem Toledo, wie sonst nirgends in Europa. Warum sollte das, was einmal möglich war, nicht wieder möglich sein und diesmal vielleicht viel möglicher? Und nicht nur auf der Karte ein Mythos zu finden?

Verantwortlich für diese Beilage:
Margret Mellert, Christian Güntlisberger

7

8 und 9   Bahia (Brasilien), 1966. Fotos: René Burri

9

Ein argentinischer
Tanz und seine
tieferen Bedeutungen

Von Hugo Loetscher

DAS
GEHT
UNS
EINEN
TANGO
AN

10 und 11   Die ersten vier Seiten der Tango-Reportage im
Tages-Anzeiger Magazin, 28. Mai 1983

12   Vermutlich Brasilien, ca. 1970/80er-Jahre. Fotograf unbekannt

13 Misión San Cosme y Damian (Paraguay), 1989. Fotograf unbekannt

14   Trinidad (Paraguay), 1989. Fotograf unbekannt

15 oben   Asunción (Paraguay), 1989. Foto: Hugo Loetscher
16 rechts   Encarnación (Paraguay), 1989. Foto: Hugo Loetscher

17 Kunming (China), 1982. Foto: Hugo Loetscher

18 und 19 Chinesischer und christlicher Friedhof in Malakka (Malaysia), 1985. Fotos: Hugo Loetscher

HUGO LOETSCHER

Auf (halbem) Weg nach Timor

«In unserem Hafen ist eine sehr weisse Rasse von Männern ausgestiegen, deren Auftreten eindrucksvoll ist, sie tragen eiserne Jacken und Helme aus Eisen, sie geben keinen Moment Ruhe und gehen unentwegt von einem Ort zum andern.»

So liest man in der Rajavalija, einer ceylonesischen Chronik, und man erfährt zudem:

«Sie essen Steine und trinken Blut. Für einen Fisch oder eine Frucht geben sie ein oder gar zwei Goldstücke. Das Krachen ihrer Kanonen gleicht dem Donnern vom Berg Yugandhara. Ihre Kugeln legen Meilen zurück und zerschlagen Festungen aus Felsen zu Staub.»

mit welcher diese sehr weissen Männer in Erscheinung treten.

Es begegnen sich eine Rasse, die sich kaum Zeit gönnt, und eine, die sich Zeit nimmt, die europäische und die asiatische; eine, welche auf Methode und Technik und damit auf die Abkürzung des Weges aus ist, und eine, welche auf die Meditation setzt und dafür einen Ort des Beharrens braucht; eine Unruhe, die sich als Mobilität und Dynamik verstand und die zu blosser Nervosität, Leerlauf und Stress werden konnte.

Diese sehr weissen Männer, die 1505 in Ceylon zum ersten Mal an Land stiegen, waren Portugiesen. Es waren nicht die einzigen Europäer, die kamen; denn hundert-

Indonesien, im Pazifik und vor der chinesischen Küste. Das Kriegsglück und Kriegsunglück war nicht überall gleich: in Brasilien konnten sich die Portugiesen bestens behaupten, in Afrika ersetzten die Holländer nur streckenweise die Portugiesen, in Asien aber konnten sie ihnen Stützpunkt um Stützpunkt abnehmen, bis nur noch Goa, Macao und Timor übrigblieben, diese aber bis in die zweite Hälfte unseres Jahrhunderts.

Der Krieg in drei Kontinenten und auf allen Weltmeeren rief europäische Grossmächte wie England und Spanien auf den Plan, und das führte zu den verschiedensten «renversements des alliances», in Europa wie in Asien.

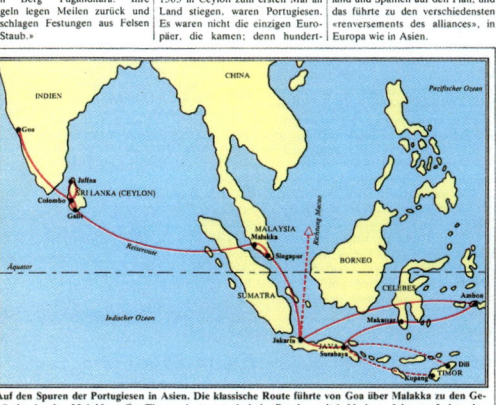

Auf den Spuren der Portugiesen in Asien. Die klassische Route führte von Goa über Malakka zu den Gewürzinseln, den Molukken. Ost-Timor, einst portugiesische Provinz, seit bald einem Jahr von Indonesien annektiert, blieb jedem Besucher verschlossen (oben). Portugiesischer Adliger mit einer vornehmen Eingeborenen in Ceylon, das wegen seines Zimts für die Kolonialmächte interessant wurde. Elfenbeinkassette mit Edelsteinverzierungen (um 1640) aus der Schatzkammer der Residenz, München (rechts)

Diese Männer, deren Auftreten so eindrucksvoll war, tranken kein Blut, sondern Wein, sie assen keine Steine, sondern Brotfladen; hingegen trifft zu, was über die Wirksamkeit ihrer Waffen berichtet wurde.

Irrtum und Erkenntnis, das steht in dieser ceylonesischen Chronik so eng nebeneinander wie in den entsprechenden Berichten der Europäer über die ersten aussereuropäischen Entdeckungen und Eroberungen. Richtige Feststellung und falsche Interpretation – aufgrund von beidem wurden Schlüsse gezogen und blutige Politik gemacht.

In der Rajavalija, in der vom ersten Auftreten der Europäer in Ceylon erzählt wird, ist bereits festgehalten, was über den ersten Moment hinausgeht: die Unruhe,

fünfzig Jahre darnach kamen andere, ebenso weisse Männer, deren Waffen noch wirkungsvoller waren, die Holländer.

Diese Holländer und Portugiesen führten das, was man einen ersten Weltkrieg nennen kann, fast dreihundert Jahre bevor jener Krieg stattfand, den wir im Schulbuch als Ersten Weltkrieg bezeichnen, und jener dauerte nicht mehr als vier Jahre, sondern Jahrzehnte.

Auf weltweiter Ebene traten zwei europäische Kleinstaaten gegeneinander an, von denen keiner mehr als zwei Millionen Einwohner hatte. In drei Erdteilen kam es gleichzeitig zu Krieg: im Nordosten Brasiliens, an der Westküste Afrikas, im östlichen Afrika, am Persischen Golf, in Indien, Malaysia und

Es war ein Krieg, der nicht nur militärisch geführt wurde, sondern auch juristisch. Die Holländer, welchen Portugiesen in Südostasien die Monopolstellung streitig machten, schickten ihren Völkerrechtler Hugo Grotius (1583–1645) persönlich nach London, um den Engländern zu erklären, es handle sich um reine Selbstverteidigung, mit der Deklaration von Aggression als Selbstschutz war ein modernes Thema gegeben, auf das die Politik seither nicht mehr verzichtet hat.

Der gleiche Krieg wurde auch mit allen propagandistischen Mitteln geführt: die Holländer, die sich einerseits mit dem katholischen Häuptling vom Kongo verbanden, schwärzten mit Erfolg die Missio-

nierung der Portugiesen in Japan als Subversion an.

Denn hinter diesem Krieg um Ware und Handelsware stand wieder einmal religiöse Überzeugung. Die Portugiesen hatten ihre Entdeckungen und Eroberungen als Fortsetzung ihres nationalen Krieges und diesen als Kreuzzug verstanden. Nun wiederholte sich das gleiche oder mindestens etwas Ähnliches: der nationale Unabhängigkeitskrieg der Holländer gegen die Spanier war zugleich ein Aufstand der Protestanten gegen die katholische Vorherrschaft gewesen, und dieser Krieg wurde ausserhalb Europas weitergeführt, in erster Linie gegen das katholische Portugal, das zu der Zeit mit Spanien in Personalunion verbunden war. Nur

6

21   Flüchtlingslager von Mekong (Thailand), 1988. Foto: Hugo Loetscher

22   Manila (Philippinen), 1988. Foto: Hugo Loetscher

23   Reportage über die Philippinen in der *Neuen Zürcher Zeitung* vom
6./7. Januar 1979, mit Fotos von Hugo Loetscher

24 Vor dem Wandteppich von Le Corbusier im UNESCO-Gebäude in Paris, ca. 2000er-Jahre. Fotograf unbekannt

25 Angkor Wat (Kambodscha),
    2002. Foto: Daniel Schwartz

26 Mit dem Fotografen Willy Spiller, mexikanisches Viertel in L. A. (USA), 1980.
Fotograf unbekannt

27 Berlin, ca. 1994. Foto: Rainer M. Hotz

28 und 29   Gizeh (Ägypten), 2006. Fotos: Tobias Hitsch

30   Cover der *Zeit* mit dem Essay *Was ist ein Schweizer?*
mit einer Illustration von Peter Gut, 16. 4. 2009

Asien – auf den Spuren des Westens
im Osten

Meine glücklichen Reiskörner

1976

Ein glücklicher Tag ist etwas anderes als ein Tag, den man fürs Glück braucht; einen solchen kann man sich arrangieren, das tat ich in Bangkok – nun waren die Umstände günstig.

Denn ich nahm am »Ersten Pflügen« teil, einem der hohen Feste, das auf Hindu-Tradition zurückgeht. Aber das buddhistische Thailand übt Toleranz, auch wenn es um seine Hauptnahrung und sein Hauptprodukt, den Reis, geht. Das Fest findet auf dem Sanam Luang statt, dem Phra-Mane-Platz. Platz ist eigentlich übertrieben, obwohl er von repräsentativen Bauten flankiert wird wie dem Nationalmuseum und der Alten Nationalbibliothek, dem Auditorium der Thammasat-Universität und dem Justizpalais. Es ist eine Wiese, kaum unterhalten, mit ein paar Tamarindenbäumen bepflanzt, und wenn es regnet, verwandelt sich die »Königswiese« in Matsch.

Allerdings besitzt der Platz eine Südfront, welche eine der erstaunlichsten Silhouetten aufweist, die eine asiatische Stadt zu bieten hat. Hinter den weißen Mauern des Königspalastes schaut der Wat Phra Keo hervor, ein Tempelkomplex mit seinen mehrstufigen Dächern, seiner Schlangen- und Perlmutter-Architektur, den vergoldeten Kuppeln, eine Farbigkeit, wie es sich die Exotik nicht besser wünschen kann.

Der Sanam Luang hat seinen Namen von den königlichen Begräbnissen, die hier einst stattfanden. Seine Popularität hat aktuellere Gründe. Hier steigen zur Trockenzeit die Drachen, die männlichen und die weiblichen, die gegeneinander in der Luft zum Kampf antreten, und hier wird auch jedes Wochenende ein Markt abgehalten, der nur schon wegen seiner Orchideenpracht aufgesucht wird.

Aber es ist auch ein Platz für das Glück.

Denn in einer Ecke befindet sich der Lak Muang. Dort wohnt der Schutzgeist der Stadt; von dort aus werden auch die Distanzen gemessen. In einem Seitengebäude des Tempelchens werden am Sonntag Thai-Tänze vorgeführt, zum Teil von ältlichen Wesen, deren Eleganz zuweilen überzeugende Erinnerungen an einstige Mädchenschönheit sind.

Um den Lak Muang gruppieren sich mit Vorliebe die Losverkäufer. Denn Lose, an diesem Ort erstanden, sind glücksanfälliger, und so befestigen die Losverkäufer, Tischchen um Tischchen, ihre Scheine mit Reisnägeln, damit der Wind nicht die Gewinne davonträgt.

Neben den Losverkäufern aber gibt es Glückshändler anderer Art. Sie halten eine Unzahl von bevölkerten kleinen Vogelkäfigen feil, aber sie verkaufen die Vögel nicht, um sie nach Hause zu nehmen, sondern um sie fliegen zu lassen. Man kann einem Vogel die Freiheit schenken, was einem Glück bringt.

Der Amnestiegedanke, dass die Freiheit eines anderen zum eigenen Glück beiträgt, leuchtete mir ein, und so machte ich mich ans Geschäft. Der Händler wollte mir nicht nur einen Vogel verkaufen, er wollte mir alle seine Käfige andrehen. Ich machte anscheinend den Eindruck, als ob ich sehr viel Glück brauchte.

Wir handelten um die Freiheit. Es sollte eine günstige Freiheit sein, denn eine günstige Freiheit schien mir nicht nur aus pekuniären Gründen besser als eine teuer erkaufte. Meine Wahl fiel auf einen der anonymen Vögel, es hätte auch der nebenan sein können; die Freiheit, die ich bot, besaß viel Zufälligkeit.

Als das Türchen aufklappte, hüpfte der Vogel heraus – aber er öffnete nicht die Schwingen, wie die Schulweisheit gemeint hätte, sondern er hüpfte auf den Boden und entfernte sich kaum von seinem Gefangenenwärter, derart, dass in mir der Verdacht hochstieg, ob die nicht dem Vogel die Flügel gestutzt haben, um ihn nach der Freilassung umso leichter wieder einfangen zu können. Der Vogel jedenfalls zögerte, ich scheuchte ihn auf und trieb den piepsenden Federball weg von der Sicherheit des Gefängnisses in eine gefährdete Freiheit, die ja auch mein Glück bedeutete.

Aber der Freikauf des Vogels war nur der Auftakt zum Arrangement mit dem Glück, dessentwegen ich auf diesen Platz gekommen war.

Für das Fest des »Ersten Pflügens« wird der Platz abgesperrt. Im abgesteckten Terrain steht der Prunkpavillon für das Königspaar, die Zelte für die Honoratioren und die zahlenden Touristen. Musikkapellen spielen auf, und der oberste Brahmane wird von einem Uniformierten empfangen, der auf einer weißen Muschel bläst.

Dieser Brahmane ist die Hauptfigur, denn der wichtigste Akt des »Ersten Pflügens« ist die Prophezeiung, wie die kommende Ernte ausfällt. Für diese Prophezeiung werden Ochsen ausgewählt, es werden ihnen Gras, Sesamsamen, Reiskörner, Mais und Wasser vorgesetzt, und je nachdem, wie die Zeremonienochsen zugreifen, was sie fressen und was sie auslassen und wie viel sie zu sich nehmen, fällt die Weissagung für die kommende Ernte aus – einer der Ochsen hat mich an einen bekannten Futurologen beim Statistik-Fressen erinnert.

Für das kommende Jahr prophezeite der Brahmane eine gute Reisernte, nicht überall, aber sicher im Flachland, während es für die Reisbauern in den Bergen nicht so gut bestellt sein wird, aber Wasser wird da sein.

Eine solche Prophezeiung ist nicht unwichtig für ein Land, das man die »Reisschale Südostasiens« nennt. Thailand ist ja ein reisexportierendes Land, doch sind die Abnehmerländer wie Indonesien und die Philippinen mit aller Anstrengung daran, ihren Eigenbedarf selber zu decken, und der internationale Reismarkt hat sich aus einem Markt der Verkäufer zu einem solchen der Käufer gewandelt.

Aber davon ist in der Prophezeiung nicht die Rede, sowenig wie davon, dass der verbilligte Reis nur noch eine gute Woche über die Zeremonie hinaus abgegeben wird. Die Regierung hatte Subventionen bewilligt, um den Reisbauern zu einem anständigen Einkommen zu verhelfen, aber nun muss eine Kommission eingesetzt werden, um zu prüfen, wer die Gewinne einstrich, ob es nicht die Reismühlenbesitzer und die Zwischenhändler sind, welche auf Kosten der Reisbauern verdienen.

Aber wie immer die Prophezeiung ausfällt, die, welche vor der Sperre warten, warten aufs Glück. Denn es werden einige symbolische Furchen gezogen, und es werden Reiskörner gestreut – und diese Reiskörner sind »glückliche« Reiskörner; sie wurden einen Tag zuvor im Tempel des »Smaragd-Buddha« geweiht. Wenn das Königspaar weggegangen und die Zeremonie vorbei ist, brechen die Schranken, dann dringt das wartende Volk ins Terrain ein; auch die Polizei verlässt die Absicherungen und läuft mit. Ein Rammeln und Raufen, ein Stoßen, Schlagen und Schieben – anders hab' ich mir das Rennen nach dem Glück auch nie vorgestellt, und viele der Körner werden von jenen zertreten, welche nach ihnen scharren und graben.

Ich habe zwei »glückliche Reiskörner« aufgelesen. Ich legte sie nicht in den Boden, sondern in ein Taschentuch. Nun ziehe ich ja auch nicht mit einem Pflug Furchen, sondern mit einer Schreibmaschine Zeile um Zeile übers Papier. Auch dafür braucht man Glück – sei es nur, um von jenen zu berichten, die auch dann, wenn sich die Voraussage der guten Ernte bewahrheiten sollte, nicht zu ihrem täglichen Reis kommen, die keine Reisschale brauchen, als Teller weder ein Bananenblatt noch ein Stück altes Zeitungspapier benötigen, sondern ihren Reis aus bloßer Hand essen würden.

Tagalish, Engalog und Thrilladilla
Spanische Tradition und Gegenwart auf den Philippinen
1979

Die Philippinen, im Pazifik gelegen, über siebentausend Inseln umfassend, von denen nur einige wenige bewohnt sind und noch lange nicht alle einen Namen haben – diese Philippinen waren einst die *islas filipinas*. Sie wurden nach Philipp II. von Spanien benannt und weisen noch immer (wenigstens nominell) auf ihren iberischen Taufpaten hin. Das ist nicht selbstverständlich. Denn die benachbarten, wenn auch entfernten Marianen heißen heute wieder »Guam«, und nichts erinnert daran, dass sie einst nach der spanischen Königin Maria benannt wurden.

Zwar liegt im Parlament ein Antrag vor, die Philippinen in »Maharlika« umzutaufen. Ein Linguist, der sich mit der lustigen Wissenschaft der Etymologie befasste, hat herausgefunden, dass »Maharlika« ein viel pazifikgerechterer Name wäre. Aber ein solcher Vorschlag dürfte seinen Platz eher in der Kuriositätenkiste der philippinischen Selbstbestimmung finden als auf der Landkarte.

Ein Problem jedoch stellt sich mit dem Wort »Philippinen«. Das Tagalog, die »Nationalsprache« der Philippinen, kennt keinen Buchstaben für den Laut »f« oder »ph«. So heißt das Land offiziell auf Englisch »Republic of the Philippines«. In der Nationalsprache hingegen »Republika ñg Pilipinas«; die Einwohner sind demnach »Pilipinos«, und ihre Sprache ist das »Pilipino«. Schon die Alphabete von Entdeckern und Entdeckten stimmten zuweilen nicht überein.

Sprachliche Reminiszenzen

Die Geografie der Philippinen ist spanisch geblieben, soweit sie es schon unter den Spaniern war: Eine Nordprovinz kann »Ilocos Norte« heißen und eine Ostprovinz »Negros oriental«. Die alten Quartiere in Manila, noch immer *barrios*, tragen die alten Namen wie »Ermita« oder »Intramuros«, »Santa Cruz« oder »Tondo«. Allerdings ist Groß-Manila heute in verschiedene »Citys« aufgeteilt wie Quezon-City oder Pasay-City, und wenn ein neues Quartier entsteht, heißt es nicht »Nueva Manila«, sondern »New Manila«.

Der Reisende auf den Philippinen wird dem Spanischen jedenfalls auf Schritt und Tritt begegnen, nicht nur in den Ortsbezeichnungen, den *plazas* oder Straßennamen; er wird dies auf verschiedenste Weise tun:

Ganz direkt; denn die Währung ist noch immer der *peso* (oder *piso*), und man rechnet in *centavos* oder *centesimos*. Die Wochentage sind von *lunes* bis *domingo* spanisch geblieben, und auch die Monatsbezeichnungen von Januar, *enero*, bis Dezember, *diciembre*. Die Uhrzeiten werden in *oras* angegeben. Nun hatte mit den Spaniern tatsächlich eine »neue Zeit« begonnen, eine mit *minutos* und *sekundos*.

Oder man kann dem Spanischen in Verballhornungen wiederbegegnen: wenn man *kumosta*?, hört und entdeckt, dass sich hinter der Frage »Wie geht es?«, das spanische *Como está?*, verbirgt.

Am selbstverständlichsten integriert aber wird man spanische Relikte auf dem Speisezettel finden, sofern man nicht ein Touristenmenu auf den Teller bekommt. Für eine philippinische Hausfrau ist das *pan de sal* ein unerlässlicher Bestandteil der Nahrung. Sie spricht vom *carne* (Fleisch), vom *asado* für gebratenes Fleisch, sie macht eine *salsa* (Sauce).

Die Speisekarte ist übrigens ein vorzügliches Spiegelbild der philippinischen Mischgesellschaft. Hier stehen neben den spanischen Ausdrücken natürlich die malaysisch-philippinischen wie *mami* und *lomi*. Und daneben die chinesischen, sodass man etwa *chop suey con Caldo* essen kann; auf der gleichen Karte gibt es *lunch* und *comida*. Und daneben natürlich das amerikanische Zivilisationsangebot von *hot dog* und *hamburger*, wobei das *ice cream* immer mehr das *sorbete* verdrängt, und es fehlt auch nicht das Ketchup, nur dass es hier aus Bananen hergestellt sein kann.

Es gibt keine Hauptsprache in den Philippinen (wenn wir die Sprachen der sogenannten Bergvölker und primitiven Stämme beiseitelassen); es gibt keine Hauptsprache, deren Wortschatz nicht in irgendeiner Weise durch das Spanische geprägt worden wäre. Dabei nimmt die Sprache von Zamboanga (auf der Insel Mindanao) eine Sonderstellung ein: Sie ist dem Spanischen so nah verwandt, dass man sie als »Pidgin-Spanisch« bezeichnet hat.

Wie das Spanische den Wortschatz prägte, sei am Tagalog illustriert. Das Tagalog, mehrheitlich auf der Insel Luzon, das heißt in Manila, der Metropole, gesprochen, ist zur Nationalsprache erklärt worden, und von diesem Jahr an sollen vermehrt Anstrengungen unternommen werden, ihm zum Durchbruch zu verhelfen. Um die Beeinflussung dieses Tagalog durch das Spanische aufzuzeigen, benutzen wir ein typisch philippinisches Wörterbuch: eines, welches das Englische nicht nur ins Tagalog, sondern gleichzeitig auch in die beiden Viscaya-Sprachen übersetzt, ins Cebuano und Ilonco.

Es liegt auf der Hand, dass die (rassisch) malaysische Bevölkerung von den Spaniern Ausdrücke für die Dinge übernahm, die sie nicht kannte oder die erst mit den Spaniern »Realien« wurden. Sei es im administrativ-politischen Bereich: geblieben ist *estado* (Staat), *siudad* (Stadt) und *corte* (Gericht und Versammlung); und auch die Terminologie der Seefahrer hielt an: *aplaya* (Strand), *marinero* für Matrose oder *puerto* für Hafen – sei es im religiösen Bereich, der fast durchgehend eine spanische Nomenklatur hat: von *igreja*

(Kirche) und *obispo* (Bischof) bis zum *altar* und *kandila* (Kerze), vom Paradies bis zur Messe, zum Märtyrer und zum Mirakel. Die Filipinos mussten einen neuen Gott anerkennen, den *diyos,* und sie hatten den Teufel zu fürchten, den *demonyo* oder den *diyablo.*

Und da die Filipinos fast nackt gingen und tätowiert waren (*pintados,* »angemalt«, wie die Spanier sagten), kamen sie als getaufte Christen zum Knopf *(butones),* zur Bluse *(blusa)* und zur Hose *(pantalon),* zum Gürtel *(sinturon)* und zum Kragen *(kuwelyo),* später zum Korsett und sogar zum Mantel.

Es ist nicht nur reizvoll, solchem Niederschlag nachzuspüren, sondern es ist auch kulturgeschichtlich und völkerpsychologisch aufschlussreich: Es gab neue Werkzeuge wie den Hammer *(martilyubin)* – denn bis anhin hatten die Filipinos nicht genagelt, sondern die Holzstücke zusammengefügt; man las nicht mehr nur beschriebene Rinde, sondern ein gedrucktes Buch *(libro)* und lernte neue Einrichtungen wie den *koreo* (Post) kennen. Die menschliche Gattung vermehrte sich um *pilosopen, poeten, propeten* und *bomberos* (Feuerwehrleute).

Und auch das Verhalten erhielt ein neues Vokabular: man konnte nun *galante* sein wie ein Spanier oder verrückt *(tolo)* wie ein Spanier. Und da die Spanier die Arbeit der andern hoch einschätzten, blieb das Wort für Arbeit, *trabajo,* hängen. Aber die Filipinos waren klug genug, sich auch das Wort *siesta* zu merken, und sie machten aus dem spanischen Glück, der *suerte,* eine einheimische *suwerte.*

Das fremd gewordene Erbe

Sosehr das Spanische als Spur und Relikt, als Reminiszenz oder Verballhornung in Verbindung mit dem Tagalog oder dem Englischen anzutreffen ist – Spanisch selber wird nur noch von einer kleinen Minderheit gesprochen. Man schätzt die, welche das Spanische beherrschen und es gebrauchen, auf etwa achthunderttausend; das macht auf eine Gesamtbevölkerung von fünfundvierzig Millionen nicht einmal zwei Prozent aus. Diese Zahl aber wird erst ins richtige Licht gerückt, wenn man Folgendes in Rechnung stellt: Es ist vor allem die schmale Oberschicht, die spanisch spricht, die alten Familien reden spanisch *en casa,* zu Hause und in der Familie. Aber selbst in dieser Oberschicht ist es nur noch die ältere Generation, welche das Spanische kultiviert, die mittlere fast nicht mehr und die jüngere kaum.

Und dies, obwohl es auf der Ebene der Colleges und Universitäten ein Obligatorium für Spanisch gibt: zwei Jahre lang. Aber hier wird das Spanische vor allem im Hinblick auf Grammatik und Syntax gelernt und kaum in praktischer Absicht. Zudem ist die Zukunft dieses Obligatoriums infrage gestellt. Nun ist zu bedenken, dass jeder Filipino mindestens zweisprachig ist: Die Schulsprache ist Englisch. Für die meisten Filipinos aber ist die Situation dreisprachig, da sie neben dem zur Nationalsprache deklarierten Tagalog und dem Englischen zu Hause und auf der Straße ihre eigene Regionalsprache reden. Da hat ein Spanisch, das keine praktische Verwendung hat, kaum noch eine Chance.

Der weitere Rückgang des Spanischen ist unvermeidbar. Sicherlich wird die Academia Filipina nach wie vor ihre akademischen Beziehungen zu Madrid und zu lateinamerikanischen Ländern pflegen, und im San-Miguel-Auditorium im Makati (Manila) wird man auch in Zukunft als Liebhaberaufführungen spanische Theaterstücke sehen können. Es gibt seit fünf Jahren in Manila sogar wieder eine spanische Wochenzeitung, *Nueva Horizonte.* Unterstützt wird die Publikation durch die Soriano Compagny, ein Großunternehmen einer der großen Familien, die sich wie alle feinen alten Familien spanischer Herkunft rühmen. Verantwortlich für *Nueva Horizonte* zeichnet die Gesellschaft spanisch-philippinischer Schriftsteller. Allerdings erscheinen kaum mehr Bücher auf

Spanisch. Ein Gedichtband wieder von Federico Licsi Espino Jr., *Tambor de Sangre*, ist ein Sonderfall; Spanien hat auch prompt mit einem Literaturpreis reagiert.

Die Nichtkenntnis des Spanischen führt unvermeidlich zum Bruch mit der eigenen Geschichte. Denn die ersten Zeugnisse über die Philippinen stammen logischerweise von Spaniern. Die Historical Society, welche solche frühen Berichte, *relaciones,* und Dokumente veröffentlicht, bringt diese Publikationen alle mit einer parallelen englischen Übersetzung heraus.

Schwerwiegender aber ist, dass ohne Spanischkenntnisse auch die ersten Kapitel einer selbstständigen philippinischen Literatur nicht mehr im Original gelesen werden können. Soweit sich der Unabhängigkeitskampf gegen die Spanier literarisch äußerte, ob mit Pamphleten, Studien, Essays, Gedichten oder im Roman, war alles auf Spanisch verfasst. Der Nationalheld José Rizal ist zugleich der erste Klassiker der philippinischen Literatur: mit seinen Romanen *Noli me tangere* und *El Filibustrismo* wie mit seinen historischen Aufsätzen, darunter der berühmte über die »Indolenz der Filipinos«. Aber Rizal wird von denen, welche die Unabhängigkeit genießen, für die er sich eingesetzt hat, in Übersetzungen gelesen – auch seine *Últimos Adiós*, die »Letzten Abschiedsgrüße«, die er vor seiner Hinrichtung 1892 schrieb.

Zwei Unabhängigkeiten

Man fragt sich natürlich, weshalb die Philippinen, wo die Spanier immerhin dreihundert Jahre regierten, nicht eine spanischsprechende Nation geblieben sind.

So überraschend es sich anhören mag, aber spanische Kolonialpolitik bedeutete nicht hundertprozentige Hispanisierung. Spanisch war selbstverständlich die Sprache der Spanier aus Spanien (der *peninsulares,* der »Halbinsler«), der auf den Philippinen geborenen Spanier, der »Kreolen«, und auch zum Teil der Mestizen. Daneben aber redeten die breiten Schichten nach wie vor ihre angestammten Sprachen. Auch Missionierung bedeutete nicht notwendigerweise Hispanisierung. Es leuchtete ein, dass es rationeller war, wenn ein Missionar die fremde Sprache lernte, um in ihr zu unterrichten, als einem Stamm oder einem Volk erst einmal Spanisch beizubringen, um dann auf spanisch das Heil zu verkünden. Ganz abgesehen davon, dass die Katechese, das heißt die religiöse Unterweisung, stets recht bescheiden, ja gar kümmerlich war.

Die philippinische Kolonialgesellschaft war also keineswegs eine durchgehend spanische oder hispanisierte. Man hat zwar von Madrid aus immer wieder versucht, eine homogene spanische Gesellschaft zu verwirklichen. Aber dafür hätte es Schuleinrichtungen gebraucht, für die weder das Mutterland noch die Kolonie selber fähig und willens waren aufzukommen. Zwar wurden recht bald Universitäten gegründet, 1595 die San-Carlos-Universität in Cebu und 1611 die Sankt-Thomas-Universität in Manila; aber soziologisch blieben diese Hochschulen von vornherein nur der oberen Klasse, der *principalia,* geöffnet.

Auf den Philippinen wiederholte sich, was auch in einigen Andenländern geschehen war. Dort waren Ketschua und Amyara unter spanischer Herrschaft die gängigen Sprachen der Indios geblieben; diese waren praktisch von der Latinisierung ausgeschlossen. »Ladino« war nicht ein »ethnischer«, sondern ein »kultureller« Begriff. Ein Indio, der Spanisch lernte und sich spanisch kleidete, war nicht mehr ein »Indio«, sondern ein »Ladino«. Peru wie Bolivien sind heute zweisprachige Länder, eine Tatsache, der man erst in den letzten Jahren kulturell und politisch Rechnung zu tragen begann.

Aber die lateinamerikanischen Kolonien sind dennoch spanischsprechende Nationen geworden. Nun stellte die Loslösung von Spanien in Lateinamerika nur einen Machtwechsel dar; an die Stelle der Spanier aus Spanien traten die Spanier aus Lateinamerika; das spanische Erbe wurde dadurch nie infrage gestellt.

Die Philippinen erlebten einen Machtwechsel anderer Art. Sie waren bis 1898 (zusammen mit Kuba und Puerto Rico) bei Spanien verblieben. Als die Philippinen den Erfolg ihres Unabhängigkeitskrieges gegen Spanien hätten feiern können, sahen sie sich in einen Krieg mit den USA verwickelt. Diese errichteten in den Philippinen ihren ersten Pazifikstützpunkt: An die Stelle der alten spanischen Herrschaft war eine neue, eine amerikanische, getreten.

Nun hat aber Puerto Rico im Antillenraum ein ähnliches Schicksal erlebt, und es ist dennoch spanischsprechend geblieben. Die Entwicklung in den Philippinen hat einen eigenen Weg eingeschlagen. Man hat gegen das Englische nicht so sehr das Spanische als vielmehr die einheimischen Sprachen verteidigt, und angesichts der Vielsprachigkeit war man auf eine Vehikelsprache angewiesen, auch wenn sie einem aufgezwungen wurde. Die Amerikaner richteten anderseits Schulen auf allen Stufen ein und schufen somit breitere Ausbildungsmöglichkeiten. Zudem war das Englische die Sprache der Moderne, der Technik, der Wissenschaft, des Parlamentarismus und damit auch der Demokratie. Das Auftreten Japans als imperialistische Aggressionsmacht in den Dreißigerjahren drängte die Philippinen näher an die Seite der USA. Das hat vor dem Zweiten Weltkrieg zu einem Pro-Amerikanismus geführt, der lange nach 1945 anhielt, auch wenn heute der Anti-Amerikanismus »chic« ist bis in die Kreise von Präsident Marcos und seiner Familie hinein.

Jedenfalls wurden die Philippinen, was die Zweit- und Vehikelsprache betrifft, anglisiert. Zudem machten die Philippinen den allgemeinen Trend der Dritten Welt mit, wirtschaftliche Entwicklung als Verwestlichung und im Besonderen als Amerikanisierung zu verstehen. Reaktionen dagegen sind unvermeidlich: So sind die

Radiostationen gezwungen, mindestens jede Stunde neben der ausländischen – gewöhnlich amerikanischer – Musik eine einheimische Platte aufzulegen, und auch die Kinos müssen regelmäßig neben den ausländischen Filmen solche in Tagalog zeigen.

Das Englische ist aber nicht nur Vehikelsprache, sondern auch Literatursprache. Der bedeutendste Schriftsteller der heutigen Philippinen, Nick Joaquin, schreibt englisch. Was auf den Straßen gesprochen wird, ist aber oft ein Mischmasch: »Tagalish« oder »Engalog« wie man gesagt hat, je nachdem, ob das Englische oder das Tagalog vorherrscht. Mit dieser Mischsprache sind zum Beispiel die Sprechblasen der Comicstrips ausgefüllt, der Lieblingslektüre der Jugend. Das gepflegte Englisch kann wiederum kapriziös sein, wenn man zum Beispiel von den Abgeordneten als *solons* spricht. Anderseits kann in Erinnerung ans Spanische aus dem *thriller* ein richtig philippinisches Modewort werden: die *thrilladilla*.

Philippinischer Katholizismus

Die Loslösung von Spanien führte zu dem, was man heute »die erste Unabhängigkeit« nennt, im Unterschied zur »zweiten Unabhängigkeit«, in welche die USA die Philippinen nach 1945 entließen. Aber die spanische Kolonialgeschichte spielte auch in diesem Archipel recht paradox: Erst dank den Spaniern entstanden überhaupt die Philippinen. Indem die Spanier verschiedenste, bis zu ihrer Ankunft ohne engere Beziehung nebeneinander existierende Inseln unter eine Verwaltung stellten, schufen sie die Voraussetzungen für jenes Zusammengehörigkeitsgefühl, das eines Tages in nationale Forderungen ausmündete.

Spanien hat die Philippinen am nachhaltigsten nicht dadurch geprägt, dass es den Archipel hispanisierte, sondern indem es ihn katholisierte. Mit fünfundachtzig Prozent Katholiken sind die

Philippinen das einzige christliche Land im Fernen Osten. Die katholische Kirche hat über die spanische Zeit hinaus ihre Machtposition weitgehend behaupten können, nur schon einmal dadurch, dass vier Fünftel der Mittel- und Hochschulen in den Händen der Kirche sind. Und dann hat diese Kirche vor allem auf pastoraler und intellektueller Ebene sich in den letzten Jahren zu einer Kritikerin des Regimes mit seinen Ausnahmeerlassen und seinem Kriegsrecht entwickelt.

Spanien hat den Philippinen einen spanischen Katholizismus hinterlassen, einen Katholizismus nicht so sehr der Theologie oder des Moralsystems als vielmehr der Sinne, ein katholisches Lebens- und Todesgefühl. Die Mystik allerdings, die zum spanischen Katholizismus gehörte, hatte in den Philippinen kaum Chance gehabt. Aber anderseits ließen sich viele vorchristliche Vorstellungen nicht einfach wegtaufen und flüchteten unter den breiten Schutzmantel manches Heiligen.

Es ist ein Katholizismus der farbenprächtigen Umzüge. Zum religiösen und auch touristischen Kalender der Philippinen gehören die Flussprozessionen von Bocane oder Penafrancia. Im Oktober wird in Manila die Naval-Prozession abgehalten, in Erinnerung an die siegreiche Schlacht von 1646 gegen die Holländer und Engländer, die protestantischen Erzfeinde aus Europa.

Ein dramatischer Katholizismus auch, der die rhetorische Geste und die hohe Regie liebt. Während der Karwoche verwandeln sich Städte auf der Insel Marinduque in ein Freilichttheater: Da ziehen die »moriones«, als römische Soldaten verkleidete Einwohner, durch die Straßen, da formieren sich die Flagellanten zu ihren Prozessionen, da werden die Kreuzigung Christi und das Schicksal des römischen Soldaten Longinus szenisch dargestellt.

Ein Katholizismus der *fiestas*, wobei sich kirchlicher und weltlicher Anlass nicht immer trennen lassen. Bei den »Santacruzanas« im Mai wird zwar das Auffinden des Kreuzes durch die heilige

Helena gefeiert; aber die »Santacruzanas« in Malabon, Pasig oder Quezon-City bieten zugleich den Aufmarsch schöner Philippinerinnen in ihren eleganten Kleidern, den *ternos*. Dann kann ein Mädchen unter einem Blumenbogen als *rosa mystica* in der Prozession mitgehen, aber sie könnte ebenso auf einem Laufsteg für eine Schönheitskonkurrenz mitmarschieren; nun hat der liebe Gott schließlich die Schönheit nicht umsonst geschaffen.

Es ist ein Katholizismus, zu dem vor den Kirchen Betrieb und Markt gehört. Stände mit Kerzen und Traktätchen und wundertätigen Pflanzen und Kräutern. Alte Weiblein, welche bereit sind, gegen ein kleines Entgelt in Stellvertretung für den Vielbeschäftigten zu beten. Und auch jene Frauen, die Hand auflegen und dabei nicht nur fromme kirchliche Sprüche benutzen.

Zu diesem Katholizismus gehören die Heiligen. Zwar verschwinden die meisten alten »Santos« immer mehr aus den Kirchen; wenn sie Glück haben, kommen sie ins Museum. Aber viele gelangen in die Antiquitätengeschäfte. Denn auch der nichtkatholische Ausländer gibt sich insofern ein philippinisches *standing*, als er zu Hause ein paar Santos aufstellt.

Aber so stark dieser Katholizismus ein spanischer ist: Er hatte seine erste Selbstständigkeit erreicht im Kampf gegen die Spanier; zu den Wortführern einer philippinischen Nation gehörten Vertreter des einheimischen Klerus wie José Burgos, Mariano Gomez und Jaconto Zamora, die Märtyrerpriester der spanischen Unabhängigkeit. Die Kirche in Victorias auf der Insel Negros hat nicht umsonst als »philippinisches Gotteshaus« Berühmtheit erlangt. Nicht einfach deswegen, weil die modernen und modernistischen Mosaike aus zerschlagenen Flaschen und anderen Konsumgütern hergestellt worden sind, sondern dort trifft man als Wandbild eine philippinische Version des »verlorenen Sohnes«, der nicht nur Wein, Weib und Gesang erliegt, sondern auch dem Auto und der philippinischen Leidenschaft des Hahnenkampfes. Hier steht ein heiliger

Joseph mit dem philippinischen *barong,* dem reich geschmückt Hemd, das man über den Hosen trägt. Und hier hängt ein dunkelbrauner, ein philippinisch-malaysischer Christus am Kreuz. Wie spanische Tradition aufgegriffen werden kann – nicht um das spanische Erbe aufleben zu lassen, sondern um philippinisches Selbstbewusstsein zu demonstrieren –, lässt sich an den Aufführungen von *sinakulos* in Manila aufzeigen. Sinakulos (Abendmahlaufführungen) gehörten zum pädagogischen Theater der spanischen Kolonialzeit; in diesen Theaterstücken wurde das Leben Christi als dramatisches Spiel auf die Bühne gebracht. 1973 und 1975 wurden im Rizal-Park, dem repräsentativsten Park der philippinischen Hauptstadt, solche Sinakulos wieder aufgeführt: Christus hing an einem Kreuz, auf dem die Markenzeichen von Coca-Cola, Sevenup und anderen Konsumartikeln angebracht waren. Und Pilatus redete ein perfektes Business English. Beide Male war Christus als »Indio« dargestellt. Denn die Spanier bezeichneten die Einwohner der Philippinen bis zum Ende ihrer Kolonialzeit als »Indios«. Diese Sinakulos sind Beispiele dafür, wie im religiösen Bereich aus dem einstigen »Indio« ein »Pilipino« wird, einer nach seinem eigenen Alphabet.

Im postmodernen Bangkok

2002

Schaue ich von der Rückseite des Hotels aus dem Fenster, fällt der Blick auf Hinterhöfe, verschachtelte Wohnhäuser, auf den Pausenplatz einer Schule; im anonymen Grau eine Kuppel mit Halbmond, die glänzt, als wäre sie aus Gold. Inmitten von Antennen und Parabolspiegeln das Minarett. Die Moschee liegt in einem der Quersträsschen, die hier Soi heißen. Gegenüber der Moschee befindet sich ein muslimisches Wohlfahrtszentrum. Ein Soi, wo die Garküchen arabische Spezialitäten anbieten.

Schaue ich aus einem Fenster auf der Vorderseite des Hotels, kommt an der Silom Road zwischen Geschäfts- und Bürohäusern unweigerlich ein Hindutempel ins Blickfeld. Der Sri-Mariamman-Tempel, von Tamilen gegründet, wird heute hauptsächlich von Zuwanderern aus Nordindien aufgesucht. Auf dem Gelände neben den klassischen Hindugöttern und dem elefantenköpfigen Ganesha auch ein Buddha; alle kommen dank den Gläubigen gleichberechtigt zu ihren Lotusblüten und Räucherstäbchen.

Geht man die Silom Road hinauf, trifft man auf einen zerfallenen christlichen Friedhof, übrig geblieben einige Grabsteine mit deutschen Inschriften, ein Terrain vague von unbestreitbar hohem Quadratmeterpreis, im Moment ein Abstellplatz, streunenden Hunden überlassen. Und etwas weiter auf der andern Straßenseite das »Christian Hospital«, eines der renommiertesten Krankenhäuser der Stadt.

Geht man noch weiter, kommt man bald zu einem chinesischen

Tempelchen mit angeschlossener Garküche; dass das Tempelchen für alle Rituale ausgerüstet ist, davon zeugt schon der Verbrennungsofen, in dem an Neujahr oder bei Trauerfeiern Höllengeld verbrannt wird.

Einem derart gedrängten multikulturellen Nebeneinander wird man nicht überall in Bangkok begegnen – obgleich auch anderswo Hindutempel neben thailändischen Heiligtümern stehen, ganz sicher in Pahurat, dem Viertel der Inder. Der viergesichtige Brahma vor dem Erawan Hotel ist an einer der verkehrsreichsten Straßenkreuzungen zu einem populären Wallfahrtsort geworden. Und nicht jedermann weiß, dass es in Bangkok über vierhundert Moscheen gibt. Geht man auf der Silom Road Richtung Fluss, wird man im alten Handelsviertel der Comptoirs die Auferstehungskirche und ein katholisches College finden und im ehemaligen Portugiesenviertel anstelle einer grimmigen Wächterfigur ein Kreuz. Und nicht nur in Chinatown, auch in deren weiterem Umkreis häufen sich chinesische Tempel, von Löwen behütete und mit Schriftbändern behängte Altäre.

Eine multikulturelle Gesellschaft sein ist das eine, sich dessen bewusst werden und gar sich dazu bekennen ein anderes. Wenn zum Jahreswechsel am Fernsehen zunächst ein buddhistischer Würdenträger spricht, hernach ein Hindupriester, und wenn schließlich ein Mullah und der Erzbischof von Bangkok das Wort ergreifen, kann dies als Ausweis für multikulturelles Bewusstsein genommen werden. Diese Auftritte finden übrigens nicht am thailändischen Neujahr statt, an Songkran, dem populären Reinigungs- und Wasserfest, sondern am 1. Januar, dem westlichen Neujahr.

Eine solche multikulturelle TV-Grußbotschaft ist ein Novum, Ausdruck eines neuen Kulturbewusstseins. Dieses war auch das Thema der achten Internationalen Konferenz für Thai-Studien, die Anfang dieses Jahres in Nakhon Phanom durchgeführt wurde, einer Stadt an der laotischen Grenze am rechten Mekong-Ufer, berühmt für einen Tempel, der der Legende nach von Buddhas Jüngern errichtet wurde und in dessen Schrein als Reliquie eine Rippe von Buddha verehrt wird.

Was an dieser Tagung zur Debatte stand, war schon drei Jahre zuvor an der Thai-Studien-Konferenz in Amsterdam diskutiert worden. Es wird von den Thais nicht mehr als von einer reinen Rasse gesprochen und auch nicht mehr von einer homogenen kulturellen Identität: An die Stelle von Einheit ist Diversifikation getreten.

Mit Diversifikation sind primär nicht religiöse Gruppierungen gemeint, sondern die verschiedenen Ethnien, wobei die Chinesen einen ersten Platz einnehmen. Doch neu ist, dass Laoten und Khmer (Kambodschaner) als Thai begrüßt werden. Damit wird der Überzeugung Rechnung getragen, dass »nationale Geschichte über die nationalen Grenzen hinausweist«. Es gibt in der thailändischen Geschichte eine Khmer-Vergangenheit, die sich nicht nur in Khmer-Tempeln manifestiert; praktisch auf jedem Tempelgelände finden sich neben traditionellen Thai-Bauten solche, die Khmer-inspiriert sind, Prangs und Prasats. Und Isan, die nordöstliche Region, die sich von Korat bis zum Mekong erstreckt, ist laotisch geprägt, nicht nur physiognomisch, sondern auch sprachlich: Das Thai, das hier gesprochen wird, unterscheidet sich vom Standard-Thai wie etwa das Schweizerdeutsche vom Hochdeutschen.

Die Diversifikation ist von viel größerer Konsequenz für die Bergvölker, die aus einer folkloristischen und völkerkundlichen Ecke herausgeholt werden sollen, die auch eine geografische Ecke ist, mit dem Goldenen Dreieck, dem Grenzgebiet zu Laos und Burma, berüchtigt für die Opiumproduktion. Diese Bergstämme führten lange eine seltsame Existenz, da sie Staatsbürger ohne Dokumente waren, staatenlos im eigenen Staat. Gewöhnlich auch nicht Buddhisten, sondern Anhänger von Naturreligionen. Dass

Bergstämme wie die Akha, Yao oder Lisu nun als gleichberechtigte Thai aufgeführt werden, ist nicht selbstverständlich. Wenn in dem Zusammenhang von Integration gesprochen wird, soll diese nicht oder so wenig wie möglich auf Kosten ihrer traditionellen Kulturen gehen.

Nun war die Zentralregierung längst auf Integration aus; aber die Voraussetzung dafür war, dass die nomadisierenden Stämme sesshaft wurden und sich dem *way of life* der Thai anpassten, womit schon das Aufgeben der eigenen Sprache gefordert wurde. Das war ganz im Sinne einer Thaiisierung, wie sie vor gut dreißig Jahren vom Identity Board gefordert wurde. Als dieses 1978 gegründet wurde und die Regierung sich »Thainess« zur Staatsaufgabe machte, richtete sich das Programm in erster Linie gar nicht an die Minoritäten, sondern an die Thai selber; diese sollten zur Besinnung auf nationale Werte gerufen werden: Was macht einen Thai zum Thai? Bei der Kampagne sah man im Fernsehen zum Auftakt, wie ein junger Thailänder und eine junge Thailänderin auf den Knien und mit korrekt zusammengelegten Händen ihren Eltern den Wai (Reverenz) erweisen. Das war eine Ermahnung, thailändische Werte zu wahren: den Respekt der Jüngeren gegenüber den Älteren, der sozial Untergeordneten gegenüber den gesellschaftlich Höherstehenden und damit letztlich die Anerkennung von Autorität.

Dass die Regierung sich zu einer solchen Kampagne veranlasst sah, hatte gute und andere Gründe. Thailand machte eine tiefgreifende Umwandlung durch infolge seiner Entwicklung von einem Agrarland zu einem Schwellenland mit erster Industrialisierung und dem Aufkommen eines Dienstleistungssektors. Dies betraf nicht zuletzt die Sozialstruktur, indem die Kleinfamilie vor allem im städtischen Bereich die Großfamilie ablöste. Der Gegensatz Stadt–Land nahm in dem Maß zu, wie sich urbane Zentren bildeten, vorab die Metropole Bangkok.

Und diese Entwicklung brachte auch eine Mobilisierung der politischen Mentalität mit sich, die nicht mehr ungefragt Autorität anerkennen mochte, zumal wenn diese sich mit unverfrorener Korruption zu behaupten suchte. Hierarchien wurden infrage gestellt. Beim Eingang zur Thamasaat-Universität erinnert ein Denkmal an die blutig niedergeschlagene Studentenrebellion der Siebzigerjahre.

Soweit »Thainess« diskutiert wird, das »Wesen des Thai« oder wie wir konformer sagen würden: »Thai-Identität«, darf man daran erinnern, dass das Land bis Anfang des 20. Jahrhunderts einen losen Verband von Teilstaaten darstellte und erst damals zu einem effektiven Regierungszentrum wie Bangkok kam. Ebenso darf man in Erinnerung rufen, dass das Land bis 1940 Siam hieß und sich dann, unter Berufung darauf, dass es nie Kolonie war, den stolzen Namen Thailand gab, Muang Thai, »Land der Freien«.

Wenn jetzt die Thai-Studien nicht länger von kultureller Einheit reden mögen, sondern kulturelle Diversität propagieren, geschieht dies aus der gleichen Sorge, die seinerzeit zur Gründung des Identity Board führte – der Sorge, wie Thailand in einem Globalisierungsprozess, der unweigerlich Verwestlichung mit sich bringt, seine Eigenart (oder mindestens Eigenarten) bewahren könne –, nur dass die Antwort anders ausfällt.

Nun kann das Selbstbewusstsein schon aufgeschreckt werden, wenn eine englische Autofirma daran geht, eines ihrer Produkte als »Tuk-Tuk« patentieren zu lassen – Tuk-Tuk ist die populäre Bezeichnung für den *samlor,* ein dreirädriges Verkehrsmittel, das sich mit einem eigenen Sinn für Gesetzlichkeit durch jeden Stau schlängelt, ein Zweiplätzer, der auch sechs oder sieben Passagiere befördert. Dieses Populärtaxi und Transporter ist ein ratterndes Wahrzeichen von Bangkoks Straßen, allein schon der Smog über der Hauptstadt ist ohne Tuk-Tuk unvorstellbar. Da nun Idee und Namen von einer englischen Autofirma geraubt seien, »MMV Tuk-Tuk« – wenn das nicht an die Identität geht! Und erst, wenn in den USA eine Nahrungsmittelfirma verschiedene Arten des typisch thailändischen Jasminreises patentieren lässt oder amerikanische Thai-Restaurants ihrerseits für ihre Nudelgerichte die exklusive Bezeichnung »Phad Thai« beanspruchen, wie das traditionelle Gericht »Reisnudeln mit Gemüse gebraten« genannt wird.

Das ruft die Bewahrer auf den Plan, und sie erinnern an all das Thailändische, das verloren ging: Welcher Thai weiß noch, dass ein *krabung* eine hölzerne Reuse ist oder der *bung* ein Behälter, in dem die Bauern im Norden das Essen mit aufs Feld nahmen? Auch die Celadon-Puppen, die einst in Zentralthailand hergestellt wurden, sind nur noch im Museum zu sehen. Über solche Verluste trösten jene hinweg, die meinen: Ein Thailänder kann ohne Schaden einen Hotdog essen, solange er in seiner Seele ein Thai bleibt.

Es ist aber anderseits gerade die Offenheit, die als Ausweis thailändischer Denk- und Wesensart gewertet wird. Man hat sie mit dem Buddhismus begründet, zu dem sich mehr als neunzig Prozent der Thai bekennen. Da er keine Buchreligion ist wie Judentum, Christentum und Islam, kennt er keine Absolutheiten der Orthodoxie. Als Lehre vom »Kleinen Fahrzeug« ist der thailändische Buddhismus selber eine von mehreren Buddhismus-Varianten. Zudem hat er – ein Beweis religiöser Offenheit – manch wichtiges hinduistisches Element in seine Rituale übernommen.

Wenn es in den letzten Jahrzehnten zu Spannungen mit Muslimen kam, geschah dies weniger aus religiösen Gründen als vielmehr aus politischen. Zumal wenn sich im Süden separatistische Bewegungen aktivierten, die Anschluss an den muslimischen Nachbarstaat Malaysia forderten. Der Konflikt ergab sich aber auch schon daraus, dass Bangkok auf Thaiisierung in Sprache und Schulerziehung drängte. Die repressive Kulturpolitik ist in dem Moment hinfällig, wenn an die Stelle der geforderten und aufgezwungenen kulturellen Identität Diversifikation tritt. Dass heute im Flughafen ein Schild den Weg zum muslimischen Gebetsraum weist, ist ein Novum.

Eine Liberalität jedenfalls, die sich in verschiedenen Bereichen manifestieren kann, wie zum Beispiel auch in der Sexualität. Bangkok kennt keine Gay-Bewegung, weil es kaum eine Gay-Diskriminierung kennt. Wenn neuerdings dem Sextourismus gewisse Auflagen in der Zurschaustellung gemacht werden, hat das auch damit zu tun, dass man einen Tourismus fördern möchte, der das Gewicht mehr auf Kultur und Strand legt.

Die Offenheit resultiert aus einem Assimilationswillen und manifestiert sich in einem Assimilationstalent. Wie der thailändische Buddhismus indische Elemente aufnimmt, so hat Thailand aus dem klassischen Hindu-Epos »Ramayana« eine eigene Version geschaffen, die Ramakien. Zweifellos wäre das Schattentheater ohne seine indonesische Herkunft undenkbar, aber es blieb nicht bei einer bloßen Übernahme. Und das Gleiche gilt für die hohe Selbstständigkeit der Küche, die sich an der chinesischen inspirierte.

Die Öffnung betrifft nicht nur Assimilation asiatischer Traditionen, sie gilt nicht minder der europäisch-atlantischen Kultur. Nun wurde Thailand nicht von irgendeiner Kolonialmacht westliche Kultur aufgezwungen; es öffnete sich unter Rama IV. (1851–1868) aus eigenem Willen; es orientierte sich in erster Linie an England. Eine entscheidende Konsequenz war der landesweite Ausbau des Schulwesens.

Die Assimilationskraft tritt nicht zuletzt in der Architektur in Erscheinung. Auf dem Gelände des Großen Palastes in Bangkok lässt sich ein Katalog von Kombinationsmöglichkeiten zeigen, vom fantasielosen Nachbauen eines westlichen Vorbildes bis zum Chakri Maha Prasad: unter einem typischen Thai-Dach ein viktorianischer Baukörper. Der Mischstil kann sich anderseits schon in Details wie den Straßenbeleuchtungen manifestieren, weiblichen

Fabelwesen, welche die Ampeln halten, oder wenn Telefonkabinen und Unterstände bei Haltestellen mit geschweiftem Dach und einer Andeutung von Ziergiebeln ausgestattet werden. Auch die antike Säule machte eine Wandlung durch: Der Akanthus auf dem Kapitell verbindet sich mit der Lotusblüte im Schaft.

Das Konzept, Tradition und Modernität zu verbinden, prägt auch das architektonische Gesicht des heutigen Bangkok. Fährt man allerdings vom Flughafen auf einer der Expressstraßen in die Stadt, tut sich eine Skyline von Hochhäusern auf, die einen an irgendein Frankfurt oder Kalifornien erinnern mag, eine Skyline, die sich aufs Erste kaum von einer anderen asiatischen Boomstadt wie Kuala Lumpur oder Singapur zu unterscheiden scheint. Bis man am Horizont einen Bau wahrnimmt, der einen stilisierten Elefanten darstellt. Deutlich das Auge: ein rundes Fenster mit dunkel getönter Scheibe. Ein goldener Querbalken markiert den Stoßzahn, ein dunkler Vertikalbalken das Ohr. Man kann das Gebäude als Hinweis verstehen, dass der alte thailändische Elefant am modernen Bangkok mitbaut.

Kein Haus, welchen Geschmacks und welchen Stils auch immer, das nicht sein Geisterhäuschen hätte, manchmal bis zur Größe eines kleinen Wohnhauses, so gerichtet, dass nie der Schatten des Hauses darauf fallen kann; dieses Häuschen ist die Bleibe, die der Bauherr den vom Grund vertriebenen Geistern stiftet, und diese werden auch sorglich mit Blumenschmuck und essbaren Opfergaben befriedigt.

Nun hat dieser Brauch weniger mit Assimilation als mit Weiterführen zu tun: ein Beispiel für ungetrübtes Nebeneinander. Dieses Nebeneinander wird nirgends so augenfällig wie bei einer Bootsfahrt auf dem Chao Phraya. Nach wie vor unbehelligt der Tempel Arun, der mit seinem Prang zum Wahrzeichen Bangkoks wurde. Auch weitere Tempel säumen das Ufer. Zuweilen sind nur mehr Dächer von traditionellen Bauten zu sehen, denen Wolkenkratzer die Sicht auf die »Mutter aller Wasser« versperren. Und unter den Imponierbauten auch ein seit dem Richtfest ungenutzter Koloss von zweifelhafter Statik – seit bald zwanzig Jahren wartet man darauf, dass er einstürzt, doch er behauptet sich als Avantgarde für die Bauboom-Ruinen, die die Wirtschaftskrise überall im Großraum Bangkok hinterlassen hat. Im Zeichen der Konjunktur wurde auch der höchste Wolkenkratzer Bangkoks errichtet, der Baiyoke Tower, mit seinen über dreihundert Metern so hoch, wie wenn 182 Personen sich aufeinandertürmten, indem eine sich auf den Kopf der andern stellte.

Indessen ist mit Nebeneinander nicht gemeint, dass neben bisherigen Pfahlbauten sich moderne Wolkenkratzer erheben, das übliche Bild einer Übergangsgesellschaft mit ihren Gegensätzlichkeiten in der Dritten Welt, wofür Bangkok an den Klongs, den Kanälen, fotogene Beispiele bietet.

Die spezifisch thailändische Gleichzeitigkeit ist an den einzelnen Bauten selber abzulesen. Nicht nur bei Regierungsgebäuden kann man auf den Eingangsfassaden dem mythischen Garuda in unübersehbarer Größe begegnen, als goldenes Emblem auf sonst schmucklosen Bauten ein Markenzeichen setzend, das nicht einer architektonischen Konzeption entspringt, sondern ein Thai-Bekenntnis ablegt. Zunächst bieten sich dem Auge Quaderbauten an. Aber diese scheinen mit ihrem Kubus-Charakter dem ästhetischen Bedürfnis nicht zu genügen. So werden auf dem Flachdach irgendwelche Aufbauten errichtet, nicht ungern Pyramidenförmiges; was auch immer angebracht und aufgestellt wird, als Zierelement wird es bewusst dem rein funktionellen Bau entgegengesetzt. Abgestufte Blöcke werden nebeneinandergestaffelt. Der Kubus selber wird aufgebrochen, die Baukörper sind mit halbrunden Glasfassaden verbunden. Die Großfassade erscheint durch Balustraden aufgelockert. Anstelle der Flachdächer abfallende Dächer, sodass trapezartige Körper entstehen. Zwergbauten werden vorangestellt, die zitierfreudig unterschiedlichste Stilelemente einbeziehen, bei europäischen Vorbildern ebenso Anleihen holen wie bei einheimischer Bauweise, ob thailändisches Steil- und Satteldach oder antik-griechischer Architrav.

Nimmt man solche Charakteristika zur Kenntnis, fällt einem unweigerlich das Stichwort Postmoderne ein: Man könnte das heutige Stadtbild von Bangkok als einen südostasiatischen Beitrag dazu verstehen. Wenn der Postmodernismus von der Architektur eine verständliche Sprache forderte, welche lokale und traditionsgebundene Symbolik mit berücksichtigen sollte, redet Bangkok eine Bausprache, die man auch versteht, wenn man nicht Thailändisch kann. Architektur und Urbanismus sind zweisprachig.

Aber es wäre ein Irrtum zu meinen, es handle sich bei dieser Gleichzeitigkeit und Mischung von Traditionellem und Modernem um bloßen Trend oder Mode, wiewohl diese auch mitspielen mögen als Dritte-Welt-Angst, den Anschluss zu verpassen. Es bestätigt sich vielmehr erneut das thailändische Talent des Assimilierens und Umwandelns, buddhistische Offenheit. Man könnte weiter spekulieren mit Ram A. Mall, einem der prominenten Vertreter der interkulturellen Philosophie, der vom Buddhismus als von einer Religion der Postmoderne sprach.

Der Postmodernismus hat dem internationalen Stil der Moderne seine alles vereinnahmende Vereinheitlichung und Anonymität vorgeworfen; er postulierte Vielheit statt Einheit. Das darf einen daran erinnern, dass »Thainess« nicht länger als Einheit verstanden werden soll, sondern als Diversifikation. Soweit Architektur dieser Neubesinnung entspricht und entsprechen will, macht sie augenfällig, wie eine Gesellschaft auch im menschlichen Bereich auf der Stilsuche ihrer Vielfalt ist.

Indische Nachhilfestunden

2008

Die erste Begegnung mit Indien war bereits eine helvetische Lektion. Als ich Bombay besuchte, das damals noch nicht Mumbai hieß, wurde gerade die Sprache des Gliedstaates Marathi zur vierzehnten Nationalsprache erklärt. Daneben kam ich mir als Schweizer mit vier einheimischen Sprachen recht bescheiden vor. Außerdem sagte ein Schriftsteller von sich, er schreibe für eine Minderheit. Für was für eine? Urdu. Urdu? Das war doch eine Sprachgruppe von über zwanzig Millionen Menschen. Ich begann unsere Rätoromanen zu zählen: zwanzigtausend, dreißigtausend, vierzigtausend ... Anderswo sind selbst die Zwerge größer.

Solche Erfahrungen sollten auch eine zweite, neuerliche Reise bestimmen, eine Lese- und Vortragstournee, die mich nach Delhi, Chennai und Pune führte und im Anschluss daran, privat, nach Kalkutta beziehungsweise Kolkata.

Wenn ich vor einem sprachlich homogenen Publikum wie einem deutschen oder französischen ausführe, es gebe keine Schweizer Literatur, sondern vier Literaturen, ist das zuweilen nicht einfach zu erklären. In Indien leuchtet dies angesichts von ... ja, von wie vielen Literaturen ein? Von 24 Nationalsprachen und von, je nachdem, wie man definiert und zählt, von 325 Idiomen oder von 179 Sprachen plus 545 Dialekte.

Parallelen ergeben sich dennoch. Auch hier nimmt die eine Sprachgruppe literarisch von der andern (oder den andern) per Übersetzung Kenntnis, sofern überhaupt. Parallelen und doch wiederum nicht, wenn sich über die Regionalsprachen eine Kommunikationssprache wie das Englische spannt. Provokativ, wenn Salman Rushdie behauptet, die englisch geschriebene Literatur Indiens sei von höherer Qualität als die der Regionalsprachen, ein Urteil, das im Grunde sich nur jemand leisten kann, der aller übrigen Literaturen mächtig ist.

Aber andererseits wiederum das Phänomen, dass englisch schreibende Autoren sich bemühen, das Lokalkolorit ihrer Regionalsprachen in ihr Englisch einzubringen. Mir fällt dazu ein, wie moderne Klassiker unserer Literatur, Robert Walser wie Friedrich Glauser, ihr Deutsch (bis zum Manierismus) helvetisch durchsetzten.

Vergleiche, die zu überraschenden Details führen. Nehme ich den ersten Roman von Rushdie, *Mitternachtskinder,* zur Hand, assoziiere ich unweigerlich die *Quatemberkinder und wie das Vreneli die Gletscher brünnen machte* von Tim Krohn. Beim Inder Kinder, die in der Nacht geboren wurden, als Indien unabhängig wurde, und die damit eine besondere Zukunftsträchtigkeit mit erhalten. Beim Schweizer sind es Kinder, die »Dinge sehen, die andere nicht sehen«.

Oder daneben eine persönliche Überraschung, wenn mein Roman *Abwässer* indische Relevanz erhält. Ein gesundheitspolitisches Anliegen von Gandhi, so wurde ausgeführt, war es, das Volk sanitarisch zu erziehen. Diese Thematik findet sich denn auch in einem Roman von Mulk Raj Anand (1905–2004). Dank ihm kam der Abwasserinspektor aus meinem Buch zu einem Kollegen, einem Latrinenreiniger, der hofft, dass er dank dem Wasserklosett in Zukunft seiner Arbeit, dem Wegputzen von Exkrementen, nicht mehr per Schaufel und Hand nachgehen muss. Es ist der Emanzipationstraum innerhalb einer niedrigen Kaste. Bei diesen Verwandtschaften erinnerten wir uns an den »Mose« von Thomas Mann, der dem Volk beibringt, hinterher das Schäufelchen zu benutzen.

Nun sind für einen indisch-schweizerischen Erfahrungsaustausch neue und beste Voraussetzungen geschaffen worden, nachdem im Februar 2007 in Delhi eine Antenne (oder Filiale) der Pro Helvetia eröffnet worden war, ein Arts Council. Dies nach entsprechenden Außenposten in Kairo und Südafrika.

Aus diesem Anlass hatte die Pro Helvetia seinerzeit in ihrer »Passagen«-Reihe eine Sondernummer herausgegeben: *Indien und die Schweiz,* keine schlechte Vorbereitungslektüre. Damit war eine Spannweite abgesteckt zwischen den »Metamorphosen der indischen Identität« und den »Grenzen kultureller Vielfalt«. Mit Komponisten, deren Schaffen zwischen indischer Tradition und westlicher Überlieferung angelegt ist, und Autorinnen, die »mit großer Sensibilität gegen Exotismus, Kasten- und Geschlechterrollen anschreiben«. Eine Begegnung, für die ich mir als Motto merkte: »Ihr habt die Uhren – wir haben die Zeit.«

Wenn von kultureller Vermittlung die Rede ist, darf man wohl erwähnen, dass es Schweizer Verlage gab, die, lange bevor Indien 2006 Gastland der Frankfurter Buchmesse war, Übersetzungen indischer Autorinnen und Autoren herausbrachten: der Unionsverlag in Zürich mit der Anthologie *Shiva tanzt* etwa oder der Waldgut-Verlag in Frauenfeld.

Man darf ebenfalls an *Indien sehen* erinnern, herausgegeben von Peter Edwin Erismann, eine Publikation, die auf einer gleichnamigen Ausstellung im Literaturarchiv Bern basierte; mit Beiträgen zu »Indien in der Schweiz« und zu »Handel und Mission«. Aufsätze und Bilder, die informieren, inwiefern Indien inspirierte: Künstler wie Hermann A. Sigg oder Charles Rollier, Fotografen wie Werner Bischof, Ernst Scheidegger, Ella Maillart und Manuel Bauer oder den Schriftsteller Martin Frank, Autor von *ter fögi ische souhung* (1979); von ihm, der wenig publiziert, ist die Erzählung *Blind* zu lesen. Wie eine Indien-Beziehung fruchtbar werden kann und über das Persönliche hinaus wirkt, illustriert das Schaffen von Alice

Boner. Die Künstlerin (1889–1981), eine bedeutende Kennerin der Sanskritkultur, hatte sich 1935 am Ganges in Varanasi niedergelassen, in einer der heiligen Städte der Hindus. Ihr Anwesen steht Stipendiaten der Alice-Boner-Stiftung zur Verfügung, mit Unterstützung der Pro Helvetia. Diese engagiert sich auch beim Gästeatelier, das der Künstler Christoph Storz im Austausch mit dem Aarauer Atelier »Krone« in Bangalore aufgebaut hat.

Mit dem Arts Council von Pro Helvetia in Delhi erlangen die kulturellen Kontakte die Chance eines breiteren, landesweiten Wirkungsbereichs. Dies dank der Zusammenarbeit mit Hochschulen und Kulturinstituten, wobei für die deutsche Sprachkultur die Goethe-Institute wichtig werden.

Eröffnet worden war die Pro-Helvetia-Außenstelle mit der Darbietung einer Zürcher Tanzgruppe. Den literarisch-wissenschaftlichen Auftakt aber bildeten »The Swiss Literary Week« und insbesondere das Seminar »Multilingual Literature(s) of Switzerland«, das alle vier Sprachgruppen berücksichtigte. Dementsprechend die Zusammensetzung der Schweizer Delegation. Für die Viersprachigkeit Iso Camartin. Für die französische Schweiz Professor Noël Cordonnier von der Universität Lausanne, der über Charles-Ferdinand Ramuz und Victor Segalen publizierte, und der Schriftsteller Yves Rosset *(Les oasis de transit)*. Für die deutschsprachige Schweiz Christian Haller, der einem studentischen Publikum seine *Trilogie des Erinnerns* vorstellen konnte. In seinem Bericht notierte er: »Ich gerate in einen seltsamen Zwiespalt, nämlich als meinem Land gegenüber kritischer Zeitgenosse, dessen Leistung zu vertreten, gerade gegen die gefährlich reduktionistischen Ismen.«

Das Seminar über die Viersprachigkeit der Schweiz war für die Jawaharlal Nehru University (JNU) ein Novum, zum ersten Mal haben Romanistik und Germanistik gemeinsam einen Anlass organisiert; man kann geradezu von einer methodischen Verschweizerung reden.

Neben Delhi gab, was die deutsche Sprachkultur betraf, Pune einen wichtigen Tagungsort ab, auch für meine Reise. Mit knapp vier Millionen Bewohnern ist Pune eine der »kleinen Großstädte«, eine wirtschaftliche Boomstadt, die mit einer beachtlichen Zahl von Ausbildungsstätten und Hochschulen nationale Bedeutung erlangte. Die Universität von Pune hat das älteste germanistische Departement des Landes.

Aus Pune stammt auch Anil Batthi, Dozent an der JNU in Delhi. Der Literaturwissenschafter, der zu Themen des Postkolonialismus und der kulturellen Identität publiziert wie über »Reisen, Entdeckungen, Utopien« oder die »jüdische Emigration in Indien«, ist nicht zuletzt wegen seiner akademischen Tätigkeit in Deutschland und Österreich der führende Germanist Indiens. Zu seinen Schülerinnen zählt ebenso die Programmleiterin des schweizerischen Arts Council in Delhi wie die Kulturrätin an der Schweizer Botschaft.

Dass die Nehru-Universität in Delhi ein besonderes, um nicht zu sagen ein avantgardistisches Interesse für Sprachwissenschaft aufbringt, bewies nicht zuletzt die Begegnung mit ihrem Dekan, S. B. Sasalatti. Einem seiner Statements war zu entnehmen, dass er neben dem britischen und dem amerikanischen Englisch ein eigenes Englisch für Indien reklamiert, das Pan-Indian English. Überrascht aber war ich, als ich erfuhr, dass nicht einmal fünf Prozent der Bevölkerung Englisch reden. Überrascht, weil ich bestens mit Englisch durchgekommen war und nun realisierte, wie sehr ich mich sozial und intellektuell in privilegierten Kreisen bewegte. Anderseits leuchtete mir die Diskussion ein, ob das Englische als Kommunikationssprache in Zukunft nicht durch Hindi ersetzt werden soll.

Professor Sasalatti prägte eine Formel mit, die in der modernen Sprachwissenschaft und Anthropologie ihren festen Platz einnimmt: *glocal,* eine Wortverbindung aus *global* und *local.* In dem Falle aber nicht gängig verstanden als »global denken und lokal handeln«, sondern festhalten, dass sich das eine nicht vom andern trennen lässt, dass im Lokalen schon immer das Globale mitschwingt und es kein Globales gibt, das nicht seine lokale Mitbestimmung hätte.

Mit *glocal* waren wir beim Stichwort, das in allen Gesprächen in der einen oder andern Weise zur Sprache kam: Postkolonialismus. Ein Thema, das in unseren helvetischen Debatten kaum Beachtung findet. Was soll uns Postkolonialismus, da wir doch keine Kolonien hatten, als ob wir nicht mehr an Kolonialismen beteiligt waren, als es unserem Gewissen lieb ist. Literarisch genügen uns unsere psychologischen Befindlichkeiten, schließlich können wir uns den Luxus leisten, eine Seele zu haben und die Welt nach unserem Wohlbefinden zu messen.

Unausweichlich, auch beim Disput mit Studenten, die Identitätsproblematik. *Indianness* und *Swissness:* Was macht den Inder zum Inder und den Schweizer zum Schweizer? Eine Frage, die wir in unserem Fall der Tatsache verdanken, dass ein Ausdruck wie »Schweizertum« aus der Mottenkiste geholt wurde.

In beiden Fällen die Erkenntnis, dass sich Identität nicht auf bestimmte Wesensmerkmale reduzieren oder mit Fixierungen festlegen lässt, sondern dass man von einer »mobilen« Identität reden muss, um den Multis jeglicher Art von heute Rechnung tragen zu können, den ethnischen wie den religiösen Multis.

Was die indischen Vorstellungen von der Schweiz betrifft, bestimmen diese für das breite Publikum nicht zuletzt Bollywood-Filme. Unzählige Liebesgeschichten spielen in der schmachtend-paradiesischen Welt Helvetiens, nicht ungern mit Schnee, auch wenn aus Kostengründen nicht in der Schweiz, sondern in Polen gedreht wurde.

Bezüglich der Identitätsproblematik konnte mein Referat über

Democratisation of Democracy Diskussionsstoff abgeben. Es erwies sich als intellektueller Gewinn, nicht einfach von schweizerischer Demokratie zu reden, sondern von einer Geschichte dieser
Demokratie. Um darzulegen, dass sich das Wesen der Demokratie nicht auf historisch Erlangtes fixieren lässt, sondern stets von
Neuem definiert werden muss.

In dem Sinne ist *Lying on the postcolonial couch* von Rukmini
Bhaya Nair zu lesen. Die Autorin, von der eben der Gedichtband
Yellow Hibiscus herauskam, ist Dozentin am Indian Institute of
Technology in Delhi. In einer ihrer früheren Publikationen hat sie
dargelegt, dass für ein Studium an einer technischen Hochschule
Geisteswissenschaften unerlässlich sind. Sowohl das Institute of
Technology in Delhi wie jenes in Chennai (früher Madras) haben
ihre *humanities* ausgebaut, wie ich mit Anerkennung zur Kenntnis
nehmen durfte. Mit zorniger Nostalgie erinnerte ich mich, wie an
der ETH in Zürich die Freifächer deutsche, französische und ita-
lienische Literatur gestrichen wurden und wie sang- und klanglos diese akademische Barbarei über die Feuilletonbühne ging, die
Schweiz mit blühender Wirtschaft ein kulturelles Schwellenland.

Auf der wissenschaftlichen Couch von Rukmini Bhaya Nair
wird die »Kultur der Gleichgültigkeit« angesprochen, wie sie jeder Postkolonialismus auszeichne: »Abgesegnet durch eine über-
mächtige Bürokratie durchdringt die Indifferenz alle Belange eines
postkolonialen Staates dermaßen, dass niemand dieser Indifferenz entgeht. In einer postkolonialen Gesellschaft ist jedermann
in Amnesie geübt, im Ausradieren des Gewissens, um das Leben
erträglicher zu machen.« Eine Indifferenz gegenüber den tagtäg-
lichen Gegebenheiten als Apathie, Eskapismus, Stoizismus oder
Fundamentalismus. Damit ist aber auch angesprochen, was jeden
Indienbesucher unvermeidlich bewegt: das Nebeneinander von
Hightech und Misere, von Hunger und Weltraumprogramm.

In einer globalisierten Welt, so die Debatten, wird das Vertikale durch das Horizontale ersetzt, statt der Hierarchie ein Nebeneinander ein Denken in Simultaneitäten. Was sich recht verschieden äußern kann.

Zum Beispiel schon sprachlich, wenn ein Dozent erklärt: Ich bete in Sanskrit, mit meinen Eltern rede ich Marathi, in meiner Familie wird Hindi gesprochen, und für den Beruf brauche ich Englisch.

Oder religiös. Sei es, dass der Chauffeur aufs Armaturenbrett einen Buddha setzt und daneben das Bild der Glücksgöttin Lakschmi. Oder ein Riesenplakat: »Nicht Hindu. Nicht Muslim. Nicht Sikh. Nicht Christ.« Die Toleranzbotschaft empfiehlt ein Handy, eintippen können alle gleich gut.

Dem stehen Fanatismen und Fundamentalismen entgegen – eine Bombe, die in einem Kino hochgeht, erinnert daran, der Terror zwischen Religionen und Ethnien. Da erkundige ich mich auf einer Fahrt: was das für ein weißes Gebäude sei, und man erfährt: geschlossen. Die Muslime reklamieren es als einstige Moschee, und die Hindus beharren darauf, es sei ein ehemaliger Tempel.

Doch dann ein historischer Abstecher. Ein Stück südlicher als nur bis zum Taj Mahal von Agra, nach Fatehpur Sikri. Hier hatte Akbar im 16. Jahrhundert mit gnadenloser Hand regiert und mit seinen Kriegen die Grundlagen für das Großreich der Moguln gelegt. Lange vergessen, bietet die Festungsstadt, einst wegen Wassermangel aufgegeben, ein imposantes Ensemble von Palästen, Moscheen, Wohnhäusern, Kasernen und Münzstätten. Schaue ich genauer hin, stelle ich fest, wie in der Ornamentik der Mauern persische Wellen von Lotusmotiven durchbrochen werden, ein Beispiel dafür, wie eine Verbindung von persischem und hinduistischem Stil gesucht wurde.

Der ästhetische Eklektizismus findet eine Bestätigung im Religionsverhalten. Akbar, ein Muslim, heiratete eine Hindu. Das war nicht ungewöhnlich. Ungewöhnlicher schon, dass er ihr erlaubte, ihre Hindu-Riten zu pflegen, und zuweilen sogar an ihnen teilnahm. Einmalig aber war, dass er daneben auch eine Christin und eine Muslimin heiratete, denen er ebenfalls die Ausübung ihrer Religionen gestattete.

Wer den Palast besucht, kann die drei Bauten besichtigen, die Akbar seinen Hauptfrauen errichten ließ. Solche Gepflogenheiten sollten sich allerdings mit seinem Enkel ändern, der ein rasanter Orthodoxer war. Woraus man den Schluss ziehen kann, dass es zuweilen besser ist, sich an die Großväter zu halten als an die Enkel. Unbefangen davon, habe ich auf dem Platz, wo Akbar einst mit lebenden Menschen eine Art Schach spielte, in Gedanken Lessings *Nathan* inszeniert.

Ein Übungsplatz der Zukunft
In der chinesischen Metropole Schanghai treffen Tradition und Ultramoderne aufeinander

2008

Die Skyline von Pudong ist unbestritten die optische Visitenkarte des heutigen Schanghai. Als ich vor gut fünfundzwanzig Jahren die Chance hatte, über den Huangpu ans andere Ufer zu schauen, waren drüben Reisfelder auszumachen, einige Bauten und Bauernbehausungen. Damals hatte der Huangpu nur ein Ufer, den Bund; hier hatten sich die Briten eingerichtet. Noch immer gibt es eine Ufer-Avenue, mit Banken und Handelshäusern auf Repräsentanz bedacht, klassizistische Erinnerungen an die Kolonialzeit der British Concession, mit dem Asia Building oder dem Peace Hotel als Monumenten, eine Prachtmeile, an der man heute das Denkmal für die Helden der Revolution findet, einen Park, wo einst das Schild angebracht war »Chinesen und Hunde verboten«.

Im Höhenrausch

Jetzt führt ein Unterwassertunnel, mittels einer Lichtinstallation als touristische Attraktion konzipiert, hinüber, direkt zum Oriental Pearl Tower. Pudong ist mit anderthalb Millionen Einwohnern nicht nur das Investment- und Finanzzentrum mit Einrichtungen wie dem Fernsehturm und der Convention Hall mit imposantem Kugeldach. Hier findet man neben Luxushotels das Ozean-Aquarium wie das Museum für Wissenschaft und Technologie oder den Jahrhundert-Boulevard, gesäumt von acht verschiedenen chinesischen Gärten.

Über all das hinaus ist Pudong die Schaltstelle für die Zukunft. Das manifestiert sich in den Wolkenkratzern. Der Fernsehturm Oriental Pearl ist der höchste in Asien und der dritthöchste in der Welt. Daneben wäre gleich der Jinmao Tower zu erwähnen, mit 412 Metern eines der höchsten Gebäude der Welt. Er besitzt eine Aussichtsterrasse im 88. Stockwerk und einen Lift, der so rasch hinauffährt, dass Leuten mit Herzbeschwerden von der Fahrt abgeraten wird. Im Bau befindet sich unweit davon ein Wolkenkratzer, der noch höher werden soll als die bisherigen.

Mit diesen himmelstürmenden Wolkenkratzern partizipiert Schanghai am asiatischen Wettstreit, es den USA gleichzutun, und wenn möglich besser und eben höher zu bauen – wie die Twin Towers in Kuala Lumpur oder der Taipei 101 in Taiwan oder Burj Khalifa in Dubai. Wobei es darauf ankommt, ob für die Rekordhöhe die Antenne mitgemessen werden darf.

Pudong ist Zukunft im Superlativ. Zum höchsten Gebäude passt der längste Unterwassertunnel im Aquarium oder die mit dreißig Kilometern längste Seebrücke der Welt; das wäre eine Brücke von Zürich über den See bis Pfäffikon, Schwyz. Oder die Maglev-Bahn zum Flughafen: Bei einer Höchstgeschwindigkeit von 431 km/h braucht sie für die dreißig Kilometer sieben Minuten und zwanzig Sekunden.

Fährt man durch Pudong und andere Wolkenkratzerviertel mit ihren Hoch- und Ringstraßen, ihren Rampen und Karussells, durch Fußgängerzonen und Hightech-Distrikte, könnte man sich in irgendeiner westlichen Metropole wähnen. Angesichts der Boutiquen fühlte ich mich unweigerlich an meine Storchengasse in Zürich erinnert, nur dass die Gasse hier kilometerlang ist und die Boutiquen zahlreicher und pompöser. Angesichts des Luxus und der Luxuspreise drängt sich ein ganz anderer Vergleich auf. Da diskutieren wir, wie im Kapitalismus die Gesellschaft sozial immer mehr auseinanderdriftet. Und nun erlebe ich das Gleiche hier, wo unter einem kommunistischen Regime als Folge der wirtschaftlichen Öffnung eine Schicht von Allerreichsten entsteht.

Kulturerbe

Trotz modernem Design ist das Chinesische als Zitat präsent. Primär wegen der Schriftzeichen: mit einem Torbogen, den Aufbauten auf den Hochhäusern oder als Dekor von Straßenbeleuchtungen. Wobei Wolkenkratzer oft mit asiatischer Metaphorik charakterisiert werden, auch wenn sie von westlichen Architekturfirmen entworfen wurden – die Gebäude sollen an eine Pagode erinnern, an Bambus oder Lotos oder an einen Drachen, der gen Himmel fliegt. Das Grand Theater, das Opernhaus, knüpft baulich an überlieferte Vorstellungen an: über dem Rechteck des Unterbaus, dem Symbol für die Erde, das geschwungene Runddach des Himmels.

Und doch lassen sich Unterschiede zu andern asiatischen Metropolen feststellen. Zu Bangkok etwa, dessen Boom kaum an das goldene Bangkok von einst erinnern lässt. Aber man wird vor jedem Bau, ob öffentlich oder privat, ein Geisterhäuschen finden, dem Geist errichtet, den man mit dem Bau um seinen angestammten Platz gebracht hat. So bestimmt die Religion das Straßenbild. Ähnliches ließe sich auch für indische Metropolen sagen, Hindu-Gottheiten begleiten den öffentlichen Alltag.

Entsprechendes fällt hier weg. Die Kulturrevolution hatte Tabula rasa gemacht mit der eigenen kulturellen Vergangenheit. Ich hatte in Taiwan oder in asiatischen und amerikanischen Chinatowns chinesische Traditionen kennengelernt, von denen eine junge Generation in Festlandchina nichts mehr wusste. Das hat sich geändert.

Als symbolisches Beispiel dafür darf Konfuzius gelten. Konfuzius, der Lehrmeister von Disziplin und Harmonie, ein Philosoph des Gleichmuts, galt in Maos ideologisch ausgerichtetem China als Unperson. Nach seiner Rehabilitierung kann man nun in Downtown einen restaurierten Tempel aufsuchen: eine meditative Insel inmitten von Hochhäusern, und man kann in der einstigen Bibliothek über Sätze von ihm nachdenken wie diesen: »Der Mensch stolpert über den Ameisenhaufen und nicht übers Gebirge.«

Kulturerbe, das ist seit den Achtzigerjahren ein neuer Begriff im politischen Wortschatz. Restaurieren bedeutet vorerst einmal Respekt vor Bauten, aber noch nicht, dass damit den Stätten auch ihre einstige Funktion zugestanden wird. Zu diesem Erbe kann eine russisch-orthodoxe Kirche gehören, die aber Besuchern verschlossen bleibt.

Das gilt nicht für die buddhistischen Tempel. Der Jadetempel hat seine Bedeutung als Wallfahrtsort für den internationalen Buddhismus behalten. Der Tempel beeindruckt nicht nur mit seiner kunstvollen Ausgestaltung, den Jadestatuen von Buddha und den übergroßen Inkarnationsfiguren. Es ist ein Ort, wo man als Besucher achtgeben muss, Gläubige nicht beim Gebet zu stören. Von anhaltender Popularität nicht minder der Longhua-Tempel, und dies nicht nur wegen seiner Pagode. Hier treffen sich Gläubige aus ganz China. Alljährlich findet im Frühling ein Festival statt, und die berühmte Glocke verspricht denen, die sie beim Einläuten des Neujahrs vernehmen, besonderes Glück. Die Glocke, die jetzt läutet, ist ein Duplikat, das Original wurde unter Mao eingeschmolzen. Ein Rundportal führt in einen Garten von zauberhaftem Grün; hier befindet sich der Sitz der Poem Association, die die Zeitschrift *Shanghai Poem* herausgibt.

Internationalisierung

Sicher hat das Interesse für die Überlieferung mit der Imagepflege einer liberalen (oder liberaleren) Kulturpolitik zu tun. Und dies steht ja nicht im Widerspruch dazu, dass eine alleinmächtige Partei ihr eigenes historisches Gedächtnis pflegt: das Gebäude, in dem der erste Kongress der Kommunistischen Partei Chinas stattfand, die Residenzen von Tschou En-lai oder Mao. Am monumentalsten ist wohl der Friedhof der Märtyrer, errichtet auf dem einstigen Exekutionsplatz, im Gedenken an die, die im Glauben an die Revolution ihr Leben lassen mussten. Eindrücklich das Museum Sun Yat-sen.

Der Gründer des modernen China und dessen erster Präsident wird heute gleicherweise von Peking und Taiwan verehrt. Der Besuch bietet eine aufschlussreiche Nachhilfestunde in Geschichte, wenn einem anhand von Dokumenten vorgeführt wird, dass erst in der Nachkolonialzeit mit dem Ende der Qing-Dynastie 1911 dieses Riesenreich zu einer eigenen nationalen Existenz fand. Eine paradoxe Formulierung drängt sich auf: China, ein junges Land mit einer viertausendjährigen Geschichte.

Die Besinnung auf das kulturelle Erbe geht aber über bloße Imagepflege hinaus. Der Bauboom erlaubt kaum eine Verschnaufpause. Schanghai ist denn auch eine Stadt, in der man sich versucht fühlt, das baugeschichtliche Museum zu besuchen, um zu sehen, was vor Kurzem noch war und was bald nicht mehr sein wird. Das Museum für Stadtplanung reiht sich am Platz des Volkes unter repräsentative Bauten ein: das Kunstmuseum, das Städtische Museum, die Oper, das Große Theater und die Bibliothek.

Bei solchem Boom-Tempo droht auf der Strecke zu bleiben, was chinesische Eigenheiten ausmacht, sodass eines Tages ausländische Besucher sich erkundigen könnten: Wo geht es zur Chinatown? Solche Zukunftssorgen kennt eine Stadt wie Peking nicht. Aber die

Hauptstadt macht auch nicht wie Schanghai eine radikale Internationalisierung (oder Verwestlichung) mit. Diese Internationalisierung stellt ein neues Kapitel in der Verwestlichung dar. Wenn man zum Beispiel wegen der Jesuitenmissionen von einem katholischen Jahrhundert gesprochen hat oder wenn Schanghai als Folge der Öffnung des Hafens zu einem französischen und einem britischen Viertel kam, handelte es sich stets um eine aufgezwungene Verwestlichung. Das verhält sich heute anders; die jetzige Verwestlichung findet aus freien Stücken statt – unter der Ambivalenz, dank westlichen Errungenschaften sich gegen diesen Westen zu behaupten. Was sich auch als eine Art chinesischer Heimatstil äußert. Demnach nimmt sich Schanghai im Moment aus wie eine chinesische Stadt mit der Besonderheit einer Chinatown.

Nebeneinander

Ancient City, die Altstadt, ist das alte Chinesenviertel. Gassen, in denen man sich zu zweit gerade noch ausweichen kann, prekär der Straßenbelag. Familienweise lebt man auf engstem Raum, für die Bedürfnisse ein gemeinsamer Nachttopf, man wäscht sich im Freien, das Leben spielt sich draußen ab. Zwischen diese niedrigen Bauten und ihre lädierten Fassaden verirrt sich nicht einer der Fremdenführer, die mit einem Wimpel an ihren Stecken Touristengruppen lotsen. Solche Sightseeing-Gruppen drängen sich in jenem Teil der Ancient City, der restauriert (oder chinesisch hergerichtet) wurde. Hier haben die Bauten geschwungene Dächer. Schlangen bilden die Dachabschlüsse, Monster und Löwen schützen vor bösen Geistern. Souvenir und Fake. Hier tummeln sich junge Schlepper und Schlepperinnen: »Rolex, Rolex.« Aus dem geschäftigen *look look* wird ein *looki looki*.
Auf dieses Nebeneinander von Tradition und Moderne stößt

man auch anderswo und überall. Schanghai ist umgeben von Klein-
städten, die zum Teil ihren historischen Charakter behalten haben.
Da gibt es Orte, die den »Garten des mäandernden Flusses« oder
den »Garten der Augenweide« bieten, eine viereckige Pagode wie
den »Teich des ertrunkenen Bai«. Wasserstädte zum Beispiel. Eine
Siedlungsparallele dazu wäre bei uns ein Straßendorf; während dieses entlang einer Straße gebaut wurde, verläuft die Wasserstadt entlang eines Flusses oder eines Kanals.

Einen besonderen Ruf unter den Wasserstädten erlangte Zhujia-
jiao. Nicht nur wegen der »Brücke der Freilassung«, so geheißen,
weil von hier die gefangenen, aber nicht benötigten Fische wieder
freigelassen wurden. Kommt man an diesen Ort, erwartet einen
ein weitläufiger Parkplatz. Man bezahlt einen Eintrittspreis. Der
Weg führt durch Bauten in traditionell chinesischem Stil – noch ist
einiges an Geschäftsräumen zu mieten. Die Bauten leiten über zur
alten besterhaltenen Stadt entlang der Kanäle. Was hier zu sehen ist,
ist so echt, dass ein amerikanisches Filmteam den Ort als Schauplatz für *Mission Impossible* gewählt hat. Es war Tom Cruise, der
über die Dächer dieser Wasserstadt hinweg geflüchtet ist.

Das architektonische und damit urbanistische Gesicht, zu dem
Boom-Schanghai kommt, müsste jeden Freund des Postmodernismus erfreuen. Nicht dass nach diesem Stil-Credo gebaut würde,
sondern es wird global Bilanz gezogen. Benutzt wird, was gefällt
und gebraucht werden kann, was Geschichte und Zeitgenossenschaft bietet, das Angebot ist interkulturell und global. Dafür gibt
die University City in Songjiang ein einmaliges Beispiel. Ein grie-
chischer Tempel neben schmucklosen Quaderbauten der Studentenheime. Säulen als bloßes Zitat und asketische Stahl- und Glasfassaden, Kolonialbauten mit Erinnerungen an die europäische
Renaissance und Anspielungen an japanischen oder arabischen
Baustil und immer wieder Elemente der chinesischen Kultur. Im
Hintergrund modernistisch der gläserne Kegel des Rathauses.

Schweizerisch-chinesische Begegnungen

Auf diesem ausgedehnten Gelände haben sechs Universitäten ihren Standort gefunden. Darunter die University for International Studies, eine der bedeutendsten Sprachuniversitäten des Landes. Die Deutschabteilung hat zum ersten Mal Sonderveranstaltungen für die Deutschschweizer Literatur durchgeführt. Mit Vorlesungen und Seminaren für Studenten, Magister und Doktoranden. Der Münchner Literaturkritiker Eberhard Falcke orientierte über die schweizerische Frauenliteratur und das Genre des Kriminalromans von Glauser über Dürrenmatt bis heute. Der Schreibende sprach zur multikulturellen Situation einer deutschsprachigen Literatur in einem viersprachigen Land und anhand eigener Texte zu poetologischen Problemen; zudem wurde eine chinesische Edition von Erzählungen vorbereitet.

Wie groß das Interesse für deutschsprachige Kultur ist, mag man daraus ersehen, dass heute sechzig Universitäten ein Deutschdepartement haben im Unterschied zu den dreißig vier Jahre zuvor. Nun pflegt die Internationale Sprachuniversität seit Langem beste Beziehungen mit den Universitäten Heidelberg und Göttingen. Sie ist dank der Öffnung zu größeren Finanzmitteln gekommen, was einen vermehrten Austausch ermöglicht.

Alle derartigen Kulturkontakte sind unweigerlich Konfrontationen mit Mentalitäten. Darum fallen die Diskussionen anders aus, ob Doktoranden unmittelbare Kenntnisse von Europa haben oder ob solche Erfahrungen wie bei den Studenten fehlen. Direkt wurde Aktualität kaum angesprochen, aber man erkundigte sich im Fall von Tibet, ob der Dalai Lama wirklich ein Kriegshetzer sei, wie dies in den offiziellen Medien zu vernehmen sei. Aber die Frage kann auch grundsätzlicher sein: Gibt es tolerante Gesellschaften? Was antwortet man auf solche Fragen angesichts allein selig machender Kirchen und Ideologien, die für sich die absolute Wahrheit beanspruchen?

Ein Übungs- und Bauplatz

Was für Einsichten und Missverständnisse möglich sind, was an Klischees und Interpretationen bei Kulturkontakten entsteht, das hat für China Matthias Messmer untersucht. Sein Buch *China. Schauplätze west-östlicher Begegnungen* (Böhlau Verlag, Wien 2007) ist ein sorgfältig recherchiertes und breit angelegtes Werk zu dem, was wir gemeinhin als Mentalitäten bezeichnen. Zum Beispiel für das Stichwort *Mianzi* (Gesicht), das heißt für das Problem, das Gesicht zu wahren und das Gesichtwahren zu respektieren.

Aktivitäten wie die der Sprachuniversität sind nur ein Beispiel dafür, dass Schanghai im Moment einen kulturellen Übungsplatz darstellt. Mit dem Kulturprogramm China 2008–10 prüft die Schweizer Kulturstiftung Pro Helvetia die Voraussetzungen, um in China kulturell Fuß zu fassen und Netzwerke aufzubauen. Geplant ist, neben Delhi und Kairo eine weitere Auslandantenne zu eröffnen, wofür Schanghai eine erstrangige Chance hat.

Jedenfalls ist Schanghai ein Bauplatz. Wie könnte es auch anders sein: ein Bauplatz des Superlativs: wegen der Weltausstellung 2010, der größten Asiens.

Das Mekka der tanzenden Derwische
Konya – eine türkische Stadt im Umbruch
1996

Nach gut zwei Stunden Fahrt durch die versteppte Hochebene Anatoliens: bewirtschaftete Felder; in ihnen, verloren, weiße Nomadenzelte der Landarbeiter und entlang der pfeilgeraden Autostraße von Ankara nach Konya plötzlich Büsche gelber Bergblumen. Die Stadt selber, am Fuß des Taurusgebietes, präsentiert sich in vollem Grün inmitten von Obstgärten. Es heißt, ein Heiliger, der hier lebte, habe Gott beschworen, Konya von Erdbeben zu verschonen und die Stadt mit genügend Wasser zu versorgen. Ein Gebet, das erhört wurde und zu dessen Erfüllung der Stausee in Sille, im Nordosten der Stadt, nachgeholfen haben mag.

Legenden sind hier ernst zu nehmen. Konya zählt zu den bedeutendsten Orten auf der Religionskarte des türkischen Islam. Dafür zeugen nicht nur historische Bauten wie die Medresen, in denen Theologie und Recht unterrichtet wurden. Diese Seminarien hat man lange dem Verfall überlassen. In den Sechzigerjahren, als Folge einer religiös-patriotischen Neubesinnung, wurden die meisten restauriert und als Museen dem Publikum zugänglich gemacht. Die Medrese Daru'l-Hadis wurde gebaut, um in abgeschirmter Ruhe neben dem Koran auch den Hadith, die Mohammed zugeschriebenen Aussprüche, studieren zu können; mit ihrem Portal besitzt sie eines der schönsten Dekorbeispiele für kalligrafische Steinmetzkunst. Eine Medrese wie die Karatay wiederum, die eine kostbare Keramiksammlung beherbergt, hat als Bau insgesamt kunsthistorische Bedeutung; ihre Kacheln von raffiniert abgestuftem Blau sind nicht nur Innenwandschmuck; sie bilden in ihrer Anordnung ein raumbestimmendes Element für die Architektur der Kuppel.

Wer bis jetzt ohne das Wort »Türbe« auskam, muss nach der Ankunft in Konya diesen Ausdruck für Grabmal in seinen Wortschatz aufnehmen. Nicht wegen der unzähligen Grabmäler in Gestalt von Ziegelbauten mit einem Kegeldach, die zwischen Werkstätten, Läden und Häusern – oft recht vernachlässigt – an eine religiöse oder politische Prominenz erinnern. Sondern die Stadt besitzt das berühmteste religiöse Mausoleum der Türkei; von Weitem ist die »grüne Kuppel« sichtbar, so geheißen, weil sie mit türkisfarbenen Kacheln ummantelt ist. Wegen dieses Grabmals ist Konya ein Wallfahrtsort, das einstige Mekka für Derwische, die Gottesmänner der Sufi-Mystik.

Konservative »Avantgarde«?

Das Festhalten an Traditionen hat Konya den Ruf einer konservativen, wenn nicht reaktionären Stadt eingebracht. Als der Schriftsteller Aziz Nesin vor zwei Jahren zu einer Lesung aus seinen Werken hierherkommen wollte, erhielt er in keinem Hotel ein Zimmer. Zu frisch war die Erinnerung an die Opfer des Schriftstellertreffens in Sivas, wo religiöse Fanatiker das Tagungshotel stürmten und anzündeten. Nesin, ein begnadeter Satiriker, ist im Juli letzten Jahres gestorben; er hat in Istanbul ein Waisenhaus gestiftet; er ließ sich an einer unbekannten Stelle auf einer Wiese des Heims begraben, sodass nach seinem Willen Kinder, in Unkenntnis der Grabstelle, über sein Grab hinweg spielen. Das ist eine Türbe anderer Art, als man sie in Konya pflegt.

Wegen des konservativen Rufes der Stadt hat man sich auch nicht gewundert, dass die Wohlfahrtspartei, die Refah, hier schon seit

Längerem die stärkste politische Gruppierung abgibt. Der Spott wurde leiser, seitdem nach den letzten Wahlen diese Fundamentalistenpartei in praktisch allen türkischen Großstädten den Bürgermeister stellt. Auch in Ankara, das als Symbol des modernen laizistischen Staates gilt; dort ersetzte der Wohlfahrts-Bürgermeister das bisherige Wahrzeichen der Stadt, die Hethitische Sonne, durch die Moschee.

Die Einfahrt nach Konya bietet mit Wohnblöcken, Werkstätten und Betrieben, mit Garagen und Einkaufszentren ein übliches Bild. Einmal mehr fallen Bauten auf, von denen nur das Gerippe steht, an dem im Moment nicht gearbeitet wird. Es sind nicht Spekulationsruinen; sie gehören Kooperativen und werden fertiggestellt, sobald die Mitglieder dieser Kooperation das notwendige Spargeld für die Fertigstellung zusammenhaben. Nicht minder auffällig, dass die Stadt, deren Bevölkerung inzwischen auf dreiviertel Millionen anwuchs, trotz der kontinuierlichen Zuwanderung vom Land her nicht wie andere türkische Städte den Gecekondu kennt, den Slumgürtel mit Behausungen aus Sperrmüll und Wellblech – die, wenn sie (gewöhnlich über Nacht errichtet) ein Dach haben, nicht mehr abgerissen werden müssen, selbst wenn der Boden illegal okkupiert wurde.

Konya, Kapitale einer reichen Landwirtschaftsregion, hat sich in den letzten zwei Jahrzehnten verändert. Dank Nahrungsmittelfabriken und der Zementindustrie setzte eine wirtschaftliche Entwicklung ein, sodass man heute von einer Altstadt und einem neuen Verwaltungsviertel spricht. Seit fünf Jahren besitzt Konya zudem als einzige türkische Stadt eine Straßenbahn, von deutschen Firmen gebaut. Das Erholungsgebiet von Meram mit Parks und Gärten wurde zum »Wohnviertel der Reichen«. Seit Jahren hat die Stadt auch ein Messegelände für eine jährliche Handwerk- und Industrieschau. Ein Beweis, wie Konya Anschluss an die moderne Zeit sucht, ebenso bezeichnend wie der Bauboom von Moscheen, die mithilfe von Spendengeldern errichtet werden. Zum Aufschwung hat ohne Zweifel auch die Universität beigetragen, die 1975 gegründet wurde und als Besonderheit eine Abenduniversität unterhält.

Reiche Kulturgeschichte

Das Stadtzentrum bildet nach wie vor der Alaeddin-Hügel. Ein Kunsthügel, zur Seldschuken-Zeit aufgeschüttet; auf ihm ein Denkmal für Kriegsgefallene, ein Militärkasino, Sportanlagen, Spielplätze, Parks und Gartencafés. Darunter liegt das römische Ilonicum, wo Paulus gepredigt haben soll, und noch tiefer stieß man auf Spuren einer hethitischen Siedlung. Den Hügel dominiert die Moschee, welche Alaeddin gebaut hat. Lange Zeit wegen Einsturzgefahr geschlossen, ist sie seit einigen Monaten wieder für das Publikum offen. Die römischen und byzantinischen Säulen, die seinerzeit für den Bau herbeigeschafft wurden, haben ein stählernes Stützskelett erhalten. Von der Festung des Sultans daneben ist gerade noch ein Stück Mauer erhalten, zum Schutz unter eine Betonhaube gestellt.

Der Seldschuken-Sultan, der Konya im 13. Jahrhundert zur ersten Blütezeit brachte und der von seinem Sohn ermordet wurde, hatte in Istanbul im Exil gelebt. Alaeddin verstand sein Sultanat als Brücke zwischen Arabertum und Byzanz. Die seldschukische Kunst hat sich dementsprechend von verschiedenen Vorbildern inspirieren lassen. Damals wurde das Diktum herumgeboten, dass, wer durch die Welt reist, an Konya nicht vorübergehen kann – an einem Konya, das mit seinen Moscheen, Bibliotheken, Medresen, Gräbern, Brunnen und Bädern berühmt war. Ein typischer Baukomplex für diese Zeit ist der Sahip-Ata-Komplex: eine kleine Moschee, ein Grabmonument, eine Derwisch-Lodge und ein Bad. Der Ruhm der Bäder hat sich bis heute gehalten; ein Aufenthalt in

Konya ist eigentlich erst komplett mit dem Besuch eines historischen Hamam.

Im 13. Jahrhundert wurde auch der Bau errichtet, der bis heute das Herzstück Konyas darstellt: das Mausoleum für Mewlana Rumi. Unter der grünen Kuppel steht sein Sarkophag, als Zeichen der Würde darauf am Kopfende der turbanumwundene Derwischhut. Neben Rumis Katafalk der seines Vaters, der ebenfalls ein berühmter Theologe war. Aus Afghanistan stammend, war er vor dem Mongolensturm westwärts geflohen; nach langem Herumirren hatte er sich in Konya niedergelassen, wo sein Sohn den »Orden der tanzenden Derwische« gründen sollte. – Das Mausoleum ist im Laufe der Jahrhunderte durch eine kleine Moschee und den Klosterkomplex erweitert worden. Neben den Zellen und Versammlungsräumen spielte die Küche eine erstrangige Rolle. Mit Küchendienst begann die »Askese der 1001 Tage«. In der Küche wurden den Novizen die Schritte und Figuren der Sema beigebracht, des rituellen Wirbeltanzes. Die Küchenmetaphorik prägte auch die mystische Bilderwelt: Gekochtwerden wurde zum Symbol der Selbstaufgabe, der Mensch muss für seine Vergeistigung geknetet werden.

Für einen Moment denkt man daran, dass der Spitzname für die Bewohner Konyas sich auf eine Speise bezieht; man nennt sie Etli-Emek-Esser. Womit »Fleisch auf Brot« gemeint ist oder, populärer, die »türkische Pizza«, die allerdings nicht rund ist, sondern länglich und manchmal meterlang aus dem Ofen kommt.

Kultur als Folklore

Mit der Aufhebung sämtlicher religiöser Vereinigungen in den Zwanzigerjahren wurde auch der Orden der tanzenden Derwische aufgelöst. Zwar tanzen sie noch jedes Jahr am Todestag von Rumi im Dezember, aber nicht mehr im ehemaligen Klostergebäude. Die

Derwische sind nicht mehr Ordensmitglieder. Offiziell werden die Wirbeltänze nicht als religiöse Darbietung deklariert, sondern als Folklore, und als solche sind sie ein kultureller Exportartikel geworden.

Das Klostermuseum bietet einen reichen Schatz an Teppichen, Gebetsläufern, Lampen, Lesepulten und als besondere Kostbarkeit Unikate von Manuskripten. Unter den Musikinstrumenten nimmt die Rohrflöte einen Ehrenplatz ein. Sie ist als Background-Musik zu hören; über sie hat Rumi einige seiner schönsten Verse geschrieben.

Dschelaluddin Rumi (1207–1273) ist ein Klassiker der Muslim-Dichtung, dessen Werke Annemarie Schimmel auf Deutsch vermittelte (*Ich bin Wind und Du bist Feuer* und *Von allem und von Einem*), Kenner geben allerdings zu bedenken, dass ein literarisch-ästhetisches Urteil der religiösen und philosophischen Bedeutung dieses Sufi-Mystikers nicht gerecht wird. Ein Großteil von Rumis Werken ist unter besonderen autobiografischen Umständen verfasst worden, was zu Spekulationen und Auslassungen führte. Sein Opus magnum, *Mathnawi,* diktierte Rumi einem Goldschmied, seinem »zweiten« Seelenfreund. Vorangegangen war die Begegnung mit dem Wanderderwisch Schemseddin aus Täbris. Die Trennung von ihm inspirierte Rumi zu einer hohen Lyrik von privatem Leiden und religiöser Sehnsucht. Die Rückkehr des Derwischs wurde für die Familie des Ordensgründers und für seine Religionsgemeinschaft zum Ärgernis; mit aller Wahrscheinlichkeit wurde Schemseddin umgebracht. Aber er besitzt in Konya ein Grabmal, ein bescheidenes allerdings; man zeigt noch immer die Straßenecke, wo sich »die beiden Ozeane« begegnet sind.

Draußen vor dem Grabmalkloster sind am Kiosk neben Ansichtskarten, Wallfahrer- und Touristensouvenirs türkische Übersetzungen der persisch geschriebenen Werke von Rumi zu haben, Broschüren und wissenschaftliche Publikationen über ihn und den Sufismus. Es liegt aber auch eine Anekdotensammlung von Nasreddin Hodscha auf. Dieser Zeitgenosse von Rumi verkörpert, so heißt es, die zweite Seele Konyas. Um das Leben des Humoristen und Spötters wurden unzählige Geschichten gesponnen. Als drei Knaben sich nicht einigen konnten über eine gerechte Aufteilung von Nüssen, fragte Nasreddin Hodscha, ob er ihnen helfen und ob er dies gemäß menschlicher oder göttlicher Gerechtigkeit tun soll. Die Knaben entschieden sich für die himmlische Gerechtigkeit. Darauf gab Nasreddin Hodscha dem ersten eine Nuss, dem zweiten den Rest und dem dritten nichts.

Antike und andere Antiken

Byzantinische Fahrt

1953

Das Leitmotiv

Für den Orientexpress kann man eine Karte nach Istanbul lösen; auch Konstantinopel würde man am Schalter noch verstehen. Verlangte aber jemand »Byzanz«, dann würde er misstrauisch angesehen. Das hieße Staub aufwirbeln, Staub, der auf längst beiseitegeschobenen Schulbüchern liegt.

Wir lösen aber doch »Byzanz«, allerdings retour. Wir wollen mit den Kilometern die Jahrhunderte zurückfahren nach Byzanz, das so lange nur mit lateinischen Augen gesehen wurde, als ob das Zeremoniell des oströmischen Hofes wirklich so undurchdringbar wäre. Jenes Byzanz wollen wir besuchen, wo die Macht des Zeremonienmeisters jede Geste und jede Karriere bestimmte, wenn sich auch die Geschichte selbst nicht nach dem Regelbuch und nicht durch ausgeklügelte Administration ordnen ließ. Dazu war das Intrigenspiel der Patriarchen, Mönche und Eunuchen zu toll bewegt, die Kaiser folgten sich rascher, als dass die Hofhistoriker nachgekommen wären, stets war das Reich bedroht, von den Hunnen, den Goten und zuletzt von den Mohammedanern. Da lebte Leon der Weise, der zum Skandal der damaligen Weltstadt vier Ehen schloss, um einen Thronfolger zu finden, da war Irene, die ihrem Sohne die Augen ausstechen ließ – dies alles, um die Herrschaft über Byzanz zu halten, diese elegante Stadt am Bosporus, Auslage orientalischen Prunkes und Kanzel asketischen Mönchtums zugleich, Schöpferin farbenprächtiger Bilder und Herberge eines bilderzerstörenden Klerus. Hier wurde durch Konzile und mit blutigen Theologen eine eigene Form des Christentums geschaffen, die orientalische Variante Roms, die griechisch-orthodoxe Kirche.

Als vor 500 Jahren, im Mai 1453, diese Stadt dem Ansturm der Türken nicht mehr standhielt, da waren schon längst alle Provinzen verloren, die sich einst über Ägypten, Kleinasien, den Balkan und Italien erstreckten. Damals starb Byzanz, vergeblich Hilfe rufend nach Europa, unbetrauert, ausgeleiert und sich selber irgendwie gleichgültig. Um die Kirchen wurden die Minarette gebaut, und der Blick ging nicht mehr nach Rom, sondern nach Mekka.

Dieses Byzanz hat es uns angetan, wir möchten ihm nachspüren und aus dem bunten Mosaik seiner Welt ein paar Steine brechen, um uns an deren Glanz und Farbe zu freuen, selbst wenn wir sie aufpolieren müssten. Des Siegers von Byzanz wurde in diesem Jahr sehr oft gedacht; im Park der Universität von Istanbul wurde ihm eine Säule errichtet, wie sollte man da nicht auch der Besiegten gedenken – ein Feuilleton lang!

Einsames Ravenna

Unser erster Abstecher gilt Ravenna. Man sollte sich Ravenna nicht von der Hauptstraße aus nähern, man biege bei Padua ab. Weiße Stiere, die Pflüge ziehen, Maisfelder, Weingärten verraten die fruchtbare Lombardei, die bis Chioggia reicht. Hinter dieser bunten, lebenslustigen Dufy-Stadt dehnt sich eine Sumpflandschaft aus: Weidenhütten, vertrocknende Tümpel, Fliegen. In dieser Sumpflandschaft liegt Ravenna. Wer sich so nähert, erlebt die Einsamkeit Ravennas stärker.

Denn Ravenna ist eine einsame unter den italienischen Städten. Nicht nur geografisch liegt sie am Rande. Ihre Schönheit und ihren

Ruhm verdankt sie der Konkurrenz zwischen Rom und Byzanz, und was die byzantinischen Kaiser nicht schufen, war das Werk der arianischen Goten, auch diese Fremde auf italienischem Boden und von der Geschichte bis auf weniges fortgewischt. So hat Ravenna etwas von einer Außenseiterin, irgendwie ist sie nicht ganz richtig am Platz in Italien. Dies bestärkt noch das Nichtwerbende und Schweransprechbare dieses norditalienischen Ortes, der einst dominierender Flottenstützpunkt des Adriatischen Meeres und später Hauptstadt der westlichen Welt war. Inzwischen aber schoben die Flüsse Ablagerungen zwischen Ravenna und das Meer, der Hafen ging verloren, und die Hauptverkehrsstraßen wurden an Ravenna vorbeigebaut. So scheint diese Stadt kein Talent für den Tourismus zu haben. (Wie viel besser eignen sich Venedig und Florenz für Prospekte!) Statt der Touristen wird Ravenna Liebhaber kennen; aber auch von Liebhabern lässt sich leben, gar wenn sie treu bleiben.

Auf den ersten Blick wirbt nichts, Ravenna ist eine Provinzstadt wie viele andere mit ihren rotgelben Häusern, den mit Plakaten verklebten Wänden, einer von Cafés flankierten Piazza, dem Prunkbau aus Mussolinis Zeiten. Zwei Mausoleen, eine Taufkapelle, drei Kirchen, das macht den Bestand Ravennas aus – aber selbst diese Kunstdenkmäler sind äußerlich unscheinbare Backsteinbauten. Wer aber eintritt, den springen einzigartige Erlebnisse an.

Wer unter »byzantinischem Motto« reist, besucht die Kirchen von S. Apollinare in Classe und S. Vitale. Vitalis und Apollinaris waren Märtyrer. Dieser predigte in Ravenna als einer der Ersten christlichen Gemeinden Italiens; Vitalis war Soldat, als er vor Gericht nicht abschwur, wurde er lebendig begraben. So berichtet die Legende, und die Legenden füllen einen wichtigen Platz in der byzantinischen Welt.

Die Basilika von S. Apollinare liegt in der Landschaft wie ein großer lombardischer Hof von Büschen und Hecken umwachsen, breit gelagert mit einem verschlafenen Eingang. Ein wenig geniert und nicht ganz vertikal, aber wegen seiner Schiefheit nicht berühmt, steht der Campanile daneben. Einst befand sich S. Apollinare im Zentrum des Hafens von Ravenna. Die Jahrhunderte ließen vom alten Ravenna nur diese im typisch römischen Stil gebaute Basilika übrig; wo sich die frühere Stadt ausdehnte, werden heute Felder bestellt. Das Portal ist geschlossen, wir bimmeln die Pförtnerin wach. Gänse schnattern, als ob ihre Ahnen vom Capitol kämen, vielleicht wittern sie den nordischen Bär in uns – zwar haben die nordischen Barbaren lange Ravenna verschont, zuletzt sind sie aber doch eingedrungen und haben zerstört.

Die Basilika wirkt durch ihre Einfachheit und Größe; drei mächtige Schiffe ziehen zur Apsis, wo den Altar mosaikbekleidete Wände umgeben. Sogleich wird die Aufmerksamkeit von einer Christusfigur angezogen, die mit erhobenen Händen, der altchristlichen Gebärde des Gebetes, inmitten ihrer Apostelschafe steht, dies alles auf einem grünen Hintergrund; es ist, als ob das satte lombardische Grün sich hier in einigen Ornamenten wiederfindet. Selten vermitteln Basiliken ein solch starkes Raumerlebnis, denn gewöhnlich wurden sie von andern Jahrhunderten mit deren Stilen durchsetzt, korrigiert und aufgetakelt, vorzugsweise vom Barock. In S. Apollinare sind diese spätern Spuren nicht vorhanden, einzig, dass die Bischöfe von Ravenna im Laufe der Zeit ihre Porträts die Mauern entlangführen ließen. Aber sonst wirkt die Kirche durch ihre ursprüngliche Raumkonzeption.

»In der Ferne die Reste des einst berühmten Pinienwaldes.« Mit dieser knappen und sachlichen Feststellung der vergänglichen Schönheit wirkt sogar Baedeker poetisch. Nur noch wenige Pinien zeichnen den Horizont, die Pineta selbst lebt noch in den Gedichten von Dante und Byron …

Das Porträt der Theodora

Ihr Vater war Bärentreiber am Zirkus. Wie ihre Schwester reüssierte sie am Theater: sang, spielte Flöte und tanzte. Sie begleitete einen Statthalter nach Nordafrika: Von ihm verjagt, durchzog sie den Orient, machte Station in Antiochia, Alexandria und lebte als kleine Christin ein gottgefälliges Leben, bis Justinian sie traf. Der damalige Kaiser verliebte sich in die geistreiche, schöne Frau. Nachdem das hinderliche Gesetz korrigiert wurde, heiratete er die frühere Varietétänzerin, und Theodora wurde zur Herrscherin über Byzanz. So schreibt die Geheimgeschichte – die offizielle Hofhistorie gibt nur spärlich Auskunft über Theodoras Jugend.

In S. Vitale in Ravenna ist ihr Porträt in Mosaik gelegt: Inmitten von Ehrendamen steht eine schlanke Frau, ein reich beladenes Diadem hängt auf ihre Schultern, und mit majestätischen Händen überreicht sie Geschenke an die Kirche. Aus der mit Gold- und Silbersteinen durchsetzten Wand blickt ein strenges, schmales Gesicht; nur in den Augen scheint eine Ferveur aufzuleuchten, die an Tage außerhalb des Kaiserpalastes erinnern; einzig dadurch unterscheidet sie sich von ihren Begleiterinnen, sonst trägt sie die Züge, wie es der Kanon verlangt.

Alles Psychologische, alles Erlebnismäßige, das irgendwie die Spur von Erdhaftigkeit trägt, wird vom byzantinischen Künstler gestrichen. Jeder Erdgeruch wird von Weihrauch verscheucht. Das Weltliche ist nur das Zufällige und ist nur Passage, nicht nur nicht wert, sich dabei aufzuhalten, sondern hinderlich. Das eigentliche Leben beginnt mit dem Goldhintergrund. Das christliche Mittelalter hat seine Heiligen auf wilde Tiere gestellt, um den Sieg über das Animalische darzustellen; wenn auch besiegt, es war immerhin da. Für den Byzantiner gibt es dies nicht, seine Heiligen und Großen sind schon jenseits des Kampfes mit dieser Welt, deren Blick

ist schon erstarrt im Anblick des Ewigen. Nie wird ein gekreuzig-
ter Christus auf einem byzantinischen Bilde leiden, kein Schmerz
verzerrt das Gesicht, offenen Auges ist das Antlitz ein Signum des
Sieges und der Losgelöstheit. Immun gegen das Leben sind alle
byzantinischen Gestalten, ihre Körper zeichnen nie Formen ab,
über sie sind ein Mantel und eine Stola geworfen, die vollständig
decken, der Wurf, die Falten und das Raffen der Kleidung sind
kanonisiert. Der Mensch, soweit er überhaupt neben den Ornamenten zur Darstellung kommt, ist nur Träger einer Gebärde. Die
Gebärde scheint eine große Erfindung der Byzantiner zu sein.

Ach, richtig, ein Weltreich
Besuch in Karthago
1974

Hannibal und Hamilcar, die beiden überließen ihre Namen zwei Bahnhöfen. Allerdings, Hannibal starb im Exil, von wo aus er den Widerstand gegen die Römer organisieren wollte; er nahm Gift, um nicht von seinen Rettern und Gastgebern an Rom ausgeliefert zu werden. Und Hamilcar fiel in Spanien, als er gegen die Römer Krieg führte. Die beiden Barca, Hamilcar, der Vater, und Hannibal, sein ältester Sohn, waren nicht nur unglückliche Heerführer, sondern auch Politiker, die mit ihren demokratischen Reformen scheiterten.

Hannibal und Hamilcar, zwei Stationen der Schnellbahn, die Tunis mit Carthage verbindet.

Karthago kommt noch auf der Landkarte vor, als französisches »Carthage«. Das ist eine Konsequenz jener Politik, die hier von Frankreich betrieben wurde: was eine Kolonie war, ein Protektorat zu nennen und 1881 eine Schmuggleraffäre als Vorwand für eine Intervention zu benutzen. Carthage, es ist ein Villenvorort, freundlich, ein Gartenstädtchen. Steigt man auf den Byrsa-Hügel, kommt man zum Rundblick auf die Region, von wo aus einst ein Weltreich aufgebaut und beherrscht worden war. Auf dem Hügel erhebt sich die Kathedrale des heiligen Ludwig. Seit der Unabhängigkeit wurde sie säkularisiert; in ihrem byzanto-mauresken Stil ist sie eine architektonische Anbiederung. Auf diesem Hügel stand einst die Zitadelle der Punier. Hier hatte Karthago den Römern am längsten getrotzt.

Hafen und Tophet in Salambo

Karthago kommt noch als Carthage auf der Landkarte vor. Aber wenn man das punische Karthago aufsucht, steigt man nicht in Carthage aus, sondern in Salambo. Insofern hat der Sieg der Römer bis heute angehalten.

In diesem Salambo findet man die Reste der punischen Hafenanlagen, den länglich rechteckigen Hafen für die Handelsflotte und den kreisrunden mit der einstigen Admiralitätsinsel für die Kriegsschiffe. Diese waren die Voraussetzung für ein Volk, das seine Expansion auf dem Handel aufbaute.

Was zu sehen ist, bietet kaum eine Attraktion. Unbedeutende Einbuchtungen, augenfälliger ist schon das Ozeanografische Institut, das daran liegt. Ungewichtige Ufer. So wird man hier auch kaum Touristen finden. Und somit fehlen auch jene Straßenhändler, die einem die antiken Öllampen verkaufen, die sie aus einer florierenden Werkstatt beziehen. An den Ufern treiben ein paar Buben ihre Hammel, sie spielen Krieg und üben für die Weltgeschichte.

Nur die Fantasie gibt diesen beiden Buchten die Bedeutung zurück. Es liegt nicht einmal Melancholie über diesem Land- und Wasserstreifen. Kein *sic transit gloria*. Die Landschaft hat etwas Beiläufiges. Es ist eine Begegnung des Nebenbei: Ach, richtig, ein Weltreich.

Geheimnisvoll und unheimlich wird das punische Karthago erst mit seinen Urnengräbern und Stelen-Friedhöfen. Zwei Ausgrabungsinseln inmitten von Villen und Einfamilienhäusern, die Funde verdankt man einer zufälligen Baulücke.

Hier hat man den Tophet, die Opferungsstätte, wo Kinder der angesehensten Familien geopfert wurden. Es sind diese Vorkommnisse, die Menschenopfer, durch welche sich ein Flaubert zu seinem Roman *Salambo* inspirieren ließ, Faszination durch die Barbarei, wie es die Zivilisation nennt. Es wurde der Göttin Tanit geopfert. Sie hatte den obersten Gott Baal entthront. Damit vollzog sich auf religiöser Ebene, was im Wirtschaftlich-Politischen bereits geschehen war: Emanzipation. Emanzipation von der phönizischen Mutterstadt. Karthago heißt ja »Neue Stadt«, und es wurde seinerseits Mutterstadt.

Es gibt Karthago nicht nur als französisches Carthage, sondern auch als spanisches Cartagena. Und dieses spanische Karthago hat seinen Namen einer kolumbischen Stadt weitergegeben. Cartagena war zur Zeit des spanischen Imperiums der bedeutendste Einfuhrhafen für Sklaven in Südamerika, Karthago einmal mehr Handelsstadt.

Der Name ging weiter, von einem Mittelmeerufer zu einem andern und vom Mittelmeer über den Atlantik bis an eine Antillenküste.

Karthago liegt nicht nur in Karthago

Urnen und Stelen – es sind die sichtbaren Erinnerungen an das punische Karthago; man findet sie auf den Ausgrabungsfeldern, im »Musée national de Carthage« und im Bardo-Museum. Aber will man sich ein genaueres Bild machen, wie die Punier lebten, dann gibt Salambo kaum zusätzliche Auskunft. Man muss sich an Utica halten, die Schwesterstadt. Und mehr erfährt man, wenn man auf das Kap Bon hinausfährt. Dort liegt Kerkouane, eine punische Siedlung. Zwar ist auch sie der Geschichte und der Landwirtschaft zum Opfer gefallen. Aber inmitten fruchtbarer Äcker gibt es ein Feld, das einst die Punier mit Häusern bestellten: Dort kann man die Anlage einer punischen Stadt erkennen, die Häuseraufteilung und die Straßenzüge, und als Detail die Badewannen, die mit ein Zeugnis für den raffinierten Lebensstil der Punier bilden.

Und was für das punische Karthago gilt, trifft auch für dasjenige der römischen Kaiserzeit zu.

Sicherlich: In Carthage stößt man auf markante Spuren des römischen Kaiserreiches, weitläufig, abwechslungsreich und eindrücklich. Die Thermen des Antoninus Pius, die ein Freilichtmuseum von imposantem Ausmaß darstellen. Das Amphitheater, wo heute noch alljährlich Gedenkgottesdienste für die frühchristlichen Märtyrer stattfinden. Ein Odeon, das für Freilichtaufführungen hergerichtet worden ist. Zisternen, deren riesige Speicherräume heute als Ställe und Werkstätten dienen, eine Villensiedlung, ein Äskulap-Tempel oder der Brunnen der »Tausend Amphoren«.

Aber auch das römische Karthago weist über sich hinaus. Nicht nur, was den Lebensstil betrifft. Dafür wäre zum Beispiel das heutige Korbous zu nennen. Als Aquae Carpitanneae am Golf von Tunis war es ein von den Römern gerne besuchter Kur- und Ferienort. Seit ein paar Jahrzehnten ist es erneut wegen seines radioaktiven Wassers zu Bedeutung gekommen.

Karthago weist über sich hinaus, weil es von den Römern als Brückenkopf konzipiert worden ist. Es ging ihnen ja nicht in erster Linie um die Stadt, sondern um das Hinterland: Oliven, Wein, Obst, Holz und Korn. Thuburbo Majus, Sbeitla, El Djem, Utica, Maktar sind nur einige Namen mehr, und auf der Liste nimmt Dougga einen besonderen Platz ein. Es ist die besterhaltene Ruinenstadt im tunesischen Nordafrika. Dougga konnte seine Sonderstellung als »Pompeji Afrikas« halten, weil es abseits der großen Verkehrswege lag.

Sobald man Tunis verlässt, beginnen die Aquädukte; Kilometer ziehen sie sich den Straßen entlang. Sie dienten einst dem Wassertransport, und ihre Ausrichtung war klar: auf die Küste und auf Karthago hin. Aber heute haben die Aquädukte, Pfeiler einer zerbrochenen Brücke, mit ihrer Funktionslosigkeit keine Richtung mehr.

Das römische Karthago lag am gleichen Meer wie das punische, aber es schaute landeinwärts; erst als ihm das Rückgrat gebrochen war, konnten ihm die Römer den Kopf drehen.

Steinbruch und Ruinenfeld

Zwei Arten von Steinbrüchen gehören zu Karthago:

Da ist jener, wo die Steine für den Bau der Stadt hergeholt wurden. El-Haouaria ist ein maurisches Dorf, 124 Kilometer von Tunis entfernt. Und außerhalb dieses Ortes liegen die Steinbrüche von Ghar el-Kebir. Die Abbruchspuren haben der Küste an diesem Ort des Golfs von Tunis zu einem kubisch-terrassierten Gebirge verholfen. Die Steinmetze haben in die Decken der Grotten mächtige Öffnungen gehauen, um durch sie die Blöcke ins Freie zu ziehen. Unzählige Grotten sind entstanden. Der Fremdenführer, der Allahergeben mit seinen Söhnen auf Besucher wartet, wird zum Märchenerzähler, wenn er in den bizarren Formen Kamele und anderes Getier und Figuren entdeckt; er liest den Stein als Fabelbuch.

Aber zu Karthago gehört auch ein anderer Steinbruch.

Der Übergang vom spätrömischen zum frühchristlichen Karthago vollzog sich in kleinen Schritten. Und es gibt ein frühchristliches Karthago, das man gerne übersieht. Ein Karthago, in dem eine Figur wie Augustinus auftrat, im Amphitheater als Prediger zum Beispiel. Es war ein Übergang und Machtwechsel der Gottheiten, ohne dass es zu großen Zerstörungen gekommen wäre. Das änderte sich, als die Vandalen kamen und die Byzantiner. Aber auch mit ihnen überlebte die Stadt. Von Karthago aus zog Geiserich nach Italien, um Rom zu plündern. Aber als die Araber 697 die Stadt eroberten, da wurde sie endgültig und radikal zerstört.

Man findet heute Säulen aus Karthago in Kairouan, der ersten rein arabischen Siedlung in Tunesien. Der Ort entstand aus einem islamischen Wehrkloster, einem Ribat. Kairouan ist neben Mekka, Medina und Jerusalem eine der heiligen Städte des Islam; sieben Wallfahrten hierher kommen einer nach Mekka gleich. Und für den Bau der großen Moschee wurden über vierhundert Säulen aus dem ganzen Reich zusammengetragen, ein Nebeneinander verschiedener Stilepochen. Ein Triumph über das Christentum, das seinerseits die heidnischen Säulen der Römer zum Triumphieren benutzt hat. Und zum arabischen Triumph wurden auch christliche Grabplatten verwendet, welche zu Stufen gemacht wurden, die zum Minarett hinaufführen.

Unter den Säulen in der Großen Moschee von Kairouan finden sich auch solche aus Karthago. Karthago war selber zum Steinbruch geworden. Und was nicht für den Bau anderer Städte benutzt wurde, ist ein Fabelbuch aus Trümmern mehr.

Eine Region von Friedhöfen

Urnen und Stelen – es sind Grabstätten, die an das punische Karthago erinnern. Und die Region scheint für Friedhöfe geeignet – eine liebliche Landschaft, von touristischer Erholsamkeit, Badestrände, arabische Cafés …

Die punischen Grabstätten und die der Römer auf dem Areal der Thermen des Antoninus Pius gehen ineinander über, und sie sind auf den ersten Blick kaum zu unterscheiden.

Und dann die Höhlengräber bei Gammarth. Ein jüdischer Friedhof, wo die Juden ihre Toten um 100 n. Chr. begruben; hierher waren die Juden geflüchtet, nachdem Jerusalem zerstört worden war. Karthago, zerstört und wieder aufgebaut, bot jenen Zuflucht, die aus einer andern zerstörten Stadt kamen.

Und die christlichen Katakomben. Märtyrergräber. Aber es gibt auch auf der andern Seite Märtyrer. Auf dem Weg nach Sidi-Bou-

Said kommt man am »Friedhof der Märtyrer« vorbei; dort liegen die Araber, die im siebten Kreuzzug fielen, als sie gegen die christlichen Eindringlinge kämpften.

Die Friedhöfe der Moslems. Kein Name gibt Auskunft über den Toten, nur die Geschlechter werden unterschieden; die Toten haben die Individualität abgelegt und sind nur noch Männer und Frauen.

Und dann die Friedhöfe unseres Jahrhunderts. Soldatenfriedhöfe, die der Deutschen, Amerikaner, Franzosen und Engländer. Zwischen deutschen Soldatengräbern ein Tank. Auf den amerikanischen Grabsteinen unter den Kreuzen zuweilen ein Davidstern. Die Franzosen wählten als Platz eine Art Belvedere: einen der schönsten Ausblicke bis nach Tunis, und auf dem Areal zwei Säulen aus Karthago.

Karthago, das Karthago des »Carthaginem esse delendam«, hat sich eine Anthologie von Friedhöfen zugelegt.

Auch ich war (tatsächlich) in Arkadien

1981

Kommt man von Norden her, von der Argolis, demonstriert die Topografie, wie unzugänglich Arkadien ist. Das Gebirge scheint als Sperre kein Ende zu nehmen, der Pass zieht sich Kehre um Kehre hin, bis endlich zu Füßen der kahlen Berge sich eine grüne Ebene öffnet.

»Faulebene« hatte Pausanias in seiner *Beschreibung Griechenlands* das Hochtal genannt, in welchem heute Tripolis, die Hauptstadt Arkadiens, liegt. Damit spielte dieser griechische Baedeker aus dem zweiten nachchristlichen Jahrhundert auf die Tatsache an, dass die Ebene zur Versumpfung neigt, denn sie besitzt keine oberirdischen Abflüsse, sondern nur unterirdische, sogenannte Katávothra. Wie sich das landschaftlich auswirkt, kann man in der Umgebung von Tripolis sehen: Südlich davon liegt der Táka-Sumpf, der seine Tiefe und seine Ränder je nach Saison und Wetterbedingungen ändert; er kann bei Regen zu einem ausgedehnten See anschwellen. Wegen dieser geologischen Gegebenheiten nennt man die Ebene von Trípolis eine geschlossene, im Gegensatz zur offenen Ebene von Megalópolis; aus ihr fließt nach Süden der Eurótas und nach Westen der Alfiós. Arkadien ist ein traditionelles Binnenland, so abgekapselt, dass sich hier Stämme und Bräuche länger erhielten als anderswo in Griechenland. Aber der heutige Nomos (Bezirk) Arkadien hat andere Grenzen als das antike Arkadien. Der Tempel von Bássai markierte einst den westlichsten Punkt des arkadischen Herrschaftsbereiches. Seiner Anlage nach ein Unikat, bietet dieser

Tempel ein gewaltiges Beispiel dafür, in welcher Einsamkeit Götter wohnen können. Aber Bássai gehört administrativ nicht mehr zu Arkadien. Was Arkadien im Westen territorial verlor, hat es im Osten dazugewonnen. Und zwar ist es zu etwas gekommen, was überhaupt nicht zur Vorstellung von Arkadien passt.

Arkadien besitzt heute am Argolischen Golf einen Hafen. Allerdings besteht Pláka nur aus ein paar Häusern und einer Mole, wirtschaftlich ohne jede Bedeutung, touristisch immerhin ein Anlegeplatz für Tragflügelboote. Was hätte Arkadien auch mit einem größeren Hafen anfangen sollen? Aber es besitzt nun einmal eine Küstenstraße und damit einen Ort wie Leonídion. Dieses Städtchen schaut mit seinen weiß getünchten Mauern auf das Griechenland der Inseln hinaus und zeigt Arkadien nicht nur geografisch den Rücken.

Arkadien ist eine Gebirgswelt; sie ist verhältnismäßig gut erschlossen, auch wenn sich die Straßen krümmen und winden. Zu dieser Gebirgswelt gehört die Abgeschiedenheit. Nicht nur die der Mönche, im Kloster Philosóphou, das in der Nähe von Dimitsána hoch über einer tiefen Schlucht hängt, weltabgewandt und doch einladend zugleich. Man muss zum Beispiel nur die Hauptstraße von Tripolis nach Kalamáta verlassen und auf einer Schotterstraße weiterfahren, dann gelangt man an prächtigen Eichenwäldern vorbei in eine Einsamkeit, die am Ende der Welt zu liegen scheint. Aber hier, auf einem Felsvorsprung, liegen die Reste einer antiken Stadt. Es heißt sogar, die Götter hätten hier die Menschen gelehrt, Städte zu bauen, und somit sei Lykósoura die älteste Stadt Griechenlands.

Aber ob man auf asphaltierten Straßen oder Schotterwegen fährt, man wird immer wieder auf jenes bäuerliche Arkadien stoßen, das sich so vorzüglich fürs Klischee eignet:

Das Arkadien der Weinberge und Olivenhaine, der Getreidefelder und der Obstgärten. Am Straßenrand improvisierte Stände, wo

Früchte angeboten werden. Und in der Landschaft immer wieder Bienenhäuschen, vereinzelt oder zuhauf, wie Reihendörfchen und Streusiedlungen, und ein Stand mit Kesseln voll Honig. Plötzlich ein Hirte, der mit seiner Schafherde die Straße versperrt; aber was anderswo als Verkehrshindernis beschimpft würde, lädt hier zu einem Halt der Andacht.

Schon zur Zeitenwende hatte der Grieche Strabon geschrieben: »Es scheint, dass die arkadischen Völker die ältesten Griechenlands sind. Aber wegen der vollständigen Verödung des Landes lohnt es sich nicht, von ihnen ausführlich zu sprechen.«

Zu dem Zeitpunkt aber, als es sich nicht mehr lohnte, von diesen Hirten und Hirtinnen ausführlich zu sprechen, hatten die Literaten längst begonnen, sie zu verklären. Der Römer Vergil in einem Gedicht: »Wäre ich einer von euch doch gewesen, etwa ein Hirt eurer Herden oder ein Winzer der reifenden Trauben.«

Arkadien als Traumland war eine Schöpfung der römischen Weltstadt. Das Bergbauerndasein wurde besungen als Kontrastprogramm; es war ein mondänes Publikum, das dem einfachen Leben applaudierte.

Schon damals, als Alexis besungen wurde, war er ausgewandert, und die schöne Galatéa suchte eine Stelle in Athen, Thyrsis hatte sein Bündel gepackt, und auch Corydon, der dem schönen Alexis umsonst nachgestiegen war, trieb nicht länger »milchstrotzende Ziegen« durch die Gegend, sondern versuchte sein Glück woanders.

Sie waren abgewandert, wie die heutige Jugend abwandert; nur gehen der Alexis und die Galatéa unserer Zeit bis nach Australien oder in die Vereinigten Staaten. In Arkadien selber schlägt zwar immer noch die Stunde Pans, aber es ist niemand mehr da, den Pan erschrecken könnte. Wovor sollten sich die Alten, die blieben, schon fürchten. Zum Beispiel Dimitsána: Einst war es eine blühende Stadt, während der Türkenzeit mit einer Bibliothek und einer Schule ein Zentrum des griechischen Widerstands. Die Stadt rühmt sich, nie habe ein Türke seinen Fuß in sie gesetzt. Sie liegt auf einem Felskopf, von wo man ins wilde Tal des Loúsios hinunterschaut. Noch ist das Pflaster der alten Straßen zu sehen, aber auch viel zerfallendes Gemäuer. Zurückgeblieben sind ein paar Alte, die herumsitzen und sich wundern, dass Fremde herkommen, wenn auch nur für einen Zwischenhalt.

Sicherlich, die alte Frau mit der Sichel im Kornfeld, das ist ein Bild. Aber sie lebt ja nicht, um ein Motiv abzugeben. Eine andere Alte steht an der Straße und streckt den Autofahrern ein paar Eier entgegen. Ihre drei Ziegen grasen an der Böschung. Sie erzählt, sie schicke das Eiergeld nach Athen, wo ihr Sohn studiert: Eine arkadische Mutter hält Eier feil, damit ihr arkadischer Sohn nicht ein arkadischer Schäfer wird.

Tripolis ist für griechische Verhältnisse eine junge Stadt. Sie wurde von den Türken als Verwaltungszentrum gebaut, hieß Hydropolitsa, bevor sie Tripolitsa genannt wurde. Als die Stadt gegründet wurde, dachte niemand, man könnte sich einmal an ihren Geburtstag erinnern wollen. Aber wenigstens das Jahrhundert dürfte sicher sein: das vierzehnte.

Doch eine griechische Stadt ohne eine griechische Vergangenheit ist wie ein Retsinawein ohne Harz: Tripolis, die Dreistadt, geht auf drei antike Städte zurück, auf Palántion, Tegéa und Mantíneia. Wer in diesem Land sucht, der findet. Wer immer wann gräbt, wird immer wo fündig.

Wenn der Hirt, den man nach dem antiken Pallántion fragt, nach rechts weist und ein anderer Hirt nach links, dann liegt der wahre Weg noch lange nicht in der Mitte. Die eindrucksvollste Erinnerung an die Antike in der Umgebung von Tripolis bietet Tegéa. Es war einst die mächtigste Stadt Arkadiens, bis sie von Sparta besiegt wurde. Geblieben ist das Fundament eines Athene-Tempels.

Mächtiger ist jedenfalls dieses Tempelfundament mit seinen

gewaltigen Säulentrommeln als alles, was in Mantíneia zu se-
hen ist. Mantíneia ist einer jener Orte, mit denen man Schüler im
Geschichtsunterricht quält, denn hier haben gleich drei wichtige
Schlachten stattgefunden. Geblieben sind von der Stadt ein Stück
Umfassungsmauer und ein paar Stufen, die ein Theater markieren.
Um so überraschender ist die Zufahrtsstraße, die breit und mächtig
ausholt; das Schild ist größer als das angezeigte Ziel.

Gegenüber der Zufahrt zur Ausgrabungsstätte von Mantíneia
aber steht eine Kirche, die man nicht übersehen kann. Ein seltsa-
mes Gebilde, das alle möglichen byzantinischen Elemente mit allen denkbaren griechischen verbindet, ein Triumph des stilistischen
Do-it-yourself, als Resultat ein fotogener Schmarren. Der Architekt, Kostas Papatheodóros, hatte die Kirche 1970 begonnen; das
Geld hatten Überseegriechen zur Verfügung gestellt, denen allerdings der fertige Bau das Beten verschlug.

In einiger Entfernung stehen ein paar Säulen, ein griechisches
Ruinen-Ensemble. Auch diese Ruinen wurden vom Architekten
Papatheodóros gebaut, von vornherein als Ruinen konzipiert, womit das Verwirrspiel total ist. Nun sind dies nicht die einzigen modernen Ruinen, die auf dem Weg nach Mantíneia zu sehen sind.
Da zerfällt, nicht weit von Tripolis entfernt, neben der Straße ein
Nachtclub, der nur kurze Zeit lebte; man stellt mit Überraschung
fest, dass die modernen Ruinen viel älter wirken als die, welche
schon über zweitausend Jahre alt sind.

Nun könnte man sich vorstellen, dass jemand ungeduldig wird,
wenn man von Arkadien spricht und nur immer Städte erwähnt.
Aber ihn müsste man erstens einmal daran erinnern, dass die Griechen den Menschen als ein Wesen definierten, das in Städten lebt,
und dass es ausgerechnet im hirtenreichen Arkadien zur ambitiö-
sesten Städtegründung der griechischen Antike kam.

In vier Jahren, von 371 bis 367 vor Christus, wurde hier eine
Stadt buchstäblich aus dem Boden gestampft. Der Thebaner

Epaminóndas nannte die Stadt Megalópolis, die »Großstadt«, und da eine solche Megalópolis auch Einwohner brauchte, mussten diese aus vierzig umliegenden Siedlungen herbeigeschafft werden. Aber schon fünfzig Jahre nach der Gründung hatte die Stadt nur noch fünfzehntausend Einwohner, und es wurde innerhalb der Mauern Getreide angebaut.

Voll Hohn kommentierte Strabon um die Jahrhundertwende: »Die arkadischen Städte, die einst berühmt waren, sind durch die dauernden Kriege zerstört worden, und die Landbevölkerung hat ihre Äcker seit jener Zeit verlassen, als die meisten Städte zu der sogenannten Großen Stadt Megalópolis an sich selbst die Wahrheit des Komikerwortes erfahren müssen: Nichts als eine große Wildnis ist die Große Stadt.« Megalópolis ist aber seinem Namen mindestens in einer Hinsicht gerecht geworden: Hier wurde für zwanzigtausend Zuschauer das größte Theater Griechenlands gebaut. Die Ehrenplätze sind erhalten; von den oberen Rängen aus hat man einen hervorragenden Blick auf ein rauchspeiendes Ungetüm, das man im Land der Hirten nie vermuten würde.

Denn Megalópolis besitzt das zweitgrößte Kraftwerk Griechenlands. Es wurde in Arkadien errichtet, weil man hier Braunkohle fand. Die Kühltürme des Kraftwerkes setzen einen unverkennbaren Akzent in die arkadische Ebene von Megalópolis. Weithin sichtbar sind die Rauchsäulen. Wenn sich sogar das weit entfernte Sparta beklagt, sieht das wie eine späte Rache am einst mächtigen Nachbarn aus. Hephaistos, der Gott der Schmiede und Vulkane, ist zu einem neuen Titel gekommen; er wurde in Arkadien zu einem Gott der Umweltverschmutzung.

Aber Megalópolis, das Kraftwerk, bedeutet Arbeitsplätze. Und die waren schon immer knapp in Arkadien; und wenn es Arbeit gab, war die mühsam.

An einem Sonntagnachmittag in Andrítsena: Ein Bus hatte junge Leute gebracht, sie führten auf dem Hauptplatz Volkstänze vor.

Danach tanzten einige Zuschauerinnen und Zuschauer spontan weiter. Die Szene war wie eine heutige Illustration zu einem alten Text:

»Das Singen und Tanzen scheinen mir die Vorväter nicht des Vergnügens halber eingeführt zu haben: vielmehr sahen sie, dass jeder Arkadier schwer arbeitet und überhaupt ein Dasein voll Mühsal und Härte führte, auch erkannten sie die Rauheit des Klimas, die in den meisten dieser Gebiete vorherrscht. In der Absicht, die Härte und Wildheit der Natur zu bekämpfen und zu mildern, führten sie all das Erwähnte ein; dazu gewöhnten sie Männer wie Frauen an öffentliche Zusammenkünfte und zahlreiche Opferfeste, ferner an gemeinsame Tänze von Mädchen und Knaben. Kurzum, sie taten alles, um die herbe Strenge des Gemütes durch die Pflege der Bräuche zu zähmen und zu sänftigen.«

Dies schrieb Polybios (200 bis 120 vor Christus), in Arkadien geboren. Es ist eben etwas anderes, aus Arkadien zu stammen, als es zu besingen. Wären all jene, die Arkadien besangen, einmal dort gewesen, sie hätten anders gesungen, sofern ihnen nach der Mühsal eines Arbeitstages noch zum Singen gewesen wäre.

Trotz dem Kraftwerk von Megalópolis – Arkadien bleibt seinen Voraussetzungen nach eine Agrarregion. Die Bewohner versuchen, die Landwirtschaft zu modernisieren und zu mechanisieren. Rationalisieren aber kann schon bedeuten, dass man die Ställe mit Wellblechdächern deckt: Die halten das raue Klima besser aus. Also müsste eine zeitgemäße Bukolik diese Art der Bedachung besingen: »Die regentriefenden, weithin leuchtenden Wellblechdächer Arkadiens.«

Angkor – wo Apsara tanzt

2002

Unvermeidlich die Reminiszenz. Über vier Jahrzehnte zurück. Paris. Als Student im Musée Guimet. Zum ersten Mal in einem Museum für außereuropäische Kunst. Unter den Statuen eine Apsara, eine himmlische Nymphe. Herkunftsort Angkor. Indochine – das lag weit weg, hinter Indien, in Hinterindien. Auch sprach man in jenen Jahren weniger von Tempeln als vom Kolonialkrieg, den Frankreich führte. Indochina präzisierte sich später mit dem Vietnamkrieg: Vietnam, Laos, Kambodscha. Und in Kambodscha lag Angkor Wat, wo Apsara herkam, die den Stein zum Tanzen bringt.

Jahrzehnte danach eine erneute Begegnung mit Angkor Wat. Diesmal im Nachbarland Thailand. Widersprüchliche Gerüchte: Der Tempelkomplex von Angkor sei ein Opfer des Krieges, den die Invasionsarmee der Vietnamesen gegen die kambodschanische Résistance führe. Die hatte sich ins thailändische Grenzgebiet zurückgezogen. Ein Besuch in den Flüchtlingslagern an der thailändisch-kambodschanischen Grenze; sie dienten auch als verkappte Basis für die Dschungel-Guerilla. Drei Lager entsprechend den politischen Gruppierungen: das »Demokratische Kampuchea der Roten Khmer«, die antikommunistische »Nationalarmee eines unabhängigen Kambodscha« und die »Nationale Befreiungsfront von Prinz Sihanouk« in »Site B«, mit ihren Flüchtlingen damals nach Phnom Penh die zweitgrößte Khmer-Stadt. In jedem Lager die gleiche Fahne: die Silhouette der Türme von Angkor Wat. So feindlich die politischen Positionen dieser unheiligen Allianz waren, so selbstverständlich die Berufung auf ein gemeinsames Erbe, auf Angkor Wat.

Und neben der Aktualität manifestierte sich die Geschichte des Khmer-Imperiums, das sich einst von Laos bis zum Golf von Siam erstreckte. So finden sich in Thai-Tempeln neben den glockenförmigen Chedis der Thai-Architektur jene Prangs, die typisch sind für den indisch beeinflussten Pagodenbau der Khmer. Bedeutungsvoller allerdings die reinen Khmer-Tempel. Man konnte, gleichsam auf dem Pilgerweg nach Angkor, in Thailand eine Khmer-Route wählen: von Phimai bis an die damals hermetisch verschlossene Grenze bei Aranyaprathet.

Eine Reise auf dieser Route führte unweigerlich zur Bekanntschaft mit Naga, dem Schlangengott, der in den Weltmeeren lebt und mit fünf, sieben oder neun Köpfen erscheint. Eine Gottheit, die sich mit ihrem Schlangenleib für Balustraden eignet, wie sie etwa in Phnom Rung die Monumentaltreppe zum Tempelhügel flankieren. So imposant hatte man die Wiederbegegnung allerdings nicht erwartet: Steinfiguren, die den Schuppenleib auf ihren Knien halten, links 54 Gottheiten mit sanften Mandelaugen und konischem Haaraufsatz, rechts 54 Dämonen, grimmig und militärisch frisiert; vereint bewachen sie den Zugang zum Südtor von Angkor Thom, das die letzte Hauptstadt des Khmer-Reiches war. Die Götter und Dämonen helfen das Milchmeer aufwühlen, wodurch der Trank produziert werden soll, der Unsterblichkeit verleiht.

Und, wie erhofft, die Wiederbegegnung mit Apsara. Kein Tempel, in dem die Nymphe nicht vielfältig tanzte. Doch in kaum einem mit ihrer verführerischen Schönheit so omnipräsent wie in Banteay Kdei. An allen Wänden, in allen Nischen Apsaras – unter ihnen eine mit einem Halsschuss, die eine Schulter halb abgesprengt, der Kopf erodiert. Der junge Führer, der uns die Erschossene zeigt, knöpft sein Hemd auf und zieht das T-Shirt hoch. Auf

der Brust eine Narbe. Auch er wurde, als Halbwüchsiger, ein Opfer der Roten Khmer; er streckt die Hände aus: Neben der gesunden Rechten nimmt sich die Linke aus, als gehöre sie zu einem andern Körper.
Wiederbegegnung ja – aber anders als erwartet.

Doch kommt es auch zur Bestätigung: Banteay Srei. Fünfundzwanzig Kilometer von Angkors Zentrum entfernt. Das bedingt eine Fahrt über Land: eine gute Einstimmung. Zwischen tropischem Baumwuchs Pfahlbauten, traditionelle Bretter- und Steckenarchitektur. Als Wände oft geflochtene Matten. Wellblech oder getrocknetes Savannengras decken das Dach. In den Dörfern Garküchen und Marktstände am Straßenrand. Zwischen Bananenstauden und Mangobäumen Reklametafeln und Plakate der Cambodian People's Party, der Partei, die mit Hun Sen an der Macht ist; er baut mit populistischem Eifer Schulen, aber auch Kasernen. Im offenen Feld Zuckerpalmen, gewöhnlich in Dreiergruppen, und allein stehende Kokos- oder Sagopalmen. In einem Tümpel zuweilen ein Wasserbüffel. Ein Junge treibt seine Herde über die Straße. Hochrädrige Karren, von Kühen gezogen. Auf den Hintersitz eines Motorrads gezurrt eine quietschende Sau. Reis, der in drei Monaten heranwächst. Ansonsten Stoppelfelder, die im Juni, wenn sich der Monsunregen einstellt, bepflanzt werden.

Es ist Trockenzeit. Der Tonle Sap, der »Große See«, ist auf ein Fünftel seiner sonstigen Größe reduziert. Immer noch groß genug für die schwimmenden Dörfer der Fischer, die gewöhnlich vietnamesischer Herkunft sind. Beim Anflug auf die Stadt Siem Reap, zu deren Einzugsgebiet Angkor gehört, kann das Auge die Landschaft ermessen, die zur Regenzeit überschwemmt sein wird, bis in die Tempelbezirke hinein. Jetzt mäandern in der Ebene die Flüsse. Ein Land der Wasserstraßen. An ihrer Gradlinigkeit erkennbar die Kanäle, die unter Pol Pot angelegt wurden. Das Resultat einer

Zwangsarbeit, bei der Zehntausende zugrunde gingen. Über das
weite Blickfeld verteilt kleine runde Seen. Trichter, mit Wasser
gefüllt, das wie eine Narbenhaut die Bombenwunden verschließt,
manchmal mit einer Lotusblüte.

Einer der ersten Besuche gilt Banteay Srei, weil die Schweiz sich der
Restaurationsarbeiten an diesem Tempel annehmen wird. Nach all
den Kriegs- und Terrorjahren besitzt Kambodscha kaum die Mittel,
sein Kulturgut zu sichern und zu betreuen. Angkor, zum kulturellen Welterbe ernannt, kann nur dank internationaler Hilfe erhalten
werden. Es waren Vertreter der Kolonialmacht, welche Angkor der
Vergessenheit entrissen und damit die Voraussetzung für das kulturelle Bewusstsein schufen, in dessen Namen das einstige Protektorat sich gegen die Kolonialmacht erhob.

Da Kambodscha französisches Protektorat war, waren die Franzosen die Ersten und lange führend beim Freilegen und Erfor-
schen der Khmer-Ruinen. Die École Française de l'Extrême Orient
(EFEO), von Pol Pot geschlossen, ist nun an ihre Arbeit zurückgekehrt. Kurzfristig hatten sich Polen, auch China und Indien mit
Restaurierungen befasst. Eine Verpflichtung ging der in Kanada be-
heimatete International Monument Fund ein. Erstrangig engagierte
sich Japan, das mit seiner Restaurierungsmethode eine Grundsatz-
diskussion auslöste: Soll man es beim bloßen Säubern und Konser-
vieren des Status quo belassen oder mithilfe heutiger Materialien
schrittweise Wiederinstandstellung anstreben?

Nun ist die Archäologiegeschichte von Angkor Wat auch eine
Geschichte des Plünderns. Aufschlussreiche Beispiele dafür finden sich im Depot auf dem Gelände von Apsara – der Name der
himmlischen Nymphe steht hier für eine Organisation, die sich
Bewahrung und Schutz des archäologischen Kulturgutes zur Aufgabe gemacht hat. In dieses Depot werden Originale gebracht,
deren Platz am ursprünglichen Standort Kopien einnehmen. Res-

pektable Reihen von Buddhaköpfen, beliebte Objekte von Plünderern, welche sie gewöhnlich auf den Antiquitätenmarkt von Bangkok brachten. Daneben die enthaupteten Statuen. Wächter und Dämonen, die nicht auf Schleichwegen in den Kunsthandel gelangten, gerettet wie Garuda, der König der Vögel. Bruchstücke von Tür- und Fensterstürzen. Aus Ziergiebeln und Friesen herausgeschlagene Figuren. Tonnenschwere Stücke, die abgefangen wurden und die nur mit Kranen und Lastern transportierbar sind, was auf organisierte Kriminalität schließen lässt. Entzweigeschnittene Blöcke. Statuen auch, die angeschnitten sind, aber nicht mehr rechtzeitig weggebracht werden konnten. Kaum ein Tempel, wo nicht geplündert wurde. Davon, dass die Tempel einst mit Goldplatten und Edelsteinen geschmückt waren, spricht man nicht; daran haben sich frühere Epochen bedient.

Aber nicht nur die Plünderer zerstörten, sondern auch Gläubige. Als nach dem Tode Jayavarmans VII. der Hinduismus den Buddhismus kurzfristig verdrängte, wurden Buddhastatuen entfernt, von den Wänden abgeschlagen oder einfach rituell enthauptet. Sanskrit-Inschriften zeugen vom Bildersturm. Doch Buddha kehrte zurück, schon zur Khmer-Zeit. Und er kehrte zurück, obwohl die Roten Khmer Klöster aufhoben und ein Großteil der Mönche Opfer der politischen Säuberung wurde.

Nun gibt es recht prominente Räuber. Über sechzig wertvolle Stücke hatte der Verteidigungsminister von Pol Pot beiseitegeschafft, um seine Privatvilla zu schmücken. Die berühmteste Räubergeschichte aber lieferte der junge André Malraux, der nachmalige Kulturminister von de Gaulle. In den Zwanzigerjahren versuchte er, kostbare Khmer-Statuen nach Frankreich zu schmuggeln; er wurde erwischt und verurteilt – ein Beispiel für die *condition humaine* des Plünderns. Bestohlen hatte er Banteay Srei, den Tempel, den man der Schweizer Obhut anvertrauen will.

Banteay Srei ist ein kleiner Hindutempel. Im 10. Jahrhundert von einem Brahmanen erbaut. Im zentralen Schrein eine Lingam-Skulptur, der stilisierte Phallus, Symbol für Stärke und Fruchtbarkeit, von den Khmer-Königen zum Palladium erhoben. Eine erstaunliche stilistische Geschlossenheit dank dem ornamentalen Schmuck, Wandteppichen vergleichbar: kaum ein Stück Wand, das nicht bearbeitet wurde. »Zitadelle der Frauen« geheißen wegen der eleganten Frauenfiguren. Aber nicht minder bemerkenswert ein Unikat in der Khmer-Kunst: Als Wächter dienen nicht irgendwelche grimmigen Gestalten, sondern ephebenhafte Jünglinge, Lanze und Lotusblüte in den Händen.

Und erst die Relieferzählungen auf den Ziergiebeln der Bibliotheksgebäude: Krishna tötet König Samsa, Shiva lässt mit einem Blitz aus seinem dritten Auge Kama zu Asche verglühen, oder der Riese Ravana möchte den heiligen Berg Kailash zum Einsturz bringen. Nicht minder fabulierend die drei Türme des zentralen Schreins, wo ein pferdeköpfiger Gott auftritt und Shiva tanzt, alles ziseliert dank der Weichheit des rosafarbenen Sandsteins.

Aber was das Auge sieht, ist nur das eine. Auf Reproduktionen war manche Feinheit nuancierter erkennbar als in der unmittelbaren Augendistanz. Ohne Lektüre wüsste man nicht, worum es den beiden Affen bei ihrem Streit geht, einem Zweikampf, der zum Verweilen einlädt. Und dies Bedürfnis nach zusätzlicher Information wird sich von Tempel zu Tempel erneut einstellen. Angkor Wat, streng genommen heute lediglich die Bezeichnung für den wohl berühmtesten Tempel, steht für einen Ruinenbezirk von Heiligtümern.

Natürlich braucht es keine weitere Erklärung, wenn bei der Königsterrasse von Angkor Thom im Basisrelief eine Prozession von Elefanten dargestellt ist oder in Reih und Glied ein Garuda den andern mit ausgebreiteten Schwingen ablöst. Mühelos lässt sich Alltag in den Reliefs von Bayon entziffern: Hahnenkampf oder

Ochsenkarren, Markt oder Audienz beim Würdenträger, Geburt oder Feldarbeit. Weniger selbstverständlich aber ist, dass es sich bei dem Schiff, das man ausfindig macht, um ein Kriegsschiff handelt. Und wenn Soldaten aufmarschieren, ist nicht von vornherein klar, dass Historie wiedergegeben wird, dass die Soldaten nicht einfach zur Parade antreten, sondern in den Krieg ziehen gegen ihre erbittertsten Feinde, die südvietnamesischen Cham.

Erst recht wird man beim Besuch von Angkor Wat nach Erklärungen verlangen. Vorerst wird die Anlage durch Ausmaß und Erhabenheit beeindrucken, gewaltig schon Torweg und Eingangstor, durch das man das Tempelgelände betritt und das zum eigenständigen Gebäude ausgebaut wurde. Gewaltig die Anlage mit Innenhöfen, Räumen, Terrassen, Eckpavillons, Galerien und Reservoirs. Treppen führen drei Plattformen hinauf in den inneren Bezirk der fünf Türme. Der in der Mitte, der höchste Prang, steht für den Heiligen Berg, das Zentrum des Universums – heute eine Kletterattraktion für Touristen. Die vier Wassergräben, die sich den Umfassungsmauern entlangziehen, markieren die Weltmeere – insgesamt fünf Kilometer lang. Wer es mit Zahlen hält, könnte auch den Saal der Tausend Buddhas erwähnen oder tausendfünfhundert Apsaras zählen; keine Tänzerin scheint gleich wie die andern, in Haartracht, Schmuck, Kleidung und Tanzschritt variieren sie, allein, paarweise, zu dritt. Und dann begegnet man auch jenen, die im Fliegen tanzen.

Den hohen künstlerischen Schmuck bieten die Reliefs in den Galerien der großen Umfassungsmauer – eine Stunde dauert das bloße Abschreiten, dabei hätte man nur einen oberflächlichen Blick auf das geworfen, wovon hier erzählt wird, auf der Welt längstem Reliefband:

Die Schlacht von Kurukshetra. Die feindlichen Heere marschieren von entgegengesetzten Seiten zum Kriegsschauplatz im Zentrum. Kampf von Mann zu Mann. Die Befehlshaber auf Elefanten. Pfeile, in alle Richtungen fliegend. Übers Feld verstreut die

Getöteten. Sich aufbäumende Pferde. Und mitten unter seinen Getreuen ein Heerführer, von Pfeilen durchbohrt.

In der Südgalerie eine andere Schlacht, an eine historische erinnernd: Suryavarman II., der Erbauer von Angkor Wat, über dem Schlachtfeld thronend, gibt Audienz und hält Inspektion.

Das Betrachten allein genügt nicht. Erst recht nicht, wenn man bei den siebenunddreißig Himmeln und den zweiunddreißig Höllen drauskommen will. Sicher, das Paradies ist auch hier nicht sehr abwechslungsreich mit seinen Prozessionen und Palästen, doch die Besitzenden finden zusätzlich Trost, da Sklaven ihnen das Jenseits erträglicher machen. Yama, der Gott der Zeit und des Todes, sitzt auf einem Büffel und weist vielarmig den Weg in die Höllenabteilungen. Welche Strafe welchem Vergehen entspricht, ist aus knappen Inschriften ersichtlich. Dieben wird die Zunge herausgerissen, und sie werden hinterher in strudelndes Wasser geworfen. Wer falsches Zeugnis ablegte, wird gehäutet und gehenkt. Knochen werden gebrochen und Pfähle in die Brust getrieben. Wer Blumen von einer heiligen Stätte stahl, wird an einen Baum gebunden, und Dämonen schlagen ihm Nägel in den Kopf.

Es wird nicht linear erzählt, sondern auf drei Ebenen ein simultanes Gesamtbild geboten. Im Einzelnen ist den Episoden nicht ohne Weiteres beizukommen. Das ist die Chance der Guides, die als Bänkelsänger den Touristen Nachhilfestunden in Mythologie und Literatur geben. Die meisten Besucher werden ein klassisches Epos wie Ramayana vom Schauen her kennenlernen statt vom Lesen. Zur Globalisierung gehört nun einmal auch, dass sich unser Götterhimmel erweitert und dass wir zu bisher unbekannten Höllen vorstoßen.

Bei der Lektüre von Reiseführer oder Handbuch denkt man unweigerlich an die Gebäude, die als Bibliotheken bezeichnet werden – ob sie Bücher enthielten, ist nicht erwiesen, und wenn, war das hier Aufbewahrte auf Palmblätter geschrieben; dieses

Schriftmaterial ist längst zerfallen. Was an Geschriebenem erhalten blieb, sind Inschriften in Stein, durchwegs administrativ-juristische Mitteilungen. Literatur wurde hier in Bildsprache mit dem Meißel verfasst, Skulptur gewordene Epik, auch eine Geschichte wie diese:

Einst halfen Götter und Dämonen der Naga-Schlange, das Milchmeer aufzuwühlen. Tausend Jahre wurde gerüttelt und geschüttelt, und trotz göttlicher Vermittlung wurde statt Nektar ein Gift produziert, das Vishnu schluckte, um die epochale Umweltkatastrophe zu vermeiden. Am Ende wurde das Schlagen des Milchmeers doch noch belohnt. Es entstanden der dreiköpfige Elefant Airavata, die Mondgottheit, die Siegesmuschel, die Kuh der Fülle, und es kamen die wunderbaren Apsaras auf die Welt, sie sind im Sternzeichen des Butterns geboren; mit ihrer Schönheit versuchen die Götter zuweilen, Asketen zu verführen.

Nicht immer ist eindeutig, wer erzählt. In Bayon etwa wird wohl einiges gezeigt: Die Landung der Feinde nach einer Seeschlacht, die Flucht der Khmer und ihr endgültiger Sieg. Im Kontrast dazu Alltag, Fischer, Schwerttänzer und Schachspieler. Ein Fauna-Aufmarsch wie selten: der Fisch, der ein Reh verschlingt, der Tiger, der einen Asketen jagt, oder der König, der im Kampf mit einer Schlange ihrem Giftzahn erliegt. Über diesen und vielen anderen Szenen aber schweigt einer. Auf vierundfünfzig Türmen ist über zweihundertmal das gleiche Gesicht zu sehen, aus dem Stein herausgehauen, überlebensgroß, in alle Richtungen schauend. Archäologen und Historiker streiten darüber, wer hier abgebildet ist. Ist es das Gesicht des Königs Jayavarman VII., der Angkor Thom baute? Oder ist der Bodhisattva Avalokiteshvara dargestellt, der »Herr des Mitgefühls«, der sich das Nirwana versagt um der Anteilnahme am Leiden anderer willen?

Unwichtig, was stimmt. Die Erinnerung behält ein Gesicht, das lächelt, von der Sonne beschienen oder überschattet oder in den Dämmerungen. Der Mund lächelt je nach Licht und beginnt zu reden, ohne etwas zu sagen. Offen bleibt, ob das Lächeln ein Geheimnis birgt oder das Wissen, dass das Geheimnis kein Geheimnis hat.

Wer ahnt schon, was es noch alles zu erzählen gäbe. Da können Orte aufgesucht werden, die erst seit Kurzem zugänglich sind, wie der Prasat Boeng Mealea. »Achtung Minen. Halten Sie sich an den abgesteckten Weg, oder folgen Sie einem lokalen Führer.« Der Tempelhügel ist so weit entmint, dass er bestiegen werden kann. Er bietet ein Bild, wie man es von frühen Fotos her kennt. Eingestürzte Decken, aufgetürmte Steinbrocken, verschüttete Tore und eingebrochene Treppen. Hinter dem Tempelgelände Arbeiter auf Minensuche. Neben der Sanitätsstelle eine Sponsorentafel: »Nagano Olympic Winter Games 1998«. Man nimmt an, dass auf jeden Einwohner eine Mine kommt.

Im Kriegsmuseum von Siem Reap sind die verschiedenen Typen der Personenminen zu sehen, gewöhnlich in Desserttellergröße. Das Opfer soll nicht getötet werden, sondern verstümmelt, kampfuntüchtig gemacht und somit die Gesellschaft belastend. Fotos zeigen, welche Zerstörungsspezialität den einzelnen Tellerminen zugedacht ist. Die chinesische ist so gebaut, dass sie beim Explodieren springen und den Unterleib aufreißen soll.

Nun braucht man nicht ins Museum zu gehen, um Verstümmelungen zu begegnen. Auf dem bei Touristen beliebten alten Markt im einstigen Franzosenviertel stehen Einbeinige auf Krücken gestützt vor Straßencafés, und neben Souvenirständen erinnern Beinlose in ihren Rollstühlen an eine andere als die Postkartenvergangenheit. Manche der Verkrüppelten tun sich zu Musikgruppen zusammen und platzieren sich an den Tempeltorwegen. Nicht aber auf dem Causeway von Angkor Wat; man möchte die Besucher nicht mit Musikanten schockieren, die vor dem Konzert ihre

Prothesen abschnallen und neben sich deponieren. Und erst recht nicht mit solchen, die Bein- oder Armstümpfe entblößen, besonders wenn es Kinder sind. Es gibt nicht nur die Minensäuberung, sondern auch eine Säuberung von Minenopfern.

Kurz hinter Siem Reap hört die asphaltierte Straße nach Prasat Boeng Meala auf; nun folgen kilometerweit Schlaglöcher, improvisierte Brücken, weggeschwemmte Trassees. Es wird einem bewusst, dass man mit Siem Reap eine Enklave hinter sich gelassen hat. Natürlich findet sich dort neben Reklametafeln ein Wegweiser zur Hilfsorganisation Handicap. Ein Spruchband über der Straße, »Spendet Geld oder Blut«, wirbt für das Kinderspital von Beat Richner. Im Museum Heritage of Cambodia wird man nicht nur über die Humangeografie des Landes informiert, sondern auch über New Family, ein Hilfswerk für Kriegswaisen, an dem auch Coop Genf beteiligt ist. Und im Buddhistenkloster Wat Thmei sind in einem Stupa hinter Glas Schädel und Knochen von Opfern des Pol-Pot-Regimes zu sehen und von Soldaten, die in einem der Kriege gefallen sind.

Ansonsten wirkt Siem Reap wie ein Hort des Friedens. In den letzten Jahren sind eine Reihe von Luxushotels entstanden, und der Bauboom hält an, dank ausländischen Investoren. Der Ort lebt vom Tourismus, man rechnet für das kommende Jahr mit einer Million Besuchern. Und für diesen Tourismus hat man ein Gehege geschaffen.

Das hat wenig mit einem Land zu tun, das erwartet, dass seine Vergangenheit aufgearbeitet wird, und sei es nur in einem Prozess. Aber wenn ein solcher stattfinden sollte und wenn er nicht zur Moralschau werden, sondern der Gerechtigkeit dienen will, steht nicht nur Kambodscha vor Gericht. Es müsste auch Anklage erhoben werden gegen die USA, die das Land in den Krieg hineingezogen und die Roten Khmer trotz Genozid unterstützt haben. Und neben den USA säßen auf der Anklagebank die andern großen

Akteure der Weltgeschichte: Großbritannien, Russland und China. Und selbstverständlich auch die Nachbarn. Thailand, das sich als Profiteur beteiligte, und Malaysia, das die Schließung des Büros für Menschenrechte in Phnom Penh verlangte. Und was wäre mit Prinz Sihanouk, dem regierenden Monarchen, der verlauten ließ, die Roten Khmer seien zwar kriminell gewesen, aber unbestreitbar Patrioten?

Sollte diese jüngste Geschichte im Stil von Angkor Wat zu ihrem Relief kommen, müsste viel Platz ausgespart bleiben für etwas, das nicht zu sehen ist, eine Leerstelle, ein ungemeißeltes Nichts, das für das große Schweigen der Zeitgenossenschaft stünde. Dazu vielleicht ein Inschriftenfries mit den Namen all der Politiker und Kulturträger, die nichts gesagt haben.

Vielleicht kommt dann eines Tages unter den Archäologen unserer Geschichte einer, der sich fragt: War da nicht etwas? Verborgen unter all den Dokumenten, Akten, Protokollen und Memoiren? So wie der Franzose Henry Mouhot, der sich in den 1860er-Jahren fragte, ob an dem Gerücht von Angkor etwas dran sei, und der aufbrach, es zu suchen und zu beschreiben – nicht als Erster, aber als der Erste, dessen Bericht Folgen hatte. Was für ein Angkor die vorfanden, welche es als Erste zur Kenntnis nahmen, lässt sich im Tempel Ta Phrom nacherleben. Die Prangs überwachsen, die Ziergiebel zu Erdhügeln geworden, aus Dächern sprießende Sträucher, das Mauerwerk von Wurzeln durchbrochen, Bäume, die bei ihrem Vandalenakt selber draufgehen – ein Dschungel, ausgebreitet von der Natur, die neben dem Menschen selbst die unerbittlichste Zerstörerin von Menschenwerk ist.

Unter allen Wucherungen aber überlebte Apsara, aus einem Stein, der nicht erstickte. Freigelegt tanzt sie in dem Licht, für das sie geschaffen wurde.

Unterwegs in Europa

Rückkehr nach Paris

1959

Dabei war es Zufall, dass ich mit diesem Zug in der Frühe um acht Uhr ankam; aber das Gedächtnis benutzte die Gelegenheit und stieß mit physiologischer Unbekümmertheit auf. Ich war so unvorbereitet, dass ich den gleichen Fehler machte wie damals, als ich zum ersten Mal mit demselben Zug in Paris angekommen war. Ich suchte die Aufbewahrung für das Gepäck und hatte mich unversehens in den Zugängen zur Metro verirrt. Ein deutscher Student, mit einem Fotoapparat aus der Zone und der Tasche einer amerikanischen Fluggesellschaft, forschte ebenfalls mit entschlossenem Touristenblick nach der Consigne. Nun beginne eben die fünfte Republik der kartesianischen Vernunft, meinte er; denn die Tafeln wiesen den Weg nicht allzu eindeutig. Damit konnte ich mich abfinden. Der unterentwickelte Sinn für eine fugenlose Praxis ist nicht nur ein Vorrecht jener, die denken wollen, sondern eine Voraussetzung dafür; wenn die etablierte Ordnung vollkommen wäre – wozu müsste man dann noch denken? Wer den Intellekt lieb hat, ist auf eine Wirklichkeit angewiesen, die sich noch verbessern lässt.

› Ich habe Gepäck als Erfindung nie begriffen. Wenn ich die Leute vor mir sehe mit ihren Koffern, Schachteln, Bags und Taschen, dann frage ich mich, weshalb man eigentlich noch nicht das Hotel für Reisende ohne Gepäck eröffnet hat, wo man statt der Passnummer zum Beispiel die Kragengröße einträgt, um das entsprechende Hemd vorzufinden. Aber wenn der Mensch sich freiwillig mit Lasten belädt, dann muss das irgendeinen Grund der Erleichterung haben. Ich nehme an, dass Gepäck eine Art Talisman ist; was man von zu Hause mitnimmt, das nimmt man der Fremde von vornherein weg. Aber wenn man diesen Talisman brauchte, dann gäbe es Tage, an denen ich in Zürich mit Gepäck herumgehen müsste.

So war das erste Bild von Paris gewesen, der Platz vor der Gare de l'Est, ein Bahnhofplatz, der kein Hauptplatz war; hier wurden die Züge wie Trams behandelt. Und hier die Telefonkabine; es war für mich ein Ort der Einweihe geworden. Ich wollte damals gleich einen Freund anrufen. Aber wenn man bisher immer zuerst den Hörer abgenommen und erst dann die Münze eingeworfen hatte, wenn man bisher nie auf einen Knopf gedrückt hatte, um dem auch antworten zu können, der schon die längste Zeit »Hallo« sagte, wenn vor den Zahlen bisher keine Buchstaben gestanden hatten? Ich buchstabierte die Gebrauchsanweisung – gewissenhafter als ich je die Fabeln von La Fontaine in der Schule übersetzt hatte. Ich schob mich aus der Kabine und prüfte die Umstehenden auf Vertrauen. Kaum hatte ich meine Frage an eine ältere Frau gerichtet, stemmte diese die Arme in die Hüften, um vor Lachen nicht aus den Fischbeinstäbchen zu fallen; sie drehte sich im Kreis und suchte Mitlacher und rief, sie sollten mich einmal anschauen, »*ce jeune homme*« könne nicht einmal telefonieren, ja was ich denn könne, sonst. Und als ich ihr erklärte, dass in der Schweiz die Automaten … da wurde sie ernst, fragte mich, ob es wahr sei, dass man in der Schweiz nicht auf die Straßen spucken dürfe, und da ich zögerte, spuckte sie aus, ihre Markttasche leuchtete auf, mir schien, in den Farben der Trikolore. Auf jeden Fall war das Blau der Gauloise da und das Rot einer Flasche Wein.

Diese erste Begegnung mit einer Pariserin stimmte mich glücklich; mir wurde heimatlich zumute. So verlegen war ich ja nur noch einmal gewesen, als ich zum ersten Male auf einer Alp gestanden hatte und etwas wissen wollte. Da hatten sie ebenfalls die Arme in die Hüften gestemmt und gelacht. Sie konnten ebenso wenig

begreifen, dass es Menschen gab, die etwas anderes taten denn kä-
sen, wie diese Frau nicht verstehen konnte, dass man anderswo anders telefonierte und sich dessen nicht schämte. So rückten an diesem Morgen die heimatlichen Alpen und die fremde Metropole sich
näher, und die roten Stopplichter hatten etwas von Firnenglanz.

Diesmal telefonierte ich nicht; das mochte zuwarten. Aber da
die Erinnerung einmal da war, beschloss ich, ihr Gepäckträger zu
werden und gleich wie damals nach dem Boulevard Saint-Michel zu
fahren. Nicht mit der Metro, so weit ging ich nicht, alles im Detail
zu wiederholen. Denn der, der sich erinnerte, war ein anderer als
der, an den ich mich erinnerte. Unterschiede müssen sein.

»Ein warmer September«, sagte der Billeteur und verlangte sechzig Franc. »Einen solchen September hatten wir seit Jahren nicht
mehr«, antwortete ich und zahlte. Ich gab acht, ob er aufsah; er tat
es nicht. Er glaubte mir, dass ich diesen September mit den voran-
gegangenen vergleichen konnte. Ich mochte den Billeteur, das war
ein Copain – das Wetter ist doch wahrster Kommunismus; man
hatte mich für jemanden genommen, mit dem man nicht nur über
das Wetter von heute sprechen kann, sondern auch über das Wetter
von gestern. Auch damals war es September gewesen – aber kühler;
im Jardin du Luxembourg lag das Laub bereits schuhtief auf den
Wegen, und die Schwarzen holten sich die Wintermäntel aus den
chemischen Reinigungsanstalten.

Rentrée des classes – so stand es in den Auslagen zu lesen. »Alles,
was man zur Schule braucht«, und das Geschäft empfahl Regen-
mäntel. Ich werde auf dem Boul' Mich' sogleich zu Gilbert Jeune
gehen und Schulhefte einkaufen wie damals, als ich eine ganze Reihe
von Heften erstand – für die Vorlesungen, in die ich gehen wollte,
für einen Roman, für ein »Intimes Tagebuch«, das ich zu Lebzeiten
veröffentlichen wollte, und für ein Tagebuch, das man im Nachlass
finden sollte. Und dann werde ich zu den Bouquinisten gehen. Ich
kann diese grünen Wunderkisten nie sehen, ohne gleichzeitig an

die Halles zu denken. Für mich besteht zwischen beiden eine un-
lösbare Beziehung. Dort die Stadt, die ihre Eingeweide zeigt und
ihr Verdauungsvermögen demonstriert, und hier die Stadt mit der
Konsumfähigkeit des Geistes. Wer seinen Unterleib auf diese Weise
zur Schau stellt, muss auch seinen Geist zur Schau stellen. Aber
ich würde den Satz auch umkehren – wer mit den Büchern *so* auf
die Straße geht, der braucht ein Quartier, wo sich das Fleisch und
das Gemüse auf der Straße stapeln. Ich hatte gelesen, dass man die
Halles außerhalb von Paris verlegen will – ich wäre dagegen, wegen
der Bouquinisten.

Ich fragte mich, was ich wohl heute Abend machen werde. Denn
damals ging es sehr rasch mit der Aufnahme in die Gesellschaft. Ich
hatte – um der Laren willen – meinen ersten Pernod getrunken, als
mich meine Kollegen fragten, ob ich an der Demonstration mitma-
che, und als ich mich entschuldigte, dass ich noch nie demonstriert
hätte und wofür man denn demonstriere, da erklärten sie: »Gegen
die Wohnungsnot.« Ich tat mit. Da man sich über die Reihenfolge
der Protestreden stritt, verzögerte sich der Abmarsch. Und als der
Studentenführer ausrief: »Ihr alle seid Opfer, auch du!«, da bezog
ich das Du auf mich, ich war ein Opfer – kaum einen Tag in Paris,
und schon war ich ein Glied der Gesellschaft geworden.

Nun ja, mit der Wohnungsnot, wir hatten uns eingerichtet. Wir
wohnten zu dritt in einem Saal, wo man früher Tanzkurse gegeben hatte. Noch stand in einer Ecke das Klavier. In den übrigen
Ecken standen die Betten. Dort, wo die Abwasserrohre durchlie-
fen, hauste ein junger Marxist, der vermöglichste von uns; wenn in
der Nacht die Abwasserrohre rauschten, dann begehrte er nie auf;
solange die bürgerliche Gesellschaft nicht geändert werde, wolle er
keinen ruhigen Schlaf haben. Und in der andern Ecke, sanft beleuchtet vom Milchglas des Lichthofs, lebte ein militanter Katholik;
er pflegte die abgebrannten Streichhölzer zu kleinen Scheiterhau-
fen aufzuschichten als Mahnmal für die Ketzerverbrennung – und

vorn neben der Tür stand mein Bett. Als Schweizer war ich durch Mehrheitsbeschluss zum Portier gewählt worden. Mir oblag die Pflicht, mit Mahnern, enttäuschten Freundinnen zu verhandeln. Meine beiden Zimmergenossen hatten mich dazu aus rein pädagogischen Gründen bestimmt; sie huldigten der Überzeugung, dass nur der eine Sprache wirklich beherrscht, der in ihr schwindeln kann. Und es leuchtete mir ein – die großen Wahrheiten sind ja eindeutig und einfach, erst die differenzierteren Wahrheiten benötigen einen reicheren Wortschatz.

Jeder hatte sein Reich mit Büchern abgegrenzt – da lagen sie aufeinandergeschichtet als Grenzwälle: die *éditions sociales* gegen Claudel und Jammes, und ich schichtete meinen Camus und Sartre auf. Es waren bewegliche, unzuverlässige Mauern, die wir bauten, aber im Laufe der Monate verdickten und erhöhten sie sich, wir verschanzten uns dahinter bei den Diskussionen. Die Mäuerchen dienten uns als Kleiderablage und auch als Tisch; eine besondere Gunst bedeutete es, wenn sich ein Besucher darauf setzen durfte, aber es war nicht erlaubt, sich dann zu bewegen. Manchmal noch, wenn ich später in den Büchern etwas nachschlug, fand ich darin Brotkrümel wie andere gepresste Veilchen. Der junge Marxist fiel in Indochina für Frankreich, und der militante Katholik nimmt eine höhere Stellung ein in einer führenden Versicherungsgesellschaft.

Es war doch ein guter Einfall, um diese Zeit in Paris anzukommen. Der Billeteur schaute mich an, fragend, ich nickte. »Schön«, sagte ich und wies auf die Straßen. Er verzog keine Miene. Ich begriff nicht; ich holte meine Zigaretten aus der Tasche und zündete eine an. Er schaute auf mein Paket, dann wurden seine Züge versöhnlich. »Sie sind fremd?« – »Ja«, es war ein Geständnis. »Sie hätten umsteigen müssen.« – »Ach so«, und ich stieg bei der nächsten Haltestelle aus. Ich hatte keine Ahnung, wo ich mich befand. Ich schlenderte in der Richtung, die mir der Wahrscheinlichkeit nach richtig schien. Irgendwo musste es schon eine Metrostation geben.

Ich erlaubte mir einen Kaffee. In dem Bistro saß als einziger Gast ein Schwarzer, Äquatorialafrika. Er lag zurückgelehnt da, er sprach mit dem Boden vor sich. Keine Worte, nur Laute. Von Zeit zu Zeit griffen die Arme ins Gespräch. Von den Schultern aus bewegten sie sich wie Lianen, als möchten sie den Tisch und das ganze Lokal überwachsen, dann hielten sie inne, gespannt und voll Anstrengung, und plötzlich schlug er mit den Fäusten auf den Tisch, er trommelte, er schickte sein Tam-Tam auf die Straße, er horchte, ihm antworteten die Pfiffe des Verkehrspolizisten.

Ich sollte eigentlich ein Hotel suchen, doch war noch alle Zeit dafür. Drüben im Quartier Latin, warum nicht. Ich erkundigte mich nach der Metroverbindung. In das alte Hotel mochte ich nicht gehen. Ich hatte damals mit viel Kunst und mancher Stunde ein Hotel ausgesucht. Es sollte ein pariserisches Hotel sein. Wie das genau aussah, hätte ich nicht sagen können, ich wusste nur, dass die meisten Hotels nicht dem entsprachen, was ich mir darunter vorstellte. Ich hatte mich dann für eines entschieden am Quai Saint-Michel. Die Aussicht hatte es mir angetan, man sah vom Zimmer aus auf Notre-Dame. Und ich ging immer wieder ans Fenster, um mir zu bestätigen, dass ich in Paris war. Es war eine Zeit gewesen, in der man monumentale Beweise brauchte.

Um die Blöcke ziehen

Tage in Prenzlauer Berg

1994

Am besten nehmen Sie bei der S-Bahn-Station Marx-Engels-Platz, ich meine natürlich Hackescher Markt, die Sechs. Dann die Leninallee hinauf, die jetzt Landsberger heißt. Über den einstigen Leninplatz hinaus, den Platz der Nationen. Bis zur Ecke Dimitroff, die hier noch nicht Petersburger heißt.

Man bewegt sich in einer Zone und Zeit der Umbenennung.

Man fragt sich, ob man nicht besser, statt Namen gegen Namen auszutauschen, die Straßen und Plätze nummerierte. Auf diese Weise müsste man nicht bei jeder Wende auch noch die Adresse ändern.

Der Prenzlauer Berg heißt nach wie vor Prenzlauer Berg, auch wenn die Eingesessenen vom Prenzlberg reden und sich selber als Prenzlberger bezeichnen. Der Berg nennt sich nach Prenzlau, das vor Kurzem Kreisstadt der Uckermark wurde. Von dem Provinzstädtchen, eine Eisenbahnstunde nördlich Berlins, weiß man vielleicht, dass es mit der Marienkirche eines der schönsten Beispiele der Backsteingotik vorzeigt und dass die Arbeitslosenquote bei vierundzwanzig Prozent liegt. – Der Berg bleibt Berg, wobei sich die Topografie ändern mag. Nach dem Zweiten Weltkrieg kam der Bezirk zu einer neuen Erhebung, dort, wo man die Trümmer nicht wegräumte, sondern zu einem Hügel schichtete. Dass der Prenzlauer Berg etwas mit einem Berg zu tun hat, mag man daraus ersehen, dass die Straße, die zu ihm führt, anhebt. Nicht dass man deswegen Steigeisen anschnallt. Trifft man auf Seilschaften, dann wegen der Steilwände der Ideologie und wegen Solidaritäten jeglicher Art.

Nachdem alles restlos überbaut ist, fällt die Anhöhe dem Auge kaum auf. Dass sich hier einer der höchsten Punkte Berlins befindet, lässt sich messen. Mit einem Meter, der nach wie vor hundert Zentimeter aufweist. Im letzten Jahrhundert drehten hier Windmühlen. Geblieben ist eine. Die, welche ins Wappen kam. Auf dem Windmühlenberg wurde 1877 der Wasserturm eingeweiht, der ein Wahrzeichen abgab. Neben dem Wasserturm, dem »dicken Hermann«, der »dünne Hermann«, der ältere Standrohrturm. In den Kellergeschossen des »dicken Hermann« hatte die SA in der Nazifrühzeit eines ihrer wilden KZ eingerichtet. Nach wie vor ein Turm mit Wohnungen im Tortengrundriss. Zusätzlich wurde ein Kindergarten eingerichtet, und das Wasserbecken mietete eine Fischhandlung.

Die Hügel werden längst nicht mehr genutzt wie einst. Hier soll einmal Wein gezogen worden sein. Der »Volksgarten am Weinberg« erinnert daran. Wo einst Reben angepflanzt wurden, legte die Gemeinde St. Nicolai ihre Gräber an. Auch die Traube kam als Reminiszenz ins Wappen. Wichtiger, und nicht nur fürs Wappen, war der Hopfen. Der Prenzlauer Berg ist nicht zu denken ohne seine Brauereien. Schultheiss, Pfeffer, Groterjan, Bötzow, von Lipps und Jostn stehen dafür, dass sich hier um die Jahrhundertwende das größte Brauzentrum Berlins befand. Da die Brauereien verkaufen wollten, was sie brauten, errichteten sie Biergärten. Hier durften Familien Kaffee kochen und Mitgebrachtes verzehren. Aber man kam hierher nicht nur, um einen zu zwitschern oder um zu schwofen. Neben dem Biergarten der Allwetter- und Winterausschank. Einer der berühmtesten Restaurationsbetriebe blieb der »Prater«. Er unterhielt eine veritable Theatertruppe und bot mehr als Varieté. Er verfügte über Säle für jeglichen Anlass, auch für jedes Kapitel deutscher Geschichte. Hier redete Clara Zetkin und propagierte Karl Liebknecht seine freie sozialistische Republik. Hier versammelten sich Nazis. Während des Krieges herrschte Programmstille. Zur DDR-Zeit bauten russische Architekten die Freilichtbühne. Auf ihr sangen Jungpioniere Mitgebrachtes. Erich Weinert trug seine Lyrik vor, und Ernst Busch sang *Vorwärts und nie vergessen*. Dass der Prater augenblicklich im Umbau ist, hat auch mit Geschichte zu tun.

Keine der Brauereien ist mehr in Betrieb. Das Gelände der Schultheiss gilt als eines der kompaktesten noch bestehenden Fabrikensembles vom Ende des letzten Jahrhunderts. Da findet der Jugendklub »Franz« ebenso problemlos Platz wie das Möbelhaus »Max der hat's« oder Galerien. Nicht mehr Bier wird gebraut, sondern Kultur. In der alten Kantine der »Kulturbrauerei« werden Lesungen durchgeführt und Debatten abgehalten. Im Kesselhaus finden Theateraufführungen und Konzerte statt, es gibt auch die Staffage ab für die wöchentliche TV-Sendung *Einspruch*, das aktuelle Wortgefecht auf SAT 1. Was mit den verschiedenen Brauerei-Gebäulichkeiten ansonsten geschehen wird, steht nicht fest. Auf politische Vergangenheit schaut auch der Saal der Brauerei Friedrichshain zurück. Er wurde nach dem Krieg wieder aufgebaut. Doch die Zeit der Jugendweihen und Betriebsfeste ist vorbei. Zur Rettung der Brauerei Pfeffer, auf dem nach ihr genannten Pfefferberg gelegen, hat sich ein Gönnerverein formiert. Möglich, dass hier ein Hotel oder eine Bank gebaut wird. Von Zeit zu Zeit finden Großveranstaltungen statt. Die Backsteinterrassen, von denen man einst Bier trinkend auf die Stadt hinuntersah, eignen sich vorzüglich für eine rockige Mondscheinparty.

Umbenennen und Umfunktionieren – man wird den Zeitumständen entsprechend hellhörig. So neu ist das Umfunktionieren aber auch wiederum nicht:

Als die katholische Kirche 1889 ihren irdischen Besitz erweiterte,

erwarb sie den Vergnügungspark und Restaurationsbetrieb »Roh-
lofsburg« und wandelte den sündigen Tanzsaal in eine Kapelle um.
Als die Bezirksverwaltung ihre Büros im ehemaligen Kranken-,
Obdachlosen- und Siechenhaus bezog, in mächtig ausholenden
Backsteingebäuden, wandelte man die Kapelle, in der einst die
Toten aufgebahrt wurden, in ein Heimatmuseum um. Und die Synagoge, heute der »Tempel des Friedens«, an der Rykestraße entging
der Zerstörung, weil sie aus Furcht, das Feuer könnte auf die umliegenden Wohnhäuser übergreifen, nicht angezündet wurde und
weil die Nazis sie als Stallung benutzten.

Umbenennen und Umfunktionieren sind gängige Wörter aus
dem Prenzlauer Vokabular, das mit einer ganzen Liste von Entspre-
chungen und Verwandtem aufwartet.

Mit über 140 000 Einwohnern notiert der Prenzlauer Berg eine
Bevölkerung von der Größe der Stadt Lausanne; die Einwohner-
zahl war einmal doppelt so hoch. Aber auch beim jetzigen Stand
gilt der Bezirk als eines der dichtbesiedeltsten Stadtviertel Deutschlands und als größtes zusammenhängendes Sanierungsgebiet.

Die nördliche Feldmark wandelte sich zu einem Stadtviertel, als
die Metropole Berlin sich zur Industriestadt entwickelte und als
aus dem östlichen Hinterland, vor allem aus Schlesien, Arbeits-
kräfte zuwanderten. Der Prenzlauer Berg ist urbanistisch Produkt
und Ausdruck der Gründerzeit, ihrer Spekulationen und Mentalitäten. Jeder Quadratmeter wurde genutzt. Zwischen Vorderhaus
und Hinterhaus und von Hinterhaus zu Hinterhaus musste so viel
Abstand gewahrt bleiben, dass eine Feuerspritze wenden konnte.
In den Vorderhäusern lebten kleine Beamte, Facharbeiter und La-
denbesitzer. In den Hinterhäusern Proleten, in Wohnungen von
geringstem Komfort, mit Außentoiletten und ohne Bad. Ein wich-
tigtuerisches Portal lädt noch immer mit Neorenaissance-Allüre ins
Stadtbad zu Duschen und Wannen.

Nach wie vor muffige Hinterhöfe, lichtscheue Schächte, wo die

Lunge schon vom Schauen zu husten beginnt. Manchmal ein ver-
krüppelter Baum oder etwas, das nach Pflanzengrün aussieht. Aber
auch anderes ist zu finden. Vier, fünf Durchgänge, und es öffnet
sich eine Gartenanlage mit Spielplätzen, eine Idylle, welche die
Selbsthilfe möglich machte, eine Drahtplastik und, als Dekor in den
Boden eingelassen, Fragmente vom gesprengten Berliner Schloss,
die von einer Müllhalde hierhergeschleppt wurden. Gelegentlich
ein Kuhstall von einer Molkerei, die längst nicht mehr in Betrieb
ist. Oder hinter einem düsteren Durchgang die steile Einfahrt in
eine Tiefremise. Hausnummern mit Buchstaben von »A« bis »D«,
die auf die entsprechenden Hinterhäuser verweisen. Zum Jazzkeller
Schlot steigt man vom ebenerdigen Hinterhof hinunter, zur Bühne
im Schlot zwei Stockwerke hoch. Für die Adresse des »Theaters
an der Schönhauser Allee« merkt man sich Hinterhof und Ober-
geschoss. Und wo sich Künstler eingerichtet haben, schauen aus
den Fenstern Plastiken oder irgendetwas Dreidimensionales. Von
dem Haus, an dem die schwarz-rote Anarchofahne flattert, span-
nen sich zu den Gegenmauern Seile, an denen ein Prachtslüster von
erster Flohmarktgüte hängt, den Hinterhof als Freilicht-Salon ver-
äppelnd.

Zieht man durch die Straßen, muss man den Eindruck gewinnen,
es habe sich seit den Anfängen nichts mehr getan. Der Eindruck
von Geschlossenheit stellt sich ein, weil hier sehr früh mit vorfabri-
zierten Großplatten und genormten Ornamenten gebaut wurde.
Nur etwa zehn Prozent der Bauten wurden während des Krieges
zerstört. So besitzt der Prenzlauer Berg viel alte Bausubstanz,
allerdings eine, die man vergammeln ließ. Bröckelnde Fassaden und
Fenster ohne Scheiben. Verslumung allenthalben. Hinter Imponier-
fassaden Treppenaufgänge von schockierender Vernachlässigung.

Zwar hat man schon zur DDR-Zeit hier und dort saniert, zum
Beispiel am Helmholtzer Platz. Üblicherweise bestand das Sanieren aus puren Notmaßnahmen. Was nicht bewohnbar war, wurde

abgesperrt. Keller und Ladenzugänge zugenagelt. Man klopfte von den Fassaden den Verputz, der abzufallen drohte. Häuserfronten und Hauszeilen lang kann man erkennen, wie einstige Balkontüren unten vergittert oder zugemauert sind, da man die Balkone wegen Einsturzgefahr kurzerhand abschlug.

Der Moment der Umbenennung und des Umfunktionierens ist auch ein Augenblick der Sanierung. Allenthalben Baugerüste an Wohnhäusern. Inmitten eines düsteren monotonen Graus die Farbe eines hergerichteten Hauses. Die Hauptstraßen aufgerissen wegen der dringenden Instandstellung der Wasserleitungen. Von Renovation kann schon irgendein neuer Fensterrahmen in einer nach wie vor verlotterten Hausmauer zeugen.

Mit der Renovation großen Stils könnte sich eine unvorhergesehene Wende abzeichnen. Stellt man die früheren Wohnungen, die oft unterteilt wurden, in ihrem ursprünglichen Grundriss her und rüstet man sie hygienisch aus, entstehen Appartements für den höheren Anspruch. Das Viertel, einst billig, weil vernachlässigt, klettert soziale Stufen hinauf, wird nicht zuletzt wegen seiner Nähe zum Zentrum attraktiv. In den Vorderhäusern die teure Luxuswohnung und in den Hinterhäusern die nicht mehr so günstigen.

Dann wird es Zeit, das bescheidene Museumsangebot des Bezirks zu erweitern. An der Husemannstraße ist in einem typischen fünfgeschossigen Miethaus eine permanente Ausstellung zu sehen: »Berliner Arbeiterleben um 1900«. Dieser Blick in Küche, Stube und Kammer eines gehobenen Proletariers müsste ergänzt werden durch eine Ausstellung »Wie lebte es sich vor der Wende in einem Abbruchhaus«. Sicher wird der eine oder andere Hinterhof bleiben. Noch zur DDR-Zeit bot ein Renommierlokal an der Greifenhagener Straße vor allem Besuchern aus dem Westen als Attraktion Essen und Trinken im Hinterhof, wo man trostlosen Mauern morbiden Chic abgewann. Inzwischen ist das abgesteckte Viereck für Tische und Stühle selber verludert.

Sanieren heißt zu einem solchen Zeitpunkt nicht nur Häuser renovieren. Es geht um andere Substanzen als nur um Bausubstanz.

Als 1981 das stillgelegte Gaswerk gesprengt werden sollte, protestierten Bürger gegen einen solchen Tabula-rasa-Urbanismus. Die mit Klinker verblendeten Gasometer wurden nicht gerettet. Aber damals formierten sich die ersten Bürgerbewegungen: Was sich zu Wort meldete, sollte nicht wieder zum Schweigen gebracht werden.

Im ehemaligen Verwaltungsgebäude des Gaswerks ist heute das städtische Kulturamt untergebracht: das Theater unterm Dach, das Zwischenetagen-Theater für Kinderkultur, Ausstellungsräume im Parterre und Werkstätten für Künstler. Das Stadtarchiv zog in die Maschinenhalle ein. Dort hatte man zur DDR-Zeit ein »Traditionskabinett des antifaschistischen Widerstands« eingerichtet. Nach der Wende wurde das Kabinett nicht wie anderswo geschlossen. Man versah die Bilder und Legenden mit einem Kommentar, der die propagandistische These kritisierte, wonach der Antifaschismus ein Monopol der Kommunistischen Partei war. Der Katalog mit den neuen Texten erschien bei Christoph Links. Der einstige Lektor des Aufbau-Verlages hat nach dessen Privatisierung in Prenzlauer Berg einen Sachbuchverlag gegründet. Seine Publikationen handeln programmatisch von »Verschwiegenen Zeiten« (vom geheimen Apparat der KPD ins Gefängnis der Staatssicherheit) und von »Weißen Flecken« (die Opfer der stalinistischen Säuberung und ihre Rehabilitierung).

Urbanistische Säuberung und ideologische Säuberung gehen Hand in Hand und Plan für Plan. Der Wettbewerb für die Umgestaltung des Ernst-Thälmann-Parks gilt nicht einfach dem Park, der auf dem Gelände des ehemaligen Gaswerks entstand. Zur Debatte steht das Denkmal von Thälmann, ein monumentaler Schinken von penetrant sozialrealistischem Pathos. Soll man das Denkmal des Mannes, der die Kommunistische Partei auf den Stalinkurs trimmte, zerstören? Oder soll das Monument des Mannes, den die

Nazis im KZ Buchenwald ermordeten, verlegt werden? Oder soll man, wie ein Künstler vorschlug, dieses und alle andern Denkmäler bepflanzen, buchstäblich Gras drüber wachsen lassen?

Umbenennen und Umfunktionieren – wenn's um Geschichte geht, reicht Flicken und Ausbessern nicht. Da wird Renovieren und Sanieren zum Entmythifizieren.

Die meisten Cafés, Kneipen und Restaurants, auf die man stößt, haben in den letzten Jahren aufgetan, auch wenn die Ausstattung vermuten ließe, dass das Interieur datiert. Man hebt sich nicht ungern von der heutigen Bourgeoisie ab, dank dem Mobiliar eines vergangenen Bürgertums: Berlintümelei gegen Restaurierung.

Mit den Kneipen kehrt der Prenzlauer Berg zu den Anfängen zurück, als an jeder zweiten Ecke eine zu finden war. Sie waren nicht nur ein Ort des Bierkonsums oder der Verpflegung. Für die Arbeiter, vorab die jungen, die sich oft ein Zimmer teilten, war die Kneipe Stube und Aufenthaltsraum, wenn man will, auch ein Treff der Sozialisierung und Politisierung. In dem Maße, wie die DDR ein Bevormundungsstaat wurde, unterdrückte sie das Kneipenwesen. Die Kneipen, als Möglichkeiten von Kommunikation, verführten rasch zu kritischen Auseinandersetzungen, wenn nicht gar zu subversivem Auf-den-Tisch-Klopfen.

Kaum ein Café oder Restaurant, das sich nicht irgendwie kulturell gäbe – ob mit Ausstellungen oder Lesungen. Würde man allen Anschlägen und Handzetteln Folge leisten, käme man kaum nach mit all dem, was nur schon an Lesungen geboten wird. Man dürfte aber nicht das Literaturcafé »Wolkenbügel« verpassen, das die einstige Lektorin von »Volk und Welt«, Ingeborg Quaas, leitet. »Wolkenbügel«, nach einem Entwurf von El Lissitzky für eine Betonstele genannt – spielerischer Umgang mit Beton ist Prenzlauer-Berg-konform.

Die heutige Szene ist nicht zu denken ohne jene, für welche der Prenzlauer Berg berühmt wurde. Diese spielte sich aber nicht in

Lokalen ab, sondern in Ateliers wie in dem von A. R. Penck oder in Wohnungen. Hier trafen sich Künstler, Schriftsteller, Intellektuelle, deren Namen außerhalb der DDR als die »andern Stimmen« galten. Der private Bereich schien Garant dafür, der staatlichen Kontrolle entzogen zu sein.

Eine Zeit der Umbenennung erweitert notgedrungen das Vokabular. Man lernt als Kürzel dazu: IM = Inoffizieller Mitarbeiter.

Einen Eklat von Entlarvung löste Wolf Biermann mit seiner Büchnerrede 1991 aus – Biermann, ein alter Prenzlberger, der 1961 das Berliner Arbeiter- und Studententheater mitbegründet hatte; das »bat« wurde ein Regieinstitut und hat vor Jahren einen regelmäßigen Spielbetrieb aufgenommen. Biermann attackierte Sascha Anderson, einen Lyriker *(Jeder Satellit hat einen Killersatelliten)*, der als Promotor der Prenzlauer-Berg-Szene galt. Anderson arbeitete für die Stasi, war ein IM wie eine andere prominente Szenefigur, Rainer Schedlinski. Zum miesen Zusammengehen von »Literatur und Staatssicherheit« bietet *MachtSpiele* (herausgegeben von Peter Böthig und Klaus Michael, Reclam, Leipzig 1993) betrübliche Beispiele und aufschlussreiches Material. Dem Band stellt man mit Gewinn eine andere Anthologie an die Seite: *Vogel oder Käfig sein,* mit »Texten und Kunstbeispielen aus unabhängigen Zeitschriften in der DDR 1970–1989«. Die eine Sammlung steht für einen Mythos und die andere für dessen Entlarvung. *Vogel oder Käfig sein,* herausgegeben von Klaus Michael und Thomas Wohlfahrt, erschien in der Edition Galrev. Der Name ergibt sich, wenn man das Wort Verlag rückwärts liest. Dank solcher Leseweise entstand auch aus Lyrik das Lese-Café Kiryl. Wie aber liest man einen Charakter rückwärts?

Die Entlarvung trifft grundsätzlicher, wenn Jan Faktor kommentiert. Ein tschechischer Lyriker, der 1978 nach Ostberlin übersiedelte und 1993 mit dem Kranichsteiner Literaturpreis ausgezeichnet wurde. Von ihm ist noch 1989 im Aufbau Verlag *Georgs Versuche an einem Gedicht und andere positive Texte aus dem Dichtergarten des Grauens* erschienen, in einer Reihe, die bezeichnenderweise »Außer der Reihe« hieß. Factor distanzierte sich von der Prenzlauer-Berg-Szene, als diese voll ihrem Mythos nachlebte. Seine Kritik kam von der radikalen Subversion des Schreibens her und galt einem Insidertum, das sich bereits in Routine gefiel. Sein Kommen trägt zur Erkenntnis bei, dass die Prenzlauer-Berg-Szene nicht so sehr Movens einer Umwandlung war, sondern Begleiterscheinung eines Zusammenbruchs, der bereits im Gange war. – Dennoch, der Prenzlauer Berg genoss Freiraum. Die Verhältnisse waren zu unübersichtlich, als dass die Staatssicherheit eine vollständige Kontrolle hätte ausüben können. Nun war dies auch nicht notwendig, solange der Freiraum sich auf ein abgegrenztes Ghetto beschränkte. Im Café »Entweder Oder« traf sich die Opposition. Es entstand die erste unabhängige Bühne, das »Theater ohne Namen«. Die erste schwule Bar wurde aufgetan; sie gab den Schauplatz ab für einen Coming-out-Film.

Bedrohlicher für die Staatssicherheit waren die Bürgerbewegungen. Vor der Gethsemane-Kirche eine Christusstatue, als hätte sie schon immer hier gestanden. Aber auf dem Sockel brannten einst die Kerzen der Mahnwachen jener Bürger, welche gegen die Verhaftung protestierender Mitbürger protestierten: Gewaltlosigkeit gegen eine Polizei, die in der Garage einer benachbarten Oberschule auf ihren brutalen Einsatz wartete, Manifestationen von kleinen Gruppen, die zu Tausenden anwuchsen, eine Bewegung, die auf einen radikalen Kurswechsel aus war und welche dazu beitrug, dass es zur Wende kam.

Nach-Wende-Zeit, eine Um-Zeit.

Und hier und jetzt in Prenzlauer Berg um die Blöcke ziehen, wie der Berliner sagt. Damit ist nicht eine Pintenkehr gemeint, obwohl die drinliegt: vom Café »Westphal«, das am Wochenende rund um die Uhr geöffnet hat, zum »Pasternak«, das vor Kurzem aufging, weiter zu einem der Cafés, die sich in ehemaligen Ladengeschäften eingerichtet und deren Namen behalten haben: Warum nicht den Kaffee trinken bei »Seifen und Kosmetik«? Oder sollte das Lokal eher historisch sein? Der »Hackepeter«, wo einst die SA verkehrte? Oder der »Schusterjunge«, wo sich die Kommunisten trafen? Um den Block, der restauriert wird, zu dem weiterziehen, an dessen Fassade zu lesen ist: »Hier kriegst du etwas gratis. Einen Tritt in die Fresse.« Um den Block des Umbenennens ziehen und um den des Verdrängens.

Unterwegs in Vorläufigem. Auf dem einstigen Schlachthofgelände hätte das olympische Dorf erstehen sollen. Aber »Nolympia«. Den Schlachthof und den Viehmarkt hat Alfred Döblin in seinem Roman *Berlin Alexanderplatz* gerettet. Anderseits wird am Talk-Platz und im Jahn-Stadion gebaut. Dort fanden einst die für das Renommee der DDR so wichtigen Jugendweltfestspiele statt. Eine Erinnerung an ein solches Treffen, die Skulptur von Käthe Kollwitz auf dem Platz, der nach ihr heißt. Sie hat in der Nähe gewohnt, die Frau eines Armenarztes; sie hat die soziale Misere des Prenzlauer Bergs gezeichnet; bei den Nazis verfemt, hat sie, wie man liest, »im Volke« gelebt.

Planung allenthalben. Bei der Neugestaltung des Achim-Platzes müssen zwei Gegebenheiten respektiert werden: die Büste des Romantikers Achim von Arnim und ein Hundeklo.

Ein Um-die-Blöcke-Ziehen, als sei's ein Sightseeing. Für die eingesessenen Prenzlberger ein Graus. Für die Besucher bereits ein Programm von Sehenswürdigkeiten. Einmalig das Frisör-Museum. Empfehlenswert der Hochbahnhof der U-Bahn. Der Würstchenstand »Konnopke« ging längst in die Lokalgeschichte ein. Eine Führung, die man nicht missen möchte: die durch den Jüdischen Friedhof. Neben ihm das einstige Jüdische Altersheim, zur Hitlerzeit in eine Polizeikaserne umfunktioniert, danach ein Hauptquartier der Volkspolizei geworden, mit einer Garage, die als Schauplatz von Befragungen berüchtigt wurde. Ein Friedhof, von den Faschisten verwüstet, der wiederum vor Schmierereien und Vandalismus geschützt werden muss: »Hier stehst du schweigend. Doch wenn du dich wendest, schweige nicht.«

»Wer nicht kämpft, stirbt in Raten«, wie ein Spray-Spruch an einer Hausmauer kundtut. Dank der freien Marktwirtschaft erleben die Bestattungsgeschäfte einen Boom. Man stirbt wieder im Wettbewerb – ob Erd-, Feuer- oder Seebestattung. Angesichts der Konkurrenz wird Discount geboten. »Hausabholung« garantiert, was beruhigt, da man gegebenenfalls zu Fuß nicht hinfindet.

Auch für die Wende-Gesundheit ist gesorgt. Im »Elixier« deckt man sich mit Brainfood ein oder Guarana, mit Indischem und Indianischem. Ein Infoladen lockt mit einem Bhagwan-Menu. Ein anderer Infoladen ist für geistige Purifikation zuständig mit Flugschriften und Publikationen gegen den Rassismus. In der »Zunge« wird nach den Filmvorführungen diskutiert, Kino als Therapie.

Und sollte das Um-die-Blöcke-Ziehen ermüden – der »Kulturladen« offeriert einen Radverleih. Und noch immer rattern die Straßenbahnen, die in Westberlin längst verschwunden sind. – Unterwegs zwischen nicht mehr und noch nicht, zwischen nun und nach wie vor. An den Straßenlaternen der DDR die Vorrichtungen, um Flaggen einzustecken. Aber diese Art Winke ist vorbei. An den Hausmauern Gedenktafeln für die Opfer des Faschismus, mit einem Haken darunter, um am Jahrestag Kränze anzubringen. Noch aber keine Tafeln für die politischen Opfer jüngerer Zeit. Nach wie vor Hauseingänge und Treppenhäuser vollgeklebt mit Zetteln, persönlichen Mitteilungen, eine Nachrichtenübermittlung in Ermangelung eines Telefons. – Aber man weiß nie so recht, von wann das stammt, was an den Hauswänden und über Eingängen verblasst. »Wasserdichte Pferdedecken«, das dürfte klar sein, dass

dies eine Zeit her ist. Aber »Kommandantur«, das genau gleich verblasst, von wann datiert das?

Und im Ohr ein Manifest. Die Ausrufung einer Republik als Heimat für alle, welche bereit sind, der Realität ins Auge zu schauen
und dennoch auf eine menschliche Zukunft zu hoffen. Ist das von
gestern oder erst von morgen? Und die Abfälle der Konsumgesellschaft – sind das die jetzigen oder die kommenden? Ob Vergan-
genheits- oder Zukunftsmusik – man kann in der »Klangschmiede«
Kurse für Müllmusik belegen, um dem Joghurtbecher, der Karton-
hülse, der Pappschachtel oder dem Gartenschlauch einen neuen
Sound abzugewinnen.

Ein Platz in Salamanca
1999

Als ich den Platz zum ersten Mal sah, auf einer Fotografie, stand für mich fest: Das ist ein Platz für meine Anthologie, eine Sammlung europäischer Plätze, an der ich umso mehr hänge, als ich aus einem Zürich stamme, welches sich um seine Plätze gebracht hat. Aber andererseits ist es wohl nicht zufällig, dass *plaza* und *piazza* unsere Sprache bereichert haben, während das Wort »Platz« den romanischen Sprachen kaum etwas eingebracht hätte. Was ich gleich aufsuchte, war dieser Platz vor der alten Universität. Die Straße aufgerissen, der Belag wird repariert, die Kanalisation neu verlegt. Die Statue von Fray Luis de León steht auf ihrem Sockel in der Schutzhaft eines Gerüsts; unbeeindruckt von Pressluftbohrern, schaut der Dominikaner zum Portal, durch das einst die Studenten in seine Vorlesung kamen.

Mein Platz ist ein Bauplatz.

Nicht anders verhält es sich mit dem Platz, der die große Konkurrenz abgibt: Plaza Mayor. Auch andere spanische Städte haben ihren Hauptplatz, aber kaum eine besitzt einen Arkadenplatz, der es an architektonischer Geschlossenheit mit dem von Salamanca aufnimmt. Auch die Plaza Mayor befindet sich in Restauration. Ganze Fassaden eingerüstet oder mit Staubvorhängen bedeckt; doch Baulärm und Umtrieb tun dem Frequentieren der Cafés und der Geschäfte so wenig an wie dem Flanieren.

Salamanca verschönt sich. Nähert man sich der Stadt nach einer Fahrt durch die weite Ebene kastilischer Kargheit, erheben sich hü-

gelhoch über dem Río Tormes die Kathedralen, um die eine Kuppel
ein Baugerüst, weit ins Land hinaus die Frohbotschaft der Erneuerung verkündend. Vor einem Jahr in den Katalog der Kulturgüter
der Menschheit aufgenommen, wird Salamanca 2002 europäische
Kulturhauptstadt sein. Also richtet es sich her. Mithilfe europäischer Gelder. Auch die alte Römerbrücke wird restauriert, sanft,
wie man beschwichtigt. Renovieren kann Überraschungen bringen.
Seit den Restaurierungsarbeiten an einem Seitenportal der Kathedrale entdeckt man unter den Steinmetzfiguren einen Storch, in Anspielung auf die Vögel, die sich in den letzten Jahren auf Kirchtürmen eingerichtet haben, nachdem man ihnen Nester zur Verfügung
stellte. Neu im alten Dekor hat sich als himmlisches Wesen unserer
Zeit ein Astronaut eingebettet; er könnte durchaus dem Barock
entsprungen sein. Die Frage lautet aber nicht nur, wie kommt etwas hinzu, sondern auch, wie kommt etwas weg. Zum Beispiel das
Medaillon von Generalissimo Franco an der Plaza Mayor.

Bereits ist die Fassade der alten Universität herausgeputzt. Einmal
mehr überzeuge ich mich, mit welchem Recht der Begriff »plate-
resk« aus der Schmiedekunst auf einen Baustil angewendet wird.
Ziselierarbeit in Stein. Das Filigran-Platereske wirkt umso stärker,
wenn es sich, wie hier, abhebt von schmucklosen Mauern, die sonst
den Platz dominieren. Die alte Universität dient heute hauptsächlich Repräsentationszwecken, Feierlichkeiten und Konferenzen. In
einem Gebäude befindet sich auch die Bibliothek, mit vierhundert
Inkunabeln und dreitausend Manuskripten aus dem 16. und 17. Jahrhundert, ein Schatz, nur mit Sonderbewilligung zu sehen.

Die Namen der einstigen Hörsäle erinnern an die Geisteshe-
roen der Bildungsstätte. Nicht ohne Respekt betrete ich den Raum,
der mit seinen Holzbänken und der Dozentenkanzel so belassen
wurde wie damals, als hier Fray Luis de León unterrichtete. Unvermeidlich, an die klassische Episode zu erinnern: Der Dominikaner

übersetzte das Hohelied des Alten Testaments ins Spanische und verstieß damit gegen den Wortlaut der bis anhin gültigen Übertragung, deswegen wurde er von der Inquisition zu fünf Jahren Gefängnis verurteilt; nach seiner Freilassung begann er die erste Vorlesung: »Wie wir gestern sagten.« Der Satz ist so berühmt, dass man gewöhnlich gar nicht fragt, was dieser Gelehrte unter den Mystikern sonst gesagt oder geschrieben hat, als könnte man nicht Verse zitieren oder aus seinen Predigten Passagen anführen.

Salamanca fand sich auf meiner intellektuellen Landkarte, lange bevor die Stadt auf meine Reiseroute kam.

Als ich mich für Lateinamerika zu interessieren begann, hatte ich mir Geschichtskenntnisse im Do-it-yourself-Studium zu erwerben. Das Wissen um das, was Entdeckerzeit heißt, war schulmäßig mehr als dürftig vermittelt worden.

Die Konfrontation mit Völkern, die man bis anhin nicht gekannt hatte, mit Indios, wie sie aus Irrtum heißen sollten, warf nicht zuletzt theologische Fragen auf: Sind diese Wesen Menschen? Bis ihnen eine päpstliche Bulle endlich eine Seele zugestand. Während in der Neuen Welt Konquistadoren eroberten und vernichteten, argumentierte man zu Hause darüber, wie mit diesen Völkern umzugehen sei; die theologischen Fragen waren zugleich solche der politischen Legitimierung.

Damals fand in Valladolid der Disput zwischen Bartolomé de las Casas und Juan Ginés de Sepulveda statt. Dieser, Kanonikus in Salamanca, rechtfertigte Eroberung und Versklavung der amerikanischen Ureinwohner. Seine Argumente aber wurden bald danach von der Universität Salamanca verworfen. Hier dozierte Francisco de Vitoria, mit *Relectio de Indis* oder *Über die Freiheit der Indios* ein Begründer des modernen Völkerrechts, der dem Niederländer Hugo Grotius voranging, aber neben ihm selten genannt wird.

Salamanca war auch wegen eines andern Namens ein Ort auf meiner intellektuellen Landkarte geworden, wegen Miguel de Unamuno. Eine Diskussion in den Sechzigerjahren. Die Auseinandersetzung darüber, ob man noch von Tragik reden dürfe, wenn keine absoluten Werte mehr gelten, zu einem Zeitpunkt, als am Fortschrittsglauben kaum gezweifelt wurde, sich aber erste Stimmen erhoben im Zeichen eines säkularen Pessimismus; Nietzsche war ein möglicher Gewährsmann. Da fiel auch der Name von Unamuno, einem Spanier, der in den Zwanziger- und Dreißigerjahren weit über Spanien hinaus berühmt war, jedoch nicht nach 1945, im Unterschied zu seinem Gegenspieler Ortega y Gasset. Damals die Frage eines Exilspaniers: »Kennen Sie von Unamuno *Del sentimento tragico de la vida,* sein Werk über das tragische Lebensgefühl in den Menschen und in den Völkern?«

Unamuno, aus dem Baskenland stammend, war Anfang des Jahrhunderts die prägende Figur des geistigen Salamanca; er hat die Universität aus der Lethargie geweckt, was wirtschaftliche und demografische Folgen zeitigte. Salamanca zählte um die Jahrhundertwende nicht mehr als 25 000 Einwohner. Die einstige Rektoratswohnung ist in ein Unamuno-Forschungszentrum und Museum umgewandelt worden. Unamuno war zunächst als Altphilologe tätig, am Ende lehrte er spanische Kultur, ein Rektor, der entthront wurde, dann wieder eingesetzt, erneut entlassen und ins Exil geschickt. 1930 kehrte er im Triumph nach Salamanca zurück; sechs Jahre danach war es zu Ende mit seiner Dozententätigkeit; er wurde bis zu seinem Tod unter Hausarrest gestellt. General Franco hatte in Salamanca, im bischöflichen Palast, dem heutigen Stadtmuseum, sein Hauptquartier eingerichtet. Zu dieser Zeit war Unamuno ein Rektor, der zunächst die neuen Umstände hinnahm, doch dann trotzte er den Falangisten und ihrem Slogan »Es lebe der Tod«. Seine Kritik: »Es gibt Zeiten, da heißt Schweigen: Lügen«, hinderte die Faschisten nicht an ihrem Ruf: *»Abajo la intelligenzia«* – ein

Slogan, der sich damals gut aus dem Deutschen und ins Deutsche übersetzen ließ:»Nieder mit der Intelligenz.« Man hat vom Spanischen Bürgerkrieg gesagt, hier habe man für den Zweiten Weltkrieg geübt; er war auch eine Probebühne für das Gewissen.

Salamanca, meine ersten Assoziationen und Informationen galten der Universität; so falsch oder einengend erwies sich die Vorstellung nicht. Nach Bologna, Paris und Oxford die älteste Universität Europas, diente sie den Universitäten in Hispanoamerika, für Lima wie für Mexiko, als Vorbild. Eine Bildungsstätte des Renaissancehumanismus. Im 14. Jahrhundert wurden Lehrstühle für Arabisch, Hebräisch und Griechisch eingerichtet. Die Universität beeinflusste und spiegelte das Goldene Zeitalter wie den Niedergang der Weltmacht Spanien. Und sie hat erstaunliche Kapitel erlebt: Zwischendurch war es möglich, dass Studenten den Rektor stellten und nicht die Professorenschaft.

Dass die studentische Jugend das Straßenbild prägt, könnte man bei Lesage in *Gil Blas de Santillana* nachlesen, auch bei einem Autor davor oder bei einem, der sich danach zu Salamanca äußerte. Alarcon schrieb von der »Anmut« und vom »Mutwillen« der Stadt, von einer »Verrücktheit mit Größe« und von einem mit »Witz betriebenen Laster«. Ganz ohne Frivolität ging Bildung nicht. Man erinnert sich an den alten Volksmund, genauer an den Studentenmund: *»A Salamanca putas que ha venido San Lucas.«* Am Tag des heiligen Lukas begann das Semester, da kehrten mit den Studenten auch die Prostituierten aus den Semesterferien zurück. Die Prostitution hatte die Sitten zu respektieren. Noch heute wird nach Ostern der »Wasser-Montag« gefeiert, in Erinnerung daran, dass einst die Prostituierten für die Karwoche die Stadt zu verlassen hatten und ans andere Ufer des Río Tormes gebracht wurden; von dort hat man sie nach Ostern zurückgeholt. Karneval mit Fastendisziplin wurde wörtlich genommen: »Lebe wohl Fleisch!« galt nicht nur für den Tisch.

Im Zentrum, in dem alten Teil, der auch *zona monumental* heißt, liegen die wichtigsten historischen Bauten. Mit Plätzen, Straßen und Winkeln ein Schauplatz, auf dem Geschichte und Gegenwart ineinanderspielen. Dies dank einer Jugend, die sich in dem historischen Ambiente ungezwungen einrichtet und es sich zu eigen macht. Und seien es nur die unzähligen Freitreppen, die zum Plaudern und Flirten einladen und zum Diskutieren und Lesen benutzt werden, zum Spielen, Herumlungern und Meditieren.

Dieser Eindruck ändert sich, sucht man den Campus Universitario auf, vorbei an den zwei- und dreistöckigen Sozialbauten aus der Franco-Zeit, auf einem Gelände gegen den Rand hin, beim Busbahnhof. Dort wurden die neuen Institute gebaut, dort befinden sich Fakultäten wie Jurisprudenz, Biologie oder Nationalökonomie und Medizin. Auch Studentenheime und die Sportanlagen, für die es in der *zona monumental* kaum Platz gehabt hätte. Zwar tragen auch dort die Institute die Namen von Luis de León, Francisco de Vitoria oder Unamuno. Aber mit seinen Bauten und in seiner Anlage ist es ein Campus wie irgendwo ein zeitgemäßer von üblicher Art.

Damit hat sich nur weiter bestätigt, dass Salamanca in erster Linie Universitätsstadt ist. Auf nicht ganz 200 000 Einwohner kommen über 36 000 Studentinnen und Studenten. Nun besitzt Salamanca nicht nur die Universität, die aus der Institution eines *estudio general* hervorgegangen ist. Seit 1940 gibt es auch die päpstliche Universität, die Universidad Pontificia, wo heute über viertausend Studenten eingeschrieben sind, mit einem weiblichen Prozentsatz von fünfundfünfzig. Nicht mehr nur »Don Quijote und das Absolute« oder »Die unmögliche Spaltung des Gnostizismus«; die Informatik ist die am meisten belegte Abteilung. Die Universidad Pontificia ist in der Clerecia untergebracht, dem ehemaligen Jesuitenkollegium, dessen Grundriss zweimal so groß ist wie die Plaza Mayor, ein imposantes Bauwerk, das mit dem Ensemble der beiden Kathedralen, der alten und der neuen, die Skyline bestimmt.

Zudem wären neben den beiden Universitäten das Colegio de
España zu nennen sowie weitere Sprachschulen für Fremdspra-
chige. Seit 1964 werden während der Semesterferien Sommer-
kurse durchgeführt. Der Erfolg war so groß, nicht zuletzt bei den
Amerikanern, dass die Sprachkurse das ganze Jahr hindurch abgehalten werden. Zu den verwöhnten Abteilungen der Universität
gehört »Traducciones y interpretaciones«, für Übersetzer und Dol-
metscher.

Sprache und Sprachwissenschaft haben hohe Tradition. 1492 war
in Salamanca die erste spanische Grammatik verfasst worden – im
gleichen Jahr, als die Juden und Araber vertrieben wurden und
Amerika entdeckt wurde. Isabella, die »katholische Königin«,
fragte den Autor, wozu die *grammatica castellana* gut sein solle. Er
meinte: »Um zu herrschen.« Ein Grammatiker, der, ein unfreiwilli-
ger Prophet, begriff, dass Sprachpolitik Machtpolitik ist.

Bis zu achtzig Prozent der Studentenschaft kommen von aus-
wärts. Salamanca wurde stets von Studenten aus den Kanarischen
Inseln bevorzugt. Oder von Iren. Der Renaissancebau, in dem die
Universität heute ihre Gäste unterbringt, war einst das Colegio der
muy nobres Irlandeses. Aber anderseits profitiert natürlich Salamanca von seiner Lage im Westen des Landes: bei Basken so beliebt
wie bei Galiziern und nur hundert Kilometer von der portugiesischen Grenze entfernt, sodass kein geringer Teil der Studenten aus
Portugal stammt. Der Fluss von Salamanca, der Río Tormes, fließt
in den Duero, der in Portugal zum Douro wird. Eines der jüngsten
Institute kombiniert auf überraschende Weise, was westlich liegt:
»Iberoamerika« mit »Portugal«.

Salamanca ist Universitätsstadt bis zu dem Punkt, dass es sich damit
begnügte. Jedenfalls hat es sich nie um weitere Ökonomie oder gar
um Industrialisierung, welcher Art auch immer, gekümmert. Wenn
in oder um Salamanca außerhalb der Universität Geld verdient

wurde und wird, dann dank den Stierzüchtern, welche die Tiere für die Arena großziehen. Die *ganadores* treffen sich in den Cafés »Novelty« oder »Escudos« an der Plaza Mayor. Sosehr Salamanca sich als urban empfindet, die Bezeichnung für den Bewohner, den *salmantino,* ist *charro* und heißt »bäurisch«, nicht frei vom Unterton des Tölpelhaften, was mit souveräner Ironie akzeptiert wird.

Was im Lauf der Geschichte an Bauten zusammenkam, an Kirchen, Kollegien und Palästen, an Gassen, Plätzen, Treppen und Winkeln, das bildet ein bewundernswertes urbanistisches Ensemble. Zum Zusammenhalt trägt schon die Beschriftung der Bauten bei: gotische Lettern, für deren Rot einst Stierenblut benutzt wurde. Der Gesamteindruck bestätigt sich umso mehr, als im Zentrum auch für die neuen und neueren Bauten der gleiche Stein verwendet wird, in der Romanik wie in der Renaissance, in der Gotik so gut wie im Barock. Ein Sandstein von jener Weichheit, die sich dem Meißel der Steinmetzen fügt, von rötlicher Färbung, die bei Sonnenlicht golden reflektiert, ein Effekt, der sich auch einstellt, wenn die historischen Bauten übers Wochenende angestrahlt werden.

Salamanca lebt auch vom Tourismus. Vom Kulturtourismus, wie gerne beigefügt wird. So liegen Buchhandlungen und Souvenirshops nebeneinander. Und in den Sommermonaten verkehrt auf den wichtigeren Sightseeing-Straßen ein Touristenzug.

Das Programm ist beeindruckend: die alte und die neue Kathedrale ineinandergeschachtelt, eine Seltenheit wie die Casa de las Conchas mit dem Muscheldekor der Fassade, das Museum Lis, in einem Art-déco-Bau, neben Barcelona die bedeutendste Jugendstilsammlung des Landes, die Bescheidenheit romanischer Kirchen wie des Rundbaus von San Marcos neben der barocken Ornamentik – der Fremdenführer kommt nicht in Verlegenheit.

Auch ich würde mein Sightseeing am Fluss anfangen, bei dem kopflosen Wesen, das als Stier angesprochen wird, aber auch ein Eber sein könnte, jedenfalls eine Steinskulptur aus der iberischen

Zeit. Nicht weit davon die Bronzestatue, die an den Roman *Lazarillo de Tormes* erinnert: ein junger Mann an der Hand eines blinden Bettlers; geehrt wird das Buch, nicht der Autor, der unbekannt ist. Ein paar Schritte weiter das Kloster Carmen de Abajo, wo sich Juan de la Cruz versteckte, wieder einmal ein Mystiker auf der Flucht. Und dann den Hügel hinauf, zu den Dominikanerinnen, im oberen Stockwerk des Kreuzgangs gewagte und bizarre Kapitelle. Am Platz gegenüber das Convento San Esteban, im Dominikanerkloster der Saal, in dem Kolumbus versucht haben soll, die Ordensleute vom Vorteil einer Erde in Kugelgestalt zu überzeugen, eine Monumentaltreppe, die überdimensioniert ist, weil sie prächtiger und größer sein musste als die Monumentaltreppe, die kurz vorher ihre irdischen Konkurrenten, die Jesuiten, errichtet hatten. Und sicher würde ich den Stuhl präsentieren, auf dem der Kandidat vor der Doktorprüfung vierundzwanzig Stunden saß, den Himmel um Beistand fürs Examen bittend, Eingebung von oben für Fragen von unten.

Falls auf der Tour eine Pause verlangt wird: Warum nicht in der Hospedaria Arayna im Keller, wo einst Stallungen waren, die Cafeteria aufsuchen. Das Colegio, wo heute die Fakultät für Philologie untergebracht ist, war einst ein Heim, in das keiner aufgenommen wurde, der auch nur einen Tropfen jüdisches, maurisches oder neuchristlich getauftes Blut aufwies. Oder vielleicht eher in einem der nahe gelegenen Lokale ein Glas Wein mit einer Portion *jamón ibérico,* »iberischer Schinken« geheißen, weil das schwarzrassige Schwein ausschließlich mit Eicheln gefüttert wurde – ob Steineichen oder Korkeichen, sie prägen horizontweit das umliegende Land von Salamanca.

Und natürlich gehört zu meinem Sightseeing mein Platz »Escuelas Mayores«. In einer Ecke der Durchgang, der zum Kreuzgang der »Escuelas Menores« hinüberführt. Dorthin gehen wir nachher. Vorerst aber der Platz mit der Statue von Luis de León. Nach der Restauration wird der Sockel weniger hoch sein. Doch Luis de León wird nach wie vor zum Portal der alten Universität schauen. Möglich, dass er nicht nach Studenten Ausschau hält, sondern einen Wandpfeiler im Auge hat und über den Frosch nachdenkt, der dort auf einem Totenschädel hockt.

Ein Platz mehr in meiner Sammlung. Vielleicht auch nur ein Patio, aber auch so Anlass, über das nachzudenken, was einen Platz ausmacht und weshalb ich Plätze liebe – ein Raum, dem abgewonnen, was dem Menschen an Räumlichkeit zur Verfügung steht, der er ausgeliefert ist und in der er sich verlieren könnte; Überblickbarkeit erlangt, indem ein Ort abgesteckt wird, für sich bestehend und nicht eingeschlossen, ein Innenraum, der öffentlich ist, abgeschirmt mit Mauern und zum Himmel offen.

Toletum, Toledoth, Tolaitola, Toledo
Ein Besuch bei der Toleranz
2000

Achtzig Kilometer von Madrid entfernt, per Bahn oder Bus in einer Stunde erreichbar, nach einer Fahrt durch die hier nicht sehr attraktive Ebene der Mancha – aber der Ort, den wir meinen, liegt auf einer andern Karte, auf der Karte des Mythos und der Illusion, dort, wo auch gebrochene Hoffnungen zu finden sind.

Doch ohne die Anschaulichkeit des Schauplatzes geht es nicht, und er bietet ein dramatisches Szenarium.

Als könnten aus Felsen Mauern wachsen. Auf drei Seiten umflossen vom Tajo. Allerdings kommt es darauf an, von wo aus man sich der Stadt nähert. Ob von einer Brücke, über die kein Verkehr rollt. Ob man an einem Steilhang vom Ufer des Tajo aus einen mehrfach geknickten Fußweg wählt. Oder ob man die Stadt durch den verkehrsgefälligen Hintereingang betritt, durch das massige, von Rundtürmen flankierte Bisagra-Tor, dort, wo kein abstürzender Fels natürlichen Schutz bietet, wo man mühelos von den neuen Vierteln aus der Ebene in die Altstadt hinaufgelangt, in den *casco histórico*.

Wenn sich die Stadt mit Erfolg einem Maler darbot, tat sie dies von der trotzenden Abwehrseite her, dort, wo sie mit Mauern, Wehrtürmen und Kirchen himmelwärts zeigt und den Blick nach oben reißt, nicht an das himmlische Jerusalem zu erinnern.

Wo einst Belagerern Widerstand geleistet wurde, gleitet man heute ohne Anstrengung an zinnenbewehrten Festungen vorbei.

Seit Juni dieses Jahres führt eine Rolltreppe in mehreren Absätzen hinauf, wohl die einzige Stadt, in deren Zentrum man vermittels einer mechanischen Treppe gelangt. Wie würde El Greco in einer seiner Stadtansichten eine Rolltreppe malen, und in welchen Wolkenhimmel würde sie weisen?

Ungeachtet dessen nach wie vor eine Stadt, die das mittelalterliche Bild einer Festung bewahrt hat, hoch über der Schleife, die sich der Tajo ins Tal geschnitten hat. Man kommt auf einem der Gegenhügel zum Postkartenblick. Ein Mirador, wo der Taxichauffeur und der Busfahrer ihre Gäste hinbringen, eine Aussichtsrampe, wo man für die ultimative Aufnahme ansteht. Man kann auf dem gleichen Hügel einige Kurven weiter hinauffahren, bis zum staatlichen Luxushotel, einem Parador; von dort gewinnt man Weitblick: unten die Stadt und in der Ferne ein Hügelzug. Es ist ein stilwidriger Ort.

Nein, Toledo liegt einem nicht zu Füßen.

Auf dem gleichen Gegenhügel ein Mammutbau, die »Akademie der Infanterie«. Hinter dem Gebäudekomplex ein Felsbrockengelände. Im Übungsterrain der Infanterie, für sich allein und verloren, eine Einsiedelei, die Ermita der Virgen de Guía. Am Tag der Hispanität, am 12. Oktober, dem Nationalfeiertag, wenn in Madrid die Armee defiliert, wird hier die schwarze Madonna mit dem schwarzen Jesuskind zur Prozession ausgeführt. Der Weg ist abgesperrt von Soldaten, höhere Vertreter des Militärs murmeln mit im Rücken des Klerus. Doch es detonieren nicht Panzergranaten, sondern Raketen und Knallfrösche.

Die schwarze Madonna wird durch karges und wasserarmes Land geführt. Steineichen, wilde Oliven, Disteln und über dem Gelände ein starker Duft von Thymian. Das benachbarte Toledo hat bis heute Sorgen mit dem Wasser. Die Römer hatten einen Aquädukt gebaut und holten das Wasser aus einer Entfernung von vierzig Kilometern herbei. Im Mittelalter wurden komplizierte Maschinerien ersonnen, um Wasser vom Tajo in die Stadt hinaufzupumpen. An der Mauer eines Amtshauses liest man ein modernes Lob, die Gedenktafel gilt dem Wohltäter Franco; dem Caudillo verdankt die Stadt Trinkwasser, das vom Torcón hergeleitet wird, vom Fuß der Toledaner Berge.

War das nicht einmal eine Stadt, die berühmt war für ihre maurischen Brunnen und Wasserspiele?

Toledo – war das nicht die Stadt, in der einst drei Religionen miteinander lebten? Die drei Buchreligionen, von denen jede behauptet, ihr Buch sei das einzige wahre? Juden, Christen, Muslime. Selbst auf den T-Shirts ist zu lesen *Ciudad de las tres culturas,* und wenn man's nicht direkt schriftlich haben will, kann man T-Shirts mit arabischen Ornamenten kaufen oder mit einem siebenarmigen Leuchter. Die Stadt der drei Kulturen – in diesem Zeichen lotsen die Fremdenführer ihre Gruppen. Das Programm lässt sich kaum auf die Trinität der Kulturen beschränken. Schwerlich ginge es ohne El Greco, also auch nicht ohne die Kirche Santo Tom, wo *Das Begräbnis des Grafen Orgaz* zu sehen ist, nicht ohne das Wohnhausmuseum, wo eine Porträtsammlung seiner Apostel und Heiligen sich findet; dort hängt auch eine seiner Ansichten von Toledo, eine Darstellung, von der der Künstler selber erklärt, er habe aus ästhetischer Absicht die bauliche Topografie der Stadt verändert.

Die meisten Touristen kommen in Bussen aus Madrid und ziehen hinter dem Wimpel oder Regenschirm des Guide durch die Stadt oder absolvieren mit einem Züglein die Sightseeing-Tour in einer knappen Stunde. Für den Ansturm von Besuchern verwandelt sich Toledo in einen Souvenirstand; es drehen sich die Postkartenständer, und zwischen Sparschwein und Weihwasserbecken grüßen als Mitbringsel Don Quijote und Sancho Pansa. Am späten Nachmittag verlassen die Besucher, was sie abgeknipst haben, vielleicht mit etwas als typisch Angepriesenem: Keramikteller, Marzipan oder iberischem Schinken.

Am Abend aber werden die Rüstungen, die tagsüber als Attraktion vor den Geschäften Wache halten, von der Straße geholt; die
Ritter kehren ins Nachtlager zurück. Die Schwerter, die sich Straßenzüge lang anbieten, als gälte es, die Komparserie für einen historischen Monumentalfilm auszustaffieren, erwarten die Käufer des
kommenden Tags. Degen, Dolche und Krummsäbel werden hinter
Rollläden gesperrt, zusammen mit Tisch- und Taschenmessern, mit
Scheren und allem, was schneidet: Toledo-Klingen sind ein Markenzeichen.

Wenn die Tagesbesucher fort sind, findet man in den Boulevardcafés auf dem Zocodover freie Stühle. Dann, wenn die Schatten länger werden und die Nacht sich auf Toledo senkt, wenn die Scheinwerfer an der Kathedrale Portale und Turm anstrahlen und auf sie
kein Kameraauge gerichtet ist, wenn die Straßen leerer und die
Mauern höher werden und auf dem Kopfsteinpflaster die Schritte
lauter, dann kommt die Stunde, die einlädt, an das Toledo zu denken, das wir meinen.

Ein Stadtbild voller Erinnerungen aus Stein, ausgesetzt jeder Witterung der Geschichte. Die Vergangenheit als Steinbruch für irgendeine Gegenwart. Und sei es nur, dass auf einem Bauplatz eine alte
Frau nach Kacheln sucht.

Die Steine führen auf allen Plätzen bis in die engsten Gassen
ihren unübersehbaren Dialog: Vertikal geschichtete Backsteine bilden das Grundmuster der Hauswände, und in sie hinein komponiert Vierecke mit glatten Bruchsteinen, das Rot gebrannter Erde
und das Ocker behauener Natursteine von unterschiedlichster Tönung.

Da dieses Baumaterial auch dort verwendet wird, wo heute gebaut wird, ergibt sich urbanistische Geschlossenheit. So kommen
einem selbst neue Straßenzüge vertraut vor, und man sieht überrascht, was für Winkelzüge Straßen und Gassen machen, in was für

einem Labyrinth man sich zurechtsucht, vergitterte Fenster und Erker, ein unerwarteter Blick in einen Innenhof, über Treppen und Steige, unter Toren durch und an Portalen vorbei, unversehens in einer Sackgasse und um die bekannte Ecke herum ein nächster unbekannter Platz.

Steinerne Erinnerungen auch an Anfänge, die noch vor den Jahrhunderten der drei Religionen und Kulturen liegen, vor der Zeit, als die Stadt zu dem Mythos kam, dem wir nachspüren.

Erinnerungen an die Römer, die hier ihr Toletum gründeten. Die Alcántara-Brücke, lange der einzige Flussübergang, ist seit römischen Zeiten bezeugt. Der Aquädukt behauptete sich bis in den Anfang des vergangenen Jahrhunderts. Außerhalb der Stadt, in der Vega, in der Ebene der Mancha, steht die Kirche Cristo de la Vega auf dem einstigen Gelände des römischen Circus; dort sind auch Mauerreste des Hippodroms zu finden. Genaueres ist schwerlich auszumachen, noch steckt die Toledaner Archäologie in den Anfängen.

Neben den Erinnerungen an die Römer die noch spärlicheren an die Westgoten, die Visigoten, wie sie hier heißen, an ihr Toledoth. Sie haben das römische Spanien christianisiert. Gelegentlich stößt man auf eine Grundmauer, meist aber bleibt es bei Vermutung und Spekulation. Reminiszenzen als Kapitelle in S. Sebastián oder als Pfeiler in S. Andrés. Immerhin ein »Museum für Westgotische Kultur und Konzile«: Fresken, die an Byzanz denken lassen, Kranzleisten, Säulen, ein Fries.

Aber die Stadt, die wir meinen, kam erst auf die Karte der großen Erwartung und der großen Enttäuschung, nachdem die Muslime der dreihundertjährigen Herrschaft der Westgoten ein Ende gesetzt hatten und als Taquir 712 Toledo eroberte, als aus Toledoth Tolaitola wurde.

Dreizehn Konzile waren in Toledo abgehalten worden. Die Visigoten auf dem Weg und Disput zu einem rechtmäßigen Glauben, vom Arianismus zum katholischen Credo. Die Einheitlichkeit der Religion war Voraussetzung für den Zusammenhalt westgotischer Fürstentümer, deren Hauptort Toledo war.

In diese erwünschte und erkämpfte Orthodoxie passten die jüdischen Gemeinden nicht. Die Juden hatten einen Judentribut zu entrichten; die Heirat zwischen ihnen und Christen war verboten, ebenso war ihnen nicht erlaubt, christliche Dienstboten oder Sklaven zu halten oder gar zu missionieren. Es kam zu Perioden der aufgezwungenen Gleichschaltung: Taufe oder Exil. Repressionen, die selbst von kirchlicher Seite nicht geduldet wurden. Ildefons, der spätere Stadtpatron, damals Erzbischof von Toledo, verwarf an einem Konzil jeden Taufzwang; doch für die bereits Getauften gab es keine Rückkehr zu Moses.

Was sich unter den Visigoten abspielte, fand Jahrhunderte später seine Fortsetzung unter den Spaniern im Zeichen eines puristischen und fanatisierten Katholizismus. Die Stadt der drei Kulturen ist auch die Stadt, die Kulturen vertrieb.

Aber vorerst ist es noch die Stadt, die den Ruf erlangt, ein Ort der Toleranz zu sein.

Ob es genau zehn Synagogen gab, ist nicht sicher. Zwei stehen noch. Sie dienen nicht mehr als Gotteshäuser. Da ist Santa María la Blanca – der Name lässt kaum vermuten, dass es sich um eine Synagoge handelt: der weiß getünchte Raum, die hufeisenförmigen Bögen, die gedrungenen Pfeiler mit ihren Knospen-Knollen-Kapitellen erinnerten an eine islamische Gebetshalle, wären da nicht Seitenkapellen oder in der Apsis des Mittelschiffs ein Altaraufbau.

Die andere Synagoge, El Tránsito, trägt gelegentlich noch den Namen ihres Erbauers, Samuel ha Levi. Er war Schatzmeister von Pedro dem Grausamen und wurde in Sevilla hingerichtet. Nach der Vertreibung der Juden wurde die Synagoge in eine Kirche umgewandelt und dem Bau eine simple christliche Fassade mit Kreuz vorangestellt. Heute ist sie dem Judentum insofern zurückgegeben, als die einstige Synagoge das Museo Sefardí beherbergt, es informiert über die Kultur der spanischen Juden. Der Hauptraum bietet schönste Beispiele für die Stuckaturen, in der die Juden Meister waren. Unter den Exponaten ein Kapitell mit hebräischer und arabischer Inschrift, im Innenhof eine Laubhütte, die Erinnerung an einen andern Auszug, an den aus Ägypten.

Sephardim: Das biblische Wort wurde für die Juden zum Synonym für Spanien; sie haben ins Exil den Namen des Landes mitgenommen, das sie vertrieb.

Umwandeln und Umfunktionieren, Requirieren und Stehlen – ein Zusammenleben, das auch Vergewaltigung, Wegnahme und Umnutzung einschloss.

Nicht nur Synagogen wurden zu Kirchen und später als Museen eingerichtet. Auch aus christlichen Kirchen hat man Museen gemacht. Als Museum dient ebenso das einstige Hospital Santa Cruz. Die Bauhütte der Kathedrale als Taller de Moros, als »Maurenwerkstatt«, in der man neben Kacheln auch ein Taufbecken findet. Kirchen, die als Moscheen benutzt wurden, und Moscheen in Kirchen umgetauft wie Cristo de la Cruz; der Raum der einstigen Mezquita ist fast intakt geblieben, noch ist die restaurierte arabische Inschrift des Baujahrs 999 zu lesen; an die Mezquita wurde eine christliche Apsis angegliedert. Oder das Gotteshaus Santa Fé, das von der einstigen Moschee die Kuppel bewahrte. Und ein Fremdenführer könnte darauf aufmerksam machen, dass in der Kirche San Lucas jüdische und mohammedanische Grabsteine nebeneinanderstehen.

Die dramatischste Episode bietet der Bau der Kathedrale. Ein Ort, wo einst eine Moschee stand. Als die Spanier 1085 den Arabern Toledo entrissen, garantierten sie den verbliebenen Muslimen Religionsfreiheit. Das Versprechen, die Moschee zu respektieren, wurde nicht gehalten. Es wäre zu einem Aufstand gekommen, hätte nicht Aqbu-Walid, der Weise, interveniert. Doch die maurische Vermittlung änderte nichts daran, dass hier ein Bau des triumphierenden Katholizismus entstand. Die Kathedrale, imposante Gotik, die im Innern den Menschen zwischen Säulen und unter einem barocken Himmel klein werden lässt. Das Gotteshaus macht klar, wer in der Stadt der drei Kulturen das Sagen und das Segnen hat.

Umwandlungen bis in die jüngste Zeit. Ein Umfunktionieren auch, das humanisiert. Dann, wenn das Gebäude der Inquisition zur Universität wird – obwohl Studenten meinen, die Qual der Befragung sei durch den Wandel erhalten geblieben. Die einstige Waffenfabrik, die königliche Fábrica de Armas, wird als Universitätscampus hergerichtet. Nach wie vor segnet im Park ein Christus Spanien, auf einem Podest, das aus vier Kanonenrohren besteht.

Gibt es das Toledo nicht, das wir suchen? Ließ sich nicht aus gleichem Back- und Bruchstein Synagoge, Mezquita und Kirche bauen?

Geduldetsein forderte seinen Tribut. Die Toleranz war gebührenpflichtig. Unter den Muslimen zahlten die Christen und Juden eine Sondersteuer. Mit dem Machtwechsel zahlten nun unter den Christen die Muslime eine Sondersteuer und die Juden nach wie vor. Letztere hatten außerdem an Karfreitag einen Betrag zu entrichten, der als symbolische Rückzahlung der dreißig Silberlinge des Judas legitimiert wurde.

Als die Juden 1492 vertrieben wurden, waren dieser Radikalmaßnahme längst Diskriminierungen, Gewalttätigkeiten und Verfolgungen vorausgegangen. Was anderseits nicht ausschloss, dass Juden hohe Ämter bekleiden konnten. Warum sich 1106 ein Volksaufstand gegen die Juden richtete, blieb unklar. 1319 waren die Juden einmal mehr die Sündenböcke, denen man die Schuld gab an der Pestepidemie und an der schlechten Ernte. Ein Dominikaner namens Vincent Ferrer wütete besonders gegen die Juden und wurde für

sein Hetzchristentum heiliggesprochen. Ab einem gewissen Zeitpunkt war es den Juden nur noch erlaubt, in bestimmten Vierteln
zu wohnen. In Toledo hatten sie bis anhin auch außerhalb der Ju-
dería gelebt. Zudem gab es Kleidervorschriften, auch für Muslime.
Auf einer Illustration zu einem berühmten Toledaner Schachbuch
spielen ein Jude und ein Muslim. Die beiden sind aufgrund ihrer
Kopfbedeckung sofort als Nichtchristen erkennbar.

1479 war die Inquisition in Kraft getreten. Sie richtete sich zunächst gegen die getauften Juden, da diese heimlicher jüdischer
Praktiken verdächtigt wurden. Damit war auch das Schicksal jener
fünfzigtausend Juden besiegelt, die nicht mit den dreihunderttausend ins Exil gingen, sondern sich taufen ließen. Die, welche ins
Exil gingen, durften keine Edelmetalle mitnehmen; sie ließen praktisch ihre ganze Habe zurück.

1492, das Jahr, in dem die Juden vertrieben wurden, war auch
das Jahr, in dem die Spanier Granada eroberten, die letzte Bastion
der Araber auf der Iberischen Halbinsel. Zehn Jahre später sahen
sich auch die Muslime vor die Alternative gestellt: Taufe oder Ausweisung.

1492 war auch das Jahr der Entdeckung Amerikas, der Konfrontation mit den bis anhin unbekannten Völkern der Indios, womit
das Kapitel der Vernichtung einer neuen Kultur seinen Anfang
nahm.

Aber wie soll ein Volk oder eine Volksgruppe Toleranz gegen andere üben, wenn sie selbst unter sich eine blutige Geschichte leben?

Visigotisch-christliche Brüderlichkeit: König Liuwa wurde von
seinem Nachfolger Witerico ermordet, seine Leiche von rebellierenden Soldaten durch die Straßen von Toledo geschleift. Der Bürgerkrieg zweier Thronprätendenten war der Anfang vom Ende des
Visigotenreiches.

Maurisch-mohammedanische Brüderschaft: Als nach dem Sturz
der Omaijaden das Kalifat von Damaskus nach Bagdad verlegt

wurde, machte sich das maurische Spanien unabhängig: Dem usur-
patorischen Kalifen in Bagdad wurden die Köpfe seiner Anhänger
als Siegespost geschickt, in Kisten mit Salz und Kampfer eingelegt.
Wegen der Auseinandersetzung zwischen Toledo und Córdoba
wurden 807 bei einem vorgetäuschten Fest fünftausend Toledaner
in einer einzigen Nacht geköpft.

Die Brüderlichkeit der allein selig machenden Kirche war nicht
minder tödlich. Wofür Toledo durch alle Jahrhunderte hindurch
verschiedenste Beispiele bietet. Als Karl V. hohe Posten mit Nicht-
Spaniern besetzte, rebellierten kastilische *comunidades*. Nach dem
Niederschlagen der Rebellion wurde der Landbesitz des einen Anführers versalzen, um den Boden unfruchtbar zu machen. Oder,
um nach einer langen blutigen Geschichte ein Beispiel aus unserer Zeit zu nehmen: In der Skyline von Toledo triumphiert von
weit her gesehen der Alkazar mit seinen vier Ecktürmen, zunächst
ein Wehr- und Wohnturm der Muslime, oft zerstört und wieder
aufgebaut. Während des Spanischen Bürgerkriegs war er von den
Republikanern belagert und zusammengeschossen worden. Heute
beherbergt die Burganlage das Militärmuseum, das Kulturamt und
die Bibliothek. Wer in der Stadt die Fassaden genauer betrachtet,
wird nach über sechzig Jahren noch an manchen Gebäuden Einschüsse sehen, von einem Bruderkrieg stammend, der mit einer
Million Toten jahrzehntelang ein nationales Trauma blieb.

Und doch. Das Nebeneinander der Kulturen führte auch zu einer
gewissen Durchdringung, kultursoziologisch wie stilistisch. Die
Mozaraber waren Christen, die der Sprache und dem Habitus nach
arabisch geprägt waren. Stilistisch entsprach den Mozarabern eine
Kunst, die romanische Elemente mit arabischen verband. An diese
hybride Kunstform erinnerte man sich, als man den Bahnhof in
einem Neomudejar-Stil baute.

In Toledo lebten die Vertreter der drei Religionen zusammen, als Frankreich seine Vernichtungsfeldzüge gegen die Albigenser durchführte. Und während die Muslime in Toledo ungeniert ihrem Alltag nachgingen, machten die katholischen Könige sich an die Reconquista, an die Rückeroberung des spanischen Territoriums und somit an die Vertreibung der Araber.

Soll »tolerant« lediglich heißen: »toleranter als anderswo«? Sicher gründete das Zusammenleben auf politisch-wirtschaftlichen Interessen. Man brauchte die andern als Bauern, Handwerker, Händler, Beamte, Financiers, als Tributpflichtige.

Aber nicht nur: Wenn Toledo ganze Epochen als Kulturstadt lebte, verdankte es dies der Koexistenz der drei Kulturen. Ein Muslim wie al-Mamun hatte an seinen Hof Literaten und Wissenschafter berufen, Ärzte und Botaniker, Poeten und Mathematiker; hier entstand ein astronomisches Standardwerk des Mittelalters, die *Tablas toledanas*. Und unter Alfons x., dem Weisen, wurde Toledo im 13. Jahrhundert eine Stadt von europäischer Bedeutung. Ein Ort der Philosophie, Wissenschaft und Dichtung, mit der bedeutendsten Talmud-Akademie des damaligen Spanien. Der Ruhm begründete sich auf der sogenannten Übersetzerschule. Es war keine Schule im Sinne einer Institution. Die traditionelle Bezeichnung »Übersetzerschule« meint die Tatsache, dass in Toledo die Übersetzung als erstrangiger Kulturauftrag verstanden wurde. Vermittlung der drei Kulturen mit Übertragungen aus dem Hebräischen und dem Arabischen (Avicenna und Averroes), vorerst ins Latein, in die damalige Wissenschaftssprache, und hernach ins Spanische. Vermittlung der griechischen Antike, somit der Werke von Aristoteles, Hippokrates und Galen. Und auch die Ausbildung neuer Übersetzungsmethoden: Nicht mehr indem der eine mündlich übersetzte und ein anderer den mündlichen Vortrag aufschrieb, sondern der Übersetzer notierte das Übertragene selbst. So bildeten sich zugleich Redaktoren und Lektoren heran.

Muslime als Bewahrer europäischen Erbes und Juden als dessen

Vermittler. Die Übertragung als Ausweis geistiger Neugierde, als Interesse für das Andere und Kenntnisnahme des Andern. Das geschah nicht ohne Ambivalenz: Die Übertragung des Korans durch einen Christen wurde auch genutzt, um fundierter gegen die Lehre des Islams antreten zu können.

Und doch. Die toledanische Übersetzungstätigkeit war der Beweis einer Mentalität, die nicht auf Ausschließlichkeit aus ist, sondern auf ein Nebeneinander: trotz religiöser Hierarchie kulturelle Gleichzeitigkeit.

Vieles war möglich gewesen in diesem Toledo, wie sonst nirgends in Europa. Warum sollte das, was einmal möglich war, nicht wieder möglich sein und diesmal vielleicht viel möglicher? Und nicht nur auf der Karte des Mythos zu finden?

Europa auf Russisch

2001

Erstaunlich, wie präzis Erinnerung sich einstellt und wie sie sich nicht lokalisieren lässt: In einem Kirchenraum Särge, das Kopfteil unbedeckt, alte Frauen stecken den aufgebahrten Toten Papiere zu, Botschaften für die Angehörigen drüben. Es muss in einer Kirche gewesen sein, die damals für den Kult offen stand. Viele Gotteshäuser kommen dafür nicht infrage.

Das hat sich geändert. Die Kirche der Lutheraner zum Beispiel wird nicht mehr als Swimmingpool benutzt, sondern wurde dem Ritus zurückgegeben. In der Kasaner Kathedrale, dem einstigen Museum für Religion und Atheismus, mag man andächtig werden vor dem Tisch, auf den die Gläubigen ihre Brote zum Segnen legen. Und dann: unerwartet die Bestätigung für das Erinnerte. In der Nikolaus-Marine-Kathedrale hält auf einem Stuhl eine Frau neben dem Sarg ihres Mannes Totenwache, das obere Sargteil offen.

Und präzis vor Augen eine andere Erinnerung: die gedruckte Karte, mit der das Oberkommando der Wehrmacht zur Siegesfeier eingeladen hatte, so sicher waren sich die Deutschen, Leningrad in Kürze einzunehmen. Doch die Bevölkerung von Leningrad hat neunhundert Tage bitteren Widerstand geleistet. Fünfhunderttausend von denen, die während der Blockade erfroren oder verhungerten, fanden ihre letzte Ruhestätte auf dem Piskarjowskoje-Friedhof. Keine Namen, Einzelbestattungen waren angesichts des Massensterbens kaum möglich; angegeben ist bei den 186 wiesenbedeckten Gräberfeldern lediglich die Jahreszahl: 1942, 1943, 1944.

Eingeladen worden war zum Bankett ins Hotel Astoria. Auch für uns eine Fünf-Sterne-Adresse, nämlich um dort, wo die Siegesfeier nicht stattfand, eine Widerstandsmahlzeit einzunehmen – sie sollte typisch russisch munden. Es muss nicht immer Kaviar sein, aber auch nicht immer Smetana, der fette Sauerrahm. Stattdessen Bœuf Stroganoff, was lokalpolitische Correctness verrät; denn Fürst Sergej Stroganoff, als Koch so gut wie als Kunstsammler, einer der reichsten Männer seiner Zeit, stammt von hier. Sein Palais am Moika-Ufer, einer der schönsten Barockpaläste, dient heute dem Russischen Museum als Dependance.

Und bei einer dritten präzisen Erinnerung ist es der Tatort selber, der im Gedächtnis haften blieb. Der Kai der Newa. Mann neben Mann, Alt und Jung, von Brückentreppe zu Brückentreppe eine Reihe bildend, mit dem Rücken gegen die Mauer gelehnt, Mantel, Jacke, Bluse oder Hemd geöffnet, die Brust der Sonne entgegengestreckt, die Mittagspause ein Moment der Sonnenbegrüßung, die ersten Strahlen in einem lauen Frühling, in der Newa stauten sich noch Eisbrocken.

Das ist jetzt anders. Wir befinden uns nicht in einem Leningrad des Tauwetters, sondern in einem St. Petersburg des Sommers. Die Stadt richtet sich auf das ein, wofür sie berühmt ist: die weißen Nächte im Juni. Es ist mehr als ungewohnt, wenn abends um zehn an einem tiefblauen Himmel noch die Sonne scheint, nicht weil die Uhren anders oder falsch gehen, sondern weil die Sonne an ein paar Tagen all das Licht gibt, das sie in den Wintermonaten vorenthält. Weiße Nächte und Tage voll aufgebrochener Straßen; nur in den Sommermonaten kann repariert werden. Wir befinden uns in der nördlichsten Millionenstadt. Hier bringt Väterchen Frost den Kindern am Silvesterabend Geschenke. Angesichts der zugefrorenen Flüsse und Seen kann man in Biografien von Verfolgten lesen: Er rettete sich übers Eis.

Es ist eine andere Stadt, in die ich mit Erinnerungen komme, die über zwanzig Jahre alt sind. Ich lernte die Stadt als Leningrad kennen und begegne ihr als St. Petersburg, wie sie wieder nach dem Willen des Volkes heißt.

Anders ist auch die Anreise. Beide Male mit der Eisenbahn. Damals von Moskau her, durch eine noch winterliche Landschaft. Birken kannte ich als Einzelbäume oder in kleineren Gruppen angepflanzt, aber vor dem Waggonfenster im nächtlichen Schein Birkenforst um Birkenforst, der schneebedeckte Boden, schwarz gesprenkelt die hellen Stämme, auf den dunklen Ästen Schneekonturen. Und jetzt von Helsinki her. Eine Fahrt durch eine weite Ebene von Grün, selten von Siedlungen unterbrochen, wenn auch Halt in der einen oder anderen Stadt, bebaute Felder und lang hingezogen Wiesen und Wald um Wald.

Nicht Ankunft im Moskauer Bahnhof, dem belebtesten der fünf Bahnhöfe. Diesmal Ankunft im bescheideneren Finnischen Bahnhof. Hier traf auch Lenin ein, als er aus dem Schweizer Exil zurückkehrte. Er steht noch da – als Sockel ein stilisierter Panzer. Auf dem Hauptplatz vor dem Finnischen Bahnhof. Leningrad pflegt eine eigene Denkmalideologie. Auf dem Schlossplatz vor der Ermitage, einem der schönsten Plätze Europas, steht eine Säule, auf der ein Engel thront. Als man ihn zur Sowjetzeit durch eine Leninstatue zu ersetzen beabsichtigte, brauchte der Engel auf der Triumphsäule nicht zu weichen.

Nein, Lenin wurde nicht ein Opfer des Bildersturms. Im Finnischen Bahnhof auf einem Nebengleis ist die Dampflokomotive 293 zu sehen, die seinen Wagen zog, hinter Glas ausgestellt. An der Scheibe lehnen ein paar Obdachlose, und in der Ecke organisieren sich Clochards mit Tüten, Kartonschachteln und Wolldecken. Und wohlvertraut die herumliegenden leeren Bierflaschen. Nicht nur dieser Bahnhof ist ein Sammelplatz für Straßenkinder. Es ist verboten, in Bahnhöfen zu fotografieren – sollten Obdachlose und Straßenkinder in der Marktwirtschaft unter Geheimhaltung fallen?

Verbote sollte man ernst nehmen – sonst steht plötzlich auf der Rolltreppe ein Polizist vor einem, wenn man dabei ist, in der Metro eine Aufnahme zu machen, nicht weil man im Dienst irgendeiner CIA steht, sondern weil die Stationen als unterirdische Pracht-avenuen oder Lüstern-geschmückte Salons hergerichtet wurden. Aber eben: Man wird statt in den Salon in eine Wachstube kom-plimentiert, das nicht sehr einladende Eisengestänge einer Zelle im Rücken. Wäre die Kamera nicht kompliziert zu handhaben, hätte der Jungverhafter in seiner eifrigen Uniform den Film requiriert; blamieren wollte er sich nicht, sodass er großzügig wurde.

Damit das klar ist: Auch in den Casinos wird nicht fotografiert, und an Casinos fehlt es seit der Wende nicht. Das verhält sich mit den Verkrüppelten anders, die am Randstein vor der Wladimir-Kirche auf Krücken gestützt ihre Hand ausstrecken und zum Dank das Kreuzzeichen schlagen. Einige erwarten ein paar Rubel; sie wissen, dass auch für ein Miserefoto Honorar bezahlt wird.

Nun ist die Wladimir-Kirche mit ihrem Fünfkuppelbau nicht die größte Attraktion, aber beliebt; sie liegt in einem populären Viertel. Und auf dem Kusnetschnyi-Markt daneben kann man sich üben, Händler aus dem Kaukasus und aus Usbekistan von denen zu unterscheiden, die aus Tadschikistan, Aserbeidschan oder Ar-menien stammen.

Wir suchten die Wladimir-Kirche auf, um ihrem Erbauer Domenico Trezzini Reverenz zu erweisen, einem Tessiner, der nicht so berühmt ist wie Francesco Borromini, der in Rom baute. Aber als Auslandschweizer Architekt ist Trezzini nicht von minde-rem Rang. Er wurde von Peter dem Großen bei der Stadtgründung mit der Oberaufsicht aller Bauvorhaben betraut. Wir könnten von ihm auch den Triumphbogen in der Peter-und-Paul-Festung, den Sommerpalast im Sommergarten oder die Zwölf Kollegien, den heutigen Sitz der Universität, bewundern. Auch die Maria-Verkün-digungs-Kirche im Alexander-Newski-Kloster stammt von ihm.

Seine Bekanntschaft habe ich allerdings im Malcantone gemacht, in Astano; dort heißt der Platz neben seinem Geburtshaus Piazza Petersburgo.

Und wenn wir schon bei Reverenzen sind, dann gleich auch einen schweizerischen Bewunderungsgruß an Anna Achmatowa. Im Russischen heißt das Wort für »Schweizer« – »Schweizar« – so viel wie Türsteher. Aber wir sind nicht nur Portiers, sondern auch Übersetzer und Übersetzerinnen; die Gedichte von Achmatowa hat eine schweizerische Türsteherin ins Französische übersetzt, und eine Reihe von »Schweizar« leisten deutschsprachigen Schlüsseldienst für Autoren, die aus Leningrad stammen oder darüber schrieben. Zudem finden sich auch Türsteher besonderer Art, indem sie als Verleger darüber wachen, zu wessen Werk Eingang gewährt wird.

Es ist einfach, Achmatowa Grüße zu bestellen. In einem Palais am Fontana-Kanal, im Fontänenhaus, wo sie drei Jahrzehnte wohnte, wurde ihr ein Museum eingerichtet; lange verfemt, gilt Achmatowa heute als Russlands bedeutendste Lyrikerin im letzten Jahrhundert. Unter den Exponaten Gedichte, wie sie von Strafgefangenen im Gulag mit Kohle auf Rinde niedergeschrieben wurden. Das kontrastiert mit den noch recht sowjetisch präsentierten Exponaten bei Alexander Blok, der seine Revolutionäre im Versverbund mit Christus auftreten ließ. Auch Dostojewski hat sein Wohnmuseum, und selbst Wladimir Nabokow kam zu einem Apartment-Museum, dank seiner vorrevolutionären Kindheit. Wer wissen möchte, wie es sich unter den Sowjets in den anderthalb Zimmern einer Gemeinschaftswohnung lebte, der steckt ins Reisegepäck *Erinnerungen an Leningrad* von Joseph Brodsky; in die Emigration gezwungen, erlangte er im Exil die Würde des Nobelpreises.

Im Vergleich zu toten Dichtern haben es die lebenden nicht so leicht. Das Haus des Schriftstellerverbandes ist abgebrannt, seither sind sie heimatlos. Nun braucht man nicht ein Museum aufzusuchen, um einen Autor zu treffen. Wer könnte schon auf dem Newski-Prospekt am Literaturcafé vorbeigehen und nicht ins gediegen restaurierte Fin de Siècle eintreten. Drin sitzt Alexander Puschkin: Sie haben ihm eine Ecke reserviert, vor ihm ein Tischchen mit keuschem Papier und Gänsekiel, als dürfte man von ihm noch mehr als seine klassischen Werke erwarten. Auch wenn seine Haut aus Wachs ist, er wirkt lebendiger als mancher zeitgenössische Kollege.

Nachdem alle Grüße bestellt sind – nein, man muss in der Stadt, in der Michail Glinka, der Vater der russischen Musik, geboren wurde, auch von Komponisten sprechen. Im Fall Peter Tschaikowskys bietet das Mariinski-Theater, die Oper- und Ballettbühne von Weltrenommee, beste Hand dazu. Wir entscheiden uns für *Schwanensee* und staunen als Laien über den Postmodernismus seiner Musikzitate. Schon immer wurde Tschaikowskys Œuvre beklatscht, aber nicht sein Leben. Wegen seiner Homosexualität wurde er in den Tod getrieben, das wäre zur kommunistischen Zeit nicht anders gewesen. Heute könnte der Komponist in *The St. Petersburg Times* oder in *Newa News* im Veranstaltungskalender die Adressen von Gay Clubs nachschlagen.

Nachdem auch die letzte Reverenz erwiesen ist, dürfen nun Auge und Reflexion der Stadt gelten, von der man gesagt hat, sie sei die »erfundenste«. Unbestritten: Keine andere europäische Stadt hat eine solch wahnwitzige Gründungsgeschichte wie St. Petersburg, das 2003 dreihundert Jahre alt wird.

Da beschließt ein Zar, im Delta der Newa, mitten in einem Sumpfgebiet, eine Stadt zu errichten. Er führt seinen Plan mit unerbittlicher Despotie durch, ein ganzes Reich muss sich fügen, und wie es sich fügt, Adel wie Leibeigene, Bürger wie Bauern. Ohne Sklavenarbeit ist diese verwegene Ambition nicht zu bewerkstelligen. Mit Ketten gefesselt die, welche die Pfähle einrammten, Zwangsrekrutierte, Kriegsgefangene. An die Zehntausende, die an Ruhr, an Skorbut oder Sumpffieber starben, erinnert kein Denkmal. Die, welche das Fenster nach Europa auftaten, haben nie durch dieses Fenster geschaut.

Fenster nach Europa – die Formel prägt sich ein. Aber sie überzeugt mich nicht. Man hat nicht eine Stadt gebaut, um nach Europa zu blicken, man hat Europa hergeholt: Europa auch hier und Europa noch einmal, aber diesmal auf Russisch. Und dies bis zum Risiko der Parodie, wenn ein Architekt für die Kasaner Kathedrale Roms Peterskirche zum Vorbild nahm, mitsamt den Kolonnaden.

Peter der Große hat sich in Amsterdam inspirieren lassen. So wird an einem der Kanäle Neu Holland mit seinen roten Ziegelbauten erstehen. Eine Stadt der Kanäle und Brücken, und ich weiß nicht, in welche Brücke ich mich verlieben soll, in Greife, Löwen oder Sphinxe.

Zudem wird das kleine Spektakel der Brücken geboten, die nachts für die Durchfahrt der Schiffe hochgezogen werden. Kaum jemand, der auf eine Bootsfahrt durch die Kanäle verzichten wird. Oder doch eher eine Fahrt auf der Großen Newa?

St. Petersburg und das Wasser: Dafür stehen der imposante Komplex der Admiralität wie der Modergeruch der Idylle Schwanenkanal, gespiegelte Fassaden und ausgediente Leuchttürme als Wahrzeichen, der Panzerkreuzer »Aurora« und sein Startschuss zur Oktoberrevolution, der Bau einer Flotte und das Spiel mit dem Wasser, die Kaskaden der einstigen Sommerresidenz Peterhof.

Doch den ersten Plan für die Reißbrettstadt verfertigte ein Franzose. So wird St. Petersburg auch eine Stadt der Boulevards, die hier Prospekte heißen. Der kilometerlange Newski-Prospekt mit allem, was der heutige Boutiquismus zu bieten hat. Auch eine »Straße der Millionäre« lockt, womit die Renommieravenue der Neureichen von damals gemeint ist und nicht die der Mafiosi von heute. Von geradezu modellhafter Harmonie das Ensemble der Rossi-Straße. Über Inseln hinweg eine urbane und urbanistische

Geschlossenheit, die jemandem willkommen ist wie mir, der nicht wandert, sondern flaniert.

Es waren Italiener, die Peter der Große für den Bau der Paläste und Kirchen zuzog. Sie brachten ihren Barock und später ihren Klassizismus mit. Wenn ich etwas zu besingen hätte in Leningrad, wären es Säulen – mit welchen Kapitellen auch immer. Da steht man vor einer Säulenreihe: Gehört sie dem Warenhaus Gostinnyi Dwor oder einem Palais, aber welchem, Museum oder Kirche, Großbank oder Großfabrik? Und der Rundtempel, was kann er schon anderes annoncieren als eine Metrostation? Man konnte sich europäische Kultur tel quel beschaffen. Voltaires Bibliothek wurde en bloc erworben. Und wenn die Ermitage heute eines der weltwichtigsten Museen ist, dann nur, weil Katharina die Große ganze Kunstsammlungen zusammenkaufte. Damals hörte man in Frankreich und England zum ersten Mal die Klage über den Ausverkauf europäischer Kultur; die Ware ging noch nicht in die USA oder nach Japan.

Was gebaut wurde und was entstand, war nicht bloße Imitation oder Wiederholung. Der Barock wandelte sich zu einer russischen Variante, und er konnte in späteren Dekaden im Jugendstil neue Formen durchspielen.

Sosehr ein Klassizismus Bauwerke und ganze Strassenzüge bestimmt, nicht minder prägt der altrussische Stil das Stadtbild – mit dem Alexander-Newski-Kloster oder der exotisch-märchenhaften Auferstehungskirche. Über allen westlichen Säulen und Kolonnaden, den Atlanten und Karyatiden liegt ein östlicher Goldglanz. Und der kommt von den vergoldeten Kuppeln der orthodoxen Kirchen. Nicht minder golden die spitze Nadel der Admiralität und der Festung Peter und Paul, mit denen St. Petersburg in den Himmel weist.

Europa noch einmal. Wo Russland in den Westen schaut, schaut der Westen in den Osten. Am Tag nach meiner Abreise wurde der

»Tag der Unabhängigkeit« gefeiert. Unabhängig wovon? Das war auch manch Befragtem nicht klar. Fest stand: arbeitsfrei und Feuerwerk. Russland feiert die Unabhängigkeit von der Sowjetunion. Ist das nicht fast schon so etwas wie unabhängig von sich selber?

Dem wäre ich gerne weiter nachgegangen. Ein Grund, um zurückzukehren, aber nicht der einzige.

Zur guten Zeit in Kiew?

1996

Flanieren, jetzt, da die Kastanien blühen. Kein Gebäude darf höher sein als der Glockenturm des Höhlenklosters Petscherskaja Lawra. Die Schwertspitze, mit der Frau Breschnjew, wie sie nach ihrem Einweihungspolitiker heißt, in den sowjetischen Himmel wies, musste gestutzt werden. Als »Mutter Heimat« blickt sie noch immer über den Dnjepr hinweg aufs andere Ufer zu den Wohnsilos, die den real existierenden Sozialismus überdauerten.

Die Kolossalstatue, 62 Meter hoch und mit Titan ausstaffiert, gehört zur Anlage des Museums des Großen Vaterländischen Krieges. Blöcke zur Kunstlandschaft eines Monumentes geschichtet. Im halbdunklen Unterstand diskret Militärmusik. Aus den wuchtigen Quadersteinen lösen sich überlebensgroß Soldaten, das Bajonett gezückt, das Gewehr erhoben, siegesentschlossen. Einzelne Stoßtrupps formieren sich zu Gruppenplastiken, denen eine patriotisch-realistische Denkmalregie ihren Auftritt in einer monumentalen Freilichtinszenierung anweist.

Im Großen Vaterländischen Krieg hatten die Russen Brücken und Industrieanlagen gesprengt, bevor sie die Stadt den Deutschen überließen; als sich die Hitlertruppen zurückzogen, waren fünfundvierzig Prozent der Gebäude zerstört. Nach dem Sieg begann der Wiederaufbau zur drittgrößten Stadt der Sowjetunion. Nach der Befreiung wurde nicht mehr zu Zwangsarbeit nach Deutschland deportiert; jetzt wurde nach Sibirien in die Lager des Gulag verschickt.

Steigt man die sanften Stufen der Freitreppen hinauf, tauchen zwischen Kastanienbäumen die goldenen Dächer des Höhlenklosters auf. Mit neunzehn Kuppeln die Hauptkirche und nicht mehr bloß mit dreizehn wie vor einer ihrer Zerstörungen, zum Beispiel jener, als Mongolen und Tartaren dem damaligen Zentrum des östlichen Christentums ein Ende setzten. Auf dem Klosterareal nicht nur die Kathedrale und weitere Kirchen, seit einigen Jahren wieder ein Priesterseminar. Die meisten Bauten in Museen umgewandelt – für Buchdruck oder fürs Theater. Im Schatzmuseum Waffen, Schmuck, Utensilien, aus Gold verfertigt; was von einem Volk wie den Skythen übrig geblieben, füllt zwei Säle.

Auch von dem Gold, das Kiew zu einer der goldenen Städte machte, ist noch manches zu sehen. Das Stadttor, jahrhundertelang Ruine, in den Boden gesunken, wurde restauriert und die Baumstammkonstruktion wieder mit einem goldenen Dach bedeckt. Intakt das Tor, ohne Funktion und fotogen. Und golden leuchtet die Kuppel der Andreas-Kirche, in der Nacht angestrahlt und am Tag in der Sonne glänzend; wäre der Bau nicht in Renovation, würde man jetzt, da die Kastanien blühen, von der Winterkirche nach oben in die Sommerkirche umziehen.

Viele goldene Dächer wurden Opfer der religiösen Säuberung. Der Michaelsplatz erinnert an die Kathedrale, die hier dem Imponierbau des Zentralkomitees der Kommunistischen Partei der Ukraine weichen musste. Auch Plätze machten Plätzen Platz: der der Oktoberrevolution dem, der nun nach Europa heißt. Das Pensionat für höhere Töchter der Zarenzeit diente den Sowjets für Folter und Hinrichtung. In der Festung, wo heute die Nationalgarde untergebracht ist, wurden zur Zarenzeit die Revolutionäre exekutiert. Der gestiefelte Kater und der Junge mit der langen Nase beanspruchen noch immer den Hauptaufgang für ihr Puppentheater, aber sie gaben eine Seitentür frei; sie führt zur Synagoge, als die der Bau ursprünglich errichtet wurde.

Von den vielen Lenins hat sich einer behauptet, der aus rotem Granit, fast auf dem Rücken ausgezackte nervige Kastanienblätter. Die Statue wurde wegen ihrer ästhetischen Qualität geschont. Nicht die Revolution hat Lenin gerettet, sondern die Kunst. Seine Skulptur in dem nach ihm benannten Museum war zu kolossal, um sie hinauszuschaffen; man musste sie zersägen; die einzelnen Blöcke wurden auf Kunstschulen verteilt, aus einigen werden Heilige von früher gehauen.

Kiew, die Mutterstadt der russischen Städte, von Litauen und Ungarn besetzt, zeitweilig unter der Herrschaft von Moldawien und Polen, besitzt der historischen Sockel genug. Ob für Wladimir, der das Christentum zur Staatsreligion erklärte, oder für den Kosakenführer Bodham, der einen der vielen nationalen Befreiungskriege befehligte. Wie die Kastanienbäume die Boulevards säumen, umstehen sie auch die Denkmäler. Nicht nur das des Nationaldichters Schewtschenko, nach dem die Universität heißt, die Oper und die Bibliothek. Und die Kastanien blühen nicht nur weiß, sondern auch rot. »Jetzt, im Winter des Jahres 1918, lebt die STADT ein merkwürdiges unnatürliches Leben, das wahrscheinlich im 20. Jahrhundert nicht mehr seinesgleichen finden wird«, schrieb Michail Bulgakow in *Die weiße Garde,* ein Roman, der in Kiew spielt, von dem er nur in Großbuchstaben schreibt, seiner Geburts-STADT, die aus seinem Geburtshaus eine Gedenkstätte machte.

Aber zu gedenken galt es in diesem 20. Jahrhundert darüber hinaus auch der Bauern (waren es acht oder elf Millionen?), die bei der Hungersnot von 1932 starben. Und zu gedenken auch der Fußballer von Dynamo Kiew; ihnen wurde mit dem Tod gedroht, falls sie im Spiel gegen die Luftwaffen-Mannschaft der deutschen Besatzer gewinnen: Hinter dem alten Stadion erinnert ein Relief an die ukrainischen Sieger des Todes-Matches.

Nicht alles, was ein Datum hat, wird zur Kenntnis genommen. Ernst Jünger notierte in seinen *Kaukasischen Aufzeichnungen*

(November 1943), wegen einer kaputten Spülung »füllte auch ein
böser Duft das ganze Palace Hotel«. Und nach einem abendlichen
Spaziergang durch Kiew: »Wie es Zauberländer auf unserer Erde
gibt, so lernen wir andere kennen, in denen die Entzauberung, ohne
nur einen Rest von Wunderbarem zu hinterlassen, gelungen ist.«

Eine Entzauberung hatte ein gutes Jahr zuvor stattgefunden. An
einem Septembertag waren fünfunddreißigtausend Juden mit ihrer
Habe aus der Stadt in ein Tälchen geführt worden, wo man sie er-
schoss. In Babyn Jar wurden später noch weitere fünfundsechzig-
tausend von den Nazis liquidiert. Um die Gedenkstätte erbleichen
die weißen Kastanienblüten zu Totenkerzen.

Eine dünne Humusschicht über dem Hügel, mit dem die erschos-
senen Männer, Frauen und Kinder das Tälchen auffüllen. Eine bloße
Zahl. Nicht alle Toten bleiben anonym. Zum Beispiel nicht die
Leichen der Mönche, die sich in Höhlen bis auf eine Durchreiche
einmauern ließen und die in ihren offenen Särgen nicht verwesten.
Nicht alle Toten finden ihren definitiven Ruheplatz. Dem verstorbenen Patriarchen der ukrainischen Orthodoxen wurde der Zugang
zur Sophienkirche verwehrt, da die Russisch-Orthodoxen, andere
Rechtgläubige, Anspruch auf dieses (Fünfstern-)Klosterensemble
erheben. Vor verriegeltem Kirchenportal wurde der Metropolit im
Trottoir beigesetzt. Neben dem Grabhügel im Asphalt wischt ein
Straßenarbeiter Blütenblätter von Kastanien zu einem Dreckhäuf-
chen. Überdauert (oder zurückgekehrt) die Bettlerin und der Bettler, auf dem Boden hockend, beugen sie sich nach vorn, wenn sie
einen möglichen Spender erblicken, und schlagen das griechische
Kreuz. Davongekommen ist der blonde Junge, der schief in seinem
Rollstuhl liegt, gequält über einer Wolldecke einen Karton haltend,
unter dem Handgekritzelten ist »Tschernobyl« zu entziffern.

Es war in einem Kiew, das heute seinen Namen mit ukrainischen
Lettern schreibt. Und jedermann meinte: »Sie sind zur besten Zeit
gekommen – zur Zeit der blühenden Kastanien.«

Schweizstunde

Kleine Stadt mit großem Horizont

La Chaux-de-Fonds hat den »Club 44«

1957

Man steht vor einem Haus, wie man es im Zentrum von La Chaux-de-Fonds überall antrifft: eine Fassade, die ihre siebzigjährige Vergangenheit nicht verleugnet, etwas mehr verziert, weil es sich um einen alten Theaterbau handelt. Aber hinter dieser üblichen Fassade findet sich modernste Architektur: ein sechseckiger Vortragssaal, mit Bühne und Galerie, die nicht gestützt wird, sondern wie die Treppe, die zu ihr führt, direkt an die Decke gehängt ist; ein Raum von vorzüglicher Akustik, dessen Wirkung ganz auf Farbtönungen beruht; eine Wandelhalle schließt sich daran, ein Restaurant und ein Barbetrieb.

Es sind die Lokalitäten des Club 44, nach Plänen der führenden Mailänder Architekten A. Mangiarotti und B. Morasutti ausgeführt und durch die großzügige Unterstützung des Industriellen Braunschweig ermöglicht. Genau so wie der Übergang von einer Dutzendfassade zur modernsten Architektur überrascht, genau so überrascht auch ein Club 44 selber in einer Kleinstadt wie La Chaux-de-Fonds.

Zwischen Verein und Salon

Gegründet wurde der Club im Jahre 1944, und darum führt er auch als Namen das abgekürzte Geburtsjahr. Das schien so prosaisch, dass einige Zeitungen meinten, es handle sich bei den 44 um eine Art *»Académie chauxdefonnienne«,* die im Gegensatz zu jener in Paris eben 44 Unsterbliche umfasse. Doch wenn es nach der Zahl der Mitglieder gehen würde, dann wäre es heute ein Club 700; das Erstaunliche dabei ist, dass dieser Club trotzdem noch nicht zu dem geworden ist, wozu sich sonst schon drei Schweizer zusammenschließen, nämlich zu einem Verein.

Der Club führt nicht ohne Absicht einen solchen neutralen Namen; denn er will sich in keiner Weise festlegen und durch eine bestimmte Auslegung in eine Richtung gewiesen werden, die ihm dann doch nicht entsprechen würde. Entstanden war er ja auf die Initiative von sechzehn Industriellen und Geschäftsleuten, die sich durch Vorträge eine direktere Information über politisch-wirtschaftliche Fragen wünschten. Dabei sollte es wirklich um Informationen gehen und keineswegs um Tendenzen irgendwelcher Art; denn der Club soll allen offen stehen, unabhängig von der sozialen und gesellschaftlichen Stellung und ohne Rücksicht auf die politische, geistige oder religiöse Herkunft. Darum ist heute ebenso der katholische Pfarrer wie der Führer der Kommunisten Mitglied, und beide nehmen aktiv teil.

Männer ohne Damen

Genau so wie vermieden wird, dass dieser Club seine intime und persönliche Atmosphäre aufgibt und zu einem Verein ausartet, wird auch vermieden, dass er zu einem Salon wird, den man mit einer Mitgliedkarte betreten kann. So gibt es eine einzige Einschränkung: Frauen sind nur zu bestimmten Tagen und Zeiten zugelassen und dürfen insbesondere an den Vortragsabenden nicht teilnehmen.

Das mag vorerst daran liegen, dass der Club ursprünglich mit seinen Absichten wirklich Ziele verfolgte, an denen die Frauen weniger interessiert sein konnten. Außerdem hat man stark an das englische Vorbild gedacht, wo die Frau ja auch nicht am Clubleben teilnimmt. Man kann sich allerdings fragen, wieso man immer noch daran festhält, nachdem im Verlauf der letzten zwölf Jahre der Themenkreis der Vorträge sich auf alle kulturellen Gebiete ausgedehnt hat. Und dazu gibt es eine Erklärung, die nicht ohne Originalität ist:

Die Vorträge dienten nicht nur der Information, sondern sie sollen auch Anlass zur Diskussion sein. Da man nun an diesen Aussprachen gerne Stimmen aus allen Lagern hören möchte und vor allem auch aus den mittleren und unteren sozialen Schichten, befürchtet man, dass die Frauen mit ihrer Garderobe soziale Unterschiede in einer Weise betonen, die eine Atmosphäre ungehemmter Diskussion verhindert. So wird die Frau wegen ihrer Toilette das Opfer demokratischer Gesinnung.

Nun wird das Weibliche nicht einfach geleugnet, sondern es wird ihm im Clubleben ein bestimmter Platz zugewiesen; die Frauen dürfen sich von Freitagabend fünf Uhr an bis zum Sonntagabend in den Lokalitäten aufhalten; sie sind eine Angelegenheit des Weekends.

Club-Donnerstage

Die »*jeudis du club*« sind denn auch alles andere als feiertäglich; sie sind von lebendig geistigem Werktag. Alle Fragen sollen hier zur Sprache kommen, die den heutigen Menschen angehen, und zwar auf allen Gebieten und von allen möglichen Standpunkten aus. Es ist ein demokratisches Forum, das auf diese Weise den Respekt vor der Meinung des andern garantieren und entwickeln will, und man hofft damit auf eine sachgerechte und objektive Darstellung und Aussprache über jene Probleme, die zur heutigen Welt gehören.

Als wir selber daran teilnahmen, sprach ein führender katholischer Soziologe, der Jesuitenpater Jean-Yves Calvez aus Lyon, über

»Katholizismus im heutigen politischen Leben«. Diesem Club-Donnerstag waren andere vorangegangen: über das »Désintéresse-ment der Schweizer Jugend an der Politik«, über Elektronentech-nik, den Surrealismus, Chrustschow und die UdSSR; wenn man die Liste der Vorträge durchgeht, welche in diesem Club gehalten wor-den sind, stößt man auf die besten Namen aus der Publizistik, dem Gebiet der Literatur und Politik: Raymond Aron, Mendès-France, M. Petitpierre, François Bondy, Jeanne Hersch, W. E. Rappard, J. Freymond …

An diesen Donnerstagabenden vergisst La Chaux-de-Fonds für einige Stunden, dass es sich fast eine Bahnstunde weit von der großen Linie Zürich–Biel–Genf im Neuenburger Jura auf der Kurorthöhe von 1000 Metern befindet, dort, wo sich Fuchs und Hase angeblich Gute Nacht sagen.

Brain-Trust

Es blieb nicht einfach bei der bloßen Organisation von Vorträgen; es bildete sich allmählich so etwas wie ein öffentliches Forum pri-vaten Charakters heraus. Der Club greift unmittelbar in Fragen ein, die das lokale Leben betreffen, wobei er es stets vermeidet, sich mit einer bestimmten Politik zu identifizieren. Diese Vorsicht geht so weit, dass man bis heute nie einen Redner aus La Chaux-de-Fonds selber nahm, um jeden Favorisierungs-Verdacht von vornherein auszuschalten. Einzig für die Ausspracheabende über lokale Fragen werden Persönlichkeiten aus dem Leben dieser kleinen Industrie-stadt herbeigezogen, wobei es sich dann von selbst ergibt, dass alle politischen Standpunkte vertreten sind.

So wurde etwa die Frage, ob die Straßenbahn dem Trolleybus weichen müsse oder nicht – ein Problem, das die Gemüter heftig bewegte und wofür die Regierung keine Lösung fand –, dadurch zu einem Resultat gebracht, dass man es im Club 44 diskutierte, und ebenso verdanken der neue Swimmingpool, der Stolz der Chaux-de-Fonniers, und der Musiksaal ihr Entstehen den Aussprache-abenden im Club 44. Und dieser hat auf dem Programm den Bau des neuen Spitals wie auch eines neuen Theatersaals. So stellt sich die kulturelle Aktivität des Clubs mitten in praktische Fragen hin-ein und vermeldet die Gefahr, zu einem bloß intellektuellen Speku-lationsboden oder zur schöngeistigen Vereinigung zu werden. Der Club ist damit zu einer Institution geworden, die eine durch ihre geografische Lage und mit ihren Industrien abseits der großen Ver-kehrsstraßen liegende Kleinstadt aus einer unfreiwilligen Isolierung herausreißt und ihr Verbindungen verschafft. Diese Verbindungen sind nicht zuletzt deswegen von Bedeutung, weil La Chaux-de-Fonds nicht nur den Kontakt mit andern welschen Städten sucht, sondern sich auch an die deutsche Schweiz wendet; so wird der Club 44 in Zukunft zusammen mit dem Zürcher Club »Bel étage« Kunstausstellungen organisieren.

Chance der Kleinstadt

Im Grunde braucht es eine Kleinstadt, damit ein solcher Club zu einer derartigen Wirkung kommen kann. Denn in einer größeren Stadt würde ein ähnliches Unternehmen sogleich in dem viel diffu-seren und heterogeneren Leben untergehen und könnte sich nicht in demselben Maße ein Profil verschaffen.

Nun hat La Chaux-de-Fonds als Stadt vielen andern kaum etwas voraus. Es ist ein Industrieort, der sich fast völlig der Uhrenindus-trie widmet, wobei in La Chaux-de-Fonds immer weniger ganze Uhren, sondern nur noch Uhrenbestandteile hergestellt werden. Damit ist aber auch das wirtschaftliche Gedeihen völlig abhängig von einem einzigen Industriezweig; was für Folgen dies haben

kann, zeigte sich vor allem zwischen 1929 und 1938, als die Krise
fast alle Betriebe lahmlegte und der Ort einige Tausend Bewohner verlor. Erst nach dem Kriege begann wieder der Aufstieg. Aber
die Erinnerung an die mageren Jahre mag dazu beitragen, dass die
Kommunisten fünfzehn Prozent der Stimmen auf sich vereinigen
und mit den Sozialisten zusammen die linke Majorität ausmachen;
dazu kommt, dass der Jura eine alte anarchistische Tradition hat:
Bakunin und Kropotkin haben hier ihre Vortragsreisen gehalten.
Dieses La Chaux-de-Fonds besaß bisher ein kulturelles Leben, das
sich kaum von demjenigen anderer Städte von der gleichen Ein-
wohnerzahl (achtunddreißigtausend) unterschied. Man stand vor
allem im Randgebiet der französischen Provinz; die Galas Kar-
senty brachte französisches Theater, manchmal gastierten auch
Truppen aus Lausanne oder Genf. Im Übrigen hat man ein vorzügliches Gymnasium, das ja in solchen Städten immer verwöhnt
wird, weil es die Klein-Universität ist; man besitzt ein Technikum,
wo die Techniker für die Uhrenindustrie ausgebildet werden; man
hat die Volkshochschule. Alles wäre da, um La Chaux-de-Fonds
jenes etwas gleichförmige kulturelle Leben zu geben, das eine Unzahl anderer Städte gleicher Größe führen; aber diese Stadt gab sich
damit nicht zufrieden.

Es brauchte die Initiative einiger weniger; und es entstand ein
Boden für eine kulturelle Aktivität, die La Chaux-de-Fonds weit
über andere Orte hinaushebt; der Club 44, ohne irgendwelche
größeren Ambitionen angefangen, hat sich im Laufe der Entwicklung immer entschiedener zu einem soziologischen Mittelpunkt
entwickelt – ein Experiment, das die Wirkungsmöglichkeit einer
kleinen Gruppe innerhalb der Gesellschaft zeigt.

Nun gehen solche Unternehmungen nicht ohne Widerstände vor
sich. Auch der Club 44 hatte sich anfangs zu wehren. Man verstand
ihn falsch; man meinte, er wolle durch irgendeine kulturelle Türe
Politik hineinschmuggeln. Darum auch die große Vorsicht und das

Bemühen um politische Neutralität, um auf jeden Fall die Wirksamkeit nicht zu verlieren.

Aber die Widerstände sind noch ganz anderer Art. Man bemüht sich in dieser Stadt, ein kulturelles Leben zu schaffen, und man hofft natürlich insgeheim, man könne damit jene intellektuelle Jugend, die man ausbildet, an diese Stadt fesseln. Denn von den vierzig Gymnasiasten, welche alljährlich die Matura bestehen, kamen bisher höchstens zwei oder drei in die Stadt zurück; die andern blieben draußen, gewöhnlich dort, wo sie studiert hatten.

Monique Saint-Hélier war in La Chaux-de-Fonds aufgewachsen, sie hat diese Gesellschaft in ihren Romanen so beschrieben wie einst Thomas Mann diejenige von Lübeck – aber Monique Saint-Hélier kehrte nie mehr nach ihrer Geburtsstadt zurück, und erst als sie starb, erinnerte man sich daran, dass sie gar keine französische Schriftstellerin ist, sondern aus La Chaux-de-Fonds stammt. Ein anderer Berühmter kehrte etwas früher zurück: Le Corbusier. Er hat an die dreißig Jahre in dieser Stadt gelebt; er hat hier seine ersten Häuser gebaut, zu denen er sich nicht mehr bekennen will; denn er baute sie noch als Jeanneret, während er erst als Le Corbusier sein Programm verwirklichte. Lange Zeit war das Verhältnis von Le Corbusier, dem naturalisierten Franzosen, mehr als gespannt zur Vaterstadt. Aber nun, am Ende seines Lebens, haben sich die Stadt und ihr Genie ausgesöhnt; Le Corbusier wurde das Ehrenbürgerrecht verliehen, und das Kunstmuseum zeigt seine sämtlichen Tapisserien – eine Ausstellung, die Le Corbusier selber betreute.

Aber die Begabten sollen in Zukunft nicht mehr erst im Alter in ihre Heimat zurückkehren: Wenn der Club 44 der Stadt erhalten bleibt und seine Aktivität weiter entfaltet, wird er jene geistige Atmosphäre konsolidieren, welche die Begabten *mit* der Stadt (und nicht trotz der Stadt) sich entwickeln lässt. Auch wenn La Chaux-de-Fonds sie nicht zu halten und zu erhalten vermag, werden sie sich in der großen Welt ihrer kleinen Stadt rühmen können.

Im Paradies des Boutiquismus

1990

Wo man einst für Sandwiches und Birchermüesli anstand, wird jetzt Mode offeriert. Wo man an Selbstbedienungsgestellen in einem Lebensmittelgeschäft seine Auswahl traf, ist Gianni Versace eingezogen. Wo einst ein Kleinladenbesitzer den Käse empfahl, den er eben in einem Bergtal eingekauft hatte, zeigt Ungaro, was man Frauen zumuten kann. Ist es schon so lange her, dass im Nebenhaus Bonetti seine Comestibles anbot und in einem Aquarium Frischfische schwammen – ein Geschäft, das Varlin noch gemalt hatte?

In der Mode wird anders gerechnet! Zwanzig Jahre mal vier Saisons ergibt achtzig. War es damals, als die Röcke länger und die Ausschnitte tiefer wurden, kurz vor dem Look der Zigeuner oder nach dem der Astronauten?

Die Umwandlung ging schrittweise vor sich. Wo eben noch ein Blumenhändler Töpfe und Vasen auf die Gasse gestellt hatte, warben eines Morgens schaufensterweit Perücken. Eines andern Morgens rückten die Kahlköpfe mit ihrer austauschbaren Haarpracht zusammen und überließen einem nicht minder mobilen Modeschmuck die Gassensicht.

Die Veränderungen machten klar, was für ein schlechtes Gedächtnis man für Alltäglichkeit hat. Man erinnert sich kaum mehr, wo sich was befand. Wo heute Ledertaschen, Schuhe und Gürtel in der Auslage zu sehen sind, war da nicht einmal, vorübergehend mindestens, eine Vinothek? Gab es nicht auch andere Theken und was für welche und wo schon wieder? Doch – um einige Ecken, da befand sich einst eine Metzgerei oder, feiner gesprochen, eine Charcuterie. Jetzt sind da keine Schinken und Laffen mehr, sondern antike Pendules. »Out« die Blutwurst, »in« ist »Art Décor«: *»Dörf's es bitzeli mee sy?«*

Die neue Existenz beginnt schon mit einer Umtaufe: Zwar radiert der Gummi wie einst und spitzt die Maschine wie eh und je. Aber Radiergummi und Bleistiftspitzer sind sozial aufgestiegen, seit sie nicht mehr in einer »Papeterie« auftreten, sondern in einer »Bürothek«:

Die Umwandlung brachte auch überraschende Ausblicke von der Zinne herab. Als Häuser ausgekernt wurden, waren aufgrund der Außenmauern, die stehen bleiben mussten, Entdeckungen möglich: wie verschachtelt die Grundrisse sind, wie ein Haus ein zweites umklammert und wie schräg zur Limmat die Hausfronten verlaufen. Als man beim Auskernen die Fundamente der Häuser aushob, als die Kanalisation erneuert, als Leitungen und Kabel verlegt wurden, stieß man auf mittelalterliche Friedhöfe. So pinselten einen Sommer lang Ad-interim-Archäologen an Knochen herum. Dank solchen Ausgrabungen kam auch die Eisenwarenhandlung Pestalozzi zu einem ungewöhnlichen Angebot – allerdings nicht mehr für die Arbeiter und Handwerker, die sich hier mit Werkzeugen eingedeckt hatten. Der Gebäudekomplex wurde umgebaut. Als ich eines Abends durch die geschlossene Tür ins Innere des Ladens sah, wo das Erdgeschoss ausgeräumt und der Keller ausgehoben worden waren, machte ich Skelette ausfindig: Zusammengesetzt aus einzelnen Knochen lagen sie da, die meisten mit einigen *missing links,* hübsch angeordnet, als seien sie der Hit für den Abendverkauf.

Das Paradies des Boutiquismus liegt auf einem Friedhof, der zugedeckt wurde.

Die Umwandlung war mit Restaurieren und Renovieren verbunden. Und dafür gibt es jetzt Bauvorschriften. Man kann nicht mehr Heimatstiliges bauen, nur weil es sich um ein Altstadtviertel handelt.

Es leuchtet ein, dass für ein solches Paradies die Fassaden besondere Bedeutung erlangen. Denn der Boutiquismus hat seinerseits das Fassadenproblem für den Auftritt des Individuums gelöst: eine Kunst der Verpackung bis zu dem Punkt, wo es nicht mehr darauf ankommt, was und ob überhaupt etwas drin ist. Ganz abgesehen davon, dass bei uns die Häuser nicht alt werden dürfen. Schließlich handelt es sich bei Liegenschaften um festen Besitz – nicht Immobilien altern, sondern Mobilien wie der Mensch.

Was bei diesem urbanistischen Lifting an Mauern, Fensterläden oder Scheiben entstand, lockte auch jene, die nächtlicherweile mit der Spraydose unterwegs sind, die Hieroglyphen verspritzen und sich in der Kunst des Männchensprühens üben. Die Botschaft kann kurz und bündig sein; man liest plötzlich an einer Hausmauer ein einzig Wort: »Tot«.

Aber ungeachtet dessen wurden saubere Verhältnisse geschaffen. Dem war nicht immer so. Ich erinnere mich, wie ich an einem Sonntagabend heimkehrte und durch die menschenleere Gasse Tierchen mit nackten, langen Schwänzen huschten. Damals gab es ein Lebensmittelgeschäft, das sein Lager in einem Nebengebäude hatte, wo heute Antiquitäten angeboten werden. Aus irgendwelchem Grund war an diesem Wochenende der Abfall von Gemüse und Obst nicht abgeholt worden – das hatte bereits genügt.

Ich weiß nicht, wo die Ratten jetzt sitzen, möglich, dass sie sich fürs Styling zurückgezogen haben. Die Limmat jedenfalls ist sauber geworden, so klar und transparent, dass man darin die Fische einzeln erkennen kann. Das sollte nicht überraschen. Zum Einzugsgebiet des Paradieses gehören auch Anstalten, welche Geld waschen; wo man Geld waschen kann, kann man auch einen Fluss waschen.

Bei solchen Umwandlungen war es eines Tages so weit, dass man in der Storchengasse, der *via triumphalis* des Paradieses, nicht mehr sein tägliches Salz einkaufen konnte. Ein Nerz für zwischendurch oder ein Collier als Mitbringsel machten keine Sorgen. Schon eher Toilettenpapier. Aber die Klientele, die jetzt auftauchte, benahm sich nicht so, als ob sie einen Hintern hätte.

Wenn Toiletten, dann Toilettenwasser. Endlich konnte man der Eintönigkeit des Lebensgeruchs entgehen: für jeden Monat ein eigenes Toilettenwasser. Wer will schon im März gleich riechen wie im September. Was einzig fehlte, war das Wässerchen für den neunundzwanzigsten Februar im Schaltjahr.

Doch dann wurde den Alltagsbedürfnissen der Verbliebenen Rechnung getragen. Nachdem Coop seinen Lebensmittelladen aufgegeben hatte, sprang die Konkurrenz ein. Dreimal pro Woche fährt ein Migroswagen auf dem Fraumünsterplatz vor. Für manche Zürcher ein geradezu unglaubwürdiger Termin im Zeitplan dieses Platzes. Es sind die Wagen, die sonst abgelegene Regionen bedienen. Dank ihnen rücken sich Seitental und City-Herz näher.

Doch manches ist geblieben. Nicht nur die Geranien an den Hausfassaden und die Verpflichtung, die Simse mit solchen Töpfen zu schmücken. Geblieben sind mit Beständigkeit traditionelle Geschäfte wie Leder-Locher oder die Spielzeuge von Pastorini. Auch das Reformhaus, nicht nur wegen des gesunden Lebens schlechthin, vielleicht auch weil man mit Weizenkeim und Ahornsirup zu den Idealmaßen kommt, die einem die Schaufensterpuppen vorführen, ohne Fitness trainieren oder abspecken zu müssen. Geblieben ist auch die Buchhandlung Daeniker als Erinnerung daran, dass es anderes zu lesen gibt als einen Katalog.

Geblieben auch das Tabaklädeli. Dort begegne ich allerdings dem Pfeifensortiment und dem ausgesuchten Angebot von Tabak und Tabakmischungen mit Banausentum. Vielleicht hat das damit zu tun, dass in unserer Literatur der Tabak aufgeteilt ist: für Max Frisch die Pfeife, an der auch Adolf Muschg zieht, die Havannas für Friedrich Dürrenmatt, das Nichtrauchen für die, welche eine umweltfreundliche Literatur verfassen, womit in Tat und Qualm nur noch die nervösere Zigarette übrig bleibt.

Geblieben ist auch die Parfümerie Stemmler auf der gegenüberliegenden Seite, sodass mich in der Frühe, wenn ich das Haus verlasse, Coco Chanel oder Arden *for men* begrüßt, ein Morgengruß, der mich gleich ans Kinn fassen lässt, zur Kontrolle, ob ich meiner Morgenrasur schon nachgekommen bin. Doch dann klärten mich Jungtwens auf, dass es chic sei, einen Zweitagebart zu haben. Die Kunst der männlichen Lässigkeit beruhe lediglich darauf, die ganze Woche hindurch einen Zweitagebart vorzuzeigen. Das bedingt einen Rasierapparat, dessen Schneidehöhe man wie bei einem Rasenmäher einstellen kann. Dieses Problem wäre zu lösen, da wir in der Gasse eine Rasothek haben, den »Rasor Shop«.

Geblieben sind auch die Kirchenglocken und die Uhren, welche jede Stunde ganz, aber auch jedes Viertel schlagen. Denn das irdische Paradies liegt im akustischen Einzugsbereich von Fraumünster und St. Peter. Was nicht heißt, dass der Boutiquismus auch auf die Kirchen übergegriffen hätte, obwohl es eine Theologie gibt, die sich offen zeigt für eine Gott-Mensch-Beziehung im Sinne des Partnerlooks.

Sosehr es eine gemeinsame Zeit gibt, vor dem Herrn sind nicht alle Uhren gleich. Und dafür sorgen die Uhrengeschäfte. Ein Zifferblatt oder einen Zeiger, das weist noch rasch eine Uhr auf. Aber auch die Zeit hat ihre Verpackungsprobleme; es ist schon was anderes, wenn der Blick auf die flüchtige Zeit bei so Beständigem wie einem Diamanten verharren kann, und es ist etwas anderes, ob man die Zeit, die läuft, mit einem Armband festmacht oder ob man ein Armband hat, an dem so etwas wie Minuten und Stunden baumeln.

Design und Weltpremiere. Zum Beispiel eine Uhr mit Stundenwinkeln, wie sie Lindbergh benutzte; was für die Überquerung des

Atlantiks recht war, kann auch für die Überquerung der Limmat dienlich sein.

Lange geblieben war auch eine Grußformel. Traf ich den alten Herrn Teuscher auf der Gasse, begrüßte er mich mit »Herr Nachbar«. Eine Anrede, die ich sonstwo nie gehört hatte und die mich umso mehr erstaunte, als sie in einer Parallelgasse zu jener Bahnhofstrasse vorgebracht wurde, wo es unter Umständen besser ist, eine Nummer statt einen Namen zu haben – »Gut, Herr Nachbar, und Ihnen?«

Diesem Mann hätte ich einen Nachruf verfasst. Als er starb, war ich nicht da; als ich zurückkehrte, war es zu spät. Ein Gedenkblatt, weil er mit einem Satz Nachbarschaft herstellte. Er konnte mich auffordern, den Korb zu nehmen und nach Stettbach zu gehen – ich brauchte nur zu sagen, der alte Teuscher habe mich geschickt. Auch wenn ich nicht von dem Angebot profitierte, mich freute der Verdacht, ich könnte zu Hause einen Korb haben und sei als Intellektueller fähig, Beeren zu pflücken, und wenn's nur in fremden Gärten ist.

Allerdings hat Nachbar Teuscher mir auch zu einem Stück schlechtem Gewissen verholfen, als er meine Arbeitskraft bewunderte: Die ganze Nacht hätte ich durchgeschafft. Ich war verlegen, weil ich lediglich vergessen hatte, das Licht auszumachen. Ich sah mich in dem Konflikt, Energie zu sparen und dafür meinen Ruf als arbeitsamer Mensch zu opfern.

Nun benutzte oder missbrauchte ich die Confiserie Teuscher für meine eigene Adressangabe: »Schräg gegenüber.« Die Chance war groß, dass die Information ausreichte – sei es wegen Truffes, Pralinen und Konfekt oder wegen der Kreppapier-Fauna und -Flora des Dekorateurs. Dem, was zu meinem täglichen Anblick gehört, begegnete ich einmal auch an einem ganz anderen Ort, in Texas. Houston führte eine Schweizer Woche durch. Nicht nur Industrie und Wirtschaft sollten präsentiert werden, sondern auch Wissen-

schaft und Kultur, und mit der Kultur etwas Literatur. In der großen Ausstellungshalle ein Stand mit Teuscher-Truffes, ein Dollar
das Stück. Eine solche Gelegenheit wollte ich mir nicht entgehen
lassen. Lange behielt ich die Truffe auf der Zunge, als müsste ich
den Dollar vor Zerfall und Zerschmelzen retten.

Doch als der Boutiquismus in der Gasse triumphierte, brauchte
ich nicht mehr nur »schräg gegenüber« zu sagen, da bot sich eine
zweite Orientierungsmöglichkeit an: Über »Trois Pommes« und
über »Jil Sander« – unten die *haute couture* und oben die *haute
culture*.

Es ist jedenfalls merkwürdig: Selbst Leute, die schon hundertmal
durch die Gasse gegangen sind, kennen ihren Namen nicht. Es geht
mir ähnlich. Als sich jemand nach der »Stegengasse« erkundigte,
wollte ich behaupten, eine solche gebe es nicht. In dem Moment
fiel mein Blick auf ein blaues Schild: die »Stegengasse« gleich um
die Ecke; die Stufen, die zum »Veltlinerkeller« zur Peterhofstatt
hinaufführen, hätten einen schon lange darauf bringen können.
Und dass es ein Thermengässchen gibt – wer hätte so etwas Anti-
kes vermutet? Wem sagt Zinnengasse etwas? Schon eher wird genickt, wenn man präzisiert: die Gasse, die zur Boutique GAP und
zu »Art nouveau« führt, dort, wo das chinesische Restaurant liegt,
ein Münchner Bräu, das einen »gelben« Schnabel ansetzte, dort wo
man, nach Geschlechtern getrennt, »Armani uomo« und »Armani
donna« findet und »Trois Pommes privé« – privat wegen der Unter-
wäsche. Angefangen hat Eva mit *einem* Apfel, jetzt sind es »Trois
Pommes«.

Und wer »Sibler« sagt, der weiß, welches Haus gemeint ist; das
dürfte kaum der Fall sein, wenn man die Namen der drei Häuser
nennt, die im Lauf der Zeit verbunden wurden, das Haus »Zur
Goldenen Gilge«, »Zur Tanne« oder »Zum Sikust« (Sittich). Geblieben sind die Namen einzelner Häuser. »Zum Meyen 1444« oder
»Zur kleinen Bibel Nr. 150«. Vom Haus »Zum vorderen weissen

Bärli« schaut in der Tat ein Sgrafittibär herunter und vom »Rothen Ochsen 1357« ein Reliefochse. Selbst ein Christopherus ist ausfindig zu machen. Im Paradies des Boutiquismus lauten die Flurnamen anders: Bogner, Kenzo, Rom oder Valentino, Bally oder Bisang, Beatrice Dreher oder Elisabeth Bossard. Wenn solche Namen gedruckt sind, ist es auch fein, mit Plastikeinkaufstaschen herumzugehen, das ist wirkungsvoll, auch wenn darin nur Papiertaschentücher und ein Trambillett sein sollten.

Ob man den Namen der Gassen kennt oder nicht – die Storchengasse ist schon als Durchgangsgasse zu einer der meistbegangenen der Stadt geworden. Man hat noch nie ausgerechnet, wie viel Absätze im Durchschnitt pro Minute auf einen Pflasterstein kommen, aber die Zahl dürfte beachtlich sein. Wer genau hinhört, kann vernehmen, wie jeder Absatz den Quadratzentimeterpreis der Pflasters in die Höhe klopft.

Dank etwelcher Literaturförderung konnte ich mir auch zwischendurch einmal einen Cashmere-Pullover leisten. Aber die eigene Gasse machte mir klar, auf was für Lumpen ich stolz war. Cashmere ist nicht einfach Cashmere, da gibt es einen dreifach gezwirnten und einen viermal teureren. Ich erlaubte mir, einen Laden zu betreten, nicht als potenzieller Käufer, wie ich mich entschuldigte, sondern wegen der Bewusstseinserweiterung. Ich wollte den Pullover nicht einmal in die Hand nehmen, sondern nur in die Finger, um in einem Spontanerlebnis zu erfahren, wie sich Unerreichbares anfasst.

Um unserer Jugend einen Etikettenschock zu ersparen, muss man sie von klein auf an solche Preise gewöhnen. Dazu dienen nicht zuletzt die Läden mit »Kindermode«, und sei es nur eine Lederjacke für einen Zehn- oder Zwölfjährigen, die nicht ganz tausend Franken kostet; mit Hosen, Hemd und Schuhen ergibt das eine einmalige Ausstattung von tausendvierhundert – wenn das kein Goldjunge wird.

Im Paradies des Boutiquismus haben die Preise nichts mit herkömmlichen Kategorien wie »billig« oder »teuer« zu tun, sie liegen dem Paradies konform im Jenseits.

Dass die Storchengasse eine gut begangene Gasse ist, hat sich auch bei den Straßenmusikanten herumgesprochen: bei Cowboy, Troubadour und Spielfrau. Sie beziehen Position mit Gitarre, Violine oder Handharmonika, allein oder im Klein-Ensemble, mit Notenständer oder Verstärker. Im Gedenken an das Paradies der Engel, wo mit wenig Text eine Ewigkeit lang Hosianna gesungen wird, beschränken die irdischen Musikanten ihr Repertoire und wiederholen es ein paarmal. Die mittelalterlichen Ehgräben zwischen den Häusern leiten als akustische Kanäle die Töne bis weit unter die verwinkelten Dächer. Diese Straßenmusikanten üben Standorttreue, weil die enge Gasse nicht erlaubt, um Geldsammlerhut oder Klingelschachtel einen Bogen zu schlagen.

Die Gasse leidet an Platznot. Nicht zuletzt wegen wild parkierter Autos. Dagegen wehren sich wie anderswo in der Stadt Kübelpflanzen, welche den freien Zugang zu einzelnen Geschäften garantieren. Die Gasse hat ihren Begehungs- und Befahrungsrhythmus. In der Frühe die Kastenwagen der Reinigungsfirmen. Mit ihnen und bald danach die Laster und Lieferwagen, welche die anliegenden Restaurants und Cafés bedienen. »Güterumschlag nur von fünf Uhr früh bis zwölf Uhr.« Auch Ein- und Aussteigenlassen gestattet. Nach Mittag nur noch die Taxis für das Hotel Storchen. Aber natürlich auch die VelofahrerInnen, die, befreit von allem Autoritäten wie Einbahnvorschriften, pedalieren, die hautnah an einem vorbeiflitzen und gegen die man nichts vorbringen mag, weil sie einen sonst mit ihrem abgasfreien Blick strafen.

Ansonsten Fußgängerzone – Passanten und Käufer, Geschäftsleute und Bummler, Touristen und solche, welche aus Berufsgründen unterwegs sind. Die Schaufenstergucker und die, welche die Läden betreten, Flaneure mit und ohne Hund. Familien mit und

ohne Kinderwagen. Gelegentlich eine Schulklasse, die in der Altstadt Heimatkunde betreibt. Auch die Verkäuferinnen und Verkäufer der Boutiquen, die auf der Gasse ausführen, was man in den
Auslagen sieht, und einige tun dies mit der Vitalität von Kleider-
bügeln. Als Kontrastprogramm die Overalls und Monteuranzüge
der Arbeiter und Handwerker; in diesem Paradies wird immer etwas renoviert oder geflickt.

Das sind die Stunden, da sich die Gasse international gibt. Wer
fürchtet, dies könnte trotz Kreditkarten zu Verständigungsschwie-
rigkeiten führen, dem kann geholfen werden. Schließlich findet er
hier auch »Interlingua«, das Spezialgeschäft für Sprachbücher; hier
kann man für die ausgefallenste Sprache einen Dictionnaire auf-
treiben, auch wenn die Namen der Boutique-Welt nicht übersetzt
werden müssen.

Am Abend aber leert sich die Gasse. Es ist ein Paradies mit Öff-
nungszeiten. Dann sind auch die Cafés wie das Presse-Café oder
das Café Wühre geschlossen. Da ist keine Kundschaft mehr zu erwarten. Aber die Cafés leisten tagsüber ihren Beitrag zum Besten,
was sich Zürich an Städteplanung hat einfallen lassen: Tische und
Stühle ins Freie zu stellen. Auf diese Weise hat auch das Hotel Storchen dem Weinplatz zu Leben verholfen.

Das Paradies des Boutiquismus, auf der Rive gauche der Limmat gelegen, gehört zum Bereich der City, die man nach getätigten
Geschäften sich selber überlässt. Nach dem Abendaperitif in der
»Buvette« verlagert sich das Leben aufs andere Ufer der Limmat
in jenen Teil der Altstadt, den man in Zürich Vergnügungsviertel
nennt – für einige auch dies ein Paradies, aber eines, das erst *nach*
dem Sündenfall möglich war.

Das Boutiquenparadies aber liegt nicht nur zwischen Bahn-
hofstraße und Limmat, sondern auch zwischen dem Münsterhof
und dem Weinplatz, der in eine Brücke übergeht – in die Rathaus-
brücke, wegen des Renaissancerathauses so geheißen, aber auch

Gemüsebrücke genannt, nicht in Anspielung auf die Politik, die im Rathaus gehandelt wird, sondern weil hier einst ein Markt abgehalten wurde, woran ein Stand mit Obst und Gemüse und einer mit Blumen erinnern. So undefinierbar dieser Platz in seiner betonklotzigen Funktion sein mag, er bietet mindestens Platz, und dies für recht Unterschiedliches: für einen Souvenirstand mit Bergstock und Kuhglocke. Souvenirs aus den Alpen, die man von dieser Brücke ganz nahe sehen kann, wenn der Föhn uns wegen unserer Sennenherkunft Kopfweh macht. Platz aber auch für die kleinste Buchhandlung der Stadt mit einem literarisch engagierten Sortiment, das trotz seinem Anspruch Überleben ermöglicht. Platz aber auch für ein Karussell und einen Wickelraum im Sommer und im Winter für einen Marronibrater.

Während in der Storchengasse die Saison in den Auslagen mit Shorts oder Pelz stattfindet, trifft man hier auf Jahreszeiten, wie sie die Natur vorgesehen hat, und dies dank »Samen Mauser«. Man braucht nicht auf den Kalender zu schauen, um zu wissen, wann es so weit ist, dass man pflanzen muss, was im Frühling blühen soll, wann es wieder gilt, Setzlinge zu holen, wann der Moment der Rosenstöcke oder der Kräuter gekommen ist: Wenn Chrysanthemen und Astern angeboten werden, weiß man, dass der Herbst im Anzug ist.

Zu »Samen Mauser« gehört auch der »Futternapf«, wo man alles kriegen kann für Junghunde, Hamster oder Meerschweinchen, für alles, was an Leinen, in Kistchen oder Käfigen lebt. Wer diesen Futternapf nicht benötigt, sind die Spatzen, die sich beim Imbissstand aufhalten. Es gibt genug Leute, die ihr Brot zur Wurst nicht ganz aufessen und die Hemmung haben, den Brotrest in den Abfallsack zu werfen. Dann werden Spatzen gefüttert, sofern nicht Schwäne und Enten bevorzugt werden.

Die Brücke ist aber auch die Seufzerbrücke von Zürich – nicht weil hier der klassizistische Bau der Kantonspolizei liegt. Hier werden die Stände aufgetan, welche an Unrecht und Leiden erinnern – ob Amnesty International, Anonyme Alkoholiker oder Aids-Hilfe. Da wird gegen die Apartheid oder die Vivisektion protestiert. Da werden Unterschriften gesammelt für Petitionen und Initiativen. Hier, am Rande des Boutiquismus, wird (wegen der Fünftagewoche) am Samstag geseufzt.

Am andern Ende oder am andern Anfang liegt der Münsterhof. Mit seinen Fassaden der Zunfthäuser und des Fraumünsters einer der begehrtesten Parkplätze der Stadt. Von Zeit zu Zeit aber müssen die Autos weichen. Dann wird der Platz für Manifestationen oder Festlichkeiten genutzt, dann wird ein Zelt errichtet und ganz sicher ein Podium aufgebaut. Dann werden die Lautsprecher installiert, die mit ungebrochener Neutralität ebenso politische Parolen wie Blasmusik verstärken.

An diesem Platz machen die Touristenbusse halt, wie dies der Verkehrsverein der Stadt für seine Sightseeingtour vorsieht. Von hier schwärmen die ausländischen Besucher aus. Und sei dies nur bis zu der Stelle, von der aus man eine Aufnahme des Großmünsters macht, wie man es im Fotokurs gelernt hat: mit einem veritablen Vordergrund wie dem Hans-Waldmann-Denkmal. Die Touristenbusse machen auch am Sonntagvormittag halt, wenn im Viertel kaum Leben und schon gar nicht Betrieb ist. Auch dann schwärmen die Touristen aus. Nicht ungern in die Storchengasse hinein; dort befindet sich das fotogene Gebäude »Zum Thor«. Als dieses renoviert wurde, wollte man den Bau aus dem 16. Jahrhundert wiederherstellen. Doch dann stieß man auf mächtig inszenierte Torbogen aus falschem Marmor, mit denen das Fin de Siècle im Erdgeschoss die Außenmauer dekorierte. Nun stellte sich die Frage, was ursprünglich ist; es zeigte sich, dass auch der schlechte Geschmack erhaltenswert ist, sofern er ein Jahrhundert überdauert. So weist das Haus drei Jahreszahlen auf. 1593, 1898 und 1979.

Nur eben – an diesen Sonntagvormittagen ist in der Gasse

niemand unterwegs. Die aber, welche ihre Kameras bereithalten, möchten etwas Lebendiges auf dem Bild festhalten. Es sind nicht zuletzt Japaner, die Ausschau halten nach einem Einheimischen. Es ist die Uhrzeit, da ich gewöhnlich zu meinem zweiten Kaffee in die »Buvette« gehe. So werde ich von all denen mit einem Klicks begrüßt, die glücklich sind, einen Menschen vor dem Objektiv zu haben. Das ist der Moment, wo ich zu einer stadterhaltenden Aufgabe komme: im ausgestorbenen Paradies des Boutiquismus typischer Ureinwohner zu sein.

»Das tägliche Leben ist bloß ein Zwischenlager für Abfall«, sagt Werner Mäder, Leiter Abfallberatung und Öffentlichkeitsarbeit des Abfuhrwesens der Stadt Zürich, AWZ. Wer lebt, konsumiert; wer konsumiert, produziert Abfall. Produktion, Konsum, Abfall, das ist die Kette, die unser ökologisches System gefangen hält. Natürlichen Abfall produzieren wir beim Rüsten vor dem Essen und neun Stunden danach. Durch technische Zerstörung und Verbrauch bringen wir Geschirr, Glühbirnen, Zahnbürsten, Tuben, Schreibpapier auf den Abfall. Unsere Kleider werden, sobald die Mode wechselt, Abfall und ebenso elektronische Geräte und Apparate, die einem Trendsetting unterworfen sind wie die Kleidermode. Was wir auf, an und in uns tragen, wird, sobald wir es nicht mehr benötigen, zu Abfall. Wir selber als das, was wir sind? Ein anderes Thema.

Zürich ist nicht das Niederdorf, aber das Niederdorf ist wie Zürich; Fokus, Konzentrat dessen, was die Stadt ihrem Anschein nach ausmacht. Ein Plausch- und Konsumrevier von: rund vierzig Ess-, Trink- und Vergnügungslokalen; dreißig bunten Modeboutiquen; acht Hotels; Spielsalons, Tabak-, Uhren-, Schmuckgeschäften; zwei Lebensmittelgeschäften, von denen das eine von der gehobenen Feinkorn- und Feinzuckerwarenart ist und das andere sich von einem Alternativlädeli zum Feinkostbetrieb gemausert hat, und einer Apotheke. Weitreichende Freiluftbestuhlung zum Sehen und Gesehenwerden einer aufgestellten Menge jüngeren oder entsprechend aufgemachten Alters, die auf Konsum aus ist. Das Niederdorf ist die Bannmeile einer »Fast-mood-Generation« – schneller Verzehr, schneller Verkehr, Züri zlieb ein hektischer Durchlauf, Konsumverein mbH.

So: Auf dem Pflaster vor dem Eingang zum hell erleuchteten Glaspalast des großen McD lagern – sitzend, hockend, liegend – seine jungen Kunden. Sie haben zum Schnellverzehr herausgetragen: eine Kartontüte Pommes frites (das meint die paar dünnen Kartoffelstäbchen, die aus einer großen Kartoffel herausgesäubert worden sind), einen Becher Cola mit Deckel und Rohr, einen Papiersack, dem sie eine Kunststoffschachtel entnehmen, in welchem der große Sagenhafte saftig lagert; mit Papierservietten haben sie sich lagenweise versehen, weniger zum Mund- als zum Nasenwischen oder einfach zum Fallenlassen rundum, wie sie Tüten und Säcke liegen lassen. Die beiden Abfallboxen sind ohnehin fassungsschwach; das »Danke« darauf wirkt wie Hohn. Kommt nicht darauf an; es läuft alles auf eines hinaus: auf das Riesengebirge von Weißplastik, das sich am andern Morgen da türmt, wo sie jetzt herumsitzen, Abfall über Abfallsack. Und wenn sie weiter so auf dem Kopfsteinpflaster herumrutschen, sind im Spätsommer auch ihre Jeans, die dauerhaften, durch. Weg damit und neue her!

Oder so: Wir sitzen in der »Bodega« am Tisch. Massives Holz, hat schon Jahre gehalten, wird noch Jahre dauern, bis es auf den Abfall kommt. Auf dem Tisch dickes Porzellan von geringer Bruchgefahr, auf Jahre in Gebrauch. Die Flaschen und Karaffen wesentlich kräftiger als der Wein, den sie enthalten, Retourgebinde. Auf den Tellern restlos Verzehrbares an Salaten, Tortas, Tapas. Wenn der Nachbar Kettenraucher Abfall produziert, dann macht er das hauptsächlich intern, in seinem Brustkorb, mit sich selber aus. Wenn der Schein nicht trügt, halten die Kleider der Biedermänner am Tischende dasselbe, was ihre Gesichter versprechen: Dauerhaftigkeit. Selbst Hemd und Sakko der beiden Tessiner Jusstudenten gegenüber hängen eher im Fallwind der Topmode. Alles in allem: ein dauerhaftes Vergnügen.

Am Morgen ist es ruhig im Niederdorf. Vereinzelt laute Männerstimmen, Taubenflattern, Kartonschachteln, die fallen, das Rumpeln eines Containers, Flaschengeklirr. Anlieferung ist ab fünf Uhr morgens erlaubt, aber erst gegen acht Uhr regt sich der Autoverkehr im Niederdorf. Was am Abend verzehrt werden muss, wird angeliefert: Früchte, Gemüse, Lebensmittel, Bier, Wein und Wasser. Das Niederdorf ist wie Zürich: Es fahren auffallend viele Wagen mit Baumaterial zu Stellen, wo renoviert und umgebaut wird: Gewerbe raus, Boutique rein.

Am Morgen ist es ruhig, aber noch nicht sauber im Niederdorf. Viel Weggeworfenes vom Vorabend liegt auf der Straße; ausländisches Personal bringt Abfallsäcke aus den Lokalen, schiebt die Container zum Leerplatz. Die Putzequipe des Tiefbauamts fährt ein, um den Weg für ihre Kollegen vom Abfuhrwesen rein zu machen. Denn Putzen ist nicht Beseitigung, sondern bloß Verschiebung des Abfalls. Der Hotelconcierge, der mit morgendlicher Andacht den Hoteleingang für die ausgehenden Japaner säubert, spritzt mit seinem Schlauch die Papierfetzen und Zigarettenstummel nicht weiter als bis vor den Eingang zur Bar nebenan, die noch geschlossen ist. Als Vorhut sozusagen des Abfuhrwesens fährt der Abfalleimerleerwagen des Tiefbauamts vor, ein adrettes orangefarbenes Fahrzeugelchen mit drei gelben Ersatzkübeln, die wie Jettriebwerke auf dem Dach sitzen, was dieser Miniabfuhrerscheinung etwas ungemein Dynamisches gibt.

Wenn am Dienstag- und Freitagmorgen um neun Uhr die Flotte
der fünf AWZ-Wagen ins Niederdorf einfährt, dann stehen Batterien
von Rollcontainern und graue Berge von Abfallsäcken an, über-
ragt vom weißen Hochgebirge des amerikanischen Schnellfütterers
McD. Wie die Käfer eines Videospiels fressen sich die Orangemo-
bile vorgespurt – Zähringer durch, Spital rein, Brunn raus, Fro-
schau hin und zurück – durchs Quartier. Kaum zwei Minuten pro
Leerplatz bleibt der Wagen stehen, bis ein Hausberg von Säcken
abgetragen ist und die Container in den Müllschlund gekippt worden sind. Sie fressen sich durch, werden bis zu drei Tonnen gefüllt
und vollgepresst. Nach einer Stunde ist der Spuk vorbei, ab geht es
zu einer zweiten und dritten Tour in ein anderes Stadtquartier, wo
die Fahrten länger sind, die Abfallmenge verteilt, aber nicht weniger ist, wo das Müllschlucken zögerlicher vor sich geht.

Es sitzt sich weich und bequem in der Führerkabine eines Ab-
fuhrmobils, auf der ein braun gestylter Hauch von Luxuscar liegt,
Funkverbindung nicht ausgeschlossen. Bei Sonnenschein leuchten
Wagen und Tenue der Dreiermannschaft arbeitsfroh. Außer dem
gelegentlichen Schwall von Fäulnisgeruch, der aus den Containern
sticht, keine Spur von schmutzigem Geschäft. Wenn eine üble Flüs-
sigkeit über die Müllöffnung fließt, wird sie bei Gelegenheit mit
dem Schlauch weggespritzt. Das Zürcher Abfuhrwesen hat sich
gewaschen! Kein Vergleich mehr mit der Zeit der »*Chaakchübel*«,
der scheppernden, die teils von Hand noch ausgeräumt werden
mussten. Hunderte von Säcken verschwinden schnell und lautlos
im Wagen; die Container rollen auf Gummirädern, und sie werden
mechanisch geschüttelt, was fast schon einen musikalischen Rhythmus erzeugt. Den größten Lärm macht der Motor des Wagens, der
den Press- und Schluckmechanismus in Gang hält.

»Im Niederdorf kann man nichts vorspiegeln, die Fenster stehen offen, man sieht den Abfall, das Produkt unserer Konsumgesellschaft«, sagt Werner Mäder. Es ist im Niederdorf kein Platz, den Abfall zu horten; die Wohnungen sind zu klein, die Säcke, wenn sie voll sind, müssen auf die Straße gestellt werden. Es hat nicht jeder das Glück jenes Restaurateurs, der seine Container, Säcke und sonstigen Abfälle in einem ehemaligen Ehgraben zwischenlagern kann. In anderen Stadtteilen haben Industriebetriebe Platz und Gelegenheit, selber einen Teil der Entsorgung vorzunehmen. In einem Wohnquartier ist Platz für Diskretion und Gelegenheit zu sozialer Kontrolle. Der liebe Nachbar wacht über die Güselgewohnheiten seines lieben Nachbarn und die Einhaltung der Abfuhrzeiten. Da gibt es keine aufgerissenen Kehrichtsäcke, weil sie nicht über Nacht dem streunenden Vieh zum Verzehr hingestellt werden können. Was alles nicht heißt, dass nicht auch die sauberen Bürger Abfall produzierten. Wie wäre sonst Ordnung und Sauberkeit herstellbar? Es ist auch nicht weniger, als Benützer und Bewohner des Niederdorfes produzieren; es ist nur besser verteilt.

»Die Abfallmenge ist zu groß. Trotzdem hat es keinen Sinn, Verbote gegen einen derart ungeheuerlichen Verschleiß von Materialien zu erwirken, wie ihn McDonald's praktiziert«, sagt Mäder. Die Stadt Zürich steht in einem weltweiten Wirtschaftsraum, in dem zwar Einzelmaßnahmen vorbildlich sein können, aber keine weitere Wirkung garantieren müssen. »Was interessiert die McDonald's-Zentrale in den USA, was wir hier verbieten!«, Verbote würden nur die Kleinen treffen, deren Anteil am Gesamtabfall nicht mit dem Großen zu vergleichen ist. Den Großen meinte man, der Kleine würde geschlagen. Alles wahr – solange wir selber dem McDonald'sschen Wirtschaftskonzept huldigen und den jungen Kunden des großen Mac unseren Wohlstand durch ihre Konsumfreudigkeit erklären.

Denken ist schwer, Umdenken schwerer und Handeln, wie gedacht, am schwersten. An vorderster Front der Abfallentsorgung beobachtet, lässt sich, wenn überhaupt, allenfalls in der Papiersammlung ein Ansatz zu ökologischem Umdenken feststellen. Wobei, sagt der Chauffeur der Tour 213, gerade die Leute an der Hochschule oben, die Studierten, die es eigentlich wissen müssten und sogar selber neues Denken forderten, am meisten Mühe hätten, Papier und Restabfall zu sondern. Bei dem vielen Computerpapier, das sie brauchten.

Anderseits scheppert's und scherbelt's aus Restaurantcontainern im Niederdorf, als wären sie mit nichts als Glasflaschen gefüllt, als gäbe es nicht ein andernorts gut funktionierendes Altglasentsorgungskonzept. Die Niederdorf-Entschuldigung: kein Platz für separates Sammeln. Da macht auch die Besitzerin des Hauses, in dem sich das Restaurant befindet, nicht viel gut, wenn sie ihre zwei Flaschen zu einem Glascontainer trägt.

Wenn Handeln wie gedacht als logisches Handeln bezeichnet werden kann, dann amüsiert es zu bemerken, dass die Abfallunordnung – das heißt Säcke, Container, Blechdosen, Gemüsegitter, Ausgeflossenes, Stinkendes in fröhlichem Durcheinander – gerade vor dem Lokal am größten ist, in dem zum Wohle des Gastes biologisch einwandfreie Vollwertnahrung serviert wird. Es amüsiert, weil verzweifeln nichts bringt.

Wer ist denn schuld an der Abfallmisere? Der gedankenlose Konsument allein kann es nicht sein, zumal solch unordentliches Verhalten eher das ästhetische als das ökologische Gleichgewicht belastet. Vom Abfall produzierenden Konsumenten spricht man am meisten – aber es muss ihm ja auch etwas zur Verfügung gestellt werden, das er zu Abfall machen kann. Also die Produzenten von Konsumgut – nur würden die kaum produzieren, was nicht konsumiert

wird. Der alte Teufelskreis: Alle müssten ihr und jeder müsste sein
Teil beitragen zur Behebung der Misere. Welches Teil? Es ist er-
freulich festzustellen, dass ein Großkonzern Zahnpasta in Tuben
wie auch Zahnpasta in Tuben in Schachteln anbietet, also dem Konsumenten die Wahl lässt, sich umweltbewusst zu verhalten. Es ist
anderseits interessant zu vernehmen, dass der Lieferant der Zahnpasta für die schachtellosen Tuben viel mehr Verpackungsmaterial
braucht, damit die Tuben nicht zerquetscht in den Läden ankommen, als für die verschachtelten Tuben. Der Weg zur Veränderung
scheint lang und beschwerlich. Wenn nicht einmal die staatlichen
Stellen konfliktfrei dem Wohl der Bürger obliegen können.

Da hatte doch das Gesundheitsamt, dem das Abfuhrwesen untersteht, es fast schon fertiggebracht, dass seine Kunden, das heißt die
Abfalllieferanten im Niederdorf, ihren Abfall nur noch in Säcken
und Containern und nicht »wild« anboten. Und da kam die neue
Weisung von oben, plötzlich wieder auch den Abfall, der sorg- und
achtlos neben den Säcken deponiert worden war, mitzunehmen.
Also war die ganze Erziehungsmühe umsonst. »Nur weil der Nigg
ein paar Freunde unter den Gewerblern im Niederdorf hat«, sagt
der eine an der Entsorgungsfront. »Weil das Tiefbauamt verpflichtet
ist, für Sauberkeit der Straßen des Niederdorfes zu sorgen. Und das
Tiefbauamt ist nicht unser Amt«, sagt der andere im Büro des AWZ.

Man kann aber auch nicht einfach den Dreck liegen lassen, selbst
wenn man Streit zwischen den Ämtern suchte. Man kann, sagt
Werner Mäder, den Bürger nicht durch schlechten Service erziehen wollen, das wirkt den Bemühungen des AWZ um Glaubwürdigkeit in der Entsorgungstätigkeit entgegen. Aber ins Mittelalter und
seine Ehgrabenentsorgung kann man auch nicht zurückgehen. So
unterliegt das umweltbewusste und nachbarschaftliche Verhalten
in der Abfallbeseitigung einem langwierigen Entwicklungsprozess.

Das politische Vorgehen des AWZ ist zwar kritisiert worden, weil es scheinbar voreilig war und vor allem weil die Idee, die Abfallgebühr aufgrund der Anzahl Zimmer, die der Verursacher bewohnt, zu erheben, schwer zu begründen ist. Das Konzept jedoch kann kaum bestritten werden, nämlich dass der Verursacher von Abfall für die Beseitigung anteilmäßig belangt werden soll. Wobei auch so noch immer die Frage offenbleibt, wer der eigentliche Verursacher sei.

Der Abfall wird nicht weniger werden, auch nach Einführung der Sackgebühr im Jahre 1994 nicht. Er wird dann nur mit Bedacht verteilt. Statt eines vollen Sackes mit Papier, Lebensmittelresten und Blechdosen wird es drei Säcke geben, die je zu einem Drittel mit Einheitsabfall gefüllt sind. Die Sackgebühr ist kein Instrument zur Abfallverminderung.

Trotzdem ist Werner Mäder vom AWZ Optimist, weil er die Maßnahmen kennt und vertritt, die das AWZ zur positiven Veränderung des Abfallwesens ergriffen hat. So klein der Spielraum des AWZ innerhalb des gesamten Wirtschaftskomplexes ist, von dem das Entsorgungswesen ein Teil ist. Es gilt, den Konsumenten auf die Abfallproblematik aufmerksam zu machen durch Öffentlichkeitsarbeit, Medienpräsenz, Führungen durch die Entsorgungsanlagen KVA, Beratung. Es gibt Berater des AWZ, die Industriebetriebe auf Entsorgungsmöglichkeiten aufmerksam machen. Es sind Verordnungen innerhalb der städtischen Gesetzgebung anzustreben, die bei Baubewilligungen zum Beispiel Auflagen zur Entsorgung des Bauschutts machen. Oder es wird Einfluss auf Großveranstalter genommen wie zum Beispiel beim »Theaterspektakel 89«, wo das AWZ veranlassen konnte, dass außerhalb der Stoßzeiten ausschließlich Porzellangeschirr statt Plastik verwendet wurde in den Restaurationsbetrieben.

»Wir haben Glaubwürdigkeit produziert«, sagt Werner Mäder. Das veränderte politische Klima in der Stadt Zürich ist für die

Bestrebungen des AWZ insofern günstig, als es die Ökologisierung des Denkens fördert. Es wäre, nach Mäder, undenkbar gewesen, vor drei Jahren die Zustimmung des Volkes zu einem vierten Ofen der Kehrichtverbrennung zu bekommen, wie es eben geschehen ist.

Ein letztes Entsorgungsproblem. Bei so viel Offenheit des Öffentlichkeitsarbeiters des AWZ mutet die Überempfindlichkeit anderer Mitarbeiter fremden Besuchern gegenüber merkwürdig an. Wir wissen doch alle selbst, was wir alles in Abfallsäcken aus Augen und Sinn entfernen. Und was aus dem Niederdorf an Abfall anfällt außer Flaschen, kann man sich, wenn man nicht umhinzukönnen glaubt, wohl auch vorstellen. Was gibt es dann in einer Institution zu verbergen, die der Herstellung von gut schweizerischer Ordnung und Reinlichkeit dient? Wer hat die Weisung erlassen, dass die Mannschaft eines Abfuhrwagens nur mit Bewilligung fotografiert werden darf? Wer kennt dessen Gründe dafür? Nicht unwahrscheinlich ist doch, dass diese AWZ-Art der Beseitigung von solcher Art Abfall wohl eine der saubereren ist, die zurzeit in der Schweiz geübt werden.

Was ist ein Schweizer?

2009

Einige Tage nach meiner Geburt wurde eine Urkunde ausgefüllt, welche bestätigte, dass ich in der Schweiz als Sohn Schweizer Eltern geboren wurde. Deswegen gelte ich als Schweizer. Zudem wurde ich (noch ein Baby) zur Kirche gebracht, um getauft zu werden. Man erzählte mir hinterher, dass ich wegen des kalten Wassers schrie. Ich habe eine andere Version: Es war mein erster Versuch von Selbstbestimmung.

Ich kam zu einer Religion und einer nationalen Identität, ohne gefragt worden zu sein. Als ich fähig war, Fragen zu stellen, waren die Antworten bereits gegeben.

Heute bin ich kein verlässlich praktizierender Christ mehr. Aber ich bin immer noch ein praktizierender Schweizer und bin es seit mehr als sieben Jahrzehnten. Schweizer zu sein brachte einige Vorteile mit sich, etwa einen Pass.

Nach dem Zweiten Weltkrieg, in einem vom Krieg zerstörten Europa war es komfortabel, einen Schweizer Pass auf sich zu tragen, sah man sich doch mit Währungsvorschriften und Visa konfrontiert. Der Schweizer Pass öffnete Grenzen.

Bis zu jenem Tag, an dem ich die Illusionen über meinen Schweizer Pass verlor. Es passierte in den USA, wo ich *writer in residence* an der University of Southern California (USC) in Los Angeles war. Gerade angekommen, ging ich zu einer Bank und tat, was ein Amerikaner niemals tun würde: Ich hob eine größere Summe Bargeld ab. Die Dame hinter dem Schalter verlangte eine ID, eine

Identitätkarte. Als ich ihr meinen Pass zeigte, bestand sie auf einer »echten ID«. Mein Pass steckte in einem Lederetui; in einem Fach fand sie eine Kreditkarte, sie notierte Nummer und Ablaufdatum. Da es sich um eine recht hohe Summe handelte, fragte sie mich nach einer weiteren ID, um die erste zu bestätigen. Warum sollte ich es nicht nochmals mit meinem Pass versuchen? Die Dame kramte in meinem Etui und traf auf Gold: einen Führerschein.

Ich wurde ein vertrauenswürdiger *citizen* dank einer Kreditkarte und eines Führerscheins, ohne Hilfe meines Passes. Ich war auf den American Way of Life vorbereitet.

Nichtsdestoweniger, ich habe und benutze nach wie vor meinen Pass, der bestätigt, dass ich Schweizer bin. Jedoch, er sagt nicht aus, welche Art von Schweizer ich bin.

Ein Land, das nicht eine Kultur ist, eine Kultur, die keine Nation ist

Ich bin Bürger eines viersprachigen Landes. Ich komme aus dem deutschsprachigen Teil der Schweiz. Auch wenn ich die anderen Nationalsprachen nicht beherrsche, gehört zu meiner nationalen Identität das Bewusstsein: Meine Sprache ist eine neben anderen, womit sprachliche Hierarchie ausgeschlossen ist.

Als Deutschsprachiger beinhaltet mein kultureller Einflussbereich daher auch Deutschland, Österreich und alle andere Orte, wo Deutsch gesprochen und geschrieben wird.

Die Beziehung der Schweiz zu Deutschland ist weder frei von Klischees noch frei von Vorurteilen. Auf der einen Seite haben wir die »Kuhschweizer« und auf der anderen die »Sauschwaben«. Dieses gegenseitige Verunglimpfen ist in dem Buch *Kuhschweizer und Sauschwaben: Schweizer, Deutsche und ihre Hassliebe* (hrsg. von Jürg Altwegg und Roger de Weck, Nagel & Kimche 2003) reflektiert und wird in einer anderen Publikation ebenfalls Thema: *Deutsche und Deutschland aus Schweizer Perspektiven* (hrsg. von Georg Kreis, Schwabe 2007). Beide Bücher bieten eine hervorragende Illustration sowohl für unsere Bewunderung des Big Brother als auch für unsere Furcht vor ihm. Diese Ambivalenz basiert nicht zuletzt auf Erinnerungen an den Nationalsozialismus; sie wird von kommenden Generationen immer weniger geteilt werden. Die Hälfte der Schweizer Autoren publiziert heute in deutschen (oder österreichischen) Verlagen, und prominente deutsche Autoren werden von Schweizer Verlagen herausgegeben.

Die Geschichte des schweizerischen Selbstverständnisses ist unweigerlich mit der Beziehung zu Deutschland verbunden. Unsere klassischen Schriftsteller des 19. Jahrhunderts sahen sich als deutsche Autoren ohne irgendwelche spezielle Schweizer Qualitäten. Eine selbstverständliche Beziehung, die allerdings während des Ersten Weltkriegs infrage gestellt wurde.

Der Schriftsteller Carl Spitteler (1845–1924) publizierte das Pamphlet *Unser Schweizer Standpunkt.* In diesem distanzierte er sich vom damals triumphierenden Nationalismus in Deutschland. Er beharrte auf der Schweizer Neutralität und trat für eine kulturelle Unabhängigkeit der Schweiz ein. Sein Standpunkt brachte ihn um jede Chance in der literarischen Welt Deutschlands, obgleich er nach dem Krieg den Literaturnobelpreis erhielt, nicht zuletzt für sein Epos *Olympischer Frühling,* ein Buch, das heute kaum noch gelesen wird. Bei welcher Ambivalenz auch immer, meine nationale und kulturelle Identität decken sich nicht. Was wie ein Nachteil aussieht, kann als Vorteil erachtet werden. Etienne Barilier (geb. 1947), ein brillanter Essayist aus der französischen Schweiz, hielt fest: Ein Schweizer Schriftsteller lebt in einem Land, das nicht eine Kultur ist, und lebt nicht in einer Kultur, die eine Nation ist: »Wir sind Niemandsländer. Das ist weder eine Tugend noch ein Defizit, sondern das öffnet eine Perspektive auf die Welt.«

Ein solches Verhältnis kann sich zudem komplizieren, wenn die kulturelle Identifizierung nicht mit der linguistischen zusammenfällt.

Das Deutsch, welches wir Schweizer sprechen, ist nicht identisch mit dem Deutsch, welches in Deutschland gesprochen wird. Tatsächlich gibt es Schweizer Autoren, die Standarddeutsch als Fremdsprache erachten und den Dialekt als das authentische Schweizer Deutsch. Ich bin nicht dieser Meinung. Nach meiner Auffassung sind wir zweisprachig innerhalb der eigenen Sprache, da in meinem Landesteil Standarddeutsch sowohl eine geschriebene als auch eine gesprochene Sprache ist. Der Gebrauch der einen oder der anderen Sprache hängt von den jeweiligen Umständen des Sprechers (oder Schreibers) ab.

Für lange Zeit war ich überzeugt, dass in einer Sprache sprechen und in einer anderen schreiben eine einzigartige Situation sei. Aber eines Tages war ich genötigt, das zu überdenken.

Bei einem Meeting in Kairo mit ägyptischen Schriftstellern und Intellektuellen wurde ich gebeten, über die linguistischen Gegebenheiten der Schweiz zu referieren. Nach dem Vortrag sprach mich ein junger Autor an: »Wir Ägypter haben das gleiche Problem.« Zuerst war ich indigniert. Wenn wir Schweizer etwas haben, ziehen wir es vor, es für uns allein zu haben: Wir mögen nicht gern teilen, auch unsere Probleme nicht.

Der junge Schriftsteller sagte: »Wir haben ein heiliges Arabisch, das Arabische des Korans. In diesem Arabisch schreiben wir keine Geschichten oder Romane; für die Literatur und für die Printmedien verwenden wir ein Standardarabisch, sodass wir uns über das Lesen verstehen. Zusätzlich sprechen wir einen Dialekt, die Sprache unseres Alltagslebens, diese wechselt von Region zu Region, von Land zu Land, bis zu dem Ausmaß, dass wir einander mündlich nicht verstehen.« Dieser Situation als Schriftsteller gerecht werdend, gebrauche er das Standardarabisch für den narrativen Teil einer Geschichte und den Dialekt für die Dialogpassagen, damit erlange er Lokalkolorit.

Ein unvertrautes Prozedere, dachte ich zu jenem Zeitpunkt – aber ich fand Gelegenheit, mich zu korrigieren. Einer unserer klassischen Autoren des 19. Jahrhunderts, Jeremias Gotthelf (1797–1854), ein Pastor, gebrauchte die bernerische Mundart, wenn er die ländlichen Helden seiner Romane reden lässt. Aber sein Verleger in Berlin verstand die Dialektpassagen nicht. Gotthelf hatte die Stellen durch Hochdeutsch zu ersetzen.

Ich realisierte: Was einzigartig an der Schweizer Identität zu sein scheint, kann sich als Variation eines allgemeineren Themas erweisen, eine Erfahrung, die ich auch in anderer Beziehung machen sollte; manchmal mit dem unerwarteten Resultat, dass unser Leiden im Vergleich weniger schmerzlich ausfällt, als uns jeweils lieb ist.

Ich wählte die Sprachsituation als erstes Beispiel, um die nationale Identität zu bestimmen. Aber die Sprachsituation hat sich infolge der Immigrationspolitik radikal geändert. Heute sprechen 130 000 Einwohner der Schweiz slawische Sprachen, 118 000 Spanisch, 95 000 Portugiesisch, 60 000 Türkisch, 60 000 Englisch. Das ist mehr als die 40 000 Rätoromanen, die unsere vierte Landessprache sprechen. Ihnen folgen die Albanischsprechenden mit 38 000 und 20 000 Arabischsprechende.

Als Resultat unserer sich verändernden Gesellschaft haben wir neue religiöse Gruppen wie etwa Muslime. Damit sind wir mit ungewohnten Problemen konfrontiert. Zum Beispiel: Ist es notwendig, eigene muslimische Friedhöfe zu haben? Oder: Es wird erlaubt, eine Moschee zu bauen, nicht aber das dazugehörige Minarett. Eine Groteske, die allerdings ihr historisches Vorspiel hat. In den Dreißigerjahren des letzten Jahrhunderts wurde in Zürich den Katholiken bewilligt, eine Kirche zu bauen, auch einen Glockenturm, allerdings einen ohne Glocken. Eine Verordnung, die mit einem typisch schweizerischen Kompromiss endete: Die am

nächsten gelegene protestantische Kirche erklärte sich einverstanden, bei katholischen Anlässen die Glocken für die Mitchristen zu
läuten.

Gibt es überhaupt eine Identität ohne Geschichte? Es ist aufschlussreich, sich in Erinnerung zu rufen, welche Arten von Identitäten in der Schweizer Geschichte zur Sprache kamen.

Carl Hilty (1833–1909), Herausgeber des Politischen Jahrbuches
der Schweiz, war ein Spezialist in Völkerrecht und repräsentierte
die Schweiz auf internationalen Kongressen. Vor dem Ersten Weltkrieg schrieb er: »Meiner Meinung nach ist die Schweizerische
Eidgenossenschaft eine Form von Regierung, die von Gott persönlich geplant und gut ausgestattet ist für eine spezielle Mission, ein
außergewöhnliches Volk Gottes.«

Die Schweiz ist nicht die einzige Nation, die sich auf eine *special
relationship* mit Gott beruft. Nicht nur Amerika ist Gottes eigenes
Land. Die Brasilianer behaupten, Gott sei *brasileiro,* und die Mexikaner sind überzeugt: *Dios es mexicano.*

Einst fragte ich mich, was, wenn Gott Schweizer wäre. Falls er es
wäre, hätte er die Welt noch nicht erschaffen. Als Schweizer würde
er den richtigen Moment abwarten, einen Moment ohne Risiko.
Dass die Welt nicht zum besten Zeitpunkt erschaffen wurde, ist
offensichtlich. Kaum waren Adam und Eva ein Paar, musste man
sie aus dem Paradies verjagen. Kaum gründeten sie eine Familie,
brachte der eine Junge den anderen um. Das wäre nicht geschehen,
wenn Gott wie ein Schweizer den richtigen Augenblick abgewartet
hätte.

Die Idee eines »auserwählten Volkes« erlangte neue Aktualität
mit dem Zweiten Weltkrieg. Mitten in Europa der Gefahr eines
Krieges ausgesetzt, blieb die Schweiz verschont. War dieses Wunder nicht der Beweis des direkten Eingreifens von Gott? Aber er
muss Schweden und Portugal ebenfalls geliebt haben, denn sie wurden auch verschont.

Gibt es einerseits die Schweiz und andererseits die Weltgeschichte?

Die Rechtfertigung unserer politischen Existenz brachte den Ausdruck »Sonderfall« hervor, keine glückliche oder nützliche Bezeichnung, aber nachhaltig populär wie all solche vagen Formeln. Wenn »Sonderfall« bedeutet, dass dieses Land unverkennbare Qualitäten und Besonderheiten hat, gibt es keinen Zweifel an solch einer Bezeichnung; in diesem Sinn ist jede Nation ein Sonderfall. Aber wenn Sonderfall bedeutet, dass es auf der einen Seite die Schweiz gibt und auf der anderen die Weltgeschichte, dann ist der Ausdruck fraglich, denn er hat nichts mit der modernen Schweiz zu tun, die wirtschaftlich und finanziell mit der ganzen Welt vernetzt ist. Anlässlich der Bankenkrise zögerte die offizielle Schweiz lange, bis sie die Konsequenzen für sich selbst eingestand.

Fatal, wenn die Auseinandersetzung um das Bankgeheimnis als Infragestellung unserer Identität verstanden wird, sodass die, die sich für eine Lockerung oder gar Aufhebung einsetzten, als Landesverräter gebrandmarkt werden. Das ist ein größerer Skandal als die metaphorische Entgleisung des deutschen Finanzministers, die Schweizer Indianern gleichzusetzen. Es gibt Aussagen von Schweizer Politikern, bei denen man sich als Schweizer wie ein Höhlenbewohner vorkommen muss; verglichen damit ist das Indianersein ein kultureller Fortschritt.

Umso erstaunlicher, dass ein Autor erst kürzlich in die Mottenkiste griff mit seinem Buch *Die Schweiz als Sonderfall*. Die drei Säulen seines Falles sind Neutralität, Föderalismus und Mehrsprachigkeit. Kein Zweifel, das sind Schlüsselwörter, aber der Autor, Paul Widmer, geht mit ihnen um, ohne auf ihre aktuellen Probleme einzugehen; erstaunlich, da er ein Diplomat ist und die Schweiz im Europarat in Straßburg vertritt.

Die Kurzsichtigkeit lässt sich schon beim Stichwort Föderalismus aufzeigen. Selbstverständlich war Föderalismus essenziell für die Formation einer multikulturellen Schweiz. Aber was einst unvermeidliche Prämissen waren, konnte zu Hindernissen werden. Die Schweiz, ein kleines Land, hat sechsundzwanzig verschiedene Schulsysteme, die harmonisiert werden müssen. Die wirtschaftliche Entwicklung respektiert nicht länger die traditionellen Grenzen der Kantone. Im Interesse eines zeitgemäßen akademischen Standards sind Regelungen zwischen den Universitäten erforderlich. Das Gleiche ist dringend nötig für eine Abstimmung zwischen den kantonalen Spitälern. Allgemein gesagt und mit einem Blick in die Zukunft, müssen wir Schweizer unseren traditionellen Föderalismus bereinigen, um einen neuen innerhalb der Europäischen Gemeinschaft zu begründen.

Die Rechtfertigung der Schweiz als Sonderfall gipfelt im Bekenntnis: »Ein Land wie die Schweiz kann das Weltgeschehen nicht beeinflussen. Das ist weder seine Aufgabe, noch hat das Land die Kapazität dafür. Die Schweiz wird dem Rest der Welt einen guten Dienst erweisen, wenn sie ihr eigenes Haus in Ordnung hält. Somit bietet die Schweiz ein Beispiel dafür, wie ein Staat, der auf Freiheit seiner Bürger basiert, funktionieren kann. Einmal mehr gilt Candides Erkenntnis: *Il faut cultiver son petit jardin.*«

Seinen eigenen kleinen Garten bestellen: Was, wenn die Gärtlein unserer Banken in den USA liegen, in Südafrika oder in arabischen Ländern? Sollen wir unser eigenes Klima kultivieren und den Klimawandel den anderen überlassen? Was aber, wenn unsere Gletscher in Solidarität mit dem arktischen Eis schmelzen? Als ob eine globalisierte Welt nicht neue Verantwortungen mit sich bringt. Es gibt auch eine Arroganz der Bescheidenheit.

Aber Ideen sind unbeugsam, und eine Idee wie der »Sonderfall« hat Geschichte. Man muss nur ins 18. Jahrhundert zurückgehen. Salomon Gessner (1730–1788) schrieb den ersten Schweizer

Bestseller, *Die Idyllen;* eine Sammlung von Kurzprosa, die eine friedliche, pastorale Welt beschreibt, in der Schafe und Ziegen nicht stinken, weil sie alle Rokoko-Deodorant verwenden. Dieser Aristokrat aus Zürich erklärte recht offen, weshalb die zeitgenössischen Bauern nicht als literarisches Vorbild dienen können (»sie sind ungesittet, schlau und niederträchtig«). In einem Brief spottete derselbe Autor darüber, »wie ein echter Schweizer Bürger denkt«: »Kein Fleck auf Gottes Erdboden und auch im Mond nicht seyn kann, der mit dem unseren zu vergleichen wär. Sclaven sind alle anderen Menschen.«

Mit dem Beginn unserer Literatur begründeten wir schon die Geschichte unserer Widersprüche und die Verlockung, einzigartig zu sein.

»Sollte es so sein, dass wir die rückständigste, konservativste, eigensinnigste, selbstgerechteste und borstigste aller europäischen Nationen sind, so würde das für den europäischen Menschen bedeuten, dass er in seinem Zentrum richtig zu Hause ist, oder so bodenständig, unbekümmert, selbstsicher, konservativ und rückständig, das heißt noch aufs Innigste mit der Vergangenheit verbunden ... das wäre keine üble Rolle für die Schweiz, Europas Erdenschwere darzustellen.«

Was wie eine Varieténummer klingt, wurde in den Dreißigerjahren des letzten Jahrhunderts mit Überzeugung von keinem Geringeren als C. G. Jung, dem Gründer einer unabhängigen Schule der analytischen Psychologie vorgebracht.

Seit Ende des Zweiten Weltkriegs durchläuft die Schweiz aber einen Prozess der Demystifizierung: indem ihre humanitäre Geschichte mit dem Holocaust und ihrer inhumanen Flüchtlingspolitik während des Zweiten Weltkriegs konfrontiert wird. Oder indem die Schweizer Neutralität mit ihren Arrangements mit Nazideutschland konfrontiert wird – eine demokratische Schweiz, deren Bourgeoisie nicht immun war gegen faschistische Ideologie.

Ein prominentes Opfer dieses Prozesses der Demystifizierung ist die Schweizer Armee: 1989 stimmte ein Drittel der Schweizer für eine Schweiz ohne Armee ab, und derzeit ist eine Diskussion über die zeitgemäße Funktion der Armee im Gange. Es entbehrt daher nicht einer gewissen Komik, wenn der Vorsteher des Departements für Verteidigung entschlossen ist, aus der Schweizer Armee »die beste der Welt« zu machen.

Was als Revision der jüngeren Schweizer Geschichte begann, weitete sich zu einer Revision der Schweizer Geschichte aus. Es ist bezeichnend, dass nicht mehr Personen die Perioden bestimmen, sondern dass Historiker heute von *Die Schweiz und die Schweizer sprechen;* das Kollektiv bestimmt die Geschichte. Junge Historiker haben die Historie ihrer Helden entledigt und die Geschichte demokratisiert. Sie haben aufgezeigt, dass die friedliche Schweiz eine blutige Geschichte sozialer Ungerechtigkeiten aufweist.

Demystifizierung wurde in den Sechzigerjahren so dringlich, dass sie Mode wurde. Neben seriöser Kritik gibt es auch das, was ich als »negatives Jodeln« bezeichnet habe. Wenn wir schon nicht die Besten sind, dann wollen wir wenigstens die Schlechtesten sein. In der Schweiz ist es noch immer ein subversiver Akt, zu behaupten, dass wir Durchschnitt sind, ebenbürtig einer internationalen Skala, hinsichtlich unserer guten wie unserer schlechten Eigenschaften.

Die Radikalität der Kritik konnte sich fragen: Was ist verteidigungswürdig an diesem Land?

Ich hätte das Schulhaus verteidigt, wo ich lesen und schreiben lernte und meine ersten Vorstellungen von Geschichte und Geografie erlangte. Und ich hätte den Kiosk verteidigt. In der Nähe meiner Wohnung gibt es einen Zeitungskiosk, wo man jedes erdenkliche Exemplar eines Printmediums finden kann, in allen Sprachen: Tageszeitungen, Wochenzeitungen, Monatsblätter, von Politik bis Porno, von Meditation bis Gartengestaltung und Küche.

Demystifizierung war notwendig. Einen Teil der Schweizer Abwehr gegen Nazideutschland bildete die sogenannte Geistige Landesverteidigung. Der Kalte Krieg, der bald auf den Zweiten Weltkrieg folgte, schien eine erneute defensive Haltung zu rechtfertigen. Das Klischee einer unbeschadeten, intakten Schweiz wuchs in eine Verteidigungsneurose, die sich in der Opposition gegen alles Neue oder Kritische manifestierte.

Der Kalte Krieg und die Neutralität riefen eine ideologische Fixiertheit hervor, die in intellektueller Sturheit mündete, wie Karl Barth anklagte. Dieser Theologe, der während des Zweiten Weltkriegs ernsthafte Zensuren und Unterdrückungen erlitten hatte wegen seiner Antinazischriften und Predigten, warnte die Schweiz davor, zum »Dorftrottel Europas« zu werden.

An der Demystifizierung wirkten in entscheidendem Maße Schriftsteller mit. *Schweiz als Heimat* ist der Titel eines Buches, in dem »Versuche über fünfzig Jahre« gesammelt wurden, die für die literarische und publizistische Auseinandersetzung von Max Frisch mit der Schweiz stehen. Eine der schärfsten Provokationen stammt von Friedrich Dürrenmatt, als er die Schweiz mit einem Gefängnis verglich.

»Swissness« ist das neue Losungswort. Nicht zuletzt zwingt die neue europäische Situation, darüber nachzudenken, »was die Schweiz zur Schweiz macht«. Eine Frage, die zu gefährlichen Antworten verführt: Sich auf Geschichte und traditionelle Werte berufend, macht sich ein reaktionärer Konservativismus breit.

Wenn wir alle Identitäten, die erwähnt wurden, in Betracht ziehen, ist es einleuchtend, dass niemand nur eine Identität hat, eher dass wir alle Identitäten je nach unseren linguistischen, ethnischen, sozialen, religiösen oder sexuellen Beschaffenheiten haben. Von erstaunlicher Progressivität ist ein Dokument des Integrationsbüros der Stadt Zürich: »Jeder Mensch hat unterschiedliche Identitäten und verschiedene Heimaten.«

»Heimat« im Plural. Im Duden findet sich beim Schlagwort Heimat der Hinweis: »Plural nicht üblich«. Aber was einst unüblich war, ist üblich geworden, nicht nur was Heimat, sondern auch was Identität anbelangt.

Meine Identifikation mit der Schweiz zum Beispiel richtet sich auf ein Land von morgen, auf eine Schweiz, die Mitglied der EU ist – es gibt auch defizitäre Identifikationen.

Wir müssen uns hüten vor einer totalen Identifikation. Im schlimmsten Fall liefert sie die Rechtfertigung für Krieg – die totale Identifikation trägt Uniform.

Identität, nicht als Sicherheitsgurt, sondern als Orientierungshilfe und Bezugspunkt. Wenn Identifikation nicht total identisch ist, gibt es einen Rest, und dieser Rest ist der Boden für das Noch-nicht-Realisierte, eine Herausforderung für die Jugend und damit für die Zukunft, eine Chance für die Freiheit.

Ich habe meine Identität stets als ein Spannungsfeld gelebt. »Ich«, das ist ein Schnittpunkt von Identitäten. Meine Lösung war weder darauf aus, die Spannung aufzuheben noch sie zu neutralisieren, sondern sie zu fruktifizieren.

Grenzverschiebung

Nachwort von Jeroen Dewulf und Peter Erismann

So berühmt er als Schriftsteller war, man kann die Rolle Hugo Loetschers (1929–2009) im intellektuellen Umfeld der Schweiz nur dann richtig werten, wenn man auch auf seine Bedeutung als Essayist und Journalist hinweist. Beides, das literarische und journalistische Schreiben, war verbunden mit und entscheidend geprägt von Loetschers reger Reisetätigkeit.

Loetscher hatte eine klassische humanistische Bildung genossen. Im Verlauf seiner Reisen, als Student und später Journalist, baute er diese europäische Bildung allmählich zu einer globalen Welterfahrung aus. Verblüffend ist, dass Loetscher diesbezüglich bereits 1956 in seiner Dissertation an der Universität Zürich geschrieben hatte: »Heimatlosigkeit ist dies nur dann, wenn man mit Heimat den Begriff der Nation, des Geburtsortes identifiziert. Man nehme Heimat nicht als etwas Gegebenes, sondern als etwas, das man sich fortwährend erwirbt, als etwas, das man sich stets vergrößert und dessen Grenzen man stets verschiebt.« Diese Idee der Grenzverschiebung griff er später im Roman *Der Immune* (1975) wieder auf: »Am liebsten wäre er in alle Richtungen gegangen und aus allen Richtungen zurückgekehrt, bis jeder fremde Ort ein vertrauter wurde, jeder vertraute sich einem fremden anglich und es keinen Unterschied mehr gab zwischen vertraut und unvertraut.« Loetscher stellte in seinem Werk klassische Metaphern infrage wie etwa die, dass Menschen Wurzeln haben. In *Die Papiere des Immunen* (1986) heißt es: »Wenn er jemanden vom Menschen und seinen

Wurzeln reden hörte, konnte er aufspringen und ihn bitten, die
Schuhe auszuziehen, er möchte einmal einen sehen, der statt Füßen
Wurzeln hat. Ja, wir wollten nicht mit Wurzeln, sondern mit Füßen
leben.«

Bereits während seines Studiums (1948–56), als er an der Universität Zürich, und 1950 auch ein halbes Jahr an der Sorbonne,
Politikwissenschaften, Soziologie und Wirtschaftsgeschichte stu-
dierte, schrieb Loetscher für Schweizer Zeitungen. Als Vertreter
der Schweizerischen Studentenschaften wurde er zudem zu mehreren internationalen Konferenzen eingeladen, was ihm die Gelegenheit bot, auch Reisereportagen zu schreiben. Zu einer Zeit, als
Auslandsreisen noch keine Selbstverständlichkeit waren, berichtete
er etwa aus Griechenland oder der Türkei. Nach seinem Studium
arbeitete Loetscher als Literaturkritiker für verschiedene Schweizer
Zeitungen. 1958 bis 1962 war er Redaktor der Kulturzeitschrift *du*
und wechselte später zur *Weltwoche*, wo er zuerst als Feuilletonredaktor und später als Mitglied der Chefredaktion bis 1969 bleiben sollte. Sein Vertrag ermöglichte es ihm, die Hälfte des Jahres
im Ausland zu arbeiten. Dies nutzte er, in Kombination mit seiner
Mitarbeit an der *Swissair-Gazette*, für längere Reisen, besonders
nach Lateinamerika, Nordamerika und Asien. Auch später sollte
Loetscher, nicht zuletzt aus finanziellen Gründen, sein literarisches
Schreiben mit dem regelmäßigen Verfassen von Reise-Essays und
-Reportagen kombinieren. Es war eine Tätigkeit, für die er gerne
den französischen Begriff *métier* benutzte, Handwerk. Wie kaum
ein anderer deutschsprachiger Schriftsteller seiner Generation hatte
sich Loetscher das Talent erarbeitet, die Essenz einer Stadt oder Region in einem Text zu erfassen, der zugleich tiefsinnig und unter-
haltsam zu lesen war. Im Laufe der Jahre entstanden so mehrere
Hundert Reise-Essays und -Reportagen. Noch im hohen Alter
berichtete Loetscher über Barcelona, Bukarest und Schanghai.
Eine schwere Herzoperation, der er sich 2009 unterzog und nicht

überlebte, verunmöglichte leider die geplante Reportage über die belgische Hafenstadt Antwerpen.

Viele der Ideen, die in seiner Literatur zum Ausdruck kamen, waren das Ergebnis des globalen intellektuellen Bewusstseins, das Loetscher durch seine Reisen entwickelt hatte. Besonders prägend war ein längerer Aufenthalt in Portugal im Jahre 1964, wo er eine Faszination für die Mischkulturen entwickelte, die im Kontext der lusitanischen Expansion entstanden waren. Sie führte ihn als »Süßwasserportugiesen« auf die Suche nach den Spuren des portugiesischen Einflusses in Asien und machte ihn zu einem Experten der brasilianischen Kultur und Geschichte. Für Loetscher war die in den 1990er-Jahren aufkommende Diskussion um die Globalisierung der Welt daher auch kein neues Thema. Vielmehr betrachtete er die weltweiten Verflechtungen in der Wirtschaft, Politik und Kultur als die Weiterführung eines Prozesses, der bereits ein halbes Millennium zuvor in Portugal angestoßen worden war. Loetscher erfuhr die Globalisierung auch nicht als Bedrohung, sondern als Chance für eine Neuentdeckung der Welt. Er verknüpfte den Begriff nicht mit einer Gefahr der kulturellen Gleichförmigkeit oder »McDonaldisierung« der Welt, sondern bejahte die Globalisierung als Möglichkeit für transnationale Kontakte, Austausche und Dialoge, aus denen Neues entstehen kann. Dies, so hoffte er, würde es der Menschheit erlauben, auf verschiedenste Arten Mensch zu sein, entsprechend seiner Definition des Menschen als ein *individuum varietas varietatis,* eine Varietät von Varietäten.

Loetscher war zudem davon überzeugt, dass die globalisierte Zivilisation nicht als Endpunkt in der Geschichte der Menschheit gesehen werden sollte, sondern vielmehr als Auftakt einer wirklichen Weltgeschichte. 1993 brachte er diese Idee im Roman *Die Augen des Mandarin* folgendermaßen zum Ausdruck: »Jetzt, da die Welt zusammenkommt, beginnt ihre Geschichte. Was sich bisher abspielte, war lokal, wobei sich Kontinente als lokal erweisen.« Diese Einsicht führte bei ihm zu der Überzeugung, dass wir den Ausdruck »auf die Welt kommen« buchstäblich interpretieren sollten. Entscheidend dabei war allerdings die Notwendigkeit neuer und besserer Karten der Realität und neuer Sprachen, damit wir die sich immer schneller globalisierende Welt verstehen können. Denn sowohl die Karten wie die Sprachen litten am gleichen Mangel: Sie sind nach wie vor flach und nicht rund. Falls man die Welt von heute verstehen möchte, so müsste man also damit anfangen, eine Sprache zu schaffen, die sich am Globus anstatt an der Landkarte orientiert.

Es war Loetscher selbstverständlich klar, dass ein solch umfassendes Weltverständnis nie vollständig sein konnte. Wie gerne er auch die Welt als Ganzes hätte umfassen wollen, seine Arme waren dazu viel zu kurz. Während er mit seinen Sprach- und Geschichtskenntnissen in Latein- und Nordamerika gut durchgekommen war, stieß er in Asien auf ganz andere Herausforderungen. Daher die Bedeutung von Strategien, um mit den eigenen Beschränkungen umzugehen. An erster Stelle lässt sich Loetschers Begriff der Immunität erwähnen, und zwar als Schutzmaßnahme gegen Eurozentrismus, Exotismus und die Banalisierung des Fremden. In seinem 1967 entstandenen Reisebericht über das brasilianische Bahia heißt es dazu: »Die Tropen sind eine Verführung. Ich finde es sogar unklug, sich nicht verführen zu lassen. Das Exotische gibt es, und wir reagieren darauf. Man braucht ihm ja nicht zu erliegen, sondern man kann durchgehen.« Ebenso wichtig ist die Ironie; ein für Loetscher entscheidendes Stilmittel, um einen intellektuellen Narzissmus zu vermeiden, bei dem Schreibende mehr über sich selbst als über die fremde Kultur berichten. Ironie war bei Loetscher oft auch Selbstironie, wie etwa im 1977 entstandenen Bericht über Macao, wo er beschreibt, wie er irrtümlicherweise einen Kalender für das Menü hielt und voller Überzeugung den 4. Juni zum Abendessen bestellte. Mit der Ironie verknüpfte sich aber auch die Erkenntnis der eigenen Beschränktheit und der Unmöglichkeit, das

Fremde in seiner Gesamtheit verstehen und darstellen zu können. Seine Ironie spiegelte somit das Bewusstsein wider, dass ihm als Autor nicht eine Sprache, sondern Möglichkeiten der Sprache zur Verfügung standen und dass, egal welche Art von Sprache er verwendete, er niemals in der Lage sein würde, die gesamte Komplexität der Situation, die er zu beschreiben versuchte, zu erfassen.

Eine weitere Strategie, derer sich Loetscher in seinen Reise-Essays und -Reportagen gerne bediente, war die Ergänzung des Textes durch Bilder. Dabei stellte sich Loetscher nie mit den Fotos als reiner Illustration zufrieden; der Fotograf konnte zwar unabhängig von dem Geschriebenen arbeiten, aber dies keinesfalls beliebig. Entscheidend dabei war auch, dass Loetscher mit der Zeit ein professionelles Verhältnis zu Fotografen und zur Fotografie im Allgemeinen entwickelte, das wesentlich auf praktischer Berufserfahrung beruhte. Sein Weggehen, um anderes zu sehen, war für ihn auch eine Schule, um anders sehen zu lernen.

Nun war das Reisen für Loetscher nie als Eskapismus oder als Statement gegen die »Enge« der Schweiz gedacht. Seine Reisen endeten immer mit einer Rückkehr nach Zürich und damit auch mit dem Wunsch, das Eigene aus fremder Perspektive neu anzuschauen, mit dem Ziel, ein »Ethnologe des eigenen Stammes« zu werden. Nicht eine romantisch-utopische Suche nach Reinheit und Originalität interessierte ihn, sondern das Wechselspiel vom Eigenen und Fremden und die Erfahrung, wie aus der Begegnung unterschiedlicher Kulturen neue, hybride Kulturformen entstehen können. Mit seinem Interesse für Hybridität, Diversität und Minderheiten sprach Loetscher somit bereits Ende der Sechzigerjahre Themen an, die erst im Zuge der »postkolonialen Wende« geläufig geworden sind. Das bestätigt nicht nur seine Originalität als Schriftsteller, Essayist und Journalist, sondern auch seine Rolle als Wegbereiter eines postkolonialen Umdenkens im intellektuellen Umfeld der Schweiz.

Einige seiner Reise-Essays und -Reportagen sind bereits in Anthologien versammelt worden, etwa im 1984 von Georg Sütterlin herausgegebenen *Hugo-Loetscher-Lesebuch*. Zusammen mit Jeroen Dewulf hatte Loetscher noch zu Lebzeiten eine Anthologie von Reportagen über Brasilien vorbereitet. Sie erschien 2016 posthum mit dem Titel *Das Entdecken erfinden*. Darüber hinaus sind die damals im *Tages-Anzeiger*, der NZZ, *du* oder *Die Weltwoche* erschienenen Reportagen und Essays seiner Reisen allerdings nur noch schwer zu finden. Der vorliegende Band macht nun eine Auswahl wieder zugänglich, die eine repräsentative Übersicht der verschiedensten Themen und Weltregionen vermitteln, mit denen sich Loetscher auf seinen Reisen besonders intensiv auseinandergesetzt hat.

Hugo Loetscher hat sich – auch vor dem Hintergrund einer eigenen Berufsrealität – mehrfach mit dem ambivalenten Verhältnis zwischen Literatur und Journalismus in Form von Vorträgen und Essays beschäftigt. Daher stellen wir als »Auftakt« seinen Beitrag »Literatur und Journalismus. Ein (helvetischer) Überblick – mit (nicht-helvetischem) Seitenblick« aus dem Jahr 1999 voran, der im Band *Für den Tag schreiben. Journalismus und Literatur im Zeitungsland Schweiz* erschienen ist. Darin weist Loetscher auf die lange Tradition von Autoren weltweit hin, die sich auch journalistisch geäußert haben. Und selbst in der Schweizer Literatur ist er bei Weitem nicht das einzige Beispiel. Sein Text endet mit folgenden (noch immer aktuellen) Gedanken: »Soweit wir von der Welt Kenntnis nehmen und sich mit ihr Einsicht und Verantwortlichkeiten abzeichnen, geschieht dies dank vermittelnder Erkenntnis. Nicht das Vermitteln und das Vermittelte sind das Problem, sondern ob wir lernen, mit Informationen umzugehen – das gilt für den, der sie gibt, und so gut für den, der sie zur Kenntnis nimmt.«

Da die Entwicklung eines globalen Bewusstseins bei Loetscher in Portugal angefangen hatte, beginnt der vorliegende Band mit

einer Reihe von Texten über die »lusitanische Welt«. Portugal war
für Loetscher auch der Auftakt für seine Begegnung mit Afrika
und für die Entdeckung der kulturellen Vielfältigkeit des amerikanischen Kontinentes, von Argentinien über Kuba bis in die Vereinigten Staaten. Es war auch von Portugal aus, dass sich Loetscher
in den Siebzigerjahren Asien näherte, zuerst auf der Suche nach den
»letzten Resten des portugiesischen Asiens« und später in Auseinandersetzung mit der Modernität in Ländern wie Thailand, China
und Indien. Faszinierend schien uns auch sein Umgang mit dem
Begriff »Antike«, der für ihn nur noch im Plural verstanden werden
konnte. Was mit einem Reisebericht nach Griechenland aus seiner
Studentenzeit angefangen hatte, führte ihn später nach Nordafrika,
wo er in Karthago eine ganz andere Antike entdeckte, und von
dort nach Amerika und Asien, etwa zur Tempelanlage des kam-
bodschanischen Angkor Wat. Neben den längeren Aufenthalten
in Lateinamerika, Nordamerika und Asien gab es allerdings auch
immer wieder kürzere Reisen innerhalb Europas. Besonders Städte
interessierten ihn dabei. Paris, wo er einst als Student gelebt hatte;
Berlin, wo er öfter beruflich zu tun hatte; aber auch Toledo oder
Kiew, eine Stadt, die er – wie traurig hört sich der Titel aus heutiger Sicht an! – »zur guten Zeit« besuchte. Weil Loetschers Auseinandersetzung mit dem Fremden immer im Dialog mit der eigenen
Schweiz stattfand, endet die Anthologie mit einer »Schweizstunde«
und der komplexen Frage seines letzten größeren Aufsatzes, nämlich: »Was ist ein Schweizer?«

Bekanntlich hat sich Loetscher zeitlebens mit dem Medium
Fotografie beschäftigt; er ist »durchs Bild zur Welt gekommen«,
wie der Titel einer großen Publikation und einer Ausstellung zum
Thema hießen. Der vorliegende Band verfügt über einen Bildteil.
Darin finden sich zum einen einige Beispiele von Faksimiles von
Artikeln und Reportagen in Zeitungen und Zeitschriften, die das
Zusammenspiel von Text und Bild exemplarisch dokumentieren.

Zum andern zeigen wir eine kleine Auswahl von Loetschers eigenen Fotografien, entstanden, wenn er allein unterwegs war (wie
etwa in Thailand, China, den Philippinen, Paraguay) und kein
Fotograf, keine Fotografin »zur Hand« war: Sie verraten ein ge-
schultes visuelles Auge. Schließlich enthält der Bildteil Porträts von
Loetscher unterwegs sowie seinen Schweizer Pass, den Passepar-
tout quasi seiner Reisen.

Loetschers Auseinandersetzung mit der Kolonialgeschichte
Afrikas, Asiens und Lateinamerikas konfrontierte ihn mit Nationen, in denen Hautfarbe jahrhundertelang als Rechtfertigung von
Unterdrückung und Diskriminierung hergehalten hatte. Auch
musste er feststellen, wie sehr die Folgen jener rassistischen Politik die Gesellschaften auch in der gegenwärtigen Zeit nach wie vor
prägten. Mit seiner Überzeugung, dass man diesen Folgen und deren Geschichte nicht aus dem Wege gehen sollte, nahm Loetscher
eine Position vorweg, die heute in der *critical race theory* geläufig geworden ist. Ihm war zwar klar, dass »Rasse« keine biologi-
sche Kategorie und daher unwissenschaftlich ist, aber er begriff
dennoch, dass man der komplexen Geschichte postkolonialer
Gesellschaften nicht gerecht werden konnte, indem man die ras-
sischen/rassistischen Fragen negierte. Er benutzte dazu selbstverständlich das Vokabular seiner Zeit und berichtete gelegentlich mit
Begriffen, die aus heutiger Perspektive problematisch sind. So ist
in seinen Reportagen über Lateinamerika nicht von »Indianern«,
sondern von »Indios« die Rede, was als Korrektur rassistischer Ste-
reotypisierung gedacht war. Allerdings wird der damals in Lateinamerika geläufige Begriff heute vermieden und von manchen gar
als rassistisch erfahren – lieber redet man von einheimischen oder
indigenen Völkern –, vermieden werden auch Begriffe wie *Mestize,
Mulatte* oder *Zigeuner,* die in manchen von Loetschers Reportagen vorkommen. Nach langer Überlegung beschlossen wir, diese
Begriffe dennoch stehen zu lassen, da die Berichterstattung ja in

der damaligen Zeit gesehen werden sollte und man ohne sie die damalige Debatte nicht versteht. Im Falle des N-Worts machten wir eine Ausnahme und beschlossen, es dem heutigen Sprachgebrauch anzupassen. Einerseits hatte das Wort damals nicht generell die negative Konnotation, die es heute hat. Martin Luther King benutzte in seinen berühmten Reden noch voller Stolz das verwandte Wort *»negro«* und auch die politisch-kulturelle Strömung, die für eine Selbstbehauptung Afrikas eintrat, bezeichnete sich als *»négritude«*. Heute aber ist das N-Wort eindeutig rassistisch konnotiert und wird als verletzend erfahren. Hinzu kommt, dass Loetscher selbst das Wort in seinem späteren Werk, ab Mitte der Neunzigerjahre, systematisch vermieden hat.

Ein vorletztes Wort zum Titel des Bandes. Das Zitat »So wenig Buchstaben und so viel Welt« stammt aus Loetschers letztem Buch *War meine Zeit meine Zeit* (2009). Das autobiografisch grundierte Werk, eine Art Summe eines Lebens, war uns generell eine wichtige Inspirationsquelle für das Vorhaben und hat uns als eine Art Kompass durch das vielgestaltige essayistische und journalistische Werk Loetschers geführt.

Diese Auswahl von fünfunddreißig literarisch funkelnden und zugleich kenntnis- und geistreichen Reise-Essays und -Reportagen zeigt, wie sich Loetscher über ein halbes Jahrhundert hinweg aus Worten eine Welt erschaffen hat. Mit seinem Blick für die Gleichzeitigkeiten und Mischformen einer globalisierten Welt sind sie ungemein modern und auch im Stil immer originell und überraschend. Sie bieten eine wunderbare Möglichkeit, einen großen Schweizer Autor neu oder wiederzuentdecken.

Anhang

Textnachweis

Die Herausgeber und der Verlag bedanken sich beim Schweizerischen Literaturarchiv in Bern und besonders bei Lucas Marco Gisi, Kurator des Nachlasses von Hugo Loetscher, für die zugeneigte Unterstützung bei der Erarbeitung des Bandes.

»Literatur und Journalismus. Ein (helvetischer) Überblick – mit (nichthelvetischem) Seitenblick«: Zuerst veröffentlich in *Für den Tag schreiben. Journalismus und Literatur im Zeitungsland Schweiz. Eine Anthologie*, zusammengestellt und mit einer Einleitung von Hugo Loetscher, herausgegeben von Charles Linsmayer, Zürich, Weltwoche-ABC-Verlag 1999. Auf S. 10 wurde ein Absatz zu damals gerade erschienener einschlägiger Literatur gekürzt.

»Weltläufigkeit«

»Reisen …«: Zuerst veröffentlicht in *Schweizer Reisefach-Revue*, Zürich, ca. 1974

»Vom polygamen Umgang mit Städten. Die Faszination der Gleichzeitigkeit menschlicher Möglichkeiten«: Zuerst veröffentlicht in NZZ *Folio*, Februar 1994

Lusitanische Welt

»Portugal und die ›portugiesische Welt‹ – Geschichte und Aktualität«: Zuerst veröffentlicht in *Schweizer Monatshefte für Politik, Wirtschaft, Kultur*, 63. Jahr, Heft 7/8, Verlag der Gesellschaft Schweizer Monatshefte, Zürich, Juli/August 1983

»Auf (halbem) Weg nach Timor«: Zuerst veröffentlich in *Tages-Anzeiger Magazin*, Nr. 42, Zürich, 16. Oktober 1976

»Die Azoren oder Auf verschiedene Art Insel sein«: Zuerst veröffentlicht in *Neue Zürcher Zeitung*, 19./20. Dezember 1998

Frühe Begegnung mit Afrika

»Die Sklaveninsel als Hintergrund. Reise in die Négritude«: Zuerst veröffentlicht in *Die Weltwoche*, Zollikon, 29. April 1966. Auf S. 113, 115 und 118 wurde das N-Wort dem heutigen Sprachgebrauch angepasst (siehe Nachwort).

La casa de las américas – das amerikanische Haus

»Wie viele Lateinamerikas gibt es?«: Zuerst veröffentlicht in *Wir Brückenbauer. Wochenblatt des sozialen Kapitals – Organ des Migros-Genossenschafts-Bundes*, Nr. 23, Spreitenbach, 9. Juni 1978

»Trauer und Chance. Brasilien und Mexiko – zwei Spielarten der Mischkultur«: Zuerst veröffentlicht in *Schweizer Monatshefte*, Ausgabe 926, Zürich, Juni 2003

»Santiago de Cuba – wo die Revolution begann«: Zuerst veröffentlicht in *Neue Zürcher Zeitung*, 4./5. Februar 1995. Auf S. 141 wurde das N-Wort dem heutigen Sprachgebrauch angepasst (siehe Nachwort).

»Das geht uns einen Tango an. Ein argentinischer Tanz und seine tieferen Bedeutungen«: Zuerst veröffentlicht in *Tages-Anzeiger Magazin*, Nr. 21, Zürich, 28. Mai 1983. Auf S. 150 wurde ein Absatz zu damals gerade erschienener, einschlägiger Literatur gekürzt.

»Cartagena – ein Schauplatz des kolonialen Welttheaters. Das ›schwarze‹ Kolumbien«: Zuerst veröffentlicht in *Neue Zürcher Zeitung*, 25./26. Februar 1984

»Das paraguayische Erbe der Mestizen. Reise zu den Guaraní«: Zuerst veröffentlicht in *Neue Zürcher Zeitung*, 13./14. Mai 1989

»Über die Schwierigkeit, Puertoricaner zu sein«: Zuerst veröffentlicht in *Tages-Anzeiger Magazin*, Nr. 48, Zürich, 1. Dezember 1979

»Die Chicanos auf der Suche nach Aztlán. Spanisch-mexikanisches Erbe in Kalifornien.«: Zuerst veröffentlicht in *Neue Zürcher Zeitung*, 17./18. Mai 1980

»Chicago als Anlass«: Zuerst veröffentlicht in *Tages-Anzeiger Magazin,*
Nr. 42, Zürich, 20. Oktober 1973. Auf S. 224, 225, 226, 227, 229, 230, 231,
237, 238 und 239 wurde das N-Wort dem heutigen Sprachgebrauch angepasst (siehe Nachwort).

Asien – auf den Spuren des Westens im Osten

»Meine glücklichen Reiskörner«: Zuerst veröffentlicht in *Tages-Anzeiger
Magazin,* Nr. 21, Zürich, 22. Mai 1976

»Tagalish, Engalog und Thrilladilla. Spanische Tradition und Gegenwart
auf den Philippinen«: Zuerst veröffentlicht in *Neue Zürcher Zeitung,*
6./7. Januar 1979

»Im postmodernen Bangkok«: Zuerst veröffentlicht in *Neue Zürcher
Zeitung,* 6. April 2002

»Indische Nachhilfestunden«: Zuerst veröffentlicht in *Neue Zürcher
Zeitung,* 18. April 2008

»Ein Übungsplatz der Zukunft. In der chinesischen Metropole Schanghai
treffen Tradition und Ultramoderne aufeinander«: Zuerst veröffentlicht
in *Neue Zürcher Zeitung,* 4. August 2008

»Das Mekka der tanzenden Derwische. Konya – eine türkische Stadt im
Umbruch«: Zuerst veröffentlicht in *Neue Zürcher Zeitung,* 2. September 1996

Antike und andere Antiken

»Byzantinische Fahrt«: Zuerst veröffentlicht in *Tages-Anzeiger,* Zürich,
13. Oktober 1953

»Ach, richtig, ein Weltreich. Besuch in Karthago«: Zuerst veröffentlicht in
Neue Zürcher Zeitung, 28. April 1974

»Auch ich war (tatsächlich) in Arkadien«: Zuerst veröffentlicht in *Neue
Zürcher Zeitung,* 17./18.10.1981, unter dem Titel »Reisen in einem
griechischen Traumland 1: ›Auch ich war (tatsächlich) in Arkadien‹«

»Angkor – wo Apsara tanzt«: Zuerst veröffentlicht in *Neue Zürcher
Zeitung,* 2./3. März 2002

Unterwegs in Europa

»Rückkehr nach Paris«: Zuerst veröffentlicht in *du – Kulturelle Monats-schrift*, 19. Jahrgang, Ottikon, Dezember 1959. Auf S. 365 und 368 wurde das N-Wort dem heutigen Sprachgebrauch angepasst (siehe Nachwort).

»Um die Blöcke ziehen. Tage in Prenzlauer Berg«: Zuerst veröffentlicht in *Neue Zürcher Zeitung*, 25. / 26. Juni 1994

»Ein Platz in Salamanca«: Zuerst veröffentlicht in *Neue Zürcher Zeitung*, 22. / 23. Mai 1999

»Toletum, Toledoth, Tolaitola, Toledo. Ein Besuch bei der Toleranz«: Zuerst veröffentlicht in *Neue Zürcher Zeitung*, 23. / 24. Dezember 2000

»Europa auf Russisch«: Zuerst veröffentlicht in *SonntagsZeitung*, Zürich, 15. Juli 2001

»Zur guten Zeit in Kiew?«: Zuerst veröffentlicht in NZZ *Folio*, Juni 1996

Schweizstunde

»Kleine Stadt mit großem Horizont: La Chaux-de-Fonds hat den ›Club 44‹«: Zuerst veröffentlicht in *Die Weltwoche*, Zürich, 8. November 1957

»Im Paradies des Boutiquismus«: Zuerst veröffentlicht in *Neue Zürcher Zeitung*, 18. / 19. August 1990

»Schweizstunde«: Zuerst veröffentlicht in *Die Zeit*, Hamburg, 16. April 2009

Zitatnachweis

In »Vom Polygamen Umgang mit Städten«: Zitat aus Lucius Burckhardt, Max Frisch & Markus Kutter: *achtung: die Schweiz. Ein Gespräch über unsere Lage und ein Vorschlag zur Tat*, Verlag F. Handschin, Basel 1955

In »Trauer und Chance«: Zitat aus Octavio Paz: *Das Labyrinth der Einsamkeit*. Aus dem Spanischen und mit einer Einführung von Carl Heupel. Suhrkamp, Frankfurt a. M. 1998

In »Das geht uns einen Tango an«: Zitat aus Ezequiel Martinez Estrada: *Radiografía de la pampa*, Buenos Aires 1933. Übersetzung zitiert nach Dieter Reichardt: »Tango und Repression.« In: *Iberoamericana* (1977–2000), vol. 6, Nr. 1 (15), 1982, S. 115–25. Zitat aus Jorge Luis Borges: »Geschichte des Tangos«. Übersetzt von Curt Meyer-Clason und Gisbert Haefs. In: *Gesammelte Werke in zwölf Bänden*. Band 1: Der Essays erster Teil. Hanser, München 1999

In »Über die Schwierigkeit, Puertoricaner zu sein«: Zitat aus Jaime Carrero: *Jet Neoriqueño/Neo Rican Jetliner*. Universidad Interamericana, San Germán 1964; Zitat aus dem Song von Roy Brown »Antiguos Baluartes« aus dem Album *Yo Protesto*, Vanguardia/Disco Libre 1969; Zitat von Samuel Betances aus *The Rican. Revista de pensamiento contemporraneao puertorrriqueño;* Zitat aus dem Gedicht von Pedro Pietri »Puerto Rican Obituary«, aus: *Selected Poetry*. City Lights Books, San Francisco 2015. Copyright © 2015 by The Estate of Pedro Pietri. Reprinted with the permission of The Permissions Company, LLC, on behalf of City Lights Books; alle Zitate übersetzt von Hugo Loetscher

In »Die Chicanos auf der Suche nach Aztlán«: Zitat aus Armando B. Rendón: *Chicano Manifesto*. Colliers Books, New York 1971. Zitat aus Rodolfo »Corky« Gonzales: *Yo soy Joaquín / I Am Joaquín (1967)*. *In: Message to Aztlán*. Selected Writings of Rodolfo »Corky« Gonzalez. Herausgegeben und mit einem Vorwort von Antonio Esquibel. Arte Público Press, Houston, Texas, 2001; alle Zitate übersetzt von Hugo Loetscher

In »Indische Nachhilfestunden«: Zitat aus Rukmini Bhaya Nair: *Lying on the Postcolonial Couch*. University of Minnesota Press, 2002. Übersetzung von Hugo Loetscher

In »Zur guten Zeit in Kiew?«: Zitat aus Michail Bulgakow: *Die weiße Garde*. Verlag Volk und Welt, Berlin 1980. Übersetzung von Larissa Robiné; Zitat aus Ernst Jünger: *Strahlungen*. Heliopolis Verlag Ewald Katzmann, Tübingen 1949

Bildnachweis

1–2 Schweizerisches Literaturarchiv, Bern / Nachlass Hugo Loetscher, © Hugo Loetscher

3 Foto von Eric Bachmann. © Eric Bachmann Fotoarchiv

4 Reproduktion *Tages-Anzeiger Magazin,* Zürich, Nr. 29, 1976, © *Tages-Anzeiger Magazin*

5–7 Fotos von Daniel Schwartz. © 2024, ProLitteris, Zürich; Reproduktion *Neue Zürcher Zeitung,* 23./24. Dezember 2000, © *Neue Zürcher Zeitung*

8–9 Foto von René Burri, © Keystone / Magnum Photos / René Burri

10–11 Reproduktion *Tages-Anzeiger Magazin,* Zürich, Nr. 21, 1983, © *Tages-Anzeiger Magazin*

12–14 Schweizerisches Literaturarchiv, Bern / Nachlass Hugo Loetscher

15–19 Fotos von Hugo Loetscher, © Hugo Loetscher

20 Reproduktion *Tages-Anzeiger Magazin,* Zürich, Nr. 42, 1976, © *Tages-Anzeiger Magazin*

21–22 Fotos von Hugo Loetscher, © Hugo Loetscher

23 Foto von Hugo Loetscher, © Hugo Loetscher. Reproduktion *Neue Zürcher Zeitung,* 6./7. Januar 1979, © *Neue Zürcher Zeitung*

24 Schweizerisches Literaturarchiv, Bern / Nachlass Hugo Loetscher; Wandteppich von Le Corbusier, ›UNESCO‹, 1956. © F. L. C. / 2024, ProLitteris, Zürich

25 Foto von Daniel Schwartz VII, © 2024, ProLitteris, Zürich

26 Foto von Willy Spiller, © Willy Spiller

27 Foto von Rainer M. Hotz, © Rainer M. Hotz

28–29 Foto von Tobias Hitsch, © Tobias Hitsch

30 Illustration von Peter Gut, © Peter Gut, Reproduktion DIE ZEIT Schweiz 17 / 2009 © DIE ZEIT